KB189116

김헌의
그리스 로마 신화

김헌의 그리스 로마 신화

발행일
2022년 3월 30일 초판 1쇄
2025년 3월 25일 초판 13쇄

지은이 | 김헌
펴낸이 | 정무영, 정상준
펴낸곳 | (주)을유문화사

창립일 | 1945년 12월 1일
주소 | 서울시 마포구 서교동 469-48
전화 | 02-733-8153
팩스 | 02-732-9154
홈페이지 | www.eulyoo.co.kr

ISBN 978-89-324-7464-9 03210

김헌의
그리스 로마 신화

❖ 을유문화사

신화를 사랑하는 사람

'사랑한다'는 말은 세상을 살아가게 하는 힘이 있습니다. 뭔가를 하고 싶고, 누군가를 보고 싶을 때, 치열하게 살 수 있으니까요. 저는 그리스어 공부를 시작하면서 '필로(philo-)'라는 말에 꽂혔습니다. 그리스어에서 '친구'를 '필로스(philos)'라고 하는데, '사랑하는 사람'이라는 뜻이 됩니다. '필로스'라는 말로 친구를 대하면, '친구'라는 말로 대할 때와는 또 다른 느낌과 태도를 줍니다. 언어가 생각을 지배하고, 감성과 정서도 지배하고, 나아가 존재를 지배하는 것 같습니다. 내가 사랑하고, 나를 사랑하는 사람이 친구로 있다는 것만으로도 이 세상을 살아야 할 이유가 생깁니다.

그래서 그랬을까요? '필로소피아(philosophia)'라는 말이 좋아서 제가 철학 공부를 시작했는지도 모르겠습니다. 중고등학교 시절부터 막연히 철학을 해야 할 것 같다는 느낌은 대학에 들어가 철학개론을 들으면서 꼭 해야겠다는 결심으로 굳어졌습니다. 철학을 부전공으로 삼아 공부하면서 철학으로 번역된 '필로소피아'라는 말을 만들어 낸 그리스 사람들에게 가장 강렬하게 끌렸고, 그래서 대학원을 철학과로 들어갔을 때는 큰 고민 없이 고대 그리스 철학을 전공하게 되었습니다. '지혜(sophia)를 사랑한다(philo-)'는 일이야말로 인생을 가장 멋지게, 의미 있게 살아갈 수 있는 길이라 굳게 믿었죠.

플라톤의 『소크라테스의 변명(Apologia Sōkratous)』에서 법정에 선 소크라테스는 자신이 어떤 삶을 살았는지 말합니다. '어떻게 하면 인간이 덕(aretē)을 실현해 인간답게 살 수 있을까?'를 고민했고, 사람들과 깊은 대화를 나눴다고 합니다. 그리고 뼈 때리는 말을 덧붙입니다. "숙고하지 않는 삶은 인간에게 살 가치가 없습니다 (38a5-6)." 그러니까 가치 있는 삶을 살려면, 내가 지금 뭘 하고 있는지, 왜 하고 있는지, 제대로 하고 있는지 묻고 또 물어 답을 찾아가며 살아야 한다는 말이겠죠? 그런 삶이 철학자, 곧 '지혜를 사랑하는 사람'인 필로소포스(philosophos)의 것입니다.

그러나 우리가 지혜를 사랑하며 그것을 추구하는 사람이 되면, 언젠가는 온전한 지혜를 얻고 오롯이 '지혜로운 사람'이 될 수 있을까요? 『파이드로스(Phaidros)』에 등장한 소크라테스는 이런 말을 합니다.

만약 (연설가 뤼시아스나 시인 호메로스, 정치가 솔론이) 진실을 알고서 자신들의 작품을 구성했다면, 그리고 그들이 쓴 것에 대해 가해진 논박을 잘 막아 내고 자신을 지킬 수 있을 때…… 파이드로스, (그런 사람을) '지혜로운 사람(sophos)'이라고 부르는 것은 내가 보기에 과한 것 같네. 그건 신에게만 적합한 말 같거든. 대신 '지혜를 사랑하는 사람'이라거나 그와 비슷한 어떤 사람이라고 부르는 것이 그에게 더욱 어울리고 제격이기도 하네.

εἰ μὲν εἰδὼς ἧ τὸ ἀληθὲς ἔχει συνέθηκε ταῦτα, καὶ ἔχων βοηθεῖν, εἰς ἔλεγχον ἰὼν περὶ ὧν ἔγραψε... Τὸ μὲν σοφόν, ὦ Φαῖδρε, καλεῖν ἔμοιγε μέγα εἶναι δοκεῖ καὶ θεῷ μόνῳ πρέπειν· τὸ δὲ ἢ φιλόσοφον ἢ τοιοῦτόν τι μᾶλλόν τε ἂν αὐτῷ καὶ ἁρμόττοι καὶ ἐμμελεστέρως ἔχοι. (278c4-d5).

지혜에 관해 인간이 가질 수 있는 최고의 이름은 '지혜를 사랑하는 사람', 다른 말로 '철학자'라는 뜻이지요. 이 세상에는 내가 잘 모르는 것들로 가득합니다. 아무리 공부해도 다 알고 이해한다 말할 수가 없지요. 그러니 '지혜롭다'는 말은 감히 인간이 감당할 수 있는 말이 아닙니다. 소크라테스의 말처럼 사람은 그저 지혜를 사랑하며 끊임없이 지혜로 다가가려고 노력한다는 말만 할 수 있을 겁니다.

플라톤의 『향연(Sumposion)』에는 "인간에게 삶이 살 가치가 있는 것은 아름다움 바로 그 자체를 바라보면서 살 때입니다"라는 말이 나옵니다(211d2-3). 아름다운 것들을, 그리고 아름다움 그 자체를 바라보며 산다면, 얼마나 행복한 삶일까요? 아름다운 것과 참된 것은 궁극에서 통하게 될 것입니다.

> 참된 것들을 가장 많이 본 영혼은 장차 '지혜를 사랑하는 사람' 또는 '아름다움을 사랑하는 사람(philokalos)' 또는 '음악적 재능이 있는 사람(mousikos)' 또는 '사랑에 충만한 사람(erōtikos)'의 종족에 깃들 것입니다.
>
> ἀλλὰ τὴν μὲν πλεῖστα ἰδοῦσαν εἰς γονὴν ἀνδρὸς γενησομένου φιλοσόφου ἢ φιλοκάλου ἢ μουσικοῦ τινος καὶ ἐρωτικοῦ,
>
> (『파이드로스』 248d2-3)

이 구절을 읽던 저의 가슴에는 특히 '아름다움을 사랑하는 사람'이라는 말, 즉 '필로칼로스'가 깊게 새겨졌습니다. 그래서 아테네의 황금기를 이끈 페리클레스의 연설문은 제 삶의 지표처럼 자리 잡게 되었지요. 그는 아테네 시민들의 자부심을 드높이고 용기를 북돋아 주기 위해 이런 연설을 했습니다.

우린 아름다움을 사랑하되 소박함이 있고, 지혜로움을 사랑하되 유약함이 없습니다. 우린 부를 일의 적절한 수단으로 사용하고 말로 자랑할 대상으로 사용하지 않지요. 우린 가난을 수치라 여기지 않고 오히려 벗어나려 일하지 않음을 수치로 여깁니다.

'Φιλοκαλοῦμέν τε γὰρ μετ' εὐτελείας καὶ φιλοσοφοῦμεν ἄνευ μαλακίας· πλούτῳ τε ἔργου μᾶλλον καιρῷ ἢ λόγου κόμπῳ χρώμεθα, καὶ τὸ πένεσθαι οὐχ ὁμολογεῖν τινὶ αἰσχρόν, ἀλλὰ μὴ διαφεύγειν ἔργῳ αἴσχιον.

(『펠로폰네소스 전쟁사』 2.40.1.1-2.1)

이 연설에 가슴이 뛴 것은 당시 아테네인들만이 아니었습니다. 21세기를 살고 있는 저도 마찬가지였으니까요. 아테네는 페리클레스의 시대에 가장 위대했다는 말이 있는데, 그가 말한 두 가지, 즉 아름다움을 사랑하고 지혜로움을 사랑하는 일에 아테네인들이 함께했기 때문일 겁니다. "어떤 삶을 살 것인가?" 이 물음에 대해 제가 얻은 답이기도 했습니다.

그리고 또 하나, 바로 신화입니다. 그리스어로 신화는 '뮈토스(muthos)'라고 합니다. 단순하게 그냥 '이야기'라는 뜻이지만, 그 옛날 그리스인들이 즐겼던 이야기에는 신과 영웅이 워낙에 많이 등장했기에 이야기는 곧 신화이기도 했습니다. 소크라테스와 플라톤의 맥을 잇는 철학자 아리스토텔레스는 이런 말을 했습니다.

'신화를 사랑하는 사람'은 어떤 뜻에서는 '지혜를 사랑하는 사람'인데, 그 까닭은 신화가 놀라운 사건들로 이루어져 있기 때문이다.
καὶ ὁ φιλόμυθος φιλόσοφός πώς ἐστιν· ὁ γὰρ μῦθος σύγκειται ἐκ θαυμασίων   (『형이상학』제1권 982b18-19)

여기에서 '신화를 사랑하는 사람'은 '필로뮈토스(philomuthos)'

입니다. 그런데 신화를 사랑하는 사람이 어째서 철학자일까요? 그에 따르면, 사람들은 놀라움 때문에 철학하기, 즉 지혜를 사랑하고 추구하기 시작합니다. 놀란다는 것은 내 앞에 나타난 사물이나 벌어진 사건이 무엇인지를 모른다는 것을 의미합니다. 모르니까 놀라는 거죠. 그래서 '이게 뭐야?'라고 호기심을 갖게 되고 묻고 답을 찾기 시작하니 그것은 곧 지혜에 대한 사랑이며, 철학이라는 것이죠. 처음에는 눈앞의 갖가지 기이한 현상들에 대해 놀랐고 그 뒤에는 조금씩 앞으로 발전하면서 더 중요한 것들에 대해 의문에 사로잡혔답니다. 예컨대 달 표면의 현상들, 태양과 별들 주변에서 일어난 현상들, 온 세계의 생성에 대해 놀라고, 궁금해하고 알고 싶어서 묻고 그 답을 찾는 탐구, 즉 철학을 시작한다는 거죠. 대상에 대해 의문에 사로잡히고 놀라워하는 사람은 자기가 그 대상에 대해 무지하다는 것을 깨닫게 됩니다.

그렇다면 신화는 어떤가요? 신들의 놀라운 세계와 영웅들의 기상천외한 활약이 그려져 있죠. 그리고 세상의 수많은 현상들에 대해 궁금해하며 던진 질문들에 신비하고 매력적인 이야기로 답을 만들어 가며 세상을 설명하는 가운데 신화가 등장한 겁니다. 따라서 신화를 좋아한다는 것은 그 놀라운 이야기에 매료되었다는 뜻이고, 그런 점에서 지혜를 사랑하는 자와 통한다는 게 아리스토텔레스의 생각입니다. 철학은 세상에 대한 놀라움과 궁금증, 그리고 그것을 풀어내기 위한 다양한 노력을 가리킵니다. 과학은 물론, 신화와 시, 음악, 미술, 조각, 수사학까지도 모두, 그것이 단순히 유용성이나 돈벌이를 지향하는 것이 아니라 진리와 앎을 추구하는 것이라면, 아리스토텔레스는 그 전부가 지혜에 대한 사랑, 즉 '철학'이라고 보았던 겁니다. 이런 점에서 본다면, 철학은 지금 우리가 생각하는 것보다 훨씬 더 넓은 외연을 가지고 있었던 것 같습니다. 거꾸로 생각해 보면, 플라톤과 아리스토텔레스를 거쳐 그들의 후계자들이 철학을 훨씬 더 엄격하게 그 의미를 좁혀 왔던 셈이죠.

즉, 지금 여기 우리를 둘러싼 그 어떤 문제들에 대해서라도, 그것이 사소하고 일상적인 것이라 하더라도, 놀라움과 호기심을 느끼며 그 문제를 풀어 보려고 노력하는 모든 사람들을 철학자라 부를 수 있고, 그들의 작지만 진지한 노력 모두가 철학으로 인정되어야 하는 이유를 우린 아리스토텔레스에게서도 찾을 수 있습니다.

철학이 본격적으로 정립되기 전, 신화가 사람들의 머리와 가슴을 가득 채웠지요. 사람들은 이 놀라운 세상의 갖가지 현상과 존재들을 이해하기 위해 질문을 던지고 그 답을 찾아 나가면서 신화를 지어냈습니다. 그리고 그 이야기로 다시 세상을 설명하고 인간이 무엇을 해야 할지, 또 무엇을 할 수 있을지를 상상해 나갔습니다. 글이 생기기 전에 사람들은 세상을 이해하고 삶을 살아갈 수 있는 지혜를 신화 속에 담아 기억에서 기억으로, 입에서 입으로 전하면서 다듬고 보전해 왔던 것입니다. 신화는 정보와 지혜의 보물 창고이며, 철학 이전의 철학이었고, 철학 이후에도 또 다른 결을 가진 철학으로 존속해 왔습니다.

이제 여러분을 신화의 세계로 초대합니다. 대부분 신과 영웅의 이야기입니다. 영웅은 신과 인간 사이에서 태어난 반신반인의 존재로서 신적인 능력과 신의 영역 안으로 들어가려는 강렬한 욕망을 가지고 있지만, 결국 인간이기에 그 한계를 넘어서지 못하고 신과 인간의 경계선에서 추락하는 존재입니다. 그러나 영웅이든 신이든 모두 인간의 본성을 비춰 주는 거울임에는 변함이 없습니다.

그리스·로마 신화는 워낙에 방대하지만 한 권의 책에 모두 담아 내기 위해 노력했습니다. 이 책에 우리 인간의 모습과 세상을 이해하고 삶을 살아갈 지혜를 얻기 위해 여러분과 함께 나눠 볼 수 있는 이야기들이 담겨 있습니다. '신화를 사랑하는 사람'으로 '지혜를 사랑하고,' '아름다움을 사랑하며' 살아간다면, 분명 이 험하고 변화

무쌍한 세상을 잘 살아갈 수 있는 현명함을 얻게 될 것입니다.

　　마지막으로 표기법에 관해 알려드리겠습니다. 저는 신과 영웅, 인간, 지역, 작품의 이름을 쓸 때, '국립국어원의 표준국어대사전'에 따르지 않고 고대 그리스와 로마의 표기법, 즉 고대 그리스어와 라틴어의 표기에 충실하려고 노력했습니다. 이런 까닭에 여러분에게 어색하게 보일 것들이 종종 나타납니다. 예를 들면, '올림피아' 대신 '올림피아'를, '오디세우스' 대신 '오뒷세우스'를 쓰는 식입니다. 그리스어의 '윕실론(Υ, υ)'을 '이'라고 쓰지 않고 '위'라고 쓰기 때문입니다. 주요 고유명사에는 로마자 표기를 함께 적어 두었는데요, 이때도 다소 낯선 느낌을 줄 수 있습니다. 일부 학자들이 '윕실론'을 'Y, y'로, '키(Χ, χ)'를 'Ch, ch'라고 쓰지만, 또 다른 학자들은 'U, u', 'Kh, kh'라고 씁니다. 저는 뒤엣것을 선택했습니다. 예컨대, '뮈토스(μῦθος)'는 'mythos' 대신 'muthos'라고 썼고, '카오스(Χάος)'는 'Chaos' 대신 'Khaos'라고 썼습니다. 이 점 염두에 두시고 읽어 주시면 고맙겠습니다. 자, 이제 본격적으로 '그리스 로마 신화'를 시작해 볼까요.

차례

3부 영웅의 투쟁

4부 불멸과 필멸

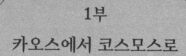

1부

카오스에서 코스모스로

1

카오스,
천지 창조의 하품을 하다

"태초에 (…) 가장 먼저 카오스(Khaos)가 생겨났다(ἐξ ἀρχῆς …
πρώτιστα Χάος γένετ᾽·)." 그리스 신화가 그려 주는 세상의 첫 장면입
니다. 그리스 시인 헤시오도스(Hēsiodos)가 쓴 『신통기(Theogonia)』
(115~116행)에 나오는 말입니다. 카오스가 생겨나기 전엔 아무것도
없었죠. 카오스는 최초의 존재였고, 최초의 신이었습니다. 누가 그
를 낳은 것도, 만든 것도 아닙니다. 스스로 혼자서 생겨난 겁니다.
그런데 어떤 모습이었을까요? 아마 여러분은 '카오스'라는 말은 많
이 들어 보셨을 겁니다. 혼란, 혼돈을 연상시키는 말이죠. 하지만
그것은 나중에 생긴 관념이고, 애초에 카오스는 '아무것도 없는 텅
빈 공간'을 가리켰습니다. 혼란, 혼돈이려면 뭐라도 있어야 하고,
그것들이 무질서하게 막 엉겨 붙어야겠죠? 하지만 카오스는 그런
게 아니라 아예 아무것도 없는 공허, 즉 텅 빈 공간을 가리킵니다.
　실제로 고대 그리스 사람들은 하늘과 땅 사이에 아무것도 없
는 허공을 '카오스'라고 부르기도 했죠. 원래 이 말은 '하품'이라는
뜻에서 나왔습니다. 우리가 하품을 하면 입안이 넓게 벌어지면서
텅 비게 되지요. 바로 그런 공간을 카오스라고 불렀던 겁니다. 마
치 존재의 세계가 잠에서 깨어나듯, 기지개를 켜며 커다랗게 하품
을 하는 그림이 그려집니다. 그렇게 넓게 펼쳐진 텅 빈 카오스는

앞으로 생겨날 모든 존재들을 담아낼 넉넉한 공간이 됩니다. 생각해 보면, 참으로 논리적입니다. 모든 존재가 공간을 전제하며, 공간이 없다면 그 어떤 존재도 성립할 수 없을 테니까요.

'태초'라는 말도 흥미롭습니다. 그리스어로는 '아르케(arkhē)'인데, 철학자 아리스토텔레스(Aristotelēs)는 이렇게 정의했죠. '그 앞에는 아무것도 없고, 그 뒤로는 무엇인가가 있는 것.' 너무나도 명쾌한 정의입니다. 그러니까 '카오스가 생겨나기 전에는 무엇이 있었나?'라고 물을 수 없습니다. 그 앞에는 아무것도 없어야 태초인 셈이니까요. 카오스가 최초로 생기면서 그 뒤로 뭔가가 있지, 만약 카오스 전에 뭔가가 있었다면, 카오스가 생겨나는 그 순간은 '아르케', 즉 '태초'가 아닌 게 됩니다.

그런데 카오스가 생겨나기 전 아무것도 없는 상태와 아무것도 없는 텅 빈 카오스가 생겨나 있는 상태는 어떻게 다를까요? '아무것도 없는 텅 빈 공간'을 상상하기가 쉽진 않지만 그려 볼 수는 있습니다. 하지만 도대체 아무것도 없는 상태를 상상할 수 있을까요? 사실 '아무것도 없는 상태'라는 말도 이상합니다. 뭐라도 있어야 '상태'라는 말을 쓸 수 있는데, 아무것도 없다면 '상태'라는 말 자체가 불가능하지 않나요? 좀 더 쉽게 비교를 해 보죠. 내가 살고 싶은 집을 짓는다고 합시다. 그러려면 일단 집을 지을 땅이 있어야겠죠. 텅 빈 터가 있어야 집을 지을 수 있을 테니까요. 그런데 땅이 없다면 집을 어디에다 어떻게 짓겠습니까? 집을 지을 빈 땅이 있는 것과 한 평의 땅도 없는 상태는 확실히 다르죠? 내 취향에 맞게 집을 꾸민다고 할 때도 마찬가지입니다. 일단 집이 있어야 꾸밀 수 있지, 집도 절도 없는데 뭘 꾸미겠어요? 말할 필요도 없습니다.

비슷한 논리로 그리스의 철학자 파르메니데스(Parmenidēs)는 이런 말을 했습니다. "있는 것은 있고, 없는 것은 없다. 우리가 말할 수 있는 것은 있는 것이며, 없는 것은 말할 수도, 생각할 수도 없다." 아무것도 없는 공간을 생각할 수 있는 것은 그래도 공간이라도 있으니까 그런 것이고, 그런 공간조차 없는 아무것도 없음은 도무지 생각할 수 없는 법이죠.

그런 점에서 보면, 그리스 신화의 첫 구절은 매우 논리적이고 과학적입니다. 신화도 다 세상에 관한 이야기이고 존재에 관한 이야기이니, 존재를 논하려면 먼저 존재가 자리 잡을 공간을 깔고 시작해야 하지 않을까요? 바로 이런 이유로, 저는 이 첫 구절부터 그리스 신화에 푹 빠져들고 말았습니다. 비교해 보자면, 기독교의 성경은 이렇게 시작합니다. 창조주가 세상 만물을 만든 이야기를 담은 『창세기(Genesis)』의 첫 구절입니다. "태초에 신께서 하늘과 땅을 창조하셨다(Ἐν ἀρχῇ ἐποίησεν ὁ θεὸς τὸν οὐρανὸν καὶ τὴν γῆν)." 그런데 신은 어디에다 하늘과 땅을 만든 걸까요? 하늘과 땅을 만들기 전에 신은 어디에 있었던 걸까요? 그리스 신화는 이렇게 물을 겁니다. "신이 하늘과 땅을 만들기 전에 먼저 하늘과 땅이 자리 잡을 공간부터 펼쳐 놓아야 하지 않았을까? 태초에 신이 있었다면, 어디에 있었던 거지?" 성경은 이렇게 답했을지 모릅니다. "공간은 태초부터 그냥 있었던 거야. 마치 신이 그랬던 것처럼!"

이렇게 태초에 카오스를 놓고 신과 인간, 세상에 관한 이야기를 펼쳐 낸 이는 처음에 말씀드렸듯이 그리스의 시인 헤시오도스였습니다. 그가 『신통기』라는 책을 썼을 때가, 대략 기원전 8세기 중엽이었던 것으로 보입니다. '신(Theo-)'들의 '탄생(Gonia)'이라는 뜻인데, 카오스 다음으로 줄줄이 이어지는 신들의 탄생은 계보를 이룹니다. 물론 카오스로부터 시작하는 헤시오도스의 이야기는 전적으로 그가 지어낸 것은 아니랍니다. 그 책에서 그는 음악과 시의 여신들인 무사(Mousa)들이 자신을 가르치고 알려 주었다고 합니다. 하지만 사실은 그가 태어나기도 전부터 조상들의 입에서 입으로 전해져 온 이야기를 정리한 것이겠죠? 철학을 만들어 낸 사람들답게 그리스 사람들의 신화도 매우 철학적입니다. 세상에, 카오스로부터 신화를 시작하다니! 아무리 생각해도 놀랍습니다. 존재의 전제로서 공간을, 세상에 관한 이야기의 전제로서 카오스를 놓는다는 발상 말입니다.

따져 보니, 우리가 무슨 일을 할 때도 마찬가지인 것 같습니다. 일단 뭔가를 하려면 터가 있어야 합니다. 터가 없다면, 아무것도 할 수 없습니다. 일하고 싶은 사람에게 일터가 없다면 일할 수 없고, 집을 짓고 싶은 사람에게 집터가 없다면 어떻게 집을 지을 수 있겠습니까? 이런 생각만 해도 그리스 신화의 첫 구절, 기가 막힙니다. 제가 인생에서 큰 결단을 내려야만 했을 때, 제 아내가 했던 말이 있습니다. "지금 당신이 쥐고 있는 것을 놓아야 새로운 것을 잡을 수 있어." 저는 정신이 번쩍 들었습니다. 제가 고민하던 이유는 결국 그때 제가 가지고 있던 것들을 놓지 못하고 아까워하며 집착했기 때문이었죠. 그것이 새로운 길을 가려는 제 발목을 잡고 있었던 겁니다. 모든 것들을 정리하고 제가 잡고 있던 것들을 놓고 빈손이 되자, 저는 새로운 일을 향해 떠날 수 있었고, 비워 놓은 그 삶의 빈터에 비로소 제가 하고 싶었던 것들을 하나씩 차곡차곡 진행할 수 있었습니다.

2

카오스에서
코스모스로

"태초에 가장 먼저 카오스가 생겨났다." 이 말은 참 멋있고 많은 생각을 하게 만드는데, 문득 의문이 들었습니다. '아무것도 없다가 갑자기 카오스가 생겨났다고? 아무것도 없었는데, 어떻게 뭔가가 생겨날 수 있을까?' 이런 물음이었습니다. 무(無)에서 유(有)가 창조될 수 있느냐는 질문이었죠. 잘 따져 보면, 파르메니데스 말이 그런 겁니다. 있는 건 있기에 없는 게 아니며, 없는 건 없기에 있는 게 아니니까, 없는 게 있다고, 있는 게 없다고 말할 수 없다는 겁니다. 제가 있는 강의실에 누군가가 들어와서, "어, 아무도 없네!"라고 한다면, 전 도대체 뭐가 되는 건가요? 내가 있는데 아무도 없다니, 투명인간도 아니고 전 아무것도 아닌거죠! 논리적 맥락은 비슷합니다. 아무것도 없는 '상태'에서 갑자기 '아무것도 없는 공간'이 생긴다는 건 곰곰이 따져 보면 도무지 말이 안 되는 것 같습니다. 세상 만물의 존재를 설명하기 위해 빈 공간을 전제한다는 것은 과학적이고 논리적이긴 한데, 그 공간이 없다가 생겨난다는 건 좀 이상한 것 같고 납득하기가 쉽지 않습니다. 비논리적이고 비과학적인 것도 같고요.

　이렇게 생각해 보니, 기독교의『창세기』처럼 최초의 신이 있고 공간도 전제된 상태에서 그 신이 공간 안에 하늘과 땅, 만물을 만든다는 게 오히려 더 과학적이고 논리적인 것 같습니다. 없던 게 막 생겨나고 그러는 것보다는 애초에 뭐가 잔뜩 있었다고 시작하는 것도 나쁘지 않아 보입니다. 어떤 측면에서는 그게 더 논리적이고 과학적인 것 같기도 하고요. 그래서 그랬을까요? 그리스 신화처럼 카오스로 시작하면서, 카오스의 개념을 완전히 달리 규정한 이들도 있습니다. 여러분이 알고 있던 그 혼란, 혼돈으로 말입니다. 가장 분명하게 이야기한 사람은 로마의 시인 오비디우스(Pūblius Ovidius Nāsō)였습니다. 그는 기원전 1세기가 끝나갈 무렵에 『변신 이야기(Metamorphōsēs)』를 썼는데, 거기서 혼란의 카오스를 태초의 모습으로 그려 넣었습니다.

그에 따르면 태초엔 땅은 물론 바다나 하늘도 없었고, 자연은 어디서나 똑같은 모습이었답니다. 뭔지 모르겠는 수많은 씨앗들이 싸우듯이 서로 밀쳐 대고 엉겨 붙으면서 얽히고설켜 정돈되지 않은 무더기를 이루고 있었다는 겁니다. 오비디우스는 그런 상태를 카오스라고 했습니다. 텅 빈 공간이 아니라 혼돈으로 꽉 찬 공간이라는 거죠. 물론 오비디우스가 이런 관념을 창작한 건 아닙니다. 그 이전부터 사람들은 무에서 유가 생겨날 수 없다. '엑스 니힐로 니힐 피트(Ex nihilo nihil fit)', 즉 '아무것도 없는 데서는 아무것도 생겨날 수 없다'고 생각하기 시작했고, 그런 생각을 오비디우스가 이어받아 작품 속에 정리한 거죠.

그러나 혼돈이 영원히 계속되진 않았습니다. 혼돈의 카오스에 어떤 신비로운 조화의 손길이 닿으면서 질서가 생겨났고 땅과 하늘, 바다가 생겨났답니다. 만물이 고유의 결을 따라 뭉치고 흩어지면서 각자 고유한 윤곽을 드러내며 가지런히 질서가 잡혔다는 거죠. 그 질서를 그리스어로는 '코스모스(Kosmos)'라고 합니다. '카오스에서 코스모스로', '혼돈에서 질서로' 이 세상이 변신했다는 겁니다. 미국의 천체물리학자 칼 세이건(Carl Sagan)이 『코스모스(*Cosmos*)』라는 책을 남겼던 건 잘 아시죠? 그런데 그는 왜 우주를 다루는 책에 '질서'라는 제목을 붙였을까요? 옛 그리스와 로마의 사람들은 우주가 일정한 원리에 따라 조화로운 구조를 이루고 질서 정연하게 운동한다고 생각했기 때문에 우주를 코스모스라고 불렀습니다. 세이건은 그 말에 담긴 우주에 관한 생각을 그대로 가져다가 자기 책 제목으로 붙인 거죠. 그리스의 철학자이며 수학자인 피타고라스(Puthagoras)는 하늘에 수많은 별들이 움직이는 모습에서 화음이 잘 이루어진 아름다운 음악을 들었다고 합니다.

그런데 정말 오비디우스가 노래한 것처럼 이 세상이 혼란에서 질서로 변신하고 있는 걸까요? 고개가 갸우뚱해집니다. 오히려 정반대의 사례가 너무 많이 보이거든요. 세계 곳곳에서 질서가 깨지면서 혼란과 폭동이 자주 일어나고, 반란과 전쟁도 수시로 터지잖아요. 우리가 사는 세상은 카오스에서 코스모스가 아니라, 그 반대로 코스모스에서 카오스로 망가져 가고 있는 건 아닐까요? 아니면, 우리가 보는 혼란은 일시적인 현상이며, 조금씩, 조금씩 더 완벽한 질서를 향해 발전해 가는 걸까요? 그리고 혼란처럼 보이는 현상을 전체적으로 더 깊게 바라본다면, 어떤 질서에 따라 움직이고 있는 걸까요?

"브라질의 나비 한 마리가 날갯짓을 하면, 미국에 토네이도를 일으킬 수 있지 않을까?" 이런 말, 들어 보신 적 있죠? 1961년 미국의 수학자 애드워드 로렌츠(Edward Norton Lorenz)가 던진 물음입니다. 여기서 그 유명한 '나비 효과'라는 말이 나오죠. 아주 작은 변수가 엄청난 결과를 낼 수 있다는 뜻입니다. 우리는 어떤 변화의 작은 변수들을 충분히 계산하지 못하고, 그 결과를 제대로 예측하지 못해 혼란을 느끼지만, 사실은 거기에도 다 질서가 있답니다. 그래서 나온 게 바로 '카오스 이론'입니다. 수학에서 카오스는 무질서나 혼돈만을 의미하지 않습니다. 혼란처럼 보이는 것에도 그 나름의 일정한 질서가 있다고 생각하는 거예요. 그렇다면 우리가 '혼란, 혼돈'이라고 말하는 것은 너무 편협하고 자의적인 판단일 수 있는 거겠죠? 모든 것에는 나름의 질서가 있다고 하니 말입니다.

한번은 아들 녀석의 방에 들어간 적이 있는데, 기절할 뻔했습니다. 정말 '정리'라곤 존재하지 않는 혼돈의 카오스였으니까요. 아무렇게 벗어 던져 놓은 옷가지들, 양말들, 널려 있는 책과 노트, 각종 학용품과 가방들…… 정신이 혼미했습니다. 그래도 내가 참자, 아들을 위해 묵묵히 정리해 주자, 이렇게 마음먹고 방을 치워 주었지요. 나중에 돌아온 아들은 내게 미안해하거나 고마워하지 않고, 오히려 불쾌해했습니다. 자신이 만들어 놓은 질서를 내가 어지럽히는 바람에 필요한 것을 찾는 데에 큰 어려움을 겪고 있다는 원망이었죠. 세상에 적반하장도 유분수지, 어디다 대고 원망일까요? 저는 몹시 억울했지만 이야기를 들어 보니 묘하게 설득력이 있었습니다. 자기 방을 혼란스럽고 어지럽다고 생각하는 건 순전히 내 편견이다, 자신은 나름대로 정리를 해 놓은 것이고 거기엔 자신만의 질서가 있었는데, 그걸 내가 무단으로 깨뜨렸다고 했거든요.

이런 게 카오스 이론일까요? 그 말이 옳다면, 내가 혼란이라고 단정하는 것들 속에는 그 나름의 질서가 있는 것인데 내가 그걸 모를 뿐인 거죠. 내가 편견을 깨고 아들이 생각하는 질서를 또 다른 질서로 인정한다면, 서로 싸우고 불편해할 필요가 없겠지요?

3

야누스,
세상의 문을 열다

로마의 시인 오비디우스는 『변신 이야기』 이외에 『로마의 축제일 (*Fāstī*)』이라는 책도 썼는데, 「1월 편」에서는 카오스에 관해 아주 다른 이야기를 해 줍니다. 로마 신화에는 그리스의 카오스 신에 대응하는 신이 따로 있는데, 바로 '야누스(Iānus)'랍니다. 그러고 보니, 『변신 이야기』에서 카오스는 하나의 신으로 소개되진 않습니다. 야누스는 문(門)의 신이며 마치 집을 나설 때 문을 열어야 하듯, 세상이 시작되는 태초에 야누스가 있었던 겁니다.

　　여러분은 '야누스'라는 이름을 많이 들어 보셨을 겁니다. 잘 아시다시피, 야누스는 두 얼굴을 가지고 있습니다. 저에게 야누스는 어렸을 때 보았던 두 가지 이미지와 연결되어 있습니다. 첫 번째는 미국 TV 드라마 <두 얼굴의 사나이(The Incredible Hulk)>에 등장하는 헐크입니다. 헐크는 과학자인 베너 박사 안에 도사리고 있는 괴물이죠. 베너 박사는 평소에는 이지적이며 온화하지만, 분노가 폭발하면 통제하기 힘든 무시무시한 초록색 괴물로 변합니다. 한 사람 안에 공존하는 베너와 헐크는 제게 '야누스의 두 얼굴'의 전형으로 각인되어 있었습니다. 이 이야기는 1886년 스코틀랜드 출신의 작가 로버트 루이스 스티븐슨(Robert Louis Stevenson)의 소설 『지킬 박사와 하이드(*Dr. Jekyll And Mr. Hyde*)』와 유사합니다. 사람들의 존경을 받던 지킬 박사의 내면에 숨어 있다가 폭발하듯 분출되어 나오는 괴물 하이드가 우리 인간 내면의 이중성을 보여 주면서 야누스의 두 얼굴과 같은 이미지를 이룹니다.

또 다른 이미지는 아수라 백작이었습니다. 그는 일본 애니메이션 <마징가 Z>에 나오는 악당입니다. 반쪽은 남성이고 반쪽은 여성인 기괴한 조합의 얼굴을 가지고 있죠. 그런데 원래 아수라는 불교에 나오는 악귀의 대마왕입니다. 싸우기를 좋아해서 '전쟁의 신'이 되었습니다. 그래서 싸움판을 '아수라장'이라고 부릅니다. 처음에는 선한 신이었지만, 감히 하늘에 덤벼들어 싸우면서 악한 신이 되었죠. 하늘이 이기면 세상이 평화롭지만, 아수라가 이기면 세상은 고통으로 가득해집니다. 하늘이 강해져 아수라를 압도하려면 세상의 많은 사람들이 선해져야 합니다. 그러나 악한 사람이 더 많아지면 아수라가 득세하고 말죠. 이 역시 두 얼굴을 가진 야누스의 또 다른 이미지였습니다.

제가 어릴 적부터 갖고 있던 이 두 이미지와 연결된 '야누스의 두 얼굴'은 부정적인 것이었습니다. 그런데 나중에 알고 보니 그것은 완전히 오해였습니다. 그런 오해가 생긴 데는 영국의 철학자 쿠퍼(Anthony Ashley Cooper) 탓이 컸습니다. 감정과 욕망, 이성 사이의 균형과 조화를 강조했던 그는 『인간, 매너, 의견, 시간의 특성에 관하여(Characteristics of Men, Manners, Opinion and Times)』에서 "한쪽 얼굴로는 억지로 미소를 짓고, 다른 쪽 얼굴로는 노여움과 분노를 표하는 작가들의 이 '야누스 얼굴'만큼 우스꽝스러운 것은 없다."라고 썼는데, 그것이 사람들 사이에 널리 퍼진 것이었습니다.

그러나 이것은 야누스의 두 얼굴이 갖는 원래 뜻을 완전히 왜곡한 것입니다. 로마의 시인 오비디우스는 『로마의 축제일』에서 야누스의 두 얼굴을 우리가 알고 있는 것과는 아주 다르게 설명합니다. 그에 따르면, 야누스는 고대 로마의 아주 중요한 신입니다.

그리스 신화에는 없는, 로마 신화 고유의 신이라는 점에서 주목할 만합니다. 야누스는 두 얼굴을 가졌지만, 헐크나 아수라 백작과는 달리 정면과 뒤통수에 얼굴이 있습니다. 뒤통수의 얼굴은 과거를, 정면의 얼굴은 미래를 응시하는데, 두 얼굴은 역사를 통찰하여 미래를 준비하는 지혜와 통합니다.

로마인들은 이런 야누스를 안과 밖을 향해 두 얼굴을 내밀고 있는 문(門)과 짝지었습니다. 문을 라틴어로 '야누아(Iānua)'라고 하니, 야누스(Iānus)는 영락없이 '문의 신'입니다. 문은 안에 있는 사람이 바깥 세계로 나가는 통로입니다. 문이 없다면 단단한 벽에 차단되고 고립될 수밖에 없습니다. 여기에서 로마인들의 신앙이 생깁니다. '밖으로 나가려면 문을 통과해야 하니, 조심하라! 문의 신 야누스가 노하면 한 발짝도 나갈 수가 없다!' 그들은 '새해로 들어가는 시간의 문'이라는 뜻에서 1월을 '야누스의(Iānuārius)' 달이라고 했고, 새해 첫날 야누스에게 정성껏 제물을 바쳤습니다. 이 말은 영어의 '제뉴어리(January)'가 됩니다. 로마인들은 일 년의 첫날인 설날뿐만 아니라 매월 첫날과 하루를 여는 아침도 야누스에게 바쳤습니다. 야누스가 허락해야 모든 일이 술술 풀려나간다고 믿었던 까닭입니다.

그런데도 로마인들은 야누스 신전의 문만은 굳게 닫혀 있기를 소망했습니다. 그 이유는 이렇습니다. 로물루스(Rōmulus)가 로마를 세우고 얼마 지나지 않아 적들이 로마의 카피톨리움 언덕을 공격했습니다. 로마인들이 쩔쩔맬 때, 야누스가 나타나 뜨거운 샘물을 뿜어 내 기세등등했던 적들을 쫓아냈습니다. 그때부터 로마인들은 전쟁이 터지면 야누스 신전의 문을 열었습니다. 야누스가 나타나 도와주기를 바란 것이죠. 그러다가 전쟁이 끝나면 다시 야누스의 문을 닫았습니다. 그래서 야누스의 문이 항상 닫혀 있기를 소망한 것입니다. 전쟁이 그치고 평화가 찾아오길 바라는 간절한 열망에서 나온 것이죠.

그런 식이라면, 지금 우리도 옛 로마인들과 같은 소원을 가지고 야누스의 문이 닫히길 희망합니다. 일본의 약탈과 동족상잔의 전쟁으로 폐허가 된 한반도에 기적처럼 일구어 낸 경제적 풍요와 민주주의를 굳게 지키며 발전시켜 나가길 원하니까요. 전쟁의 끊임없는 위협 속에서도 '야누스의 문'을 굳게 닫고 누릴 평화를 희망하며 야누스의 지혜를 찾는 것입니다. 그러나 그것이 어디 우리에게만 국한된 것이겠습니까? 그것은 인류가 일구어 낸 오늘날의 윤택함을 지속 가능하게 하려고 현대 문명이 직면한 온갖 문제들, 예컨대 환경오염과 핵무기의 확산, 정치적·경제적 불평등의 문제들을 제거할 지혜와도 통합니다. 그 지혜는 부정부패를 교묘히 감추는 일그러진 야누스의 얼굴이 아니라, 진짜 야누스의 얼굴을 가진 사람만이 보여 줄 수 있는 문명사적 통찰에서 비롯되는 것이겠죠?

야누스의 두 얼굴은 그가 사랑을 쟁취하는 데도 결정적인 도움을 주었습니다. 오비디우스는 흥미로운 이야기를 해 줍니다. 그가 선택한 배우자는 카르나(Carna)라는 뉨페(Numphē)였습니다. 그녀는 구혼자가 나타나면 승낙하는 척하며, 밀애를 나눌 동굴로 앞장서게 했습니다. 그러나 정작 동굴 가까이에 다가가면 그녀는 몰래 달아나고, 구혼자는 그녀를 찾지 못해 허탕을 치고 돌아가야만 했죠. 그러나 야누스는 카르나를 차지할 수 있었습니다. 그녀의 말대로 앞장서서 동굴로 다가가는 동안 그녀는 예전처럼 몰래 도망쳐 숨었지만, 얼굴이 앞뒤로 둘이었던 야누스는 그녀가 어디로 숨는지를 모두 보고 그녀를 찾아냈던 겁니다. 야누스의 신화는 앞으로 나아가되, 뒤를 돌아볼 수 있는 사람은 어떤 일에든 성공할 수 있음을 우리에게 깨우쳐 줍니다.

둘은 부부가 되었고, 야누스는 카르나를 '경첩'의 신이 되게 하였습니다. 문을 벽에 단단하게 붙어 있도록 지지해 주는 것이 경첩이니, 야누스와 카르나의 궁합은 찰떡이겠죠? 카르나는 집 안의 문으로 악귀가 들어오지 못하도록 막아 주는 '수호 여신'이 되었는데, 특히 어린아이들을 병마로부터 지켜 주었다고 합니다. 둘 사이에는 티베리누스(Tiverinus)가 태어났는데, 로마를 흐르는 강물의 신이 되어 로마를 지켜 주고 있습니다.

4

카오스의
무시무시한 자손들

유대교와 기독교의 신은 유일하며 홀로 세상을 창조합니다. 하늘
과 땅, 바다는 물론이고 세상을 이루는 삼라만상이 신의 피조물이
죠. 그러나 그리스 신화에서 신은 하나가 아닙니다. 헤아릴 수 없
을 만큼이나 많죠. 오죽하면 철학자 탈레스(Thalēs)는 '세상이 온
통 신으로 가득 차 있구나!'라고 말을 했겠습니까. 하늘도 땅도, 산
도 바다도 모두 다른 신의 피조물이 아니라 그 자체가 꿈틀대는 신
들이며, 이 우주와 별개로 있는 창조주란 없습니다. 플라톤(Platōn)
은 『티마이오스(Timaios)』에서 세상을 창조한 '데미우르고스(Dē-
miourgos)'라는 신을 상정했지만, 그것이 일반 대중들 사이에 퍼져
있던 그리스 신화의 정통이라고 보긴 힘듭니다.

　　앞서 말씀드린 것처럼 그리스 신화에서 이 세상은 카오스가
태어나면서 시작됩니다. 그다음에는 땅의 여신 가이아(Gaia)가 생
겨났죠. 그러나 카오스가 가이아를 낳은 건 아닙니다. 카오스가 스
스로 생겨난 것처럼 가이아도 카오스 안에 생겨났죠. 그다음으로
땅속 깊은 곳에 타르타로스(Tartaros)가 생겨났습니다. 간혹 '타르
타라(Tartara)'라는 이름으로 등장하기도 하는데, 이는 중성 복수
형태로 보입니다. 하지만 나중에 가이아와 결합하여 튀폰(Tuphōn)
이라는 괴물을 낳는 것을 보니, 아무래도 남신이겠죠? 그리고 욕

망과 사랑의 신 에로스(Erōs)가 태어났죠. 이렇게 넷을 최초의 신이라고 불러야 할 것 같습니다.

가장 먼저 태어난 카오스는 자신만의 자식을 낳습니다. 누구랑 결합한 건 아니고 홀로 낳았는데, 어둠의 남신 에레보스(Erebos)와 밤의 여신 뉙스(Nux)가 최초의 자식이었습니다. 그렇다면 어둠과 밤이 태어나기 전 카오스의 상태는 어땠을까요? 어둠과 밤이 없었으니까 깜깜했을 리는 없고, 그렇다고 밝은 것도 아닙니다. 남매였던 어둠과 밤이 부부가 되어 밝은 천공의 남신 아이테르(Aithēr)와 낮의 여신 헤메라(Hēmera)를 낳았으니까요. 낮과 밤이 생겨나기 전, 어둠과 밝음도 없을 때 텅 빈 공간인 카오스는 어떤 상태였을까요? 밝은 것은 아닌데, 아무것도 보이지 않은 짙은 안개가 낀 그런 상태가 아니었을까요? 암튼 밤과 어둠이 남매였고 부부가 된다는 건 자연스럽습니다. 반면 그들이 자신들과는 전혀 딴판인 낮과 밝은 천공을 낳았다는 건 의외입니다. 자식은 부모를 닮는다는데, 전혀 닮은 구석이 없는 부모 자식간이니 말입니다.

어둠이 짙어지다 밝아 오고, 밤이 지나가면 낮이 오는 것은 우리가 매일 겪는 자연 현상이죠. 이런 경험이 그리스인들로 하여금 그런 신화적 상상을 하게 한 걸까요? 어쨌든 여기까지는 그런대로 괜찮았는데, 밤이 그다음에 낳은 자식들이 문제였습니다. 대부분이 음산하거나 무섭고 불쾌한 녀석들이었거든요. 죽음과 운명의 남신 모로스(Moros), 급사의 여신 케르(Kēr), 죽음의 남신 타나토스(Thanatos), 잠의 남신 휘프노스(Hupnos), 꿈의 남신 오네이로스(Oneirus)의 부족들이 모두 밤의 자식들입니다.

가장 눈에 띄는 것은 '죽음'입니다. 해가 지고 어둠이 짙어 오는 밤이 죽음을 연상시키듯, 밤의 자식들 중엔 유독 죽음과 관련된 신이 많습니다. 한 사람에게 주어진 삶의 몫이 끝났을 때, 우리는 "운명하셨습니다"라는 말을 쓰는데, 바로 그런 의미의 운명이 모로스입니다. 케르도 죽음의 신인데, 특히 역병이나 질병, 전쟁터에서의 타격 등으로 갑작스럽게 죽을 때 엄습하는 신입니다. 타나토스는 훨씬 더 일반적으로 '죽음'을 뜻하는데, 법률 용어로서 사형을 가리키기도 합니다.

잠과 꿈이 밤의 두 아들이라는 상상도 이해하기 어렵지 않습니다. 밤이 되면 잠을 자고, 꿈을 꾸니 말입니다. 꿈이 워낙에 다양해서 헤시오도스는 이를 '꿈의 부족들'이라고 불렀죠. 타나토스와 휘프노스 형제는 함께 다니면서 죽은 사람들을 호송합니다. 죽음과 잠은 닮은 점이 참 많지요. 그래서 사람들은 죽음을 영원한 잠이라고 하고, 잠을 죽음의 연습이라고도 합니다. 우리는 매일 잠을 자고 깨어나니, 항상 죽음을 연습하는 셈입니다. 트로이아 전쟁터에서 제우스(Zeus)의 아들 사르페돈(Sarpēdōn)이 쓰러졌을 때, 제우스는 죽은 아들을 타나토스와 휘프노스 형제에게 맡깁니다. 그런데 타나토스는 혼자서 활동하기도 합니다. 아드메토스(Admētos) 왕 대신 그의 아내 알케스티스(Alkēstis)가 죽었을 때, 타나토스가 그녀의 혼백을 이끌고 하데스(Hadēs)로 데려갔죠. 때마침 아드메토스의 집에 묵던 헤라클레스(Hēraklēs)는 이 사실을 알고 달려가 타나토스와 싸워 이기고 알케스티스를 데려왔다고 합니다..

밤의 여신 뉙스는 운명의 여신인 모이라 세 자매도 낳았습니다. 운명의 실을 잣는 클로토(Klōthō)와 각자에게 그것을 몫으로 나눠 주는 라케시스(Lakhesis), 결정적 순간에 운명의 실을 잘라 내는 아트로포스(Atropos)가 그들입니다. 뉙스는 또 응보의 여신 네메시스(Nemesis)와 기만의 여신 아파테(Apatē), 우정의 여신 필로테스(Phi-lotēs), 노령의 신 게라스(Gēras), 불화의 여신 에리스(Eris)도 낳았죠.

이 가운데 에리스 여신은 테티스(Thetis)와 펠레우스(Pēleus)의 결혼식에 황금 사과를 던져 신들의 세계에 엄청난 불화를 일으키고, 급기야 트로이아 전쟁을 일으킨 원흉이 되지요. 그녀는 자식도 많습니다. 노고(勞苦)의 신 포노스(Ponos), 망각의 신 레테(Lēthē), 기아의 신 리모스(Limos), 고통의 신 알고스(Algos), 전투의 신 휘스미네(Husminē), 싸움의 신 마코스(Makhos), 살육의 신 포노스(Phonos), 살인의 신 안드로크타시아(Androktasia), 다툼의 신 네이코스(Neikos), 거짓말의 신 프세우도스(Pseudos), 말의 신 로고스(Logos), 말다툼의 신 암피로기아(Amphilogia), 무법의 신 뒤스노미아(Dusnomia), 미망의 신 아테(Atē), 맹세의 신 호르코스(Horkos)가 에리스의 자식들입니다. 정말 별의별 신들이 다 있지요? 옛 그리스 사람들은 인간이 통제할 수 없는 현상이나 감정들도 모두 신들의 작용이며 각각을 관장하는 신들이 따로 있다고 보았던 겁니다. 대부분의 부정적 현상들과 감정, 요소들이 모두 불화의 여신 에리스가 낳은 자식들이라는 상상은 자연스러우면서도 아주 흥미롭지 않습니까?

밤의 여신 뉙스는 혼자서 비난의 남신 모모스(Mōmos)와 고통의 여신 오이쥐스(Oizus)와 서쪽 땅의 여신들인 헤스페리데스(Hesperides) 세 자매도 낳았습니다. 이 세 자매는 서쪽으로 지는 태양과 관련이 있는 여신들이니, 헤시오도스는 밤이 되기 직전 석양을 밤과 연결시킨 것 같습니다. 이들의 정원에는 황금 사과가 열리는 나무가 있는데, 나중에 헤라클레스는 그곳으로 찾아가 황금 사과를 따 가게 되죠.

신들의 이름을 줄줄이 나열하니 좀 지루하셨을 것 같습니다. 암튼 카오스로부터 밤의 여신 뉙스, 그리고 그 자식들의 면면을 보니 왜 카오스가 혼란의 신, 혼돈의 신이라 불리게 되었는지를 좀 이해할 수 있을 것 같습니다. 밤과 어둠의 부정적인 이미지들이 그리스인들의 상상력 속에서는 인간들을 괴롭히고 혼란스럽게 하는 온갖 요소들을 상징하는 신들로 나타났고, 이런 까닭에 모든 세상 만물을 품는 광활한 허공인 카오스가 그 자손들로 인해 아주 부정적인 이미지를 갖게 된 것이겠죠?

5

가이아,
최초의 질서를 세우다

"흙에서 와서 흙으로 돌아간다"라는 말이 있습니다. 땅에 시신을
묻는 장면을 보거나, 화장터로 들어간 시신이 희고 따뜻한 몇 줌
의 재로 남는 걸 보면, 우리가 흙으로 돌아간다는 것을 실감하지
않을 수 없습니다. 겨우내 얼어붙었던 대지가 봄이 되어 녹으면
서 싹을 트게 하고 꽃과 잎을 피우며 과일과 야채, 곡식을 무르
익게 만드는 걸 보면, '땅은 생명의 원천이구나!' 하고 깨닫게 됩
니다. 우리가 땅의 소산을 먹고 성장하며 생존하니, 땅은 아이에
게 젖을 먹이는 어머니처럼 우리를 키우는 존재라고 할 수 있습
니다.

이 우주를 이루는 만물의 근원은 무엇일까요? 그리스어로는
'아르케'라고 하는데요, 모든 것의 씨앗, 요소, 출발점을 가리킵니
다. 시간에 대해 쓰면 출발 시간이라는 뜻이 되고, 우주로 말하면
태초를 가리킵니다. 모든 것을 지배하는 원리라는 뜻도 있지요.
그리스의 철학자 아리스토텔레스는 만물의 아르케를 탐구하는
데서 철학이 시작되었다고 합니다. "만물의 아르케는 무엇인가?"
이 질문을 처음으로 던지고 "그것은 물이다."라고 주장한 탈레스
를 철학의 시조라고 하는 것도 그런 이유에서지요.

탈레스의 학파에 속한 아낙시메네스(Anaximenēs)는 만물의

아르케를 공기라고 했고, 헤라클레이토스(Hērakleitos)는 불이라고 했습니다. 그런데 이런 철학자들에 앞서 활동한 시인 헤시오도스는 신들의 계보를 노래하는 『신통기』에서 다른 이야기를 해 줍니다. "태초에 가장 먼저 카오스가 생겼고, 그다음에 가이아가 생겼다."라고 했는데, 가이아는 땅, 대지를 가리킵니다. 그렇다면 만물의 아르케는 흙이라고 본 것이 아닐까요? 물론 가이아보다 카오스가 더 먼저 생겨나긴 했죠. 그리고 카오스도 수많은 자손을 낳았고요. 그런데 앞서 보았듯이 카오스의 자손들은 눈에 보이거나 손으로 만질 수 있는 구체적인 모습을 갖고 있지 않았습니다. 그러니까 감각적으로 느낄 수 있는 만물의 아르케를 카오스에서는 찾을 수 없을 것 같습니다.

그렇다면 가이아, 땅의 여신이야말로 만물의 아르케로 제격입니다. 카오스가 모든 것들을 품어 안는 공간이라면, 물질로서 가장 먼저 생겨난 것은 땅이니까요. 카오스가 생기면서 텅 비어 있던 세상은 곧이어 땅이 생기면서 가장 먼저 흙으로 가득 차게 되었죠. 물론 흙이 카오스를 가득 채운 것이 아니라 반쯤 채우거나 카오스의 어딘가에 공처럼 또는 드럼통처럼, 어떤 큰 덩어리로 둥둥 떠 있는 모습을 상상할 수도 있습니다. 어쨌든 가이아가 태어났을 때 세상에는 카오스와 가이아, 즉 빈 공간과 땅만 있었고 다른 것은 아무것도 없었습니다. 게다가 카오스가 가이아를 낳은 것은 아니니까, 맨 처음에 공간의 신 카오스가 저절로 생겨난 것처럼 카오스를 채우며 태어난 대지의 여신 가이아도 혼자서 태어난 것입니다. 그런데 어떻게 그럴 수가 있었을까요? 잘 모르겠습니다. 이 질문에 답하기는 어려울 것 같습니다. 그저 흙이 모든 물질적인 존재의 원천이라고 말할 수는 있습니다.

그런데 그리스 신화에서는 카오스가 그렇듯, 가이아도 그냥 물질로서 흙덩이가 아닙니다. 그 자체가 하나의 생명체와도 같은 여신입니다. 매우 생산력이 왕성한 여신이죠. 그녀는 맨 처음에 우라노스(Ouranos)라는 아들을 낳습니다. 세포분열을 하듯이 혼자서 낳은 건데요, 그렇게 태어난 우라노스는 하늘입니다. 땅의 여신 가이아는 하늘의 남신 우라노스를 낳아서 "자기 주위를 완전히 감싸도록(ἵνα μιν περὶ πάντα καλύπτοι)"했지요(『신통기』 127행). 어떤 모습이었을까요? "주위를"이란 말, 그리고 "감싼다"는 말을 적극적으로 해석하면 마치 계란의 흰자가 노른자를 완전히 감싸는 모양새를 상상할 수 있습니다.

다른 그림도 가능합니다. 땅덩이가 카오스의 아래를 차지하고 그 위를 온통 하늘이 차지한 것으로 그려 낼 수도 있습니다. 위 아래를 말하지는 않았으니 좌우대칭도 생각할 수 있고요. 아예 땅덩이가 위에, 하늘이 아래 부분을 차지하고 있었다는 상상도 가능할 것 같습니다. 물론 대부분의 학자는 땅 위에 하늘이 펼쳐진 것으로 그리지만, 헤시오도스의 상상력은 훨씬 더 과감했을 수 있고, 저는 개인적으로 계란의 노른자와 흰자의 관계로 땅과 하늘이 자리 잡았을 거라는 해석에 한 표를 던집니다.

하늘을 낳은 대지의 여신 가이아는 그다음으로 '우레아(Ourea)'를 낳는데, 산을 뜻합니다. 땅에서 울퉁불퉁 솟아난 산들은 땅의 일부이면서 동시에 땅이 혼자서 낳은 자식들이기도 하지요. 가이아 여신은 우레아를 낳은 후에 갑옷처럼 자기 피부에 딱 달라붙어 자신을 보호하도록 했습니다. 세 번째로 가이아는 또다시 혼자서 폰토스(Pontos)를 낳습니다. 폰토스는 바다입니다. 자신을 녹여 내어 출렁이는 바다를 낳은 것입니다. 가이아가 거대한 대지의 여신이듯이, 그녀가 낳은 하늘의 남신 우라노스도, 산들의 신 우레아도, 바다의 남신 폰토스도 모두 단순히 물질적인 존재가 아니라, 우리처럼 살아 숨 쉬는 생명체, 즉 영원한 생명을 가진 불멸의 신입니다.

어떤가요? 헤시오도스의 신화는 정말 창의적인 상상력이 넘쳐 나지요? 우리가 사는 이 자연을 살아 움직이는 거대한 신으로 그려 냈으니 말입니다. 그런데 단순히 허황된 이야기로 흘려 버리기는 어려울 것 같습니다. 1979년 영국의 과학자 제임스 러브록(James Lovelock)은 『가이아: 지구 위의 생명을 바라보는 새로운 관점(Gaia: A New Look at Life on Earth)』이라는 책을 세상에 내놓았는데, 마치 헤시오도스의 이야기를 과학으로 입증하려는 것 같은 책입니다. 그에 따르면 이 지구는 그저 거대한 흙덩어리가 아니라, 하나의 생명체 같은 유기체로서 움직입니다. 모든 생명체가 생존을 위해 자생적인 노력을 하듯이, 지구 또한 자신의 존재를 유지하려고 스스로 조절을 한다는 것이지요. 지구를 이루는 토양과 대양, 대기권이 모두 생명체처럼 움직이며, 인간을 포함해 이 지구에 사는 모든 생명체도 사실은 거대한 지구의 자생적인 활동의 일부로 움직인다는 겁니다.

그렇다면 우리 인간은 이 거대한 유기체인 지구 안에서 어떤 존재로 살고 있을까요? 개발이라는 미명 아래 숲을 훼손하고 강과 바다, 대기를 오염시키는 모습은 흡사 우리 몸을 망치는 병균이나 바이러스처럼 보이진 않나요? 지구를 수십 번 파괴하고도 남을 핵무기를 만들어 지구 곳곳에 설치한 인간의 행태는 어떤가요? 가히 지구의 생존을 위협하는 암적인 존재라 할 수 있습니다. 지금 전 세계를 휩쓸고 있는 코로나 19 바이러스도 인간이 생태계를 망치고 지구를 온난화시킨 결과라는 과학적 주장들이 제기되고 있습니다. 우리가 바이러스에 피해를 입고 있는 것은 어쩌면 지구를 병들게 하는 바이러스 같은 존재라서 지구가 노한 결과는 아닐까요?

그리스 신화에서 가이아 여신은 나중에 인간들의 수가 늘어나자 고통을 당합니다. 인간들이 온갖 해악으로 땅을 더럽혔기 때문이지요. 참다못한 가이아 여신은 제우스에게 인간들을 쓸어 버리라고 부탁하지요. 제우스는 거대한 홍수를 일으켜 인간을 파멸시켰다고 합니다. 다행히 한 쌍의 착한 부부가 살아남아 인류가 멸종되지는 않았지요. 이 이야기는 우리에게 무엇을 말하고 있을까요? 지금 우리가 깊이 새겨 보아야 할 살아 있는 이야기가 아닌가 생각합니다.

6

타르타로스,
지하 세계를 지배하다

사람들은 언젠가는 죽습니다. 죽으면 우리는 흙으로 돌아가겠지요? 그런데 영혼이나 혼백, 넋이라는 것이 있을까요? 우리가 죽어서 흙이 되는 것은 몸뿐이고, 정신은 혼백으로 남아 어딘가에서 계속 있는 게 아닐까요? 그러다가 새로운 몸을 입고 환생하는 것인지도 모릅니다. 여러 종교의 가르침에는 그와 같은 사후 세계의 이야기들이 포함되어 있습니다. 우리가 조상의 묘를 정성껏 가꾸고, 기일과 명절 때마다 제사를 지내는 전통을 오랫동안 유지해 온 것도 죽은 조상의 혼백이 때마다 우리를 찾아오리라는 믿음이 있기 때문입니다. 우리가 사는 이 세상은 태양이 빛나는 이승인 반면, 죽으면 넋이 가서 사는 곳을 어두운 저승이라 합니다.

그리스·로마 신화에도 어둠의 세계가 있습니다. 그러나 그것은 단순한 물리적 공간이 아니라, 하나의 신입니다. 어둠의 신은 태초에 카오스가 생기고, 대지의 여신 가이아가 생겼을 때, 함께 생겼다고 합니다. 그리스의 시인 헤시오도스는 이렇게 노래했지요. "넓은 길의 대지 깊은 곳에 어두컴컴한 타르타로스가 생겨났도다." 대지 아래 생겨난 깊은 구렁에는 아무런 빛도 없고 짙은 안개, 혹은 연기가 자욱하게 끼어 있어 어두컴컴했고, 하늘 꼭대기에서 대지까지의 거리만큼이나 대지에서 타르타로스의 바닥까지도 멀게 떨어져 있었다고 합니다.

　그리스·로마 신화가 그려 주는 태초의 우주는 이런 모습이었지요. 우주의 한가운데 두툼한 땅이 있고, 대지의 여신 가이아의 표면에 울퉁불퉁한 산들의 신 우레아가 솟아나 있고요. 그녀의 주위를 바다의 신 폰토스가 둘러싸고 있습니다. 그리고 바다와 대지 주위를 온통 감싸면서 하늘의 신 우라노스가 군림합니다. 대지 깊은 곳에 어둠의 구렁, 지하의 신 타르타로스가 자리를 잡고 있지요. 이 신들이 운동하도록 힘을 불어넣어 주는 신이 여기저기로 날아다니는데, 바로 사랑의 신 에로스입니다. 이것이 그리스·로마 신화가 그려 주는 태초의 모습입니다.

　이 원초적인 시기에는 아직 인간이 없었습니다. 그러니까 애초에 지하는 우리가 생각하는 사후 세계가 아니었지요. 신들은 죽지 않으니까요. 처음에 그곳은 신들을 가두는 감옥과 같은 곳이었습니다. 어떤 신들이 그곳에 갔을까요? 그리스 신화에서는 태초의 신들이 자식을 낳습니다. 그리고 자식들 사이에 결합이 일어나면서 새로운 신들이 태어나고 수가 점점 늘어나지요. 그러다 보니 이들 사이에 권력 투쟁이 벌어졌습니다. 이때 승자는 하늘과 땅 사이의 밝은 곳을 주름잡지만, 패자는 어둠의 장소인 타르타로스로 내려오게 되지요. 힘이 없어 싸움에서 패했다는 것이 죄일까요? 경쟁에서 패하면 실제로 비참한 상태에 몰리기도 하지만, 그렇지 않더라도 그 마음이 지옥 같겠지요. 그리스·로마인들은 바로 이런 상황을 타르타로스로 상상했던 것입니다. 그리고 사람들에게 이런 메시지를 던졌겠지요. "강한 자가 되라. 승자가 되라. 그렇지 않으면 타르타로스로 떨어지리라."

　신들은 또 다른 이유로 타르타로스에 갇히게 됩니다. 땅 위의 세상과 타르타로스의 경계를 이루는 강이 있는데, 그 강의 이름은 스튁스강입니다. 신들은 이 강에 대고 맹세를 하는데, 만약 그 맹세를 어기면 거짓말에 대한 엄중한 벌을 받습니다. 맹세를 어긴 신은 타르타로스에 갇혀 일 년 동안 신들이 먹고 마시는 암브로시아와 넥타르를 입에 댈 수 없습니다. 숨을 제대로 내쉬지도 못하고 목소리도 내지 못한 채, 혼수 상태로 병자처럼 누워 있어야 하죠. 그 벌이 끝나더라도 9년 동안 다른 신들과 격리되어 쓸쓸하게 지내야 합니다. 그렇게 10년 동안 영어(囹圄)의 세월을 꽉 채우고 나서야 비로소 신들의 일상에 합류할 수 있었다고 합니다. 이런 이야기를 통해 그리스·로마인들은 말과 약속, 맹세와 신의의 중요성을 강조했습니다. "말을 한 것은 반드시 지켜라. 약속을 어기면 신들조차도 끔찍한 벌을 받는 것이다."라고 말이죠.

타르타로스에 대한 그리스인들의 상상력은 신약성서에도 반영이 되었습니다. 예수의 제자였던 베드로는 천사들이 범죄를 저지르자, 여호와가 그들을 용서하지 않고 지옥의 어두운 구덩이에 두어 심판 때까지 가두었다고 했는데, 여기에서 그는 "타르타로스에 던졌다"라는 표현을 사용했습니다. 신약성서가 그리스어로 작성되었기 때문에 그리스 신화의 표현이 성서 안으로 들어간 것이지요. 유일신 곁에서 지내는 천상의 천사들이라 할지라도 범죄를 저질렀을 때, 가차 없이 지하 깊숙한 타르타로스에 갇힌다는 겁니다. 이것이 그리스·로마 신화에서 기독교까지 관통하는 서구인들의 원칙이었던 겁니다.

이와 같이 인간들이 만들어지기 전에 타르타로스는 권력 투쟁에서 패하거나 거짓 맹세를 한 신들의 유폐 장소였습니다. 그러나 나중에 인간들이 생겨났을 때, 신들이 갇히는 타르타로스와 구별하기 위해 그 위쪽에 죽은 인간들을 위한 하데스가 만들어졌다고 합니다. 하데스는 '보이지 않는 것'이라는 뜻인데, 이 또한 죽은 사람들의 혼백이 갇히는 지하 세계이면서 동시에 그곳을 지배하는 신의 이름이기도 합니다. 『일리아스(Ilias)』를 지은 호메로스

(Homēros)는 대지 아래로 내려가면 하데스가 있고, 그보다 더 아래에 타르타로스가 있다고 노래했지요. 하지만 그 이후 그리스·로마 신화에서는 타르타로스와 하데스의 구분이 많이 흐려졌습니다. 철학자 플라톤은 인간이 죽으면 타르타로스의 입구 앞에서 최후의 심판을 받은 다음 그곳으로 들어간다는 이야기를 했고, 로마의 시인 베르길리우스(Pūblius Vergīlius Maro)도 죽은 자들의 혼백이 머무는 저승 세계를 타르타로스라고 노래했습니다.

사람이 죽으면 어떻게 될까요? 그리스 신화에서 그려 주는 타르타로스와 같은 사후 세계가 있을까요? 과학이 발달한 지금도 우리는 이런 질문을 계속 품고 살아갑니다. 그것은 과학이 발달하기 이전부터 사람들이 상상한 것들이 우리의 유전자 깊숙이 남아 있기 때문인 것 같습니다. 어두컴컴한 타르타로스가 존재하는지는 모르겠지만, 그것을 상상한 고대 그리스·로마인들의 메시지는 분명합니다. 이 땅 위의 우리 인생은 짧다는 것, 그리고 이곳에서의 부귀영화를 위해 약속과 의리를 저버리고 범죄의 길을 가지 말라는 것, 정의롭고 올바르게 행동하되, 그 어떤 경쟁에서도 이겨 내는 강한 자가 되라는 것입니다.

7

에로스,
세상을 움직이다

그리스어에는 사랑을 뜻하는 말이 크게 세 가지입니다. 에로스 (Erōs), 필리아(Philia), 아가페(Agapē)죠. 흔히 아가페는 부모가 자식을, 신이 인간을 사랑하는 것을 가리킵니다. 높은 존재가 약하고 낮은 존재를 아끼고 보호하는 사랑이죠. 반면 필리아는 친구 사이의 우정이나 형제, 가족 사이의 우애를 뜻하는데, 비교적 동등한 관계를 전제합니다. 반면 에로스는 남녀의 애정, 특히 육체적인 사랑을 가리킵니다. 에로티시즘이라는 말은 바로 이 에로스에서 나온 것이지요.

헤시오도스는 『신통기』에서 에로스를 태초에 생겨난 최초의 신들 가운데 하나로 소개했습니다. 태초에 공간의 신 카오스가 맨 처음에 생겼고, 그다음에 대지의 여신 가이아가, 그러고 나서 지하의 신 타르타로스가, 마지막으로 에로스가 생겼다고 했지요. 이 네 신이 최초의 신이었다는 건 의미심장합니다. 그것은 세상 만물의 존재를 설명하기 위해 필수적인 최소 요건으로 보이기 때문이죠.

무엇인가 존재하려면 일단 빈 공간이 있어야겠죠? 그것을 채울 물질적인 요소가 필요하고요. 그리고 그 물질이 생성하고 변화할 수 있도록 움직이는 힘, 에너지가 필요합니다. 이것을 카오스, 가이아, 에로스로 표현한 것이라면, 신화적 요소를 덧입힌 과학이라고 할 수 있을 겁니다. 거기에 타르타로스를 넣는다면, 모든 존재의 소멸과 죽음을 덧붙인 셈입니다.

이와 같이 세상을 움직이는 원초적인 에너지가 바로 에로스인데, 욕망을 뜻합니다. 플라톤은 『국가(Politeia)』에서 인간의 영혼이 세 부분으로 이루어졌다고 말했죠. 이성과 기개, 그리고 욕망이라고 합니다. 플라톤은 '에피튀미아(Epithumia)'라는 말로 욕망을 가리켰지만, 에로스와도 통한다고 할 수 있죠. 헤시오도스는 에로스가 불사신들 가운데 가장 아름답고, 사지를 풀리게 하는 강력한 힘을 가지고 신들이나 인간들의 가슴속에 있는 이성과 '현명한 의지'를 압도한다고 합니다.

그런데 플라톤은 그렇게 에로스가 이성과 의지, 즉 기개를 누른다면 인간은 욕망에 이끌려 타락할 수밖에 없다고 경고했죠. 이성이 적절하게 욕망을 통제해야 사람들은 정의롭게 행동하고 행복하게 살 수 있다고 말입니다.

이 말은 욕망을 무조건 부정하는 것은 아닙니다. 뜨거운 욕망이 혼자서 날뛴다면 탐욕이 되겠지만, 이성에 의해 적절히 조절되고 다스려진다면 부지런함과 성실의 미덕을 낳을 것이기 때문입니다. 플라톤도 이 점은 인정했기에 욕망의 미덕을 절제라고 말했습니다.

헤시오도스는 에로스가 최초의 신으로서 스스로 태어난 것처럼 말합니다. 하지만 후대의 신화 작가들은 에로스를 아름다움의 여신 아프로디테와 전쟁의 신 아레스의 아들이라고 주장하기도 합니다. 기원전 5세기에 활동한 희극 작가 아리스토파네스(Aristophanēs)는 『새(Ornithes)』에서 에로스가 가이아보다 더 먼저 태어났다는 이야기도 전해 줍니다.

그는 아주 색다른 '신통기'를 새롭게 지어냈죠. 태초에 카오스와 밤의 여신 뉙스, 어둠의 남신 에레보스, 지하의 남신 타르타로스만 있었을 때, 대지의 여신 가이아도, 하늘의 남신 우라노스도 없었다고 합니다. 그때 뉙스가 에레보스의 품속에서 알을 낳았는데, 그 알에서 에로스가 태어났다는 겁니다. 등에는 황금 날개가 있었고 회오리바람처럼 빠르게 날아다녔대요. 한편 철학자 파르메니데스는 "에로스가 모든 신들 가운데 가장 먼저 태어났다."라고도 했습니다. 에로스에 대해 참 여러 가지 이야기가 있죠?

한편, 플라톤은 『향연』이라는 작품에서 에로스의 탄생에 관해 또 다른 이야기를 해 줍니다. 아프로디테가 탄생했을 때, 신들이 성대한 잔치를 벌였답니다. 그 잔치에 가난과 궁핍의 여신 페니아(Penia)가 참석했는데, 그곳에는 이미 방안과 술책의 남신 포로스(Poros)가 와 있었죠. 포로스는 신들의 마시는 넥타르를 잔뜩 마시고 취해서 널브러져 있었습니다. 페니아는 자신의 궁핍을 채울 방책을 갖출 요량으로 포로스와 몰래 동침했지요. 그렇게 해서 태어난 아이가 에로스였답니다.

그래서 에로스는 어머니 페니아를 닮아서 언제나 결핍을 느끼며 괴로워하지만 그냥 주저앉아 있지만은 않습니다. 아버지 포로스를 닮아서 언제나 결핍을 채울 방책을 부지런히 찾는다는 거죠. 그것이 욕망과 사랑의 본성입니다.

무엇인가를 욕망한다는 것은 내게는 없는 궁핍과 가난 때문입니다. 우리가 그것에 대해 결핍을 느끼고, 그 결핍이 견딜 수 없는 고통을 일으킬 때, 비로소 우리는 그것을 열렬히 욕망하게 됩니다. 그것이 바로 사랑이기도 합니다. 사랑한다는 것은 대상에 대한 결핍에서 시작해 고통을 느끼고, 그 결핍을 채워 행복하려는 열망이기 때문이죠. 만약 결핍에 고통을 느끼면서도 채우기 위한 방편을 찾지 않는다면, 진정한 사랑이 아닙니다.

에로스에 대한 플라톤의 설명은 20세기 초, 오스트리아의 정신분석학자 지그문트 프로이트(Sigmund Freud)에 의해 되살아났습니다. 프로이트는 그리스 신화의 에로스 개념을 가져와 인간의 행동을 설명했거든요. 그는 인간이 적극적으로 행동하며 삶의 의지를 불태우는 힘을 에로스라고 불렀습니다. 그리고 그 에로스의 핵심에는 리비도(Libido), 즉 강력한 성적인 욕구와 욕망이 있다고 했지요.

그와 반대로 파괴의 본능과 멈추려는 정지의 성향을 죽음의 신 타나토스와 연결시켰습니다. 사랑의 에로스가 삶에 활력을 불러일으키고 생산력을 높이는 반면, 죽음의 기운은 타인은 물론 자신의 의지를 꺾어 버리니, 프로이트의 설명은 설득력이 있는 것 같습니다.

만물을 이루는 근본적인 요소가 물, 불, 공기, 흙이라면서 4원소론을 주장했던 고대 그리스의 철학자 엠페도클레스(Empedoklēs)도 일찍이 만물을 움직이는 힘으로 사랑과 다툼을 이야기했습니다. 프로이트 생각의 원조라고 할 수 있겠죠?

실제로 의사이기도 했던 엠페도클레스는 우리 몸을 이루는 구성 요소들이 서로 사랑하면 건강하고, 다투면 병이 들고 급기야 죽음에 이른다고 했지요. 그런데 어디 우리 몸뿐이겠습니까? 하나의 조직, 사회 공동체, 국가, 나아가 우리 인류 전체가 서로 사랑하고 화합한다면 함께 발전해 나가고 시련도 극복해 나갈 수 있겠지만, 경쟁이 과열되어 분쟁으로 발전하고, 서로 반목하고 갈등한다면 모두 함께 파멸의 길로 갈 수밖에 없을 것입니다.

태초에 에로스가 있었고, 그 에로스가 만물을 지배하고 움직이는 힘을 가진 신이라고 했던 헤시오도스의 이야기는 그저 머나먼 옛날의 신화요, 전설로 그치지만은 않습니다. 지금도 우

리가 현명한 삶을 살아가기 위해 필요한 지혜를 보여 주고 있으
니까요.

8

우라노스,
땅 위에 군림하다

"지성이면 감천이다"라는 말이 있습니다. "진인사대천명(盡人事待天命)"이라는 말도 있지요. 이 말에는 우리의 피땀 어린 노력에 대해 하늘이 외면하지 않고, 반드시 좋은 결과를 허락하리라는 기대와 희망이 서려 있습니다. 이처럼 옛사람들에게 하늘은 그저 물리적인 대상에 그치지 않고, 인간들을 정의롭고 공정하게 돌보고 자연의 질서를 순리에 따라 다스리는 신적인 존재처럼 펼쳐져 있었습니다.

　그리스·로마 신화에서도 하늘은 신적인 존재입니다. 그리스 신화에서는 우라노스라고 하고, 로마 신화에서는 카일로스(Caelus)라고 합니다. 로마의 철학자 키케로는 『신들의 본성(Dē Nātūrā Deōrum)』이라는 책에서 카일로스가 창공의 신 아이테르(Aether)와 낮의 신 디에스(Diēs) 사이에서 태어났다고 소개합니다. 그러나 그리스의 시인 헤시오도스는 대지의 여신 가이아가 홀로 낳은 아들이라고 노래했지요. 태초에 가장 먼저 생긴 신은 공간의 신 카오스이고, 그다음에 대지의 여신 가이아가 태어났는데, 가이아의 첫 아들이 하늘의 신 우라노스라는 겁니다. 가이아는 우라노스를 낳은 후에 그로 하여금 자신의 몸 전체를 완전히 감싸게 만들었습니다.

헤시오도스의 서사를 다양한 그림으로 상상해 볼 수 있겠지만, 저는 앞서 잠깐 언급했던 것처럼 달걀에 비교해 보겠습니다. 껍질 속이 텅 비어 있다고 하면, 그것이 최초의 신 카오스입니다. 여기에 노른자가 생겨나 카오스를 꽉 채우거나 한가운데 자리를 잡게 되면, 대지의 여신 가이아가 태어났을 때의 모습이 됩니다. 그 노른자에서 흰자가 태어나 노른자를 완전히 감싸 온전한 계란이 되면, 이것이 헤시오도스가 그리는 태초의 우주가 됩니다. 지구가 우주의 한가운데에 둥글게 떠 있고, 그 둘레를 하늘이 감싸는 모습이지요. 그전에 먼저 타르타로스를 그려 봐야겠군요. 가이아가 태어나고 곧이어 타르타로스가 태어났는데, 가이아의 가장 깊은 곳에 자리 잡지요. 헤시오도스는 이렇게 노래했지요. "길이 넓은 땅의 가장 깊은 곳에 안개 자욱한 타르타로스가 생겨났다." 여기서 '가장 깊은 곳'은 '아래'의 의미가 아니라 '내부'의 의미입니다. 예컨대 집의 내부, 은밀한 처서를 뜻하곤 하지요. 이 단어에 주목하면서 그림을 그려 보면, 마치 지구 표면인 지각 아래 맨틀이 있고, 그 아래 외핵과 내핵이 있는데, 그 내핵이 텅 비어 있는 모양새입니다.

하늘을 낳은 가이아는 곧 산들의 신 우레아와 바다의 신 폰토스를 낳아 자기 표면에 꽉 붙들어 둡니다. 그들은 어머니의 질서에 순응하여 그 곁을 떠나지 않습니다. 그러나 우라노스는 어머니가 정해 준 처음의 자리에 그대로 머물러 있지 않았습니다. 어머니 위로 올라갔지요. 아들의 힘에 눌린 가이아는 밑으로 밀려났고요. 달걀의 그림으로 돌아오면, 흰자가 노른자 위쪽으로 솟아올라 노른자를 아래쪽으로 바짝 누르는 모양새입니다. 그래서 맨 위에는 하늘이, 그 아래에 땅이, 그리고 땅 아래 타르타로스가 자리 잡게 됩니다. 반면 산들의 신 우레아와 폰토스는 어머니가 정해 준 자리에 그대로 머물러 있지요. 새로운 질서가 생겼고, 어머니의 질서를 뛰쳐나간 우라노스가 지배하는 새로운 세상이 되었습니다.

이 이야기는 어떤 의미를 담고 있을까요? 신들의 계보가 보여주는 역사는 '팩트(fact)'로서의 사실이 아니라, 시인의 상상력, 더 원초적으로는 머나먼 과거로부터 그리스 민족의 집단 무의식이 만들어 낸 '픽션(fiction)'인데, 그 허구적 이야기에 그리스인들은 어떤 메시지를 담았을까요?

자, 다시 이야기를 짚어 보겠습니다. 가이아는 혼자서 자식들을 낳아 자신이 원하는 구조에 배치했습니다. 그러나 그 가운데 우라노스만은 어머니의 뜻에 순응하지 않고, 거역하고 도전하며 어머니 위로 올라섰지요. 그리고 어머니와 형제들을 지배하는 권력자가 되었습니다. 신화학자들은 대지의 여신 가이아가 최초의 지배자로 나타난 것은 인류의 원시 사회가 모계 사회였음을 보여 주는 것이고, 아들인 우라노스가 권력을 잡게 된 것을 부계 사회의 등장으로 해석하곤 합니다. 흥미롭고 그럴듯한 해석입니다. 그런데 좀 더 깊이 들여다보면, 상징과 은유에 감추어진 인간들의 역사와 사회의 중요한 특징과 비밀을 읽어 낼 수 있습니다.

가이아가 자신을 중심에 두고 자식들을 자신의 뜻에 따라 놓아두려고 한 것은 기성세대의 중요한 특징을 보여 줍니다. 기성세대는 새로운 세대를 자신들의 틀에 맞추고 가두려고 한다는 거지요. 우레아와 폰토스는 어머니의 질서에 순응했지만, 우라노스는 반발하고 도전해서 새로운 역사를 만들어 냈습니다. 새로운 세대는 기성세대에 순응하면서 성장하지요. 하지만 순응하기만 한다면, 새로운 역사를 만들어 낼 수가 없습니다. 언제나 그 모습 그대로 정체되어 있겠지요. 반면 기성세대의 질서에 문제를 제기하고 반발하여 도전할 때, 새로운 역사를 만들 수 있습니다. 우라노스의 신화는 인간 역사의 이런 중요한 특징을 보여 줍니다.

고대 그리스의 부모들은 자식들에게 우라노스 신화를 들려주면서 어떤 메시지를 전달했을까요? 상상하건대 이런 식이 아니었을까요? '엄마 아빠는 너희들을 우리의 생각에 맞춰 키울 수밖에 없단다. 이해하렴. 일단 이 안에서 무럭무럭 자라라. 하지만 우레아와 폰토스처럼 그 질서에 순응하고 갇혀 있기만 한다면, 새로운 역사의 주인이 될 수 없단다. 언젠가 힘이 생기면, 우라노스처럼 도전해야 한단다. 그래야만 새로운 질서, 새로운 가치, 새로운 역사를 만들 수 있어.'

이런 신화를 자식들에게 들려주던 그리스인들의 교육을 상상하면 놀랍습니다. '엄마나 아빠, 어른들이나 선생님 말씀 잘 들어라. 그래야 성공한다.' 이런 식이 아닙니다. 기존의 질서를 절대적인 것으로, 지고의 가치로 고집하는 대신, 새로운 질서를 모색하는 젊은 세대를 독려하고 응원하는 교육이지요. 물론 기존의 질서와 전통을 소중하게 지키는 것도 중요합니다. 하지만 젊은 세대의 새로운 도전에 대해 열린 마음을 가지고 독려하고 응원하는 자세 또한 절실하게 필요합니다. 그리고 우리 자신이 새로운 도전을 할 젊은 마음을 가지는 것도 중요합니다. 스스로에게도 독려해야겠지요. 기존의 질서에 도전하는 자만이 새로운 세상을 만들어 낼 수 있다고 말입니다.

9

자식들을 땅속에 가둔
우라노스

영화 <타이타닉(Titanic)>을 기억하시지요? 이는 실재했던 영국의 거대한 호화 여객선의 침몰을 필름에 담아 낸 것입니다. 1912년 4월 10일 2,200명 이상의 사람을 싣고 멋지게 역사적인 첫 항해를 시작했지만, 그것이 그대로 마지막 항해가 되고 말았습니다. 4일 후에 거대한 빙산에 부딪혀 난파했던 겁니다. 제대로 꿈도 펼치지 못한 채 침몰한 타이타닉호의 운명은 그 이름 때문이었을까요? '타이타닉'이라는 이름은 우라노스와 가이아 사이에 태어난 자식들인 티탄(Titan) 신족의 이름에서 온 것입니다. 이들도 좋은 혈통과 자질을 타고났지만, 그리스·로마 신화에서는 제대로 꿈을 펼쳐 보이지 못했기 때문이지요. 왜 그랬을까요?

어머니 대지의 신을 딛고 올라 세상의 꼭대기를 차지한 우라노스는 밑에 깔린 어머니를 자신의 아내로 삼았습니다. 모자 관계에서 부부 관계로 관계의 전복이 일어난 것입니다. 뭐 이런 불량한 근친상간이냐 싶겠지만, 태초의 신들이 서로 간에 맺는 관계를 한갓 우리 인간의 혈족 관계의 관념으로 볼 수만은 없을 겁니다. 우라노스는 어머니가 세운 질서를 거역하며 자신이 중심이 되는 새로운 질서를 만들면서 어머니와의 관계도 전복시킨 셈이겠죠. 이들 사이에 에로스가 작동했음이 분명합니다. 그리스 신화에서 가장 유명한 인물 가운데 하나인 오이디푸스(Oedipous)가 자신의 어머니와 결혼하(고 아버지를 죽이)는 끔찍한 운명을 타고나는데, 오이디푸스의 유전자적 뿌리가 우라노스에 있다고 하면 지나친 말일까요?

부부가 된 우라노스와 가이아 사이에서 엄청난 덩치를 가진 12명의 아이가 태어납니다. 그중 여섯은 아들이고 여섯은 딸입니다. 이들이 바로 '티탄 신족'입니다. 우라노스가 직접 아이들에게 이 이름을 붙여 주었지요. 하지만 부성애에 넘쳐 축복하는 마음으로 붙인 이름이 아니라 노여움과 저주에 가득 찬 마음에서 퍼부어 댄 이름이었습니다. 우라노스는 어머니를 딛고 일어서 권력을 차지했듯이 자기 자식들에게 쫓겨날 팔자였는데, 팔자 그대로 권력에서 쫓겨나며 이런 말을 했답니다.

그들을 아버지는 티탄 신족이라는 별명으로 불렀다네,
위대한 우라노스는 몸소 낳은 아이들을 꾸짖으면서,
그리고 말했지, 사악한 마음으로 손을 뻗어 엄청난 짓을
저질렀으니, 다음으로 그들에게도 징벌이 훗날 있으리라·
τοὺς δὲ πατὴρ Τιτῆνας ἐπίκλησιν καλέεσκε
παῖδας νεικείων μέγας Οὐρανός, οὓς τέκεν αὐτός·
φάσκε δὲ τιταίνοντας ἀτασθαλίῃ μέγα ῥέξαι
ἔργον, τοῖο δ' ἔπειτα τίσιν μετόπισθεν ἔσεσθαι.

여기서 "손을 뻗어"는 그리스어로 '티타이논타스(titainontas)'인데, 바로 이 말에서 '티탄 신족'이라는 말이 나왔습니다. 아버

• 『신통기』 207~210행

지에게 감히 손을 뻗은 불량한 아이들, 그들이 바로 티탄 신족입니다. 이들은 오케아노스(Ōkeanos), 코이오스(Koios), 크레이오스(Kreios), 휘페리온(Huperiōn), 이아페토스(Iapetos), 크로노스(Kronos) 여섯 형제와 테이아(Theia), 레아(Rhea), 테미스(Themis), 므네모쉬네(Mnēmosunē), 포이베(Phoibē), 테튀스(Tēthus) 여섯 자매입니다. 이들의 이름에는 이 세상을 이루는 중요한 부분들을 지배할 수 있는 놀라운 능력과 뜻이 담겨 있었지요. 하지만 처음엔 아버지 우라노스 때문에, 그다음에는 형제 중 막내였던 크로노스 때문에, 그리고 마지막으로는 크로노스의 아들 제우스 때문에 제대로 뜻을 펼치지 못했습니다.

장남인 오케아노스는 대양(大洋)의 지배자가 될 능력이 있었습니다. '대양, 바다'를 뜻하는 영어 '오션(ocean)'이 바로 여기에서 나왔지요. 오케아노스는 누이 가운데 테튀스와 결혼하여 수많은 강물들과 요정들을 낳았는데, 그 수가 무려 3,000명을 헤아린답니다. 그런데 바다의 신은 오케아노스가 태어나기 이전에 먼저 있었지요? 대지의 여신 가이아가 낳은 폰토스 말입니다. 그런데 이 폰토스도 우라노스처럼 어머니와 결합을 했고 여러 자식들을 낳았다고 합니다. 그 가운데에서 가장 유명한 자식은 네레우스(Nēreus)였죠. 이 네레우스가 오케아노스의 첫 번째 사위가 됩니다. 오케아노스의 장녀인 도리스(Dōris)와 네레우스 사이에선 50명의 바다의 여신이 태어납니다. 이들을 '네레이데스(Nērēides)'라고 부르는데, 그중에는 트로이아 전쟁의 영웅 아킬레우스(Achilleus)를 낳은 테티스(Thetis)도 있습니다. 이들은 주로 지금의 그리스와 터키 사이에 있는 에게해를 지배했다고 합니다. 폰토스와 오케아노스는 모두 가이아의 자식으로 이 세상의 모든 바다와 강물을 지배하는 일가를 이루게 됩니다. 하지만 최종적인 바다의 지배자는 제우스의 형이었던 포세이돈(Poseidōn)이 되지요.

'탐구하는 자, 지성을 가진 자'라는 뜻의 코이오스는 자신의 누이 가운데 '빛나는 자'라는 뜻을 가진 포이베와 부부가 됩니다. 이들 사이에서 레토(Lētō)와 아스테리아(Asteria)가 태어나고, 레토에게서는 태양의 신 아폴론(Apollōn)과 달의 여신 아르테미스(Artemis)가 태어납니다. 이성, 탐구, 빛의 유전자가 그대로 자손에게 내려간 겁니다. 사실 코이오스와 포이베는 크로노스가 권력을 잡고 독재적인 태도로 세상을 다스려 나갔기 때문에 별 역할을 하지 못했지만, 아폴론과 아르테미스는 제우스의 치하에서 아주 중요한 역할을 많이 하게 됩니다.

　　한편 아스테리아는 페르세스(Persēs)와 부부가 되어 헤카테(Hekatē)를 낳았는데, 헤시오도스에 따르면, 헤카테는 제우스를 비롯해서 불사의 신들 사이에서 가장 큰 존경을 받았다고 합니다. 사람들이 그녀에게 기도하면 아낌없이 복을 베풀어 주었기 때문에 그는 인간들 사이에서도 많은 사랑을 받았죠. 전쟁터에서는 그녀가 사랑하는 전사가 승리를 거두며 명성을 얻고, 재판할 때 그녀는 왕들의 곁에 앉아 있었으며, 운동 시합이 열리면 그녀가 응원하는 이가 승리를 거두며 영광을 차지하였답니다. 어부에게는 풍어를, 농부에게는 풍작을, 목동에게는 가축들의 수가 늘어나게 하였습니다. 인간 세상에서는 젊은이들이 지혜롭고 씩씩하게 자라나도록 돌보아 주는 양육자였습니다. 제가 본 그리스·로마 신들 가운데 헤카테보다 더 축복이 넘치는 신은 없는 것 같습니다. 그러나 헤카테는 종종 달의 여신 아르테미스 여신과 혼동되기도 하는데, 로마 신화에서는 디아나(Diana)와 같은 여신으로 여겨지기도 했답니다. 저 개인적으로는 좀 더 알아보고 싶은 매력적인 신입니다. 그런데 이상하게도 그녀의 멋지고도 위대한 활약 이야기는 그다지 전해져 오고 있지 않습니다. 물론 이런 상황이 헤카테에게만 국한된 것은 아닙니다.

우라노스와 크로노스 모두 자애로운 아버지는 아니었습니다. 우라노스는 태어난 아이들을 모두 자신의 어머니이자 아내였던 가이아의 자궁 속에 가두었죠. 아버지인 우라노스를 물리친 크로노스는 자식이 태어나는 족족 집어삼켰습니다.

티탄족의 세 번째 부부로 가 볼까요? '위에서 활보하는 자'라는 뜻의 휘페리온은 '신성한 자'라는 뜻의 테이아와 결혼합니다. 테이아는 '널리 빛을 뿜어 내는 자'라는 뜻의 에우뤼파이사(Euruphaessa)라고도 불리는데, 이들 사이에서는 해와 달과 새벽, 즉 헬리오스(Hēlios)와 셀레네(Selēnē), 에오스(Ēos)가 태어나지요. 부모도 그렇고, 자식들도 그렇고 모두 번듯합니다. 빼어난 외모는 물론 탁월한 능력과 자질을 가지고 있지요. 하지만 이들은 모두 제우스의 자식들에게 밀려나게 됩니다.

네 번째 부부는 시간의 신으로 알려진 크로노스와 '흐르는 자'라는 뜻을 가진 레아입니다. 크로노스는 우라노스 다음으로 세계의 패권을 차지하는 최고 권력자가 되지만, 곧 그의 아들 제우스에게 밀려나게 됩니다. 이들에 관해서는 다른 장에서 이야기하겠습니다.

나머지 티탄들은 자신들끼리 서로 짝이 되지 않았습니다. 먼저 크레이오스는 폰토스와 가이아 사이에서 태어난 에우뤼비아(Eurubia)를 아내로 맞이하여 아스트라이오스(Astraeus)와 페르세스, 팔라스(Pallas)를 낳았습니다. 이 가운데 아스트라이오스는 새벽의 여신 에오스와 부부가 되어 여러 자식들을 낳았는데, 그중에서도 가장 유명한 이들은 네 명의 바람의 신입니다. 북풍의 신 보레아스(Boreas), 남풍의 신 노토스(Notos), 동풍의 신 에우로스(Euros), 서풍의 신 제퓌로스(Zephuros)가 바로 그들입니다.

한편 헤시오도스에 따르면, 이아페토스는 오케아노스와 테튀스 사이에서 태어난 3,000명의 딸 가운데 클뤼메네(Clumenē)와 결혼합니다. 아폴로도로스(Apollodōros)에 따르면, 그의 아내는 클뤼메네가 아니라 아시아(Asia)라고도 하는데, 아시아도 역시 오케아노스와 테튀스의 딸이었습니다. 어쨌든 이아페토스에게서는 거대한 몸집을 가진 아틀라스(Atlas)와 예지력이 뛰어난 프로

메테우스(Promētheus), 생각보다는 행동이 앞서는 에피메테우스
(Epimētheus), 그리고 메노이티오스(Menoitios)가 태어납니다. 이들
은 나중에 제우스에게 밉보여서 고통을 당하게 되지요.

테미스와 므네모쉬네는 크로노스의 아들 제우스의 아내가
됩니다. 조카와 결혼을 한다니 역시 '콩가루 집안'이다 싶겠지만,
이 또한 제우스의 깊은 뜻이 있었습니다. 이들의 이야기도 나중에
다시 하기로 하지요.

지금까지 12명의 티탄 신족의 면면을 간략하게나마 살펴보았
습니다. 이들은 각자 뛰어난 혈통과 능력을 타고났으면서도 왜 그
리스·로마 신화의 주인공이 되지 못하고 역량을 제대로 발휘하지
못했을까요? 그 일차적인 책임은 바로 우라노스에게 있습니다. 우
라노스는 세상의 권력을 잡은 뒤로는 독재적으로 통치했으며, 자
식들이 태어날 때마다 그들에 의해 자신이 권력을 빼앗기고 쫓겨
나면 어쩌나 두려웠던 겁니다. 자기도 어머니를 짓밟고 일어나 권
력을 차지했으니, 자식들도 자신을 닮았다면 그의 권력도 불안한
것이었겠지요?

우라노스와 가이아는 티탄 신족 이외에도 브론테스(Brontēs,
천둥을 치는 자), 스테로페스(Steropēs, 번쩍이는 자), 아르게스(Argēs,
섬광을 뿜는 자) 삼 형제를 낳았는데, 어마어마한 덩치에 놀라운 손
재주를 가지고 있었습니다. 이들은 나중에 자신들의 이름에 걸맞
게 번쩍이는 번개와 천둥을 제우스에게 만들어 줍니다. 제우스는
이것을 가지고 천하를 호령하지요. 우라노스는 이 세 아들도 무
서워했지요. 게다가 이들은 이마에 동그랗고 커다란 눈동자가 하
나만 있는 외눈 거신(Cyclōps)이었습니다. 우라노스와 가이아는 콧
토스(Kottos), 브리아레오스(Briareōs), 귀게스(Gugēs)라는 세 명의
백수(百手) 거신(Hekatonkeir)도 낳았습니다. 이들은 백 개의 손을
가지고 있었고 머리는 오십 개였답니다. 사방을 둘러보면서 백 개

의 손을 부릴 수 있었으니, 대단한 전투력을 가진 강력한 전사였습니다.

엄청난 자식들이 태어날 때마다 우라노스의 두려움은 점점 더 커졌습니다. 그는 결국 그들을 땅속에, 그러니까 대지의 여신 가이아의 자궁 속에 가두어 버렸습니다.

가이아와 우라노스에게서 태어난 자들은 모두 다
가장 무서웠다, 아이들 중에. 미움을 받았다, 그들의 아버지에게
처음부터. 그래서 그들 중 누구라도 태어나는 족족
모조리 가이아의 깊숙한 곳에다 감추었고 햇빛으로
나오지 못하게 하였으며, 사악한 행동을 즐기고 있었다,
우라노스는:

ὅσσοι γὰρ Γαίης τε καὶ Οὐρανοῦ ἐξεγένοντο,
δεινότατοι παίδων, σφετέρῳ δ' ἤχθοντο τοκῆι
ἐξ ἀρχῆς· καὶ τῶν μὲν ὅπως τις πρῶτα γένοιτο,
πάντας ἀποκρύπτασκε καὶ ἐς φάος οὐκ ἀνίεσκε
Γαίης ἐν κευθμῶνι, κακῷ δ' ἐπετέρπετο ἔργῳ,
Οὐρανός·

우라노스가 독재적인 태도와 폭력적인 행동으로 자식들을 어머니 가이아의 뱃속에 집어넣어 가두고 있으니, 자식들이 어떻게 자신들의 탁월한 능력과 꿈을 마음껏 펼칠 수 있었겠습니까. 우라노스와 그 자식들의 신화에 우리의 모습을 한 번 비춰 보면 어떨까요? 우리는 자식들과 후배들, 제자들을 혹시 우라노스처럼 나의

• 『신통기』 154~159행

틀에 가두고 있는 것은 아닐까요? 젊은 세대들의 역량과 꿈, 그리고 그들의 도전을 두려워하면서 나의 기득권을 지키려고 고집을 부리고 있는 것은 아닐까요? 그러는 사이에 젊은 세대는 푸르른 꿈을 잃고 활기찬 능력을 사장시켜 가며, 결국 우리의 역사를 정체시키고 급기야 퇴행시키고 있는 것인지도 모릅니다. 기존 질서의 틀에 갇혀 그 무게에 짓눌린 채로 말입니다.

10

크로노스,
아버지를 거세하다

"시간은 금이다"라는 말이 있습니다. 모든 인간의 활동이 시간을 따라 이루어지니, 이것을 잘 활용하는 사람은 중요한 자산을 가진 셈입니다. "세월이 약이다"라는 말도 있지요. 아무리 힘들고 어려운 상황과 시련에 직면해서, 큰 실패와 엄청난 패배로 넘어져도 세월이 흘러가면 다시 일어서고 회복될 수 있다는 뜻을 담고 있습니다. 물론 "이 또한 지나가리"라는 마음으로 뚝심 있게 모든 것을 견뎌 내고 이겨 내려는 와신상담, 절치부심의 노력이 있어야겠지만요.

이 모든 말들은 흐르는 시간의 힘을 말해 줍니다. 시간의 흐름에 따라 모든 것이 변해 갑니다. 변하지 않는 것이 없지요. 모든 것이 성장하다가 정점에 이르고 나면 내리막길을 타게 되고, 결국 쇠락하고 사라져 버리는 것이 자연의 이치입니다. 세월의 흐름을 버텨 낼 것이 아무것도 없으니, 시간의 힘이야말로 가장 강력한 것이 아닌가 싶습니다. 만약 시간의 흐름을 이겨 내고 영원한 것이 있다면, 그것이야말로 가장 강력한 존재가 되겠지요.

그리스어로 시간을 크로노스(khronos)라고 합니다. '연대기'를 뜻하는 '크로놀로지(chronology)'라는 말이 여기에서 나왔지요. 그런데 철자는 조금 다르지만 신의 이름에 크로노스(Kronos)가 있는데, 이 둘의 어원이 같다고 합니다. 그렇다면 크로노스는 시간을 주관하는 신이라고 할 수 있지요. 시간이 강력한 만큼, 크로노스 신의 힘도 신화의 세계에서는 막강하겠지요?

태초에 공간의 신 카오스가 있었고, 그곳을 채우면서 태어난 대지의 여신 가이아가 최초의 권력자로 군림했습니다. 이후 앞서 보았듯이 대지의 여신 가이아와 하늘의 신 우라노스는 부부가 되어 열두 명의 티탄 신족을 낳습니다. 그중 막내가 바로 시간의 신 크로노스였습니다.

문제는 우라노스가 태어나는 아이들을 싫어했다는 것입니다. 자신이 어머니를 누르고 권력을 차지했던 것처럼 자식들이 자신을 밀어내고 권력을 빼앗을까 봐 두려웠기 때문일 겁니다. 그는 무시무시한 자식들이 태어나는 족족 그들을 가이아의 깊은 곳에 가두었습니다. 그곳은 대지의 여신 가이아의 자궁이니, 지하 세계였지요. 그곳에 갇힌 자식들과 그들을 다시 뱃속에 품어야 했던 가이아는 고통스럽고 괴로워서 끙끙 앓고 신음했습니다. 견디다 못한 가이아는 자식들을 모아 놓고 불멸의 금속으로 만든 낫을 보여 주며 말했습니다. "너희들의 아버지가 자신의 힘만 믿고 폭력을 행사하며 세상을 다스리고 있다. 너희들과 나를 정말 고통스럽게 하는구나. 너희 중에 누가 아버지를 몰아내면 좋겠구나. 내가 도와주겠다."

그러나 처음에는 자식들 중에 아무도 감히 나서지 못했습니다. 세상 높은 곳을 지배하는 아버지인 우라노스의 힘이 두려웠던 것입니다. 우라노스는 자식들이 아무런 잘못도 하지 않았는데도 땅속에 집어넣었는데, 자식들 중에 도전하는 자가 있다면 어떻게 하겠어요? 자식들은 도전이 두려웠고, 실패에 따른 가혹한 응징이 무서웠습니다.

이때 용기를 내서 나선 이가 바로 시간의 신 크로노스였습니다. 그는 어머니로부터 거대한 불멸의 낫을 받아들고는 은밀한 곳

크로노스는 불멸의 낫으로 아버지인 우라노스를 거세하고 권좌에 올랐습니다. 이는 '친부 살해'의
신화 가운데 가장 유명한 일화입니다.

에 매복했지요. 크로노스는 하늘의 신 우라노스가 밤을 끌어올리며 대지로 내려와 가이아 여신과 잠자리를 같이하려고 할 때를 기다렸습니다. 그리고 정확히 낫을 휘둘러 아버지를 거세했고 잘린 남근을 등 뒤로 던져 버렸지요. 거세된 우라노스는 멀리 달아났고, 크로노스는 세 번째로 권좌에 올랐습니다.

이 끔찍한 이야기에는 그리스인들의 역사 관념이 담겨 있습니다. 역사란 기성세대와 새로운 세대의 갈등으로 가득하다는 겁니다. 우라노스가 자식들을 가이아의 깊은 곳에 가둔다는 것은 기성세대의 속성을 잘 보여 줍니다. 새로운 세대, 자식들뿐만 아니라 제자들이나 후배들을 자신의 틀에 가두려는 속성 말입니다. 그런데 만약 새로운 세대가 그 틀에 갇혀 있기만 한다면, 세상은 정체되고 새로운 역사는 열리지 않을 겁니다. 크로노스처럼 자신을 가두는 기존의 틀을 박차고 나와 기성세대에 도전하는 자만이 새로운 역사를 만들어 내는 주인공이 될 수 있는 것이지요.

그리스인들은 이런 신화를 들려주면서 자식들을 교육했습니다. 폭력적인 아버지에게 용감하게 도전하는 모습의 크로노스 이야기를 들려주면서, 그리스인들은 역사를 움직이는 힘을 일깨워 주었던 겁니다. 이와 같은 그리스 신화를 한마디로 '파트로크토니아(patroktonia)의 신화'라고 할 수 있는데, 번역하자면 '친부 살해의 신화'입니다. 다소 엽기적이고 잔혹한 말이지만, 역사의 이치를 담은 은유로 이해해야겠지요. 진짜 아버지를 죽이라는 이야기가 아니라, 기성세대의 권위와 모순에 겁먹지 말고 과감하게 도전하고 딛고 일어서서 새로운 시대와 역사를 열어 나가라는 뜻입니다. 크로노스처럼 용기를 내서 도전해야만 새로운 시대의 주인공이 될 수 있다는 메시지가 담겨 있는 것입니다. 우리 식으로 점잖게 말한다면, 청출어람의 신화라고 할 수 있을 겁니다.

기성세대와 새로운 세대 사이에는 신뢰와 평화로운 조화가 필요합니다. 그러나 그리스 신화의 메시지를 되새기면서, 역사가 두 세대의 갈등으로부터 발전할 수 있음을 생각해 볼 필요도 있습니다. 세대 간의 갈등을 무조건 부정적으로만 보지 않고, 역사 발전의 원동력으로 긍정한다면, 바로 거기에서 두 세대 사이의 참된 소통이 가능해질 것이며, 역사를 함께 만들어 가는 협업도 가능할 것입니다. 이것이 언뜻 끔찍하고 잔혹해 보이는 그리스·로마 신화가 품고 있는 지혜입니다.

11

아프로디테와 에로스의
다양한 이야기

그리스 신화에서 가장 아름다운 여신은 단연 아프로디테(Aphro-ditē)입니다. 로마 신화에서는 베누스(Venus)라고 하죠. 속옷 브랜드로 유명한 '비너스'가 바로 이 여신의 이름에서 온 겁니다. 그 유명한 황금 사과 사건 때문에 아프로디테가 가장 아름답다고 공인되었죠. 바다의 여신 테티스와 프티아의 왕 펠레우스의 결혼식을 계기로 벌어진 일입니다. 모든 신들이 모여 잔치를 벌이고 있는데, 여기에 초대받지 못한 불화의 여신 에리스가 앙심을 품고 황금 사과를 던졌습니다. "가장 아름다운 여신에게"라고 새겨서 말입니다. 이 황금 사과를 놓고 세 명의 여신이 소유권을 주장하고 나섰죠. 신들의 여왕 헤라(Hēra)와, 지혜와 전쟁의 여신 아테나(Athēna), 그리고 아프로디테였습니다. 소유권의 판결은 트로이아의 왕자 파리스(Paris)에게 맡겨졌습니다.

　세 여신은 파리스 앞에서 정정당당하게 미모로 경쟁하지 않고, 그를 매수하려고 했습니다. 헤라는 파리스에게 세상을 지배할 권력을 줄 테니 자신을 지목하라고 하죠. 아테나는 누구와도 싸워서 이길 수 있는 전략의 지혜를 주겠다고 합니다. 마지막으로 아프로디테는 이 세상에서 가장 아름다운 여인과 사랑할 수 있게 해 주겠다고 약속합니다.

여러분이 파리스라면 누굴 선택하시겠습니까? 황금 사과를 어떤 여신에게 줄 때, 파리스는 가장 좋은 것을 얻게 될까요? 헤라를 선택하면, 파리스는 쟁쟁한 형님들을 제치고 트로이아의 왕좌에 올라 세계를 지배할 거대한 제국의 지배자가 될 수 있습니다. 아테나에게 황금 사과를 준다 해도 사정은 비슷할 겁니다. 모든 경쟁에서 승리를 거두게 될 테니 파리스는 권력의 정점에 올라 천하를 호령할 기회를 얻을 겁니다. 그에 비해 아프로디테의 제안은 보잘것없어 보입니다. 지상 최고의 권력과 힘만 있다면 원하는 여자를 얼마든지 취할 수 있을 것 같은데, 아프로디테의 말을 들을 바보가 어디에 있겠습니까? 그런데 뜻밖에도 파리스는 아프로디테를 선택합니다. 아마도 파리스는 세 여신이 무엇을 두고 경쟁했는지도 곰곰이 생각해 보았을 겁니다. 그것은 바로 '아름다움'이었죠. 세상에 부족할 것이 없어 보이는 세 여신이 자신들의 모든 것을 걸고 차지하려던 가치가 아름다움이었던 겁니다. 권력을 약속한 헤라도, 지혜를 주겠던 아테나도 모두 '아름다움'을 탐했던 겁니다. 그러니, '가장 아름다운 여인'을 약속한 아프로디테의 제안은 세 여신이 차지하려던 지고의 가치, 아름다움과 일치하는 것이었습니다. 영리한 파리스는 그것을 간파한 것 같습니다.

이런 아프로디테의 속성에 잘 어울리는 이름은 라틴어인데, 베누스는 '매력'이라는 뜻입니다. 로마의 시인 카툴루스(Gāius Valerius Catullus)는 이런 시를 썼습니다. "퀸티아(Quintia)는 얼굴도 예쁘고, 피부도 곱고, 날씬하지만, 아름답다고 할 순 없어. 베누스가 없으니까. 하지만 레스비아(Lesbia)는 아름다워. 머리끝에서 발끝까지 사랑스러워."라고 노래했습니다. 퀸티아와 레스비아는 모두 카툴루스 당시 로마 사교계를 주름잡던 미모의 여성들 별칭이었습니다. 대부분의 사람들은 퀸티아가 더 미인이라고 평가했지만, 카툴루스의 마음을 사로잡은 여인은 레스비아였습니다. 카툴루스는 레스비아가 아름다운 것은 바로 그녀가 '베누스', 즉 '매력'을 가지고 있기 때문이라고 합니다. 우리가 어떤 대상을 아름답다고 느끼는 것은 객관적인 기준에 따른 것이라기보다는 나를 끌어당기는 대상 특유의 매력에서 나오는 것이라고 한다면, '베누스'라는 이름은 아름다움의 여신에게 가장 잘 어울리는 이름일 겁니다.

아프로디테의 출생과 가문에 대해서는 여러 가지 전설이 있지만, 가장 유명한 것은 아프로디테가 우라노스의 거세된 남근에서 나왔다는 것입니다. 우라노스가 세계를 폭력적으로 지배하고 있을 때, 그의 아들 크로노스가 거대한 낫을 들고 숨어 있다가 아버지를 거세했죠. 크로노스는 아버지의 잘린 남근을 멀리 던졌는데, 그것이 바다로 들어가더니 신비로운 거품이 부글부글 끓어올랐고, 이어 아름다운 여신이 탄생했다는 겁니다. 그가 바로 아프로디테인데, 이름 자체가 그런 사연을 담고 있습니다. 그리스어로 '아프로스(aphros)'가 거품이라는 뜻이어서, '아프로디테'는 거품에서 태어난 여신이라는 뜻을 담게 되죠. 또 다른 전설은 아프로디테가 제우스의 딸이라는 것인데, 호메로스의 『일리아스』에서 아프로디테가 그렇게 나옵니다. 제우스가 디오네(Diōnē)라는 여신과 결합하여 아프로디테를 낳았다는 거죠. 디오네는 매우 아름답고 사랑스러운 여신이었고, 그 유전자를 그대로 아프로디테가 이어받은 셈입니다.

아프로디테의 두 가지 출생 신화와 맞물려 에로스의 정체도 크게 두 가지로 나뉩니다. 에로스는 그리스어로 '사랑, 욕망'이라는 뜻인데, 그것이 그대로 신격화된 것입니다. 보통 등에 날개가 달려 있어 공중을 날아다니고, 활과 화살을 들고 다니면서 신과 사람들의 심장을 겨냥하여 화살을 날려 보냅니다. 그 화살을 맞으면 통제할 수 없는 사랑과 욕망에 빠지게 되어 헤어 나오지 못하는데, 그런 화살은 끝이 날카로운 황금 화살이라고 합니다. 이런 사랑의 마력을 가진 에로스는 보통 아프로디테와 아레스(Arēs)의 아들로 알려져 있습니다. 아프로디테가 에로스에게 명령을 내려 특정 대상에게 화살을 쏘게 하죠. 그러면 에로스는 어머니의 지시에 따라 화살을 쏘고, 여기에 맞은 이는 사랑에 빠집니다. 그가 바라보는 대상에 아프로디테는 아름다움과 매력을 잔뜩 불어넣죠. 이렇게 모자가 한 팀이 되어 아들은 사랑하는 마음을 불어넣고, 어머니는 매력을 잔뜩 집어넣어 이 세상에 각양각색의 사랑 이야기를 만들어 내는 것입니다.

그러나 에로스가 아프로디테의 아들이 아니라는 이야기도 전해집니다. 이것이 훨씬 더 오래전부터 전해져 온 것이긴 한데, 앞서 이야기한 대로 헤시오도스의 『신통기』에 담겨 있죠. 태초에 카오스가 가장 먼저 생겨나고, 곧이어 대지의 여신 가이아와 타르타로스가 태어나며, 에로스가 네 번째로 태어난다는 겁니다. 이 에로스는 남녀 사이의 사랑을 일으키는 데서 그치는 것이 아니라, 온갖 만물의 생성과 변화를 일으키는 강력한 원동력, 원초적 에너지로 작동합니다. 나중에 하늘의 신 우라노스의 거세된 남근에서 아프로디테가 거품을 일으키며 태어날 때에도 에로스가 이를 지켜보았다고 합니다.

두 가지 이야기 중에 어떤 이야기가 더 믿을 만할까요? 그리스의 철학자 플라톤도 이 문제로 고민했던 모양입니다. 사랑에 관한 말잔치를 담아 낸 『향연』이라는 작품에서 플라톤은 이 세상에는 두 명의 아프로디테와 두 명의 에로스가 존재한다고 정리했죠. 우라노스의 거세된 남근에서 태어난 아프로디테는 천상의 아프로디테, 즉 '아프로디테 우라니아(Aphroditē Urania)'인 반면, 제우스와 디오네 사이에서 태어난 아프로디테는 지상의 아프로디테, 범속의 아프로디테로서 '아프로디테 판데모스(Aphroditē Pandēmos)'라는 겁니다. 요즘 코로나 '팬데믹(pandemic)' 현상이라는 말을 자주 쓰는데, '팬데믹'이라는 말이 바로 이 '판데모스'라는 말에서 나온 겁니다. 에로스도 마찬가지입니다. 태초에 홀로 태어난 에로스는 천상의 에로스, 즉 '에로스 우라니오스(Erōs Uranios)'인 반면, 아프로디테의 아들로 태어난 에로스는 지상의 에로스, 즉 '에로스 판데모스(Erōs Pandēmos)'입니다.

플라톤은 '아프로디테 우라니아', 즉 '천상의 아프로디테'는 정신적인 아름다움과 사랑, 열망을 상징하는 반면, '아프로디테 판데모스', 즉 '지상의, 범속의 아프로디테'는 육체적인 아름다움과 사랑, 욕정을 가리키는 것으로 해석하며 둘을 대비시켰습니다. 서로 다른 두 가지 전승을 공존할 수 있는 것으로 본 플라톤의 해석은 의미심장합니다. 물론 플라톤은 육체적인 아름다움과 사랑을 정신적인 것보다 낮은 단계의 것으로 평가했으며, 특히 정신적인 사랑은 전혀 없이 육체적인 욕망만으로 몸이 달아오르는 것을 저급한 것으로 보았지만, 육체적인 사랑에 정신적인 사랑이 함께 어우러지고 우리의 도덕과 윤리적 수준에 맞추어진다면, 그것이야말로 사랑의 완성이 아닐까 생각합니다.

이런 것은 비단 사랑에만 그치지 않습니다. 우리가 몸과 마음을 가지고 살아가는 한, 우리의 삶 전반에 적용될 것 같습니다. 우리가 무슨 일을 하든지 마음만 있으면 다 되는 게 아니라, 몸으로 실천해야 완성되는 것도 마찬가지라고 볼 수 있겠죠. 정신과 몸의 건강한 조화를 표하는 말 중에는 'Animus Sānus In Corpore Sānō'라는 라틴어 격언이 있는데, '건강한 몸에 건강한 정신'이라는 뜻입니다. 일본의 스포츠 브랜드 가운데 아식스(ASICS)가 이 라틴어 문장의 첫 글자로 만들었다니, 참 잘 만든 이름입니다. 아프로디테와 베누스를 생각하면서 사랑에서뿐만 아니라, 모든 일에 몸과 마음, 이상과 현실의 조화를 이루어 나가시길 바랍니다.

12

제우스,
아버지와 전쟁을 벌이다

그리스 신화에 그려진 신들의 역사는 치열한 권력 투쟁의 양상을 보여 줍니다. 특히 세대 간의 갈등과 하극상의 모습이 두드러집니다. 최초의 신 카오스를 대지의 여신 가이아가 정복하면서부터 권력 투쟁의 싹이 텄고, 갈수록 더욱더 과격하게 전개됩니다. 가이아에게서 태어난 하늘의 신 우라노스는 어머니를 딛고 일어서 세상의 가장 높은 부분을 점거하면서 권력을 쟁취했지요. 하지만 그는 자식들 가운데 시간의 신 크로노스에게 거세를 당하면서 쫓겨납니다. 불멸의 낫을 휘두르며 권력을 잡은 크로노스는 우라노스의 열두 자식 중 막내였지만, 용감한 결단과 과감한 실천을 통해 형제자매들을 제치고 새롭게 권좌에 오릅니다.

크로노스와 그 형제자매들은 티탄 신족이라고 불렸습니다. 티탄은 그리스어로 '손을 뻗는 자'라는 뜻인데요, 시간의 신 크로노스가 불멸의 낫을 들고 아버지인 우라노스를 거세하자, 하늘의 신 우라노스는 쫓겨 가면서 "네놈이 감히 나에게 손을 뻗었구나!"라고 말했기 때문에 크로노스의 형제들이 모두 '손을 뻗는 자'라는 뜻의 '티탄 신족'이라 불리게 되었던 겁니다.

크로노스는 자신의 누이들 가운데 레아를 아내로 선택합니다. 둘은 잘 어울리는 한 쌍이었습니다. '레아'는 그리스어로 '흐름'

을 뜻하는데요, 크로노스와 레아의 결합은 '시간'과 '흐름'의 결합으로 '시간이 흘러감에 따라 모든 것을 무력화시킨다'는 의미를 담습니다. 둘 사이에도 자식들이 태어났지요. 그런데 크로노스는 아이들을 두려워했습니다. 아버지인 우라노스가 거세당하고 쫓겨나면서 던진 저주 때문이었습니다. "나를 쫓아내는 이 엄청난 짓에 대해서 너도 그 벌을 받게 될 것이다."라고 했는데요, 크로노스도 자기 자식에게 쫓겨날까 봐 두려웠던 겁니다.

그래서 크로노스는 자식이 태어나는 족족 집어삼켰습니다. 자기 뱃속에 아이들을 가둔 것이지요. 저항할 수 없도록 말입니다. 레아는 고통스러웠습니다. 그래서 여섯째가 태어나려고 할 때, 크로노스의 눈을 피해 크레타섬으로 숨었지요. 아이를 낳자 동굴 깊숙이 숨기고, 대신 큰 돌덩이를 강보에 싸서 크로노스에게 주었습니다. 조급했던 크로노스는 앞뒤 안 가리고 돌덩이를 삼켰지요.

빼돌려진 아이는 아버지의 눈을 피해 무럭무럭 자라났습니다. 그가 바로 제우스입니다. 제우스가 장성하자, 가이아 여신은 출생의 모든 비밀을 알려 줍니다. 그리고 크로노스에게 도전할 것을 촉구하지요. 일찍이 가이아는 크로노스에게 불멸의 낫을 주고 우라노스를 쫓아내라고 한 적이 있었습니다. 크로노스는 권력을 쥔 다음에는 가이아의 말을 듣지 않았지요. 특히 땅속에 갇힌 외눈 거신 삼 형제와 백수 거신 삼 형제를 꺼내 주지 않았습니다. 화가 난 가이아는 이제 손자를 이용해서 크로노스를 몰아낼 계획을 세운 겁니다.

대지의 여신 가이아의 제안을 받은 제우스는 깊은 고민에 빠집니다. '내가 세상을 지배하는 아버지, 강력한 크로노스에게 도전할 수 있을까? 제대로 싸워 보지도 못하고 아버지 손에 잡혀 삼켜지는 것은 아닐까? 아버지가 휘두르는 불멸의 낫에 산산조각 날지도 모른다.' 만약 제우스가 이런 두려움에 압도되었다면, 아버지와 싸우는 대신, 조용히 숨어 지내면서 현실에 안주하는 길을 택했을 겁니다. 실제로 제우스는 크레타섬의 동굴에서 지내는 것이 나쁘지 않았습니다. 레아가 붙여 준 아름다운 님페들이 시중을 들고 쿠레테스(Kourētes)라고 불리는 호위 무사들이 그를 지키고 있었으니 나서지 않고 조용히 지낸다면 안락하고 평온하게 지낼 수 있었기 때문입니다. 하지만 제우스는 안일함과 두려움을 이겨 내고 마침내 아버지 크로노스를 찾아갑니다.

혼자 힘으로는 도저히 크로노스의 티탄 신족들을 이길 수 없다고 판단한 제우스는 동맹군을 찾습니다. 가장 먼저 아버지 뱃속에 갇힌 형제자매를 구하기로 하지요. 제우스는 가이아 여신에게 받은 약을 크로노스에게 먹게 합니다. 그 약은 삼킨 것을 토해 내는 효력이 있었지요. 크로노스는 곧 제우스 대신 삼킨 큰 돌덩어리를 비롯해서 다섯 명의 자식을 토해 냅니다.

제우스의 형제자매들은 올림포스산에 근거지를 두고, 오르튀스산을 기지로 삼은 티탄 신족과 전쟁을 벌였습니다. 이 전쟁은 무려 10년 동안이나 지속되었는데요, 제우스가 티탄 신족들과 싸웠다고 해서 '티타노마키아(Titanomakhia)'라고 부릅니다. 그리스어로 '마키아'는 '전쟁'이란 뜻입니다.

하지만 여섯 명이 크로노스와 그 형제자매 열둘을 상대하기는 버거웠습니다. 그래서 제우스는 더 많은 지원군을 찾지요. 가장 대표적인 이가 제우스의 사촌들 가운데 예지력이 뛰어난 프로메테우스였습니다. 그는 제우스가 어려운 고비를 만날 때마다 적절한 돌파구가 될 전략을 제시해 주었습니다.

제우스는 전력에 가장 큰 힘을 보탤 또 다른 지원군을 영입합니다. 바로 세 명의 외눈 거신 퀴클롭스와 세 명의 백수 거신 헤카톤케이레스였습니다. 이들은 크로노스의 형제들이었지만, 크로노스가 권력을 잡은 뒤에도 땅속에 갇혀 비참하게 지내야만 했지요. 제우스는 소외당한 삼촌들을 찾아가 도움을 요청했습니다. 크로노스에게 불만이 많던 여섯 명의 거신은 기꺼이 조카인 제우스를 돕기로 합니다. 이로써 제우스는 크로노스 세력과 대등하게 맞설 수 있었지요. 외눈 거신 삼 형제는 뛰어난 솜씨로 제우스를 위해 천지를 진동시키는 천둥과 번쩍이는 번개를 벼려 주었습니다. 포세이돈에게는 날카로운 삼지창을, 하데스에게는 모습을 안 보이게 만드는 투명 투구를 선사했지요. 강력한 무기를 얻은 삼 형제는 불리한 전세를 역전시켜 나갔습니다. 여기에 백수 거신 삼 형제가 결정적인 힘을 더했습니다. 백 개의 손에 거대한 바위를 집어 들어 던졌죠. 동시에 삼백 개의 바위가 티탄 신족들을 향해 날아가는 그 위력은 압도적이었습니다. 날아가는 바위에 햇빛이 가려져 대지에 어둠이 덮일 정도였습니다. 선봉에 선 제우스는 번개와 천둥으로 치명적인 타격을 가했고, 마침내 승리를 거두고 새로운 권력자로 등극하게 됩니다.

그의 성공 비결은 무엇이었을까요? 크게 두 가지를 생각해 볼 수 있습니다. 첫째는 확고한 기존의 체제를 두려워하지 않고 도전한 용기에서 찾을 수 있습니다. 물론 그 기존 체제가 좋은 것이라면 그에 따르고 발전시켜 나가는 쪽으로 힘을 보태야겠지만, 제우스가 도전한 기존의 크로노스 체제는 독재적이고 폭력적인 구조를 가지고 있었으니 도전할 가치와 명분은 충분했습니다. 둘째는 제우스가 모든 문제를 혼자서 해결하는 대신, 적절한 협업 체제를 구성했다는 것입니다. 이 과정에서 기존 체제에 억압받고 소외된 세력과 함께 했다는 것은 주목할 만합니다. 적재적소에 필요한 인재를 구하는 지혜와 인화력, 그리고 실천력이 그의 성공을 가능하게 했던 것입니다.

13

영원한 권력을 쥔
제우스

끝없이 지속될 것 같았던 그리스 신화 속 권력 투쟁에 드디어 제우스가 대단원의 마침표를 찍습니다. 시간의 신 크로노스는 자식들을 태어나는 족족 집어삼키면서까지 권력을 지키려고 했지만, 제우스의 과감한 도전에 무너지고 말았지요. 제우스는 아버지의 뱃속에 갇혀 있던 다섯 명의 형제자매를 나오게 한 후, 그들과 힘을 합해 아버지와 삼촌들의 권력 체계를 무너뜨린 겁니다. 제우스는 티탄 신족들을 지하 세계인 타르타로스에 가두고, 백수 거신 헤카톤케이레스에게 지키게 했지요. 제우스 일행은 전쟁을 시작하면서 올림포스산을 근거지로 삼았는데, 승리를 거둔 후에도 그곳에 왕궁을 세우고 기거했기 때문에 올림포스 신들이라고 불립니다.

　　권력을 획득한 제우스는 이전의 권력자들이 왜 무너지게 되었는지를 곰곰이 생각해 보았습니다. 가이아와 우라노스, 크로노스는 모두 권력을 획득하는 데에는 성공했지만, 그 권력을 지키는 데에는 실패했으니까요. 실패의 원인은 권력을 과도하게 독점하려고 했던 독재적 행태 때문이었습니다. 그런 통찰에 이른 제우스의 첫 번째 행보는 세계를 지배하는 권력을 적절히 나누는 것이었습니다. 자신과 함께 싸워 준 형님과 누님들의 공로를 인정하고,

그들을 제대로 대접해 준 것이지요.

일단 두 형님과 함께 제비뽑기를 해서 통치의 영역을 나누었습니다. 그 결과 올림포스산을 거점으로 하늘은 제우스가 다스리게 되었고, 바다는 둘째 형님인 포세이돈이, 지하 세계는 첫째 형님인 하데스가 맡게 되었지요. 그리고 인간들이 사는 땅은 공동의 관리 구역으로 삼았습니다. 각자의 영역은 자율적으로 다스려 나가되, 지상의 문제만은 함께 상의하면서 해결해 나가기로 한 것입니다.

물론 땅을 방치한 것은 아닙니다. 그의 누이들에게 적절히 맡겼으니까요. 맏누이인 헤스티아(Hestia)는 화로의 신이 되었습니다. 사람들의 공동체에 가장 중요하고 기본이 되는 것이 가정입니다. 그리고 한 집 안에서 가족들은 화로를 중심으로 둘러앉으니, 화로의 여신이 된다는 것은 인간의 삶에 가장 깊숙이 관여한다는 뜻이 되겠지요. 둘째 누이인 데메테르(Dēmētēr)는 곡물을 관장하는 여신이 되었습니다. 사람들이 먹고사는 활동에서 가장 중요한 문제를 다스리는 것이었지요. 셋째 누이인 헤라는 제우스의 아내가 되었고 결혼을 주관하는 역할을 맡았습니다. 인간 공동체의 기본 단위가 가족인데, 그 가족이 성립하는 출발점이 결혼이니 헤라의 역할은 지상의 인간 삶에 가장 중요한 것을 맡은 셈이었습니다.

이렇게 세상의 권력을 적절하게 나누고 각자에게 권한과 책임을 분명하게 해 두었지요. 그 이전의 통치자들이 독재적으로 권력을 행사했던 것에 비하면, 제우스의 통치는 협업의 기술을 바탕으로 합니다. 이와 같은 태도는 권력을 획득하는 과정에서 함께 싸웠던 전우애에서 비롯된 것입니다. 제우스는 그 은혜를 잊지 않고 의리를 지켰던 것이지요. 이런 행동은 권력에 대한 욕심, 탐욕을 슬기롭게 억제하는 고도의 절제에서 비롯된 것이라 할 수 있습니다. 제우스의 지혜는 적절한 선에서 형제자매들과 권력을 나눈 것

제우스의 누이인 데메테르는 곡물을 관장하는 여신입니다. 사람들이 먹고사는 활동에서 가장 중요한 문제를 다스리지요.

에 그치지 않고, 전체적인 통제권을 놓치지 않은 데에서 더욱더 빛납니다.

이전 권력자들과 비교했을 때, 제우스에게 가장 두드러진 또 하나의 특징은 그가 다수의 여성과 관계하여 수많은 자식을 낳았다는 것입니다. 이 때문에 제우스는 바람둥이 신, 불륜의 상징처럼 여겨지곤 하지요. 현대의 사회적·도덕적 관념에서 볼 때, 제우스에게 가장 큰 거부감을 느끼는 대목입니다. 그러나 이런 현상은 고대 사회에서 빈번하게 일어났지요. 부족 국가의 규모가 커지면서 고대 국가로 발전해 나가는 과정에서 왕권을 유지하고 강화하는 문제가 발생했습니다. 이때 가장 큰 문제는 지방의 토착 귀족 세력의 위협이었지요. 이 문제를 해결하려고 왕은 정략적인 결혼을 통해 귀족 세력들과 인척 관계를 만들었습니다. 이와 같은 현상이 신화적으로 표현된 것이 바로 제우스인 것입니다.

어쨌든 제우스는 수많은 자식을 낳았습니다. 이전의 권력자들이 모두 자식들에게 쫓겨났던 것에 비추어 보면, 자식이 많다는 것은 제우스에게도 큰 부담과 두려움으로 다가왔습니다. 자식들이 하나둘 태어날 때마다 제우스도 역시 두려웠습니다. 그들이 자라나 자신을 밀어내고 권력을 빼앗으면 어쩌나 하는 걱정을 이전 권력자들과 똑같이 했던 겁니다. 자신도 아버지와 전쟁을 치르고 몰아내어 권력을 획득했으니까요. 그 두려움을 이겨 내야만 제우스는 자신의 권력을 지킬 수 있었던 겁니다. 그런데 제우스는 이전의 권력자들과는 다른 방법을 취했습니다. 예전 권력자들이 자식들을 틀에 가두고 통제하려고만 했던 것에 반해, 제우스는 자신의 권력에 요긴한 동반자로 삼은 것입니다.

제우스는 자식들을 일방적으로 가두는 대신, 능력과 성격에 맞게 권한을 부여하고 자율적으로 활동할 수 있도록 길을 열어 주었지요. 자식들은 각자의 영역에서 역량을 마음껏 발휘하며 독자적인 힘을 키워 나가면서도 제우스의 전체적 통제 아래에서 협업 체제를 꾸려 나갈 수 있었습니다. 물론 이 자체도 하나의 틀이며, 제우스 역시 자신만의 방식으로 자식들을 가둔 것이라 할 수 있습니다. 그러나 구성원이 기꺼이 받아들일 수 있는 틀을 제공했다는 점이 제우스로 하여금 권력을 영원히 유지할 수 있게 해 준 것입니다.

신화가 역사를 기억하고 교훈을 담는 수단이라 한다면, 제우스 신화 속에서 그리스인들이 이상적으로 생각한 정치 체제를 읽을 수 있습니다. 지혜롭고 용기 있는 강력한 지도자가 공동체 전체를 질서 있게 통제하면서도 권력에 대한 탐욕을 절제하면서 구성원의 능력과 자질에 따라 권한을 적절히 나눠 주고, 각자가 제 몫에 책임을 다할 수 있게 해 주는 겁니다. 폭력적인 독재나 중구난방의 무질서를 배제한 정치 체제라고 할 수 있습니다. 이런 점에서 그리스인들의 정의관도 읽을 수 있습니다. "각자에게 각자의 몫을." 이는 후대의 철학자 플라톤이 정리한 네 가지 중요한 덕과도 통합니다. 지혜, 용기, 절제, 정의. 이것이 제우스가 혼란을 극복하고 질서를 잡아 가는, 이른바 '카오스에서 코스모스로' 세상을 변화시켜 나갈 수 있었던 비결이 아닐까요?

14

제우스가
바람둥이인 까닭은?

많은 사람들에게 여전히 제우스 하면 가장 먼저 떠오르는 이미지는 고약합니다. '천하의 바람둥이!' 세상을 지배하는 권력을 잡은 뒤, 자신의 욕망을 마음대로 채우는 '호색광'으로 보이니 말입니다. 그를 낳은 크로노스도, 그전에 우라노스도 절대적인 권력을 쥐고 있었지만 '일부일처제'에 충실한 모습이었는데, 제우스는 왜 그럴까요? 그리고 그리스인들은 왜 이런 바람둥이 신을 최고의 신으로 경배하며 웅장한 신전을 곳곳에 짓고, 올림피아 제전, 네메이아 제전 등 그를 주신으로 하는 대규모의 화려한 행사를 개최하며 그를 찬양했을까요?

그의 바람둥이 이미지는 고대의 역사와 무관하지 않습니다. 세속의 권력을 쥔 왕과 귀족들은 자신들의 권력을 이용하여 부인 이외에 첩을 여럿 두었을 뿐만 아니라, 신분이 취약한 여성들이 마음에 들면 취하는 일에 거리낌이 없었으니, 그런 권력자들의 방종한 모습이 제우스에 투영된 것이라고 볼 수 있겠지요? 거꾸로 제우스가 그 모양 그 꼴이니 인간이라고 별수 있겠나 싶기도 하죠.

그런데 정말 제우스의 바람기는 부정적이기만 한 걸까요? 그의 모습에서 뭔가 배울 점은 없을까요? 아, 제우스를 무슨 이상적인 롤 모델로 삼아서 정말 바람이라도 피워야 한다는 이야기를 하려는 것은 결코 아닙니다. '바람둥이 제우스'라는 이미지 안에 담긴 신화적 상징과 은유적인 의미를 새롭게 해석한다면, 아주 중요한 배울 점이 있다는 이야기입니다. 그 점에서 본다면, 사실 저는 제우스가 무척 부럽습니다. 그가 자유자재로 변신하며 여성을 취하며 마음껏 바람을 피우기 때문이 아니라, 그의 행위가 갖는 의미 때문에 말입니다.

제우스는 세상을 지배하고, 권력을 유지하기 위해 독재보다는 협업과 협치를 택했습니다. 그래서 하늘과 땅, 바다와 지하에 대한 권한과 책임을 형제자매들과 나눴지요. 물론 전체적인 통제권을 제우스가 가졌으니, 그는 모든 신들의 왕이긴 했습니다. 그런데 세상은 그 여섯 명이 모두 다스리기에는 너무 넓고 복잡했죠. 권력을 세부적으로 촘촘히 확장하기 위해 제우스는 더 많은 협력자가 필요했습니다.

그렇다고 지난 전쟁에서 아버지의 편이었던 삼촌들과 그들의 자식들을 협력자로 끌어들이고 싶진 않았겠죠? 전쟁을 겪으며 그들에 대한 앙심과 불신을 품게 되었기 때문일 겁니다. 심지어 그는 자신의 편에 서서 열심히 싸우며 현명한 전략을 짜 주었던 사촌 프로메테우스도 믿지 못했습니다. 제우스는 확실하게 믿고 일을 맡길 협력자를 원하게 되었습니다. 형제자매 이외에 자식들이라면 믿을 수 있지 않을까요? 그래서 그는 열심히 사랑을 찾기 시작했던 겁니다. 그가 바람둥이가 된 것은 단순히 그의 성적 욕망을 채우기 위해서라기보다는 권력을 확장하고 안정시키기 위해 필요한 믿을 만한 협력자를 얻으려는 전략의 일환이었던 셈입니다. 그는 건전한 가장이나 충실한 남편이 되기보다는 능력 있는 지도자가 되고 싶었던 겁니다.

제우스의 첫 번째 여신은 모든 신들 가운데 가장 똑똑하고 아는 것이 많았던 메티스(Mētis)였습니다. 그녀를 통해 제우스는 지혜의 여신 아테나를 얻게 되죠. 이 이야기는 나중에 좀 더 자세히 하겠습니다.

두 번째 여신은 테미스였습니다. 테미스는 법과 원칙의 여신입니다. 세상을 다스리려면 그 바탕에 법이 단단하게 깔려 있어야겠죠. 제우스는 테미스가 티탄 신족의 하나로서 고모이며 이모인데도, 그녀가 꼭 필요하다는 판단에서 그녀와 결합하여 세상을 올바르게 다스려 나갈 여러 딸들을 낳습니다. 정의의 여신 디케(Dikē)와 올바른 법과 질서의 여신 에우노미아(Eunomia), 평화의 여신 에이레네(Eirēnē)를 낳았죠. 이들을 호라이(Horai) 여신 세 자매라고도 합니다.

그러나 그들과는 다른 호라이 세 자매가 따로 있었다는 이야기도 있습니다. 그에 따르면, 호라이는 계절을 주관하는 세 여신입니다. 봄이 되면 꽃이 피는데, 이 꽃의 여신이 탈로(Thallō)였습니다. 꽃이 피면 그다음엔 알찬 열매를 맺겠죠? 그래서 동식물의 성장을 관장하는 아욱소(Auxō)와 곡물과 추수의 여신 카르포(Karpō)가 함께합니다. 이렇게 세 여신이 계절의 흐름을 주관하면서 사람들의 삶을 시간에 따라 가지런하게 자리 잡아 주었습니다.

테미스는 또 운명의 여신 모이라(Moira) 세 자매도 낳습니다. 모이라 여신들은 밤의 여신 뉙스가 혼자 낳았다는 둥, 어둠의 신 에레보스와 뉙스가 함께 낳았다는 둥 다른 이야기도 전해지지만, 제우스의 딸로 보는 게 보통입니다.

그리스어에서 '모이라'는 사람들이 뭔가를 나눌 때, 각자에게 돌아가는 '몫'이라는 뜻입니다. 사람들이 살아가기 위해서는 제 몫을 지키는 게 아주 중요하지요. 제 몫을 잘 지키지 못하면 바보 같고 어리석으며 게으른 자 취급을 받게 됩니다. 반면 제 몫을 넘어서 다른 사람의 몫을 탐하고 갈취하면 폭력이 되죠. 인간 사이의 분란은 이렇게 몫을 제대로 지키지 못하는 데에서 생깁니다.

인간의 몫에서 가장 중요한 것은 수명과 그 수명을 채우는 삶의 내역, 즉 운명입니다. 그래서 모이라는 운명의 여신을 가리키는 이름이 되었습니다. 어떻게 살아가야 하는가? 이런 질문이 던져질 때, 그리스인들은 그 삶의 방식이 모이라 여신들에 의해 몫으로 주어진다고 생각했죠. 세 자매 가운데 클로토는 운명의 실을 잣아 베를 짜고, 라케시스는 운명의 베를 자로 재서 사람들에게 나눠 주고, 아트로포스는 가위로 운명의 실과 베를 끊는 역할을 합니다. 로마인들은 이들을 파르카(Parca) 여신들이라 불렀고, 노나(Nōna), 데키마(Decima), 모르타(Morta)가 같은 역할을 맡았다고 믿었습니다.

제우스의 세 번째 아내는 에우뤼노메(Eurunomē)였는데, 둘 사이에는 우아한 카리스(kharis) 여신 세 자매, 즉 세상을 환하게 비추는 아글라이아(Aglaia), 즐거움이 넘치게 하는 에우프로쉬네(Euphrosunē), 향기롭고 아름답게 꽃을 피어나게 하며 희극과 목가 등을 관장하는 탈리아(Thalia)가 태어났습니다.

헤시오도스는 그다음으로 페르세포네(Persephonē)를 낳은 대지의 여신 데메테르(제우스의 누이), 아홉 명의 무사(Mousa) 여신을 낳은 기억의 여신 므네모쉬네(티탄 신족의 하나로 제우스의 이모이자 고모), 아폴론과 아르테미스를 낳은 레토를 언급하고(이들에 관해서도 나중에 따로 이야기하겠습니다.) 일곱 번째로 헤라를 언급합니다. 그 이후로도 제우스는 마이아(Maia) 여신을 통해 헤르메스(Hermēs)를 얻지요.

그의 여성 편력은 여신들뿐만 아니라 수많은 여인들도 대상으로 합니다. 여인들과 결합을 통해 제우스는 인간 세상을 다스리고 뛰어난 문명을 창출할 영웅들을 낳습니다. 이오(Iō)와 결합해 이집트의 왕족을 낳고, 에우로파(Eurōpē)를 통해 크레타섬을 지배하고 미노아 문명을 탄생시킨 미노스(Minōs)를 얻습니다. 다나에

올림포스의 주신인 제우스는 수많은 여신, 여인과의 결혼 정책을 통해 세상을 다스릴 많은 자손을 얻었습니다. 그는 단순한 바람둥이가 아니라 노련한 지배자라 할 수 있죠.

(Danaē)에게서는 뮈케네를 세운 페르세우스(Perseus)를, 알크메네 (Alkmēnē)와는 스파르타의 영웅 헤라클레스를 낳죠.

그런데 흥미로운 것은 제우스가 여신이나 여인들에게 다가 갈 때, 대부분의 상대가 제우스를 탐탁지 않게 여겼다는 겁니다. 헤라는 심지어 제우스의 손길을 피해 달아나기까지 했죠. 그러나 제우스는 쉽게 포기하지 않았습니다. 상대가 호감을 느낄 수 있는 모습으로 기꺼이 변신했습니다. 헤라에게는 뻐꾸기로 변신한 다 음 접근해 사랑을 이루었습니다. 에우로파와 결합하기 위해 제우 스는 황소로 변신했는데, 로마의 시인 오비디우스는 이 장면을 이 렇게 노래했습니다.

왕홀의 위엄을 버리고
신들의 아버지요 지도자께서 오른손은 세 갈래
불길로 무장하고, 고갯짓으로 세상을 뒤흔드는
그분께서 황소의 모습을 입고 소 떼에 섞여
음매 하고 울며 부드러운 풀 속을 폼 나게 돌아다닌다·
sceptri gravitate relicta
ille pater rectorque deum, cui dextra trisulcis
ignibus armata est, qui nutu concutit orbem,
induitur faciem tauri mixtusque iuvencis
mugit et in teneris formosus obambulat herbis.

그는 필요한 자식을 낳기 위해 적절한 여신이나 여인이 보이 면 포기하는 법이 없었습니다. 구름으로 변하기도 하고, 황금 소나

• 『변신 이야기』 제2권 847~852행

기로 변신하여 청동 탑의 틈새로 들어가기도 하고, 백조로 변신하여 다가서기도 하죠. 원하는 상대에게 접근하기 위해 그 여인의 남편이나 그녀가 섬기는 여신으로 변하기도 합니다. 꼭 필요한 협력자를 얻기 위한 제우스의 집요한 노력을 보면서 저는 자문해 보았습니다. '나는 내게 꼭 필요한 친구나 동료, 협력자를 얻기 위해 제우스처럼 나 자신을 얼마나 변신시켰나?' 신화에 표현된 글자 그대로만 보지 말고 그 말의 뜻을 곰곰이 깊게 생각해 보면, 제우스의 위대함에 감탄하게 됩니다.

제우스를 거울처럼 앞에 놓고 나를 비춰 봅니다. 천하를 지배하는 제우스는 자신의 위엄과 체면, 권위와 특권을 모두 내던지고 한갓 미물로까지 변신하여 상대의 호감을 사려고 온갖 노력을 다했는데, 나는 나의 자존심과 체면을 내세우면서 정말 좋은 상대에게 다가서지 못했던 것은 얼마나 태만한 태도였던가. 얼마나 많은 좋은 친구를 잃었던가. 이런 일들을 생각하면 제우스의 '바람피우는 노력'에서 배울 점이 참 많아 보입니다. 여러분은 여러분의 사람을 얻기 위해 얼마나 노력하시나요? 제우스처럼 훌륭한 '바람둥이'가 되어 보면 어떨까요?

15

프로메테우스,
제우스를 굴복시키다

제우스는 크로노스와 티탄 신족들을 물리치고 권좌에 오른 뒤에, 형제자매들과 권력을 나누고, 신뢰할 만하고 똑똑한 자식들을 등용해서 올림포스 12신 체제를 구축합니다. 그리고 반란의 여지를 없애 나갔지요. 제우스가 가장 경계한 이는 프로메테우스였습니다. 그리스어로 '프로'는 '앞'이라는 뜻이고, '메테우스'는 '지혜로운 자, 생각하는 자'라는 뜻이니까, '프로메테우스'는 '앞을 내다보며 생각할 줄 아는 지혜로운 자'라는 뜻이 됩니다. 제우스가 크로노스와 대결을 벌일 때, 수많은 신들은 어느 쪽에 줄을 서야 할지 고민했습니다. 대부분이 당시의 권력자인 크로노스 편에 섰지만, 프로메테우스는 제우스의 승리를 예견하고 열세에 있던 제우스 편에 섰습니다.

프로메테우스는 뛰어난 예지력으로 제우스가 권력을 쟁취하는 데에 일등공신 역할을 했습니다. 그러나 제우스는 그가 두려웠습니다. 만에 하나 반기를 든다면, 버거운 상대라고 생각했던 겁니다. 제우스는 일단 그를 권력의 분배에서 배제했고, 곧이어 제거하려 합니다. 그러나 아무런 명분 없이 행동할 수는 없었지요. 자칫 그 이전의 권력자들처럼 폭군이라는 낙인이 찍히고, 다른 신들의 반감을 사면 반란에 부딪힐 수도 있었기 때문이지요.

그럴듯한 구실이 필요했습니다.

　마침 좋은 건수가 생겼습니다. 인간을 아끼던 프로메테우스는 제물의 좋은 부분을 인간들에게 주고 싶었습니다. 그는 황소를 잡아 한편에는 살코기와 기름진 내장을 골라 쇠가죽으로 싸서 허섭스레기처럼 보이도록 내놓았고, 다른 한편에는 소뼈들을 잔뜩 쌓은 다음 기름 조각으로 교묘히 포장해 맛있게 보이도록 했습니다. 그리고 제우스에게 어떤 쪽을 제물로 받겠느냐고 물었습니다. 제우스는 맛있어 보이는 쪽을 선택했지요. 겉모습에 속았기 때문일까요? 아닙니다. 제우스는 프로메테우스의 계략을 꿰뚫어 보았던 겁니다. 그는 아무것도 모르는 척 기름 조각이 덮인 쪽을 들어 올렸고, 그곳에서 소뼈들이 쏟아져 내리자 크게 진노했습니다. 프로메테우스가 자신을 속였다며 짐짓 분개했지요. 이로써 제우스는 프로메테우스를 벌할 빌미를 얻게 되었습니다.

　그러나 제우스는 좀 더 확실한 기회를 노렸습니다. 인간들에게 살코기가 제사의 몫이 된 것이 괘씸하다며, 불을 사용할 수 없도록 감췄습니다. 인간들이 구운 고기를 먹을 수도, 향기로운 제사를 지낼 수도 없게 한 것이지요. 그러자 프로메테우스는 신들의 특권인 불을 훔쳐 인간들에게 주었습니다. 제우스는 노발대발했고, 프로메테우스를 절벽에다 강철 사슬로 묶어 벌을 내렸지요. 독수리를 보내 프로메테우스의 간을 쪼아 먹게 했는데, 밝은 낮 동안에는 간을 뜯기다가도, 밤이 되어 독수리가 날아가면 새롭게 자라났습니다. 프로메테우스는 고통스러운 형벌에 시달렸지요. 아무도 이의를 제기할 수 없었습니다. 프로메테우스의 과실이 명백했으니까요.

　그러나 이렇게 물러날 프로메테우스가 아니었습니다. 그의 영리함은 제우스와의 협상에서 다시 빛을 발합니다. 프로메테우스는 자신을 찾아오는 이들에게 제우스가 이제 곧 자식을 낳게 될 텐데, 그에 의해 권좌에서 쫓겨날 운명이라는 말을 흘립니다. 이 말은 제우스가 들으라고 하는 말이었지요. 다른 신의 말이라면 제우스는 무시했을 겁니다. 그러나 프로메테우스의 말이기에 제우스는 그냥 흘려 버릴 수가 없었지요. 앞을 내다보는 프로메테우스의 예지력 때문이었죠.

제우스는 전령의 신 헤르메스를 보내 자신을 파멸시킬 자식이 누구냐고 물었습니다. 프로메테우스는 말하지 않겠다고 버텼지요. 아무리 협박을 해도 프로메테우스는 굴복하지 않았습니다. 제우스는 더욱더 초조해졌습니다. 아무것도 가진 것 없이 꽁꽁 묶여 있는 프로메테우스가 모든 것을 다 가진 제우스와 대등하게 맞설 수 있었던 비결은 무엇이었을까요? 제우스는 자신도 아버지를 몰아내고 권력을 잡았으니, 자식에게 똑같이 당할 수 있다는 불안감을 떨쳐 낼 수 없었는데, 프로메테우스는 그 불안을 정확하게 읽어 냈던 겁니다.

그런데 프로메테우스가 제우스의 운명을 알고 있었던 걸까요? 정말로 제우스에게 그런 운명이 정해져 있었을까요? 어쩌면 제우스에게는 그런 운명이 없었을지도 모릅니다. 하지만 제우스의 불안만은 명백한 사실이었지요. 바로 그것을 알았기 때문에 프로메테우스는 제우스에게 맞설 수 있었던 겁니다.

결국 제우스는 버티지 못하고 프로메테우스에게 굴복합니다. 프로메테우스가 비밀을 말하는 대신, 그가 내건 조건을 들어 주기로 하지요. 이때 프로메테우스의 지혜가 또 한 번 돋보입니다. 그는 제우스가 법과 원칙에 따라 세상을 다스리고, 제멋대로 인간들을 괴롭히지 말라고 합니다. 제우스는 그보다 더한 조건이라도 받아들일 마음이었으니, 흔쾌히 들어줄 수 있었지요. 프로메테우스가 무리한 조건을 제시했다면, 제우스가 일단은 그를 풀어주겠지만 반드시 다른 기회를 틈타 보복했을 것입니다. 제우스는 그 조건을 받아들이면서, 동시에 프로메테우스를 위험한 존재가 아니라고 믿게 됩니다. 프로메테우스는 자유와 신뢰를 한꺼번에 얻은 셈이지요.

프로메테우스는 "아름다운 바다의 여신 테티스를 가까이 하지 마시오."라고 일러줍니다. 이 말을 들은 제우스는 안도하고, 테티스를 인간에게 보냅니다. 그렇게 해서 태어난 이가 트로이아 전쟁의 최고 전사 아킬레우스였습니다. 만약 그가 제우스와 테티스 사이에서 태어났다면, 제우스를 몰아내고도 남을 강력한 신이었겠지요? 그런데 프로메테우스의 말은 사실이었을까요? 그것은 중요하지 않습니다. 프로메테우스는 그 어떤 여신의 이름을 말해도 상관이 없었을 겁니다. 이 이야기는 불리한 조건에서도 강력한 상대와 어떻게 맞설 수 있는지를 일깨워 줍니다. 상대의 약점이 무엇인지를 정확히 아는 한, 그 어떤 싸움에서도 우위를 점할 수 있음을 보여 주는 흥미로운 사례라 할 수 있죠.

16

아틀라스의
어리석은 선택

아프리카 북서부에 모로코, 알제리, 튀니지 3개국에 걸쳐 어마어
마한 산맥이 가로질러 있습니다. 산맥의 북서쪽은 지중해와 대서
양 해안선이 늘어서 있고, 남쪽에는 그 유명한 사하라 사막이 펼쳐
져 있죠. 산맥의 길이는 무려 2,000킬로미터가 넘는다고 합니다.
백두산에서 한라산까지 약 960킬로미터라고 하니 2배도 넘네요.
바로 아틀라스산맥입니다. 그곳엔 예로부터 베르베르인들이 살
고 있었는데, 그들은 산을 '아드라스(Adras)'라고 불렀답니다. 여기
에서 '아틀라스'라는 산맥의 이름이 나왔다는 것을 쉽게 짐작할 수
있지요? 그런데 이 산맥의 이름은 그리스·로마 신화에 나오는 거
대한 티탄 신족의 이름이기도 합니다. 아틀라스(Atlas)는 바로 프로
메테우스의 형이었지요.

　　아틀라스는 제우스가 크로노스를 중심으로 한 티탄 신족에
맞서 전쟁을 일으키자 프로메테우스의 조언을 무시하고 크로노스
편에 서서 제우스와 싸웠습니다. 전쟁은 제우스의 승리로 끝났습
니다. 그에게 적이었던 아틀라스는 어떻게 되었을까요? 제우스의
편에 서서 싸웠던 프로메테우스조차 견제를 받으며 큰 곤욕을 치
렀는데, 하물며 아틀라스는 어떠했겠습니까? 제우스는 티탄 신족
과의 전쟁이 끝난 뒤, 아버지 크로노스를 비롯해서 티탄 신족을 지

하 세계인 타르타로스에 가두었는데, 백수 거신들이 티탄 신족들을 사슬로 묶어 그곳으로 데려가 감금했습니다. 그때 프로메테우스의 또 다른 형제였던 메노이티오스(Menoitios)도 그곳으로 끌려갔지요. 그런데 그가 방종과 용맹으로 설쳐 댔던 것이 제우스에게 특별히 거슬렸었는지, 제우스는 그를 깊은 심연의 어둠 속 에레보스로 보냈다고 합니다. 제우스와 프로메테우스 형제들 사이의 악연이 대단하지요?

한편 아틀라스는 타르타로스로 내려가는 대신, 하늘을 짊어지는 벌을 받았습니다. 그곳은 지금의 지중해와 대서양이 만나는 지점 어딘가였다고 합니다. "밤과 낮이 거대한 청동 문턱을 넘을 때, 서로 다가가 인사하는 곳"이었다고 헤시오도스는 표현합니다. 밤과 낮이 교차하는 곳, 그리스인들에게는 그곳이 해가 지는 곳이라 생각했고, 배를 타고 나아갈 수 있는 끝이라고 믿었을 겁니다. 그리스에서 배를 타고 그곳을 향해 간다면, 지중해는 그래도 좌우로 땅이 있었지만, 스페인과 모로코 사이 지브롤터 해협을 지나면 그야말로 망망대해인 대서양이 나오니, 그들에겐 그곳이 세상의 끝으로 보였을 겁니다. 아틀라스는 그런 세상의 끝에서 하늘을 두 손으로 받치고 어깨에 짊어지는 벌을 받았던 겁니다.

이제 영영 하늘과 땅은 서로 닿을 수 없도록 헤어진 것이겠죠? 거기에도 제우스의 계획이 있었을까요? 그럴지도 모릅니다. 제우스의 통치가 마음에 들지 않은 가이아가 만약 우라노스와 결합하여 새로운 자식들을 낳는다면, 그들은 엄청난 괴력으로 제우스와 올림포스 신들을 위협할지도 모릅니다. 실제로 우라노스의 남근이 거세되고 거기서 솟구쳐 나온 정액과 피가 땅에 닿자, 대지의 여신 가이아는 거신족들을 낳았고, 그들이 결국 제우스와 올림포스 신들에게 도전하며 또 다른 신들의 전쟁, 즉 기간토마키아(Gigantomakhia)가 터지니까요. 그리고 가이아는 지하 깊숙한 곳의 타르타로스와 결합하여 튀폰이라는 엄청난 괴물을 낳아 제우스를 절체절명의 위기에 빠뜨리기까지 하죠. 이런 일들을 예견했던 제우스의 대비책이었다고 할까요? 제우스는 아틀라스로 하여금 하늘과 땅의 틈새를 영원히 벌려 놓게 했던 겁니다.

그런데 아틀라스가 이 고통스러운 형벌에서 잠시 벗어났던 때가 있었습니다. 인간들 가운데 가장 힘이 센 천하장사 헤라클레스가 아틀라스 대신 하늘을 짊어졌던 겁니다. 아틀라스가 살던 곳 가까이에 황금 사과가 열리는 헤스페리데스의 정원이 있었습니다. 헤라클레스는 아내와 자식들을 죽인 죄를 씻기 위해 열두 가지 과업을 수행해야만 했는데, 그중 하나가 그곳의 황금 사과를 따 오는 것이었죠. 그곳이 어딘지 잘 몰랐던 헤라클레스는 아틀라스에게 찾아가 도움을 요청했지요. 대신 하늘을 짊어지고 있을 테니 황금 사과를 구해 달라고 말입니다. 하늘의 무게에 짓눌려 있던 아틀라스는 잠시라도 그 고통에서 벗어날 수 있다는 생각에 헤라클레스의 제안을 흔쾌히 받아들였습니다. 헤스페리데스에게서 세 개의 황금 사과를 받은 아틀라스는 헤라클레스에게 돌아왔지만, 그것들을 그에게 주고 다시 하늘을 짊어지기가 싫었습니다. 여러분이 아틀라스라면 어떻게 하시겠습니까? 약속을 지키는 것이 도리겠지만, 이 기회를 그냥 날려 버리긴 싫었겠죠?

헤라클레스는 난감하게 되었습니다. 영원히 하늘을 짊어지고 있어야 할 판이었죠. 물론 이런 상황이 되었다면 제우스가 나서서 아틀라스에게 다시 하늘을 짊어지라 압박했을 겁니다. 제우스에게는 아틀라스의 형벌을 풀어줄려는 마음이 없었고, 게다가 헤라클레스가 제우스의 자식이니 말입니다. 특히 헤라클레스는 나중에 제우스에게 꼭 필요한 도움을 준다는 신탁이 내려져 있었죠. 하지만 헤라클레스는 제우스의 도움 없이 스스로 꾀를 내어 이 사태를 벗어납니다. "아틀라스 님, 알겠습니다. 제가 하늘을 지고 있겠습니다. 그런데 아까 아틀라스 님께 하늘을 넘겨받을 때, 자세가 좀 안 좋았던 모양입니다. 잠시만 하늘을 맡아 주시면 제가 좀 더 편하게 자세를 고치겠습니다." 아틀라스는 하늘을 짊어지는 수고에서 벗어난다는 희망에 그만 헤라클레스의 말을 곧이곧대로 믿고 황금 사과를 땅에 내려놓은 뒤, 헤라클레스로부터 하늘을 넘겨받았습니다. 아틀라스가 너무 순진했던 것이죠. 헤라클레스는 느긋하게 황금 사과를 주워 올린 다음, 유유히 아틀라스 곁을 떠났습니다.

그런데 이 사건에서 주목할 것은 아틀라스를 이용한 헤라클레스의 꾀가 모두 프로메테우스의 머리에서 나온 것이라는 사실입니다. 헤라클레스가 헤스페리데스 정원의 황금 사과를 찾기 위해 카우카소스산에서 매달려 있는 프로메테우스를 찾아갔을 때, 프로메테우스는 그에게 직접 황금 사과를 따지 말고 아틀라스에게 부탁하라고 말했던 겁니다. 아틀라스는 프로메테우스의 형인데, 왜 프로메테우스는 헤라클레스를 도운 걸까요? 제우스와 크로노스 사이에서 싸움이 벌어졌을 때, 둘이 서로 다른 쪽에서 서서 싸운 것이 형제간의 적대감을 촉발한 걸까요? 아폴로도로스의 기록은 그 이유를 보여 줍니다. 헤라클레스가 화살로 프로메테우스를 괴롭히던 독수리를 쏴서 그를 고통에서 해방시켰기 때문에 그 보답으로 헤라클레스를 도와주었다는 거죠.

그런데 어쩌면 프로메테우스는 단순히 은혜에 대한 보답으로서가 아니라 숨은 계획이 있었을지도 모릅니다. 그것은 바로 아틀라스를 구하기 위한 것입니다. 만약 아틀라스가 헤라클레스의 꾀에 넘어가지만 않았다면, 그는 제우스가 내린 영원한 형벌에서 풀려날 수 있었을 겁니다. 그렇게 해서 둘이 힘을 합쳐 제우스에게 도전한다면, 그 승부는 장담하기 어려웠을 겁니다. 그것이 프로메테우스의 숨은 노림수였을지도 모릅니다. 하지만 안타깝게도 아틀라스는 프로메테우스의 계획에 부응하지 못했고, 두 형제는 계속해서 제우스의 형벌에 고통을 당해야만 했습니다. 나중에 프로메테우스는 제우스와 극적으로 타협하여 형벌에서 벗어났지만, 아틀라스는 계속 그 형벌을 받아야만 했습니다.

그 후 아틀라스는 또 다른 영웅 페르세우스를 만납니다. 그도 제우스의 아들이었는데, 메두사(Medousa)의 머리를 잘라 내는 위업을 달성하고 돌아가는 길이었습니다. 피곤했던 페르세우스는 거대한 아틀라스를 보고 좀 쉴 수 있도록 도와달라고 했지요. 그러나 아틀라스는 거절했습니다. 페르세우스는 아틀라스의 태도에 화가 나서 잘린 메두사의 머리를 내밀었습니다. 잘 아시다시피, 메두사의 눈에는 신비한 마법의 힘이 있어 그 눈과 마주치는 자는 사람이든 신이든 모두 돌로 변했지요. 로마의 시인 오비디우스는 이 장면을 이렇게 노래했습니다.

(페르세우스는) 왼손으로 메두사의
말라비틀어진 얼굴을 내밀었다, 자신은 몸을 돌린 채로.
큰 덩치 그대로 산이 되었다, 아틀라스는. 수염과 머리털은
나무숲으로 변하였고, 어깨와 손은 산등성이가 되었으며
전에 머리였던 것은 산의 가장 높은 곳에 산꼭대기가 되고,
뼈는 돌이 되었다. 그때에 그는 모든 부분에서 자라나
거대하게 나뉘고 (그렇게, 신들이여, 세우셨으니) 전체
하늘이 수많은 별들과 함께 쉬었다네, 그에게 얹혀서.•

laevaque a parte Medusae
ipse retro versus squalentia protulit ora.

• 오비디우스 『변신 이야기』 제4권 655~662행

quantus erat, mons factus Atlas: nam barba comaeque

in silvas abeunt, iuga sunt umerique manusque,

quod caput ante fuit, summo est in monte cacumen,

ossa lapis fiunt; tum partes altus in omnes

crevit in inmensum (sic, di, statuistis) et omne

cum tot sideribus caelum requievit in illo.

17

신마저 거부할 수 없는
스튁스강의 맹세

선거 때마다 많은 후보자들이 더 좋은 지역과 나라를 만들기 위해 수많은 장밋빛 공약을 쏟아 냅니다. 그들의 말을 얼마나 믿을 수 있을까요? 낙선한 사람들의 말은 실천할 기회도 얻지 못한 채로 쓰레기처럼 휴지통으로 던져지지요. 그렇다고 당선된 사람의 말이 실현되나요? 일단 당선되고 나면 상황이 바뀌었다는 둥, 여건이 만만치 않다는 둥 핑계를 대면서 흐지부지되기 일쑤죠. 어떤 경우는 내가 언제 그런 말을 했나, 나 몰라라 모르쇠로 일관하기도 하죠. 일단 표를 얻고 당선되고 보자는 마음에 무책임하게 선심성으로 마구 던지는 공허한 약속이었던 것 같습니다. 그럴 때면 정말 화가 나서 표를 준 것을 후회하게 됩니다. 거의 매번, 모든 선거 때마다 느끼는 간절한 희망이 선거 이후에 괘씸함과 배신감으로 바뀌는 경우가 허다합니다. 이런 사람들, 정말 어떻게 할 수 없을까요? 약속을 저버린 것에 대해 벌을 내리고 싶은 심정입니다. 그리스·로마 신화에서는 "스튁스강에 맹세코!"라고 맹세를 하는 방법이 있었습니다.

　스튁스강은 이승과 저승의 경계를 이루는 전설적인 강입니다. 다른 말로 하면 가이아 여신과 타르타로스 신 또는 하데스 신 사이를 흐르는 강이지요. '역사의 아버지'라고 불리는 헤로도토스는 스튁스강이 페네노스에 있는 노나크리스라는 도시를 흐른다고 기록하면서 이런 말을 전해 주었어요. "스튁스강의 수량은 적다. 바위에서 웅덩이로 물이 조금씩 흘러 들어가고 웅덩이 주위에는 담이 빙 둘러 있다."* 역사가의 말이니 믿어도 될까요? 어쩌면 이 말 자체는 믿을 수 있겠지만, 이 강이 이승과 저승, 가이아 여신과 타르타로스 사이를 흐르는 강이라는 전설은 그야말로 전설이요, 신화겠죠? 사람이 죽으면 그 몸은 쓰러져 지상에 남지만, 몸에서 빠져나온 혼백은 이 스튁스강을 건너 지하 세계, 하데스로 내려간다고 합니다. 그러나 강을 건너는 것은 공짜가 아닙니다. 스튁스강을 건너려면 그곳을 지키는 뱃사공 카론(Kharōn)에게 돈을 내고 배를 타야 한답니다. 그래서 옛 그리스·로마 사람들은 장례식을 치를 때, 죽은 사람의 혼백이 강을 건널 수 있도록 시신의 입에 동전을 넣어 주거나 감긴 두 눈 위에 동전을 올려놓았습니다. 그 동전은 카론에게만 통하는 특별한 동전이었죠.

그런데 이 스튁스강에 대고 맹세를 하면, 반드시 그 말을 지켜야만 했습니다. 만약 지키지 않으면 어떻게 되느냐고요? 불멸의 신들이라 할지라도 엄청난 벌을 받게 됩니다. 일 년 동안 숨을 쉬지 못한 채로 질식의 고통을 느끼며 '식물인간'처럼 누워 있어야만 했습니다. 목소리를 낼 수도 없고, 신들의 음식인 암브로시아와 넥타르는 언감생심, 근처에도 다가갈 수 없도록 금지되었고요. 그렇게 일 년이 지나면 심각한 혼수 상태에서는 벗어날 수 있었지만, 신들이 모이는 자리에 참석할 수가 없었습니다. 홀로 면벽 수행하듯 외톨이로 9년을 지내야 했습니다. 통틀어 10년 동안 신들로부터 격리된 후에야 비로소 신들의 모임에 낄 수 있었다고 합니다. 영원

• 헤로도토스, 『역사』 제6권 74.1

히 사는 신들에게 10년쯤이야 아무것도 아닐 수 있겠다 싶겠지만, 신들은 스튁스강에 맹세한 것을 어기는 것을 몹시 두려워했습니다. 태양의 신 헬리오스는 아들 파에톤(Paethōn)의 소원을 들어주겠다고 스튁스강에 맹세했고, 심지어 제우스도 자신이 사랑하던 여인 세멜레(Semelē)를 위해 스튁스강에 대고 맹세했다가, 둘 다 그 맹세를 지키느라 소중한 아들과 애인을 잃고 말았지요.

그런데 스튁스강은 어떻게 그런 힘을 갖게 되었을까요? 스튁스는 단순한 강물이 아니라 여신과도 같은 님페였습니다. 그녀는 티탄 신족이었던 오케아노스와 테튀스 사이에서 태어났는데, 헤시오도스의 표현에 따르면, 테튀스가 낳은 님페들의 신성한 종족(무려 3,000명!)은 지상의 소년들을 남자로 키워 내는 역할을 맡고 있었는데, 이들 중에 가장 뛰어난 이가 바로 스튁스였습니다. 제우스가 크로노스의 지휘를 받는 티탄 신족들과 전쟁을 치를 때, 스튁스는 열세에 있던 제우스의 편에 서서 싸웠습니다. 전쟁이 끝나고 신상필벌의 시간이 오자, 스튁스는 오케아노스의 조언에 따라 자식들을 데리고 올륌포스로 번개처럼 빠르게 올라갔습니다. 제우스는 가장 먼저 자신을 찾아온 스튁스를 반갑게 맞이하였고, 프로메테우스를 대할 때와는 달리 스튁스에게는 큰 상을 주었습니다. 그녀는 제우스에게 부탁했죠. "제가 신들의 위대한 맹세가 되게 해 주십시오. 저에 대고 맹세한 것은 반드시 지켜지도록 말입니다." 제우스는 그 제안을 흔쾌히 받아들였습니다. 스튁스는 어찌 보면 보잘것없는 일개 님페에 지나지 않았지만 뛰어난 예지력으로 제우스의 편에 섰고, 지혜로운 선택을 통해 모든 신들이 겁내는 존재가 되었던 것입니다.

스튁스는 자신의 위상을 독보적인 것으로 만든 것에 그치지 않고, 자식들까지 알뜰하게 챙겼습니다. 그녀에게는 네 명의 자식이 있었는데, 그들이 제우스의 곁을 떠나지 않게 해 달라고 요청했던 겁니다. 질투심과 경쟁심에서 나오는 열망의 신 젤로스(Zēlos), 승리의 여신 니케(Nikē), 힘과 권력의 신 크라토스(Kratos), 완력과 폭력의 여신 비아(Bia)가 그들인데, 이들은 언제나 제우스 곁을 지키며, 제우스의 수족처럼 행동했습니다. 아마도 여러분은 이 가운데 니케 여신을 익히 알고 계실 겁니다. 미국의 유명한 스포츠 용품 브랜드 '나이키'가 바로 이 신의 이름을 딴 겁니다. 그리고 니케는 로마 신화에서는 '빅토리아(Victōria)'로 불리는데, 승리를 뜻하는 영어 Victory가 여기에서 나온 것입니다. 한편 그리스의 비극 작가 아이스퀼로스(Aiskhulos)의 작품에서 크라토스와 비아는 제우스의 명령에 따라서 프로메테우스를 붙잡아 카우카소스산의 벼랑으로 끌고 갑니다. 그들과 함께 헤파이스토스(Hēphaistos)가 있었는데, 그의 기술을 빌어 크라토스와 비아, 즉 힘과 폭력은 프로메테우스를 강력한 사슬로 벼랑에 묶었습니다. 이처럼 스튁스와 그녀의 자식들은 제우스에겐 아주 중요한 존재가 되었죠.

우리가 살아가는 데 있어서 서로 간의 믿음은 아주 중요합니다. 말을 해 놓고 이를 지키지 않고, 거짓말이 난무한다면, 우리 사회는 질서를 잃고 혼란에 빠지고 말 것입니다. 그것은 지금이나 아주 옛날이나 마찬가지였습니다. 그리스·로마인들은 스튁스의 힘을 상상하고 사람들의 마음속에 그녀의 위력을 깊게 새겨 넣어 자신의 말을 쉽게 저버리지 못하도록 했습니다. 지금 우리 사회에는 무엇이, 어떤 제도와 믿음이 '스튁스강'의 역할을 하고 있을까요?

18

포세이돈,
종살이하다

바다는 광활합니다. 그 앞에 설 때, 인간은 경외감을 느끼곤 하지요. 바닷물에 발을 넣고 조금만 걸어 들어가 작은 파도에 몸이 비틀거리기라도 하면 덜컹 겁이 납니다. 그러니 거대한 폭풍과 해일이 몰아치면 어떻겠습니까? 집채만 한 파도가 돌진해 오면서 해안 절벽에 부딪힐 때의 굉음은 거대한 괴물의 울부짖음과도 같습니다. 배를 타고 먼 바다로 나간다면 어떨까요? 잔잔하고 평화로운 바다가 갑자기 난폭하게 일렁인다면, 바다가 크게 진노한 것처럼 느껴지겠지요? 목숨을 앗아 갈 것 같은 치명적인 타격을 당한다면요? 바다에 대한 두려움은 자연스럽게 바다를 초인적인 힘을 가진 거대한 신으로 상상하게 만듭니다. 그렇게 그리스 사람들은 바다를 무서운 신으로 보았습니다. 멀리는 대지의 여신 가이아가 낳은 폰토스도, 가이아와 우라노스 사이에 태어난 오케아노스도 모두 바다를 신격화한 것입니다. 그리고 마침내 포세이돈이 바다를 지배하는 최고의 신으로 그려졌습니다. 육지로 밀려오는 거센 파도의 움직임은 포세이돈이 바다의 말들이 끄는 마차를 몰고 질주하는 모습으로 형상화되곤 합니다. 그는 무시무시한 삼지창을 들고 천하를 호령하지요.

　포세이돈은 시간의 신 크로노스와 흐름의 여신 레아 사이에서 태어난 다섯째입니다. 그러나 크로노스는 자신의 아버지 우라노스를 불멸의 낫으로 거세하고 권력을 잡았던 터라, 자식이 태어나는 것이 무서웠습니다. 크로노스는 포세이돈에 앞서 태어난 네 명의 자식을 모두 태어나자마자 집어 삼켰습니다. 애초에 반란의 싹을 키우지 않겠다는 생각이었지요. 포세이돈이 태어났을 때도 마찬가지였습니다. 크로노스는 기다렸다는 듯이 포세이돈을 집어 삼켰습니다. 어머니의 자궁에서 나오자마자 다시 아버지의 뱃속으로 들어가는 기구한 운명이었던 거죠. 갓난아이의 상태로 삼켜진 포세이돈은 아버지의 뱃속에서 형제자매들을 만났지만, 성장하지 못한 채로 갇혀 지내야 했습니다. 무엇을 생각할 수도 없었고, 형제자매들과 탈출을 꿈꿀 수도 없었지요.

그러던 어느 날, 아버지가 배를 움켜쥐고 고통스럽게 뒹굴더니 토악질을 해 댔습니다. 여섯째로 태어난 막내 제우스가 지혜로운 메티스 여신의 도움으로 크로노스에게 구토를 유발하는 신비한 약을 먹였던 겁니다. 크로노스는 집어삼켰던 다섯 자식을 모두 토해 냈습니다. 그렇게 해서 바깥세상으로 나오게 된 포세이돈은 어머니 뱃속에서 태어날 때는 다섯째였지만, 아버지 뱃속에서 나올 때는 첫째가 되었습니다. 다섯 명의 자식은 제우스와 함께 힘을 합쳐 아버지 크로노스와 티탄 신족 삼촌들과 전쟁을 벌였습니다. 10년 동안 지속된 티타노마키아가 그것이죠. 이때 제우스의 편이 된 외눈 거신 퀴클롭스는 포세이돈에게 불멸의 삼지창을 만들어 주었습니다. 포세이돈은 이를 무기로 삼아 티탄 신족들과 용감하게 싸워 승리를 거두었습니다.

그러나 포세이돈은 제우스에게 마냥 충실한 협력자는 아니었습니다. 그는 권력에 강한 의지가 있었습니다. 하데스가 지하 세계로 들어가 제우스의 통치에 관여하지 않았던 것과는 달리, 포세이돈이 올림포스 신들의 협의체에 남았던 것은 어쩌면 제우스에 대한 우정과 의리 때문이 아니라, 권력에 대한 욕망 때문이었을지도 모릅니다. 그는 제우스에게도 경쟁심을 가졌습니다. 배우자를 선정하는 문제에서도 제우스와 한판 붙었던 적이 있지요. 바다에 사는 여신들 중 가장 아름다운 테티스가 그 대상이었습니다. 그녀를 두고 제우스와 포세이돈은 경쟁을 벌였지요. 그런데 "테티스가 낳은 자식은 아버지를 능가할 것이다"라는 신탁이 알려지자, 둘은 결국 테티스를 포기했습니다. 그 대신 포세이돈은 테티스의 자매중 하나인 암피트리테(Amphitritē)와 결혼을 합니다.

포세이돈이 제우스에 대한 반감을 노골적으로 드러낸 적도 있습니다. 그 반감은 역모로 표출되었지요. 제우스의 아내인 헤라, 그리고 제우스의 자식인 아테나, 아폴론과 함께 제우스를 잡아서 강력한 사슬로 묶어 대롱대롱 매달았던 거죠. 헤라는 남편이 자기에게 충실하지 않고 뭇 여성들과 바람피우는 것을 응징할 마음이 있었을 테고, 아테나는 어머니인 메티스를 집어삼킨 아버지에 대한 불만이 있었을 겁니다. 포세이돈은 이 기회에 제우스를 몰아내고 올림포스 궁전의 왕좌에 앉고 싶었을지도 모릅니다.

하지만 포세이돈의 반란은 실패합니다. 제우스와 포세이돈이 함께 사랑했지만 포기했던 테티스가 제우스와 포세이돈의 싸움에서 제우스의 편을 들었기 때문이었습니다. 그녀는 손이 백 개나 달린 백수 거인 삼 형제 가운데 브리아레오스를 찾아가 제우스를 도와달라고 간청했죠. 브리아레오스는 사슬에 묶인 제우스를 풀어주었습니다. 제우스는 역모를 일으킨 포세이돈에게 모욕적인 벌을 내렸죠. 트로이아의 왕 라오메돈(Laomedōn)에게로 가서 종살이를 하라는 것이었습니다. 신이 인간의 종이 된다는 것은 엄청난 굴욕이었죠. 그러나 그것보다도 포세이돈에게 더욱더 충격적이고 마음을 아프게 한 것은 아마도, 한때 자신이 흠모했던 테티스가 그를 버리고 연적이었던, 그리고 지금은 정적인 제우스를 도왔다는 사실이었을 겁니다. 포세이돈은 깊은 열등감에 시달릴 수밖에 없었습니다.

패배의 아픔을 안고 포세이돈은 트로이아의 왕 라오메돈의 종이 되어 온갖 굴욕을 견뎌 내며 트로이아의 성벽을 쌓는 막노동을 해야만 했습니다. 라오메돈은 인간인 주제에 포세이돈을 존중하기는커녕, 다른 인간 노예들보다도 더 모질게 대했습니다. 그러나 포세이돈은 묵묵히 징벌을 감당해야 했습니다. 어떤가요? 혹시 포세이돈에게서 야망을 품었으나 결국 일인자에게 굴복하고 마는 초라한 이인자의 모습이 보시나요? 그렇다면 그는 어디에서부터 잘못된 것이었을까요? 바다의 지배자로 제비를 뽑았을 때, 포세이돈이 만약 자신의 영역에 만족하고 충실하면서 제우스와 진심으로 협력하는 모습을 보였다면, 수치스러운 경험을 겪지 않아도 되었을 것입니다. 포세이돈은 자기에게 주어진 몫을 넘어 남의 몫을 건드리다가 봉변을 당한 것입니다. 그리스에서는 이렇게 분수를 넘어서 오만한 행동을 일삼는 것을 '휘브리스(hubris)'라고 불렀습니다.

진정한 일인자는 다른 모든 이들 위에 군림하는 자라기보다는 자신의 영역에 충실하며 다른 이들의 존중을 받는 자라고 할 수 있지 않을까요? 그럴 때, 그 누구도 넘볼 수 없는 독보적인 권위를 지켜 나갈 수 있습니다. 그리스인들은 그런 태도를 정의롭다고 보았고, 자기 몫을 넘어서는 휘브리스를 경계했던 것입니다.

19

하데스,
죽은 자들의 왕이 되다

크로노스와 레아 사이에 태어난 6남매 가운데, 하데스는 넷째이자 아들로서는 첫째였습니다. 그도 태어나자마자 세 누이와 같은 운명을 겪었습니다. 자식에게 권력을 빼앗길까 봐 노심초사하던 크로노스가 꿀떡 삼켰지요. 하지만 제우스의 계략에 의해 크로노스가 삼킨 다섯 자식을 모두 토해 낼 때, 하데스도 새롭게 세상에 나왔습니다. 이제야 비로소 본격적인 탄생이라고 할 수 있겠지요. 하데스도 역시 제우스와 다른 형제자매들과 힘을 합쳐 크로노스와 티탄 신족에게 도전했고 용감하게 싸웠습니다. 뒤늦게 합류한 외눈 거신 퀴클롭스 삼촌은 하데스에게 쓰면 보이지 않는 투명 투구를 만들어 주었습니다. 투명 투구를 쓰고 자신의 모습을 감춘 채, 적들을 괴롭혔기 때문에 이때부터 그는 지금처럼 '하데스'라는 이름을 갖게 되었습니다. 하데스라는 말은 '보이지 않는 존재'라는 뜻으로 해석되거든요.

　그는 제우스, 포세이돈과 함께 힘을 합쳐 아버지 크로노스를 몰아내고 새로운 시대를 열었습니다. 셋은 제우스의 제안에 따라 제비뽑기를 했고, 그 결과에 따라서 세상을 나누어 지배하기로 합의했습니다. 내심 모두 세상의 가장 높은 하늘의 지배자가 되기를 원했을 것이며, 가능하면 가장 밑바닥인 지하 세계를 피하고 싶었을 겁니다. 하지만 결과는 하데스에게 최악이었습니다. 제비로 지하 세계가 뽑혔기 때문입니다. 하데스는 결과에 승복하기 힘들었을 겁니다. 그래도 삼 형제 중에서 맏형이었는데, 가장 낮은 곳, 가장 어둡고 누추한 지하 세계라니요. 하지만 하데스는 결과에 승복하고 아무 말 없이 지하 세계로 들어갔습니다. 게다가 세상만사를 함께 논의하고 다스리는 올림포스 12신 체제에도 끼지 않고, 자신의 자리를 조카들에게 양보했지요.

인간이 창조되자, 하데스의 세계는 죽은 인간의 혼백들이 모여드는 사자들의 세계, 죽음의 세계가 되었습니다. 하데스는 묵묵히 지하 세계를 지켰고, 죽은 자들의 혼백을 관리하는 일에 충실했습니다. 머리가 세 개나 달린 무시무시한 괴물 케르베로스(Ker-beros)를 데려다 길들이고 하데스의 문지기로 삼았지요. 케르베로스는 한때 제우스를 최대의 위기에 빠뜨렸던 최고의 괴물 튀폰의 자식이었는데, 하데스가 케르베로스를 데려다가 길들여서 자신의 충견으로 만들었던 것입니다. 하데스는 보이지 않는 곳에서 충실하게 자신의 권한과 책임을 다했습니다. 권력의 분배에 대해 불만을 갖고 반란을 꿈꿀 만도 한데, 자신의 영역에 최선을 다하는 길을 택한 것입니다. 자신의 몫에 충실하다는 점에서 그는 정의로운 신이었습니다.

배우자에 대해서도 비슷했습니다. 그는 자기 아내에게 충실했습니다. 하데스는 아내를 어떻게 얻었을까요? 그 사연은 이렇습니다. 제우스가 튀폰을 물리치고 그의 몸 위로 에트나 화산을 던져 버리자, 지하에 갇힌 튀폰은 울분을 터뜨리며 불을 뿜어 내곤 했습니다. 지금도 이탈리아 반도에서 장화 모양의 앞축 부분에 위치한 시칠리아섬에는 에트나 화산이 폭발할 듯이 활발하게 살아 움직이고 있지요. 튀폰이 화산이라도 분출시킨다면, 땅이 갈라지고 지하 세계가 햇빛에 드러나 죽은 영혼들이 두려움에 떨지나 않을까 하데스는 걱정이 이만저만이 아니었습니다. 그래서 가끔씩 검은 말들이 이끄는 마차를 타고 시칠리아섬을 시찰하곤 했지요. 그러던 어느 날, 그는 아름다운 페르세포네가 꽃이 만발한 초원 위에서 다소곳이 꽃을 꺾고 있는 모습을 보고 매료되었습니다. 사랑을 어떻게 표현해야 할지 모르던 하데스는 그녀를 향해 직진했고, 거칠게 그녀를 안고 마차에 태워 지하로 내려갔습니다.

알고 보니, 페르세포네는 하데스의 조카였습니다. 제우스가 헤라와 결혼하기 전에 또 다른 누이였던 데메테르와의 사이에서 낳은 딸이었으니까요. 하나밖에 없는 딸을 소중히 키우던 데메테르는 큰 충격을 받고 미친 듯이 딸을 찾았고, 결국 제우스가 중재에 나섰습니다. 제우스로선 하데스가 페르세포네를 사랑하여 결혼한다면, 자신의 형님을 사위로 맞이하게 되는 셈이었지요. 제우스는 내심 둘의 결혼을 찬성했습니다. 그러나 데메테르는 그럴 마음이 없었습니다. 딸과 헤어져 지낸다는 것은 살아도 사는 게 아닌, 죽은 것이나 다름없다고 생각했기 때문입니다. 하데스도 페르세포네를 땅 위로 내보내고 싶지 않았습니다. 에로스의 화살을 맞아 그녀를 사랑하게 되었는데, 그 사랑을 잃는다면 정말 참담한 지경에서 헤어 나올 수 없을 것만 같았습니다. 둘은 한 치도 물러서지 않고 팽팽하게 맞섰습니다.

그렇다면 페르세포네는 어땠을까요? 하데스는 그 누구라도 단 한 알만 먹어도 지하 세계에서 벗어날 수 없게 되는 석류를 페르세포네에게 주었고, 그녀는 이미 그것을 받아먹은 상태였습니다. 하데스가 페르세포네를 붙잡아 두려고 몰래 속여서 먹인 걸까요? 그럴지도 모릅니다. 하지만 어쩌면 페르세포네도 처음에 하데스에게 납치될 때는 겁에 질렸지만, 한동안 그와 함께 지내면서 순수한 마음을 이해하고 받아들였을지도 모릅니다. 제우스는 하데스와 데메테르에게 타협안을 제시했지요. 페르세포네가 일 년의 반은 지하에서 하데스와 지내고, 나머지 일 년의 반은 지상에서 데메테르와 지내는 것이었습니다. 둘은 중재안이 마음이 쏙 드는 것은 아니었지만, 그것이 최선이라고 생각했습니다. 이 결정에 대해 페르세포네도 특별히 불만을 표시하지 않았습니다.

이렇게 아내를 얻게 된 하데스는 제우스나 포세이돈과는 달리 페르세포네에게 충실했습니다. 특별한 스캔들이 없었으니까요. 어느 날, 지하 세계로 흘러드는 강가에 살던 민테(Minthē)라는 님페가 하데스에게 반하여 그를 유혹하려고 했습니다. 이를 알아챈 페르세포네는 민테를 식물로 만들었습니다. 그것이 바로 '민트'입니다. 한편 하데스가 레우케(Leukē)라는 님페를 사랑했던 적이 있습니다. 하데스는 그녀를 자신의 왕국에 살게 했고, 그녀가 죽자 죽은 자들의 낙원인 엘뤼시온(Ēlusion) 평원에 자라는 나무로 만들었지요. 이 사건은 하데스가 페르세포네를 만나기 전의 이야기인 것 같습니다. 하데스는 '여자 문제'에서도 여느 신과는 다른 면모를 보여 주었던 순정파였습니다.

우리는 흔히 하데스를 죽음의 신이라고 터부시하는 경향이 있습니다. 그러나 하데스의 면모를 살펴본다면, 그리스·로마 신화의 다른 신들과는 다른 의연함과 순수함, 성실한 모습이 엿보입니다. 보이지 않는 곳에서 묵묵히 자신의 일과 가족에 충실한 하데스가 버티고 있어서, 그리스·로마 신화의 세계가 지속되었던 것은 아닌가 하는 생각을 해 보게 됩니다.

하데스는 다른 두 형제인 제우스나 포세이돈과 여러모로 다른 '성실하고 우직한' 신이라 할 수 있습니다.

20

사후 세계에 대한
플라톤의 상상

우리가 죽으면 어떻게 될까요? 목숨을 잃은 몸은 힘없이 쓰러지고, 그대로 놔두면 썩어 없어지겠지요? 그게 전부일까요? 종교에서 말하는 것처럼 영혼이 몸에서 빠져나와 저승으로 간다든가, 윤회를 한다든가 그러지는 않을까요? 누구도 모든 사람들이 받아들일 수 있을 만큼 확실하게 말할 수는 없을 겁니다. 저마다 믿기 나름이겠지요?

고대 그리스·로마인들은 사람이 죽으면 몸에서 혼백이 빠져나와 하데스로 간다고 믿었습니다. 혼백은 그리스어로 '프쉬케(Psukhē)'를 옮긴 말인데, 원래 뜻은 호흡할 때 내쉬고 들이마시는 '숨, 숨결'이라는 뜻입니다. 그래서 '목숨'이라는 뜻도 있고, 나아가 '혼백, 영혼'으로 옮겨지기도 합니다. 죽은 이의 몸에서 빠져나온 혼백을 하데스로 인도하는 자는 누굴까요? 호메로스가 쓴 『오뒷세이아(Odusseia)』에는 헤르메스가 케뤼케이온[Kērukeion, 로마 신화에서는 카드케우스(Cādūceus)라고 합니다]이라는 황금 지팡이로 죽은 자들의 혼백들을 깨워 내서 하데스로 인도하는 장면이 나옵니다.

그러자 그들을 앞장서 인도했다.
악함 없는 헤르메스가 케케묵은 길을 따라 아래로.

오케아노스의 흐름들과 레우카스 바위 옆을 지나
그리고 헬리오스의 문들과 꿈들의 지역 곁을 지나
갔다. 그러자 곧 당도했다, 수선화 만발한 풀밭에,
그곳엔 살고 있었다, 혼백들이, 지친 자들의 환영들이:

ἦρχε δ' ἄρα σφιν

Ἑρμείας ἀκάκητα κατ' εὐρώεντα κέλευθα.

πὰρ δ' ἴσαν Ὠκεανοῦ τε ῥοὰς καὶ Λευκάδα πέτρην,

ἠδὲ παρ' Ἡελίοιο πύλας καὶ δῆμον Ὀνείρων

ἤϊσαν· αἶψα δ' ἵκοντο κατ' ἀσφοδελὸν λειμῶνα,

ἔνθα τε ναίουσι ψυχαί, εἴδωλα καμόντων.

헤르메스가 혼백들을 이끌고 가는 하데스의 세계는 어두침
침하고 습기 가득한, 우울하고 생기가 없는 공간입니다. 우리가 죽
으면 너나 할 것 없이 모두 그리로 간다니, 죽고 싶지 않겠지요? 죽
는 것이 두렵고 어떻게 하든 목숨을 연장시키고 싶은 마음이 들 것
같습니다. 기원전 4세기에 활동하던 철학자 플라톤은 그리스 신
화가 그려 주는 하데스의 모습이 몹시 불만이었습니다. 이런 그림
을 그려 낸 시인들을 모두 추방해야 한다고 생각하기까지 했지요.
시인들이 그려 낸 대로 하데스를 부정적으로 믿는다면, 모든 사람
들이 목숨을 부지하는 데에 연연하고, 심지어 전쟁터에 나간 군인
들이 용감하게 싸우지 못할 것이라 걱정했던 겁니다. 그러면서 사
후 세계에 대한 새로운 그림을 소개합니다. 플라톤이 쓴 대표적인
작품 『국가(Politeia)』의 마지막 10권에 나오는 내용인데 일명 '에르
(Er) 신화'라고 합니다.

• 호메로스 『오뒷세이아』 24권 9~14행

에르는 팜퓔리아(Pamphulia)족의 용감한 전사였습니다. 어느 날, 전투에 나가 싸우다가 죽었지요. 열흘이 지난 후 시신이 발견되었는데, 다른 시체들은 썩어서 냄새가 심하게 났지만, 에르의 시체만은 멀쩡했습니다. 사람들은 그의 시신을 집으로 가져다가 12일째 되는 날에 장례를 치르려고 했지요. 화장을 하려고 장작더미 위에 시신을 올려놓았는데, 불을 붙이려는 순간, 갑자기 에르가 벌떡 일어났습니다. 죽었던 사람이 살아난 겁니다. 곁에 있던 사람들이 깜짝 놀라, 어떻게 된 일이냐고 물었습니다.

에르는 잠시 저승에 갔다 왔다고 했죠. 죽는 순간, 에르의 영혼은 몸에서 쑥 빠져나갔고, 같이 죽었던 사람들의 영혼과 함께 저승으로 갔다는 겁니다. 한참을 가다 보니, 신비스러운 곳에 이르렀죠. 그곳에는 땅으로 두 개의 커다란 구멍이 있었고, 하늘을 향해서도 두 개의 커다란 구멍이 있었습니다. 그리고 그 구멍들의 입구에는 심판자가 있었고, 수많은 영혼들이 심판을 기다리며 줄을 서고 있었답니다. 정의롭게 살던 사람들은 그들의 선한 행적을 띠에 적어 가슴에 달았고, 하늘로 난 오른쪽 구멍을 통해 올라갔지만, 못된 짓을 했던 사람들은 그 악한 행적을 띠에 적어 등에 달고, 땅으로 난 구멍으로 들어갔습니다. 그리스도교에서 말하는 천국과 지옥, 최후의 심판과 비슷하지요? 그리스의 철학자 플라톤이 그런 이야기를 했다는 게 신기합니다.

그런데 좀 다른 게 있습니다. 살아 있는 동안 올바르게 살았는가, 못되게 살았는가를 두고 심판을 받는 건 비슷한데, 최후의 심판은 아니었습니다. 하늘로 올라가고 땅으로 내려가는 것도 천국이나 지옥에 가는 것과 비슷하지만, 그곳으로 올라가거나 내려가서 영원히 지내는 것은 아니었으니까요. 땅과 하늘로 난 각각 두 개의 구멍 가운데 하나는 입구였고 다른 하나는 출구였습니다. 에르는 네 개의 구멍을 통해 내려가고 올라가는 사람들을 보고 깜짝 놀랐습니다. 하늘이나 땅이나 입구로 들어갈 때는 영혼들의 차이가 거의 없었지만, 땅과 하늘의 출구로 나오는 영혼들의 모습은 완전히 딴판이었던 겁니다.

그들은 천 년 동안 각각 하늘과 땅을 여행하고 다시 제자리로 돌아왔던 건데, 완전히 상극이었습니다. 하늘에서 내려오는 영혼들은 깨끗하고 환하게 빛이 나고 행복해 보였는데, 땅속에서 나오는 영혼들은 오물과 먼지를 뒤집어쓰고 피곤에 찌든 모습이었던 겁니다. 알고 보니, 그들은 이 세상에서 행한 대로 보상을 받거나 처벌을 받았던 겁니다. 그 벌이나 상은 열 배였는데, 사람의 수명을 넉넉잡아 백 년이라고 하면, 열 배니까 천 년이 되는 겁니다. 잘못을 많이 저지른 사람은 천 년 동안 지하 세계에서 고통을 받았던 반면, 하늘로 올라간 사람들은 사는 동안 착하고 선하게 살면서 베풀었던 것의 열 배를 보상받아 낙원을 여행했던 겁니다. 천 년의 천국과 지옥인 셈인데요, 왜 그들은 그곳에서 영원히 살지 않고 다시 제자리로 돌아왔을까요?

플라톤에 따르면 또 다른 삶을 부여받기 위해서였답니다. 그런데 천 년이 지났다고 모두 제자리로 오는 건 아니었습니다. 권력을 쥔 채 수많은 백성을 괴롭히고 착하고 성실한 사람들을 죽인 독재자들이나, 요즘 말로 소위 부당한 '갑질'을 일삼아 힘없고 약한 사람들을 괴롭혔던 사람들은 지하에서 천 년 동안 고통스러운 여행을 끝내고도 곧바로 지하에서 빠져나오지 못하고, 다시 잡혀서 살갗이 벗겨질 정도로 두들겨 맞고, 가시덤불에 던져져 문질러지다가 땅속 깊은 타르타로스로 처박힌다는 겁니다. 끔찍하지요? 하지만 그 밖의 다른 '보통의' 못된 영혼들은 천 년의 벌을 다 치르고 제자리로 온답니다. 그들은 하늘에서 내려온 영혼들과 함께 운명의 여신들 앞에 다시 서지요. 새로운 인생을 부여받기 위해서였습니다.

운명의 여신 앞에 다시 서서 새로운 인생을 부여받는다니, 이건 또 불교에서 말하는 윤회와 비슷합니다. 에르가 보았던 운명의 여신들은 영혼들에게 제비를 뽑게 하고 그 영혼들을 인도할 다이몬(Daimōn, 정령)을 선택하게 합니다. 그리고 다양한 삶의 표본들을 영혼들 앞에 놓아 주면, 영혼들은 그중에 하나를 고릅니다. 그렇게 해서 새로운 삶을 살 준비를 하는 겁니다.

　이렇게 보니, 에르 신화는 불교와 그리스도교가 적절하게 섞인 이야기 같습니다. 영혼들은 심판을 받고 천 년 동안 천국이나 지옥을 경험하고 난 다음에 새로운 운명을 선택해서 또 다른 삶을 다시 사는 거니까요. 여러 가지 삶이나 일과 관련된 덕은 주인 없이 놓여 있는데, 영혼들은 자신의 판단에 따라 덕을 갖출 수 있게 되며, 그 선택에 따라 뛰어난 능력을 발휘할 수 있는 역할과 분야가 결정됩니다. 그리고 선택한 삶의 표본에 따라 영혼의 성향도 결정이 됩니다. 에르가 봤던 것 중에서 흥미로운 것은 사람의 삶이 지긋지긋했던 영혼, 즉 아픈 트라우마가 있는 영혼들은 사람이 아니라 독수리나 백조, 사자나 원숭이 같은 동물의 삶을 선택하기도 한다는 겁니다. 인간이 짐승이 되기도 하고, 짐승이 인간이 되기도 한다는 거죠.

　운명의 여신들로부터 새로운 운명과 삶의 수호신인 다이몬을 인정받고 난 다음에 영혼들은 그 모든 것을 돌이킬 수 없는 것으로 확인받은 후에 '레테(Lēthē)의 평야'로 갔답니다. '레테'는 그리스어로 '망각'을 뜻하니까, 망각의 평야로 간 겁니다. 그곳에는 나무는 물론, 땅에서 자라는 것은 아무것도 없는 황무지 같은 곳이었습니다. 그 평야를 흐르는 강이 하나 있는데, '무심의 강'입니다. 영혼들은 망각의 평야에서 무심의 강물을 마시고서, 자신의 전생과 자신이 선택한 새로운 운명을 모두 망각하게 되고 깊은 잠에 빠집니다. 그러면 천둥과 지진이 일어나고, 각각의 영혼들은 자신이 선택한 삶을 향해 마치 별똥별처럼 지상으로 날아가 어머니의 태로 들어가고, 탄생과 함께 새로운 삶을 시작하게 된답니다.

상당히 흥미롭지요? 특히 우리가 철학자로 알고 있는 플라톤이 이런 종교적인 신화를 이야기해 준다는 게 너무 신기합니다. 이런 점에서 보면, 플라톤은 정말 재미있는 철학자입니다. 딱딱하고 추상적이고 어려운 철학적인 개념이나 논변으로 자신의 생각을 펼치기도 하지만 재미있는 신화를 지어내어 자기 생각을 전하기도 하니까요. 그것도 자기가 직접 이야기하는 게 아니라, 자기가 쓴 철학 연극의 주인공 소크라테스가 말하게 하고, 소크라테스는 또 전설적인 전사 에르의 이야기라고 하면서 전해 주거든요. 액자 구조 식으로 이야기를 전하는 겁니다. 어쨌든 전쟁터에서 죽었던 에르는 저승 세계를 다 보고 다시 이승으로 돌아왔는데, 올 때 다른 영혼들과 달리 레테의 강물을 마시지 않아서 저승에서 본 것을 모두 기억할 수 있었다고 합니다.

그런데 플라톤은 왜 이런 에르 신화를 지어낸 걸까요? 다 아시다시피, 플라톤의 『국가』는 '정의란 무엇인가?'라는 문제에 답을 찾는 작품입니다. 대화에 참석한 사람들은 정의로운 국가를 어떻게 세울 것인가를 논의하죠. 이때 소크라테스는 정의롭게 사는 사람만이 정말로 행복하게 살 수 있다고 주장합니다. 그러자 소크라테스의 제자들과 다른 참석자들은 정의로운 국가가 세워지면 좋겠지만 현실은 그렇지 않고, 법을 지키면서 착하고 정의롭게 살면 손해를 보는 게 아니냐고 소크라테스에게 따집니다. 예나 지금이나 권력을 가진 사람들은 법을 무시하고 자기 이익만 추구하고 힘으로 약한 자를 억누르니까, 정의는 소용이 없다고 주장한 겁니다. 법에 정한대로 세금을 내는 것도 바보 같은 짓이고, 공정하게 살면 사람들의 미움을 받기 십상이라고 반박했죠. 여러분은 어떻게 생각하시나요? 소크라테스의 말이 원칙적으로는 맞지만, 법을 어기고 정의를 무시하는 사람들이 잘사는 것처럼 보일 때가 있지 않나요? 사실 그렇게 보일 때가 너무 많아 걱정입니다. 정의롭고 착하게 살다 부당하게 손해를 보면 억울하기도 하고요.

하지만 소크라테스는 정의롭지 못한 사람은 결코 행복할 수 없다는 주장을 포기하지 않습니다. 부정을 저질러서 부자가 되고 권력을 획득한 사람은 잠시 성공하는 것 같지만, 결국 망하게 되고 반드시 응분의 벌을 받을 거라고 주장했지요. 반대로 정의롭고 선한 사람은, 설령 오해와 모함을 받아 실패하고 고생하는 것 같지만, 결국 보상을 받을 거라고 주장했고요. 그래도 대화자들이 소크라테스의 말을 믿지 않고 의심하니까, 마지막으로 이 에르 신화를 이야기해 준 겁니다. 불의를 저질러서 이 세상에서 성공하고 끝까지 그것을 누리던 사람은 결국 죽은 후에 열 배나 되는 벌을 받고, 정의로운 사람은 설령 이 세상에서 고생을 하더라도 죽은 뒤에라도 반드시 열 배나 보상받고 아름다운 세상을 천 년 동안 여행하며 행복을 누릴 거다, 그러니 어쨌든 정의롭게 살아야만 한다, 이렇게 주장하려고 에르 신화를 이야기해 준 거죠. 사실 이런 에르 신화가 필요 없는 사회가 된다면, 플라톤이 꿈꾸던 이상 사회, 정의로운 공동체가 되겠지요. 플라톤은 이런 나라를 '칼리폴리스 (Kallipolis)', 즉 '아름다운 나라'라고 불렀습니다. 우리가 사는 곳은 어떤 나라인가요?

21

헤라,
제우스의 아내가 되다

헤라는 크로노스와 레아의 셋째 아이로 태어났고, 앞서 보았듯이 태어나자마자 아버지의 뱃속에 갇혀 지내야만 했습니다. 제우스가 형제자매들을 구해 냈을 때, 다시 세상의 빛을 보게 된 다섯 명의 자식은 갓난아이 상태였습니다. 레아는 헤라를 바다의 티탄 신족인 오케아노스와 테튀스 부부에게 맡겼습니다. 다른 형제자매 역시 어디론가 맡겨져 안전하게 지냈을 겁니다. 마침내 제우스의 다섯 형제자매가 제우스만큼 컸을 때, 여섯은 힘을 합해 크로노스의 폭정을 몰아내고 새로운 세상을 열었습니다. 헤라는 어렸을 적 자신을 키워 주었던 오케아노스와 테튀스를 부모처럼 생각하며 보은했습니다. 은혜를 잊지 않는 마음이 헤라의 큰 장점이자 미덕이라 할 수 있습니다.

그런데 보은의 미덕 못지않게 헤라는 복수로도 유명합니다. 특히 제우스의 불륜에 대해서는 각별했습니다. 제우스의 아내가 된 헤라의 질투, 앙심, 분노, 복수는 그리스·로마 신화에서 아주 유명한 수많은 이야깃거리를 만들어 냈습니다. 잘 아시다시피, 제우스가 천하의 난봉꾼이다 보니 헤라가 속상할 때가 많았고, 제우스가 바람을 피울 때마다 고약한 사연이 하나씩 늘어났던 겁니다. 사실 제우스가 많은 외도를 했던 것도 앞서 살펴보았듯이 나름의 이유가 있긴 합니다. 그는 헤라와 결혼한 후에도 수많은 여신들이나 여인들과 결합하여 똑똑한 신들과 탁월한 영웅들을 낳았지만, 사실 결혼하기 이전에도 여러 여신들과 관계를 갖고 수많은 자식들을 낳았습니다.

제우스가 헤라 이전에 만났던 여신들은 그가 다른 여신들과 관계를 맺는 것에 대해 크게 문제를 삼지 않았으며 배우자로서의 권리를 특별히 주장하지도 않았습니다. 아마도 그 여신들은 제우스의 행동을 새로운 세상을 통치해 나가는 데에 필요한 조치라고 이해하고, 막돼먹은 불륜이라 정죄하지 않았던 것 같습니다. 그러나 헤라는 완전히 달랐습니다. 제우스가 여러 여신들과 관계를 맺는 것에 혐오를 느꼈고, 그가 접근하는 것 자체를 허용하지 않았습니다. 그러나 제우스에겐 헤라가 꼭 필요했습니다. 그는 포기하지 않고 헤라에게 계속 접근을 시도했습니다. 하지만 그럴수록 헤라는 더욱더 단호하게 접근을 막았습니다.

고심하던 제우스는 뻐꾸기로 변신하여 헤라의 곁으로 날아갔지요. 비가 퍼붓는 날에 빗물에 푹 젖어 오돌오돌 떨며 날아온 뻐꾸기를 가엾게 여긴 헤라가 품에 안자, 냉큼 제 모습으로 돌아온 제우스는 헤라와 사랑을 나눌 수 있었습니다. 그렇게 헤라와 결혼한 제우스는 대장장이의 신 헤파이스토스와 전쟁의 신 아레스, 출산의 여신 에일레이튀이아(Eileithuia), 젊음의 여신 헤베(Hēbē)를 낳았습니다. 결혼할 당시 헤라는 그 이전의 여신들과는 완전히 다른 태도를 보였습니다. 자신을 정식 아내로 인정해야 한다는 약속을 받아 냈던 겁니다. 제우스는 헤라의 그런 모습에 오히려 큰 매력을 느꼈던 것 같습니다. 그녀를 유일한 정식 아내로 인정하는 한편, 결혼의 신성한 가치를 지키는 중대한 역할을 맡겼지요.

그때부터 제우스의 애정 행각은 쉽지 않은 일이 되었습니다. 헤라는 제우스가 바람을 피우지 못하도록 감시하였고, 애정의 상

수많은 외도를 저지른 제우스의 아내인 헤라가 가정과 여성을 보호하는 여신이 된 것은 어쩌면 당연한 결과인지도 모릅니다.

대자들을 질투하고 보복했기 때문입니다. 심지어 불륜 관계에서 태어난 자식들에게까지 앙심을 품고 집요하게 그들을 괴롭혔습니다. 제우스의 여사제인 세멜레가 잉태했던 디오뉘소스(Dionussos)는 세상에 나오기도 전에 불에 타 죽을 뻔했고, 천하를 돌아다니며 괴물들을 퇴치한 영웅 헤라클레스도 헤라의 미움 때문에 목숨을 건 위험한 모험을 해야 했습니다. 그런데도 제우스는 멈추지 않고, 자신이 필요하다 싶은 신이나 영웅을 낳기 위해 불륜을 멈추지 않았습니다. 헤라는 그 모든 목불인견의 상황에 직면해서도 제우스의 아내로서 지위를 지키기 위해 강력한 조치를 취했습니다. 그런 이유로 헤라는 제우스를 비롯해서 모든 신들과 인간들의 두려움과 존경의 대상이 되었습니다. 특히 제우스처럼 '못된' 남편들에게 고통받는 연약한 아내들의 수호신이 되어 결혼과 가정을 지켜 나가는 역할을 했습니다. 제우스가 세계를 제패하고 권력을 확장하며 확고한 질서를 잡아 나가는 동안, 헤라는 온갖 사건들 속에서도 가정을 단단하게 지키는 모습을 보여 주며 신과 인간들 사이에 코스모스를 이루어 나가려고 노력했던 것입니다.

2부
신들의 영광

1

무사(Mousa),
신화를 노래하다

그리스어 중에는 발음 때문에 우리에게 오해를 일으키는 말이 있습니다. '무시케(Mousikē)'가 대표적입니다. 아저씨 개그 같지만, 우리말 '무식해'와 똑같이 들리기 때문에 원래 뜻과는 정반대가 됩니다. 무시케는 원래 '무식'을 벗어나기 위한 '교양'에 가깝기 때문입니다. 뜻을 풀어 보면, '무사(Mousa)' 여신의 '기술(-ikē)'이라는 뜻입니다.

여기 '무사' 여신도 비슷한 오해를 불러일으킵니다. 우리말 '무사(武士)'와 발음이 같아 마치 완전 무장하고 칼이나 창을 휘두르며 등장할 것만 같습니다. 그러나 무사 여신들은 그와 정반대의 이미지를 가지고 있습니다. 영어로 읽는다면, 오해는 단숨에 사라집니다. '뮤즈(Muse)' 여신이니까요. 우아한 자태에 신비롭고 흥겨운 음악과 춤이 어우러지지요. 그들의 기술이 바로 '뮤직(Music)'입니다. 니체는 "음악이 없다면 인생은 오류다."라고 했는데, '무사' 여신들과 '무시케' 덕택에 우리의 삶은 바로잡히는 셈입니다.

그 무시케가 그리스·로마 신화를 낳았습니다. '음악이 신화를 낳았다?' 예, 그렇습니다. 사실, 그리스·로마 신화는 여러 가지 형태로 남아 있습니다. 파르테논 같은 신전이나 미로의 비너스 상 같은 조각, 그리고 수많은 도자기 그림에서 그리스·로마의 신화를 읽을 수 있지요. 하지만 그리스·로마 신화의 내용을 가장 풍부하게 담은 것은 단연 문자화된 기록이며, 그 가운데에서도 특히 시인들이 쓴 작품들입니다. 지금으로부터 멀게는 약 2,800여 년 전부터 여러 시인들에 의해 창작된 작품들 속에 다양한 신화들이 보전되어 지금까지 우리에게 전해지고 있는데, 그 시인들은 스스로 무사의 대변인을 자처했습니다. 다시 말해 무사 여신의 신비로운 언어를 인간들이 알아들을 수 있는 말로 전해 주는 이들이 시인이란 말입니다.

'시인'이라는 말도 잠시 살펴보겠습니다. '시인'을 영어로는 'poet'라고 하는데, 원래는 그리스어였습니다. 그리스 사람들은 '포이에테스(poiētēs)'라는 말을 썼는데, 그 뜻은 '시인'보다는 오히려 '작가'에 더 가깝습니다. '포이에(poiē)-'가 '만들다, 제작하다, 짓다'라는 뜻이고, '-테스(tēs)'는 사람을 가리키거든요. 그래서 뭔가를 만들고 짓는 사람은 모두 포이에테스입니다. 가령, 집을 짓는 건축가도 포이에테스라고 부를 수 있습니다. 건축가가 지은 집은 건축가의 작품이 되는데, '작품'을 그리스어로는 '포이에마(poiēma)'라고 하지요. 느끼셨겠지만, 포이에마는 시를 가리키는 영어 단어 'poem'으로 남아 있습니다. 사실 '시인'이 짓는 시(詩)는 말(言)로 짓는 집(사원, 寺)과 같은 것이니, 포이에테스를 시인이라 해도 잘 어울립니다.

옛 그리스의 시인들은 주로 영웅들의 이야기를 노래했는데, 영웅들은 신들의 자식들이었으니 자연스럽게 신들의 이야기가 곁들여졌습니다. 트로이아 전쟁을 노래한 호메로스가 대표적인 시인이지요. 호메로스가 탁월한 영웅들의 흥미진진한 이야기를 남긴 것과 달리, 인간들의 탄생을 노래하면서도 이전 신들의 탄생과 계보만을 따로 모아 노래한 시인도 있습니다. 헤시오도스입니다. 이 두 그리스 시인의 작품이 이후에 나오는 수많은 작가의 창작에 기초와 모범이 되었습니다. 한마디로 이 두 시인의 작품이 그리스·

로마 신화의 원천인 셈이죠. 그런데 그들은 어떻게 그런 노래를 할 수 있었을까요? 짧은 삶을 살다 죽을 수밖에 없는 인간이 어떻게 영원한 신들을 노래하고 영웅들의 불멸하는 업적들을 이야기할 수 있었을까요? 그들의 이야기가 꾸며 낸 것이라면 몰라도, 그것이 진실이라고 한다면, 그 진실성은 어떻게 보장받을 수 있을까요?

그것 때문인지, 그리스와 로마의 시인들은 무사 여신에게 매달립니다. 최초의 시인이라 알려진 호메로스가 이야기를 끌어가는 방식은 매우 독특합니다. 그는 무사 여신에게 노래해 달라고 명령하면서 시작하거든요. 그러면 마치 하늘 높이 치솟은 올림포스 산에서 무사 여신들이 시인의 외침을 듣고는 즉각적으로 반응하는 것 같습니다. 그들이 곧바로 땅으로 내려와 시인과 하나가 되더니, 시인의 목소리로 노래를 해 주는 것 같지요. 그렇게 시인은 근사하게 신비로운 노래를 부르게 됩니다. 헤시오도스도 마찬가지였습니다. 그리고 약속이라도 한 듯, 그 이후 수많은 시인들이 이런 식으로 신화를 노래했습니다. 황금 양털을 찾아 떠나는 이아손의 모험을 노래한 아폴로니오스(Apollōnios Rhodios)도 그랬고요, 로마의 시인 베르길리우스가 트로이아를 떠나 새로운 땅을 찾는 아이네아스(Aenēās)의 모험을 노래할 때도 마찬가지였습니다. 수많은 변신 이야기를 노래한 오비디우스도 신의 도움을 요청하면서 노래를 시작했지요.

왜 그랬을까요? 그냥 자신이 알고 있는 이야기, 그리고 거기에 자신의 상상력을 덧붙여 지어낸 이야기를 구성지게 풀어내면 될 텐데, 왜 그리스와 로마의 시인들은 무사 여신을 불렀던 걸까요? 정말 그들이 존재한다고 믿고, 그들을 불렀던 것일까요? 그랬을지도 모릅니다. 아니, 무사 여신의 존재를 믿지 않았더라도, 자신의 이야기에 진실성을 부여하기 위해 무사 여신을 부르는 것입니다. 시인이 노래하는 내용은 자신이 직접 보거나 들었던 것이 아니니, 청중과 독자는 의혹의 눈초리를 번득였을 겁니다. 그리고 이렇게 말하겠지요? "트로이아 전쟁의 영웅들 이야기라고? 우주와 신들의 탄생을 노래하겠다고? 당신이 그걸 어떻게 알지? 당신도 직접 보지 못했잖아! 어떻게 우리가 당신의 말을 믿을 수 있느냐 말이야! 모두 당신이 지어내고 꾸며 낸 거짓말 아니야?" 아마도 그런 청중을 단숨에 침묵시키기 위해 시인은 무사에게 도움을 청한 것 같습니다. 무사 여신들이 시인에 빙의되어 입을 빌려 노래한다면, 청중은 시인의 목소리를 들으면서도 그것이 곧 무사의 이야기라고 믿을 테니 말입니다.

호메로스는 트로이아 전쟁에 참여한 그리스와 트로이아 전사들의 이름과 그들의 출신 지역에 대해 일일이 열거하기 직전에 이렇게 외칩니다.

> 말하라, 지금 내게, 올림포스의 무사들이여,
> 그대들은 여신으로 두루 존재하며 모든 것을 알지만,
> 우리는 소문만을 듣기에 아무것도 알지 못한다,
> 누가 다나오스인들*의 지휘관이고 지도자였는지를.
> 그 수를 난 이야기할 수도, 이름을 거명할 수도 없다.
> 설령 내게 열 개의 혀와 열 개의 입이 있다 해도,
> 목소리가 지치지 않고, 내 심장이 청동이라고 해도,
> 만약 올림포스의 무사들, 아이기스를 가진 제우스의
> 딸들이 일리온*에 온 이들을 모두 기억나게 해 주지 않으면.

- 그리스인들을 가리키는 명칭 가운데 하나
- 트로이아의 다른 이름. 트로이아 전쟁을 배경으로 하는 호메로스의 서사시의 제목 '일리아스'가 바로 이 지명에서 나온 것인데, '일리온 도성을 둘러싸고 벌어진 전쟁의 노래'라는 뜻이다.

이제 나는 함선들의 선봉장들과 모든 함선들을 말하겠다;

Ἔσπετε νῦν μοι Μοῦσαι Ὀλύμπια δώματ' ἔχουσαι·
ὑμεῖς γὰϱ θεαί ἐστε πάϱεστέ τε ἴστέ τε πάντα,
ἡμεῖς δὲ κλέος οἶον ἀκούομεν οὐδέ τι ἴδμεν·
οἵ τινες ἡγεμόνες Δαναῶν καὶ κοίϱανοι ἦσαν·
πληθὺν δ' οὐκ ἂν ἐγὼ μυθήσομαι οὐδ' ὀνομήνω,
οὐδ' εἴ μοι δέκα μὲν γλῶσσαι, δέκα δὲ στόματ' εἶεν,
φωνὴ δ' ἄϱϱηκτος, χάλκεον δέ μοι ἦτοϱ ἐνείη,
εἰ μὴ Ὀλυμπιάδες Μοῦσαι Διὸς αἰγιόχοιο
θυγατέϱες μνησαίαθ' ὅσοι ὑπὸ Ἴλιον ἦλθον·
ἀϱχοὺς αὖ νηῶν ἐϱέω νῆάς τε προπάσας.

그런데 호메로스는 다른 신들도 많은데, 왜 하필 무사 여신들
을 부를까요? 어째서 무사 여신들은 시인들의 노래에 진실성을 보
증하는 힘을 가진 걸까요? 무사 여신들은 모든 것을 아는 기억의
힘을 가지고 있고, 그 힘을 시인들에게 줄 수 있기 때문입니다. 그
능력은 모두 부모에게서 받은 것이지요. 무사 여신은 모두 아홉 명
인데, 전부 제우스의 딸입니다. 제우스는 '시간'의 신인 크로노스
와 싸워 승리를 거두고 권좌에 올랐습니다. 제우스는 권력의 기반
을 잘 다져 놓은 후, 자신의 영광을 영원히 기억하고 노래할 수 있
는 신들이 필요했던 모양입니다. 그는 자신의 고모이자 이모인 므
네모쉬네 여신을 찾아갔습니다. 그녀는 기억의 여신이지요. 제우
스는 그녀와 함께 동굴에서 아홉 날 아홉 밤을 함께 지냈는데, 그
들 사이에서 아홉 명의 무사 여신이 태어났습니다. 부모의 유전자

• 『일리아스』 제2권 484~493행

덕택에 무사 여신들은 제우스가 크로노스를 무찔렀듯이 시간이 지나도 퇴색하지 않고 언제나 생생하고 영원한 기억을 가질 수 있었던 겁니다.

앞서 말했듯, 무사 여신들의 기술을 '무시케', 즉 '뮤직', '음악'이라고 합니다. 문자가 없었던 시절, 인간들이 정보를 가장 효율적으로 기억하는 방법은 심장의 박동 수에 어울리는 운율에 따라 노래에 담아내는 것이었습니다. 그래서 음악은 기억의 가장 효율적인 방편이었지요. 정보를 담아내는 구술의 기술이 바로 무시케였던 겁니다. 그래서 그리스에서 '무시케'는 우리가 말하는 '뮤직'보다는 훨씬 범위가 넓었습니다. 악기 연주와 노래뿐만 아니라, 서사시, 서정시, 비극과 희극, 연애시와 같은 문학의 여러 장르도 무시케에 속했으며, 나아가 역사와 천문학도 무시케의 중요한 부분이었으니까요. 지금도 그렇지만 옛 그리스에서 시는 훨씬 더 정형적인 운율에 담겨 낭송되었기 때문에 노래와 음악으로 여겨졌으며, 연극의 대사 역시 마찬가지였기에 지금 우리에겐 노래처럼 들릴 것입니다. 고대의 그리스·로마인들은 하늘의 별들이 음악의 선율처럼 아주 질서 정연하고 아름답게 움직인다고 생각해서인지, 천문학도 무시케의 하나로 여겼답니다.

역사는 한 공동체가 꼭 간직해야 할 집단의 기억이라 할 수 있으니, 무사 여신들이 관장하는 것이 맞겠지요. 무사의 기술인 무시케, 즉 음악은 정보를 담는 수단임과 동시에 그 내용이기도 했고, 그를 통해 쌓이는 교양을 뜻하는 말이기도 했습니다.

2

아홉 명의 무사,
어떤 일을 했을까?

132쪽의 그림은 서기 2세기경 한 로마인의 석관(石棺)에 새겨진 부조인데, 아홉 명의 무사 여신입니다. 왼쪽부터 누군지 볼까요? 클레이오(Kleiō), 탈레이아(Thaleia), 에라토(Eratō), 에우테르페(Euterpē), 폴립니아(Poluhumnia), 칼리오페(Kalliopē), 테릅시코레(Terpsikhorē), 우라니아(Urania), 멜포메네(Melpomenē)입니다. 이름이 어렵지요? 하나씩 자세히 이야기해 보겠습니다.

첫 번째, 두루마리를 들고 있는 여신은 역사의 무사 클레이오입니다. '클레이오'는 '알리다, 유명하게 만들다'라는 뜻인데, 역사가 사람들의 기억 속에서 잊히지 않도록 만드는 힘이 있기 때문에 이런 이름이 붙은 것 같습니다. 거꾸로 유명한 사람들이 역사를 만들고 역사에 남는 것일 테고요.

아폴로도로스가 썼다고 전해지는 『신화집(Bibliothekē)』에는 클레이오의 연애담이 전해집니다. 그녀는 아프로디테 여신이 한낱 인간인 아도니스(Adōnis)를 사랑하자, 이를 비난하고 조롱했습니다. 자존심이 상하고 화가 난 아프로디테는 클레이오에게 앙심을 품었지요. '그래 너도 인간과 사랑에 빠져 봐라!' 하고 아프로디테는 클레이오가 인간인 피에로스(Pieros)를 사랑하게 만들었습니다. 클레이오는 곧 잘생긴 아들을 낳는데, 그가 히아킨토스(Huak-

아홉 무사 여신. 왼쪽부터 클레이오, 탈레이아, 에라토, 에우테르페, 폴륌니아, 칼리오페, 테릅시코
레, 우라니아, 멜포메네

inthos)입니다. 아프로디테의 복수는 히아킨토스에게까지 이어졌지요. 아폴론이 히아킨토스를 사랑하게 만들었거든요. 그러나 그는 하필 아폴론이 던진 원반에 맞아 목숨을 잃고 말았습니다. 그렇게 죽은 히아킨토스는 아름다운 꽃으로 피어났답니다. 우리가 히아신스라고 부르는 꽃이 바로 그것입니다.

히아킨토스의 아름다움은 여성보다는 남성들에게 더 매력적이었나 봅니다. 아폴론 신의 총애를 받더니, 뉨페인 아르기오페(Argiopē)의 아들 타뮈리스(Thamuris)가 히아킨토스에게 매료되었지요. 『신화집』의 저자는 타뮈리스가 남자를 사랑한 최초의 남자였다고 기록하고 있습니다. 이 타뮈리스는 기타라를 잘 타고 노래도 아주 잘했습니다. 그러나 건방진 게 문제였습니다. 감히 무사 여신들에게 도전장을 던졌지요. 노래 시합에서 자신이 승리를 거둔다면 아홉 명의 무사 여신과 모두 사랑을 나눌 수 있게 해 달라는 조건을 내놓았습니다. 패배한다면 자신에게서 아무것이나 원하는 것은 다 빼앗아 가도 좋다고 했죠. 승부는 어땠을까요? 당연히 무사 여신들의 승리였습니다. 한갓 인간이 어찌 음악의 여신들을 이길 수 있겠습니까? 패배한 타뮈리스는 무사 여신들에게 두 눈과 기타라 연주와 노래 솜씨를 모두 빼앗기고 비참한 모습으로 남은 생을 살아야 했습니다.

두 번째 여신으로 넘어가 볼까요? 그녀가 들고 있는 것은 무엇일까요? 다소 익살스러운 모습의 가면이지요? 희극의 무사 탈레이아입니다. 탈레이아는 '기쁨을 준다, 활짝 꽃피다, 신록이 우거지다'라는 뜻에서 온 이름인데, 희극이 사람들의 마음에 웃음꽃을 활짝 피워 주고 싱싱한 활력을 불어넣어 주기 때문에 붙인 것 같습니다. 그래서 그런지 탈레이아는 또 목가시를 관장하기도 합니다. 탈레이아는 아폴론과 각별한 관계였습니다. 둘 사이에서 코뤼반테스(Korubantes)가 태어났다고 합니다. 이들은 모두 무사 여신의 수와 같은 아홉 명이며, 완전 무장을 하고 춤을 추며 노래를 하는데, 칼로 방패를 두드리며 요란한 소리를 냈다고 합니다. 크레타섬에서는 이들의 모습을 가져다가 소년의 성년식을 기념하거나 전쟁에서 승리하고 돌아온 전사들을 기리는 의식에 사용하기도 했답니다.

세 번째 여신은 별 특징이 없어 알아보기 힘든데요, 에라토 여신 같습니다. 에라토는 '사랑, 욕망'을 뜻하는 '에로스'에서 온 말입니다. 듣고 보니 그녀가 가장 고혹적인 자세를 취한 것 같다고요? 이름 그대로 그녀는 연애시의 무사입니다. 황금 양털을 찾아 떠났던 영웅 이아손이 콜키스에 도착했을 때, 아이에테스 왕의 딸 메데이아(Mēdeia)는 에로스의 화살을 맞고 이아손을 사랑하게 되지요. 로도스의 아폴로도로스는 이 장면을 노래하면서, 먼저 에라토를 불렀답니다.

> 자, 이제 에라토여, 내 곁에 서라, 그리고 내게 말하라,
> 거기서 어떻게 이올코스로 이아손이 가져갔는지, 양털 가죽을
> 메데이아의 사랑으로. 그대는 퀴프리스의 운명도
> 몫으로 가졌고, 미혼의 처녀들을 당신의 보살핌으로
> 매혹하니. 하여 그대에게 사랑스러운 이름이 따르나니.·
>
> Εἰ δ᾿ ἄγε νῦν Ἐρατώ, παρ᾿ ἔμ᾿ ἵστασο καί μοι ἔνισπε
> ἔνθεν ὅπως ἐς Ἰωλκὸν ἀνήγαγε κῶας Ἰήσων
> Μηδείης ὑπ᾿ ἔρωτι· σὺ γὰρ καὶ Κύπριδος αἶσαν

• 아폴로도로스가 썼다는 『신화집』에서는 코뤼반테스의 어머니를 탈레이아라고 말하지만, 기원전 1세기와 서기 1세기 사이에 활동하던 그리스의 지리학자 스트라본은 그들의 어머니가 탈레이아가 아니라 칼리오페라고 기록했다.

• 『아르고호의 모험』 제3권 1~5행

ἔμμορες, ἀδμήτας δὲ τεοῖς μελεδήμασι θέλγεις

παρθενικάς· τῷ καί τοι ἐπήρατον οὔνομ' ἀνῆπται.

사랑의 노래가 아름답게 울려 퍼지려면, 에라토의 가호가 있어야 함을 시인은 제대로 알고 있었던 것이겠지요? 이런 태도를 로마의 시인 베르길리우스도 그대로 모방합니다. 그도 에라토를 부른 겁니다. 사정은 이렇습니다.

로마를 건국하는 로물루스는 사실 트로이아 전쟁에서 패한 트로이아 왕족 가운데 아이네아스라는 영웅의 자손이었습니다. 로마 최초의 황제였던 아우구스투스(Augustus)는 이런 내용을 노래할 시인이 필요했습니다. 자신이 로물루스의 자손이며, 더 멀리는 트로이아의 영웅 아이네아스의 자손이고, 그의 어머니 베누스(Venus, 그리스의 아프로디테)와 그녀의 아버지 유피테르(Iuppiter, 그리스의 제우스)에 맞닿는다는 이야기, 즉 건국 신화가 필요했던 겁니다. 황제는 시인 베르길리우스에게 그런 노래를 지으라고 요청했습니다. 베르길리우스는 영웅 아이네아스가 불타는 트로이아를 떠나 오랜 시간 바다를 헤매이다가 마침내 이탈리아 반도의 중부, 로마 가까운 곳에 도착하는 이야기를 지었지요. 이제 아이네아스는 그곳의 토착 세력의 친구요, 지배자가 되어 로마의 전신이 될 나라를 세워야 했습니다. 그 이야기를 하려는 순간, 시인 베르길리우스는 무사 여신 가운데 에라토를 부릅니다.

자 이제, 에라토여, 이방의 군대가 아우소니아의 해안에 처음
상륙했을 때, 고대 라티움의 왕들은 누구였으며, 어떤
시대였으며, 그곳의 사정은 어떠했는지를
풀어놓겠다. 그리고 첫 전투의 개시를 소환하겠다.
그대 시인을, 그대 여신이여 상기시켜라. 말하겠다, 무서운 전쟁을

말하겠다, 최전선과 기개로 인해 장례를 치르게 된 왕들을,
튀르레니아인들의 군대와 무장한 채 소집된 전체
헤스페리아를:

Nunc age, qui reges, Erato, quae tempora, rerum

quis Latio antiquo fuerit status, aduena classem

cum primum Ausoniis exercitus appulit oris,

expediam, et primae reuocabo exordia pugnae.

tu uatem, tu, diua, mone. dicam horrida bella,

dicam acies actosque animis in funera reges,

Tyrrhenamque manum totamque sub arma coactam

Hesperiam.

네 번째 무사는 손에 플루트 같은 악기를 들고 있는데, 그녀
의 이름은 에우테르페, 즉 '잘 즐긴다'는 뜻을 가지고 있지요. 그녀
는 들고 있는 악기를 비롯해서 다양한 관악기 반주가 곁들어지는
서정시를 주관합니다. 에우테르페는 강의 신 스트뤼몬(Strumōn)과
사랑을 나누어' 레소스(Rhēsos)라는 아들을 낳았다고 합니다. 레소
스는 트라케의 왕이었는데, 트로이아 전쟁이 터지자 트로이아 편
에 서서 그리스 연합군과 싸웠지요. 하지만 오뒷세우스(Odusseus)
와 디오메데스(Diomēdēs)가 한밤중에 몰래 잠입하여 레소스를 죽
이고 그의 말들을 훔쳐갔다고 합니다. 어머니의 이름과는 달리 아
들은 허망하고 비참한 최후를 맞이했네요.

- 『아이네이스』 제7권 37~44행
- 아폴로도로스의 『신화집』에서는 레소스 왕의 아버지가 강의 신 스트뤼몬이
라고 소개되지만, 호메로스의 『일리아스』에서는 신이 아니라 인간인 에오이네
우스의 아들로 소개된다. 아폴로도로스는 레소스의 어머니가 에우테르페이지
만, 일설에 따르면 칼리오페였다는 이야기도 전해 준다.

다섯 번째는 폴림니아인데, 신들에게 바치는 신성한 노래와 찬가를 관장합니다. '많은(polu-) 찬가(humnia)'라는 이름과 잘 어울리지요? 고대의 조각상이나 그림에서는 매우 진지한 표정과 자세를 취하고 있습니다. 기하학, 명상과 연결되기도 한 폴림니아는 시인들에게 불멸의 명성을 안겨 준다고 하네요.

여섯 번째 무사는 서판 같은 것을 들고 있는데, 칼리오페입니다. 그녀의 이름에는 '아름다운 목소리'를 가졌다는 뜻이 담겨 있지요. 호메로스 같은 서사시의 작가들이 신과 영웅들에 관해 웅장한 노래를 부르는 것을 도와줍니다. 실제로 호메로스는 『일리아스』를 시작하면서 '여신'을 부르는데, 그 여신은 『오뒷세이아』에서도 명시되는 무사 여신입니다. 그중 단수로 호명되는 여신이 칼리오페일 것입니다.

> 진노를 노래하라, 여신이여, 펠레우스의 아들 아킬레우스의
> 파괴적인 분노를, 이는 수만의 고통을 아카이아인에게 주었고,
> Μῆνιν ἄειδε θεὰ Πηληϊάδεω Ἀχιλῆος
> οὐλομένην, ἣ μυρί᾽ Ἀχαιοῖς ἄλγε᾽ ἔθηκε,
>
> 사람을 내게 말하라, 무사여, 재주가 많던 그는 아주 많이
> 떠돌아다녔다, 트로이아의 신성한 도성을 파괴한 후에,
> Ἄνδρα μοι ἔννεπε, Μοῦσα, πολύτροπον, ὃς μάλα πολλὰ
> πλάγχθη, ἐπεὶ Τροίης ἱερὸν πτολίεθρον ἔπερσε·

호메로스의 두 작품을 모방하며 로마의 건국 신화를 쓴 베르길

- 『일리아스』 제1권 1~2행
- 『오뒷세이아』 제1권 1~2행

리우스도 로마의 시조 격인 아이네아스의 모험과 투쟁을 노래하겠
다고 선언하면서 무사 여신의 도움을 청했습니다.

무구와 사람을 노래하노라, 그는 트로이아 해안에서
이탈리아로 운명에 의해 망명해 왔다, 라비니움의
해변으로. 그는 많이 던져졌으니, 땅으로도 심해로도,
지존자들의 힘으로, 잔혹한 유노의 사무치는 진노 때문에,
또한 숱한 고초를 전쟁에서 겪었으니, 도시를 건설하고
신들을 라티움으로 모셔 오는 동안에. 그로부터 라틴니족과
알바의 선조들과 높은 로마의 성벽이 생겨났던 것이다.
무사여, 내게 이유를 말하라, 어떻게 신성이 상처를 입고
왜 신들의 여왕이 속이 상해 경건함에 뛰어난 사람이
그토록 많은 불행을 겪고, 그토록 많은 고초를 당하게
했던 것인지를. 그렇게 큰 진노가 천상의 마음에도 있는가?•
Arma uirumque cano, Troiae qui primus ab oris
Italiam fato profugus Lauiniaque uenit
litora, multum ille et terris iactatus et alto
ui superum, saeuae memorem Iunonis ob iram,
multa quoque et bello passus, dum conderet urbem
inferretque deos Latio; genus unde Latinum
Albanique patres atque altae moenia Romae.
Musa, mihi causas memora, quo numine laeso
quidue dolens regina deum tot uoluere casus
insignem pietate uirum, tot adire labores
impulerit. tantaene animis caelestibus irae?

• 『아이네이스』 제1권 1~11행

여기서 부른 '무사'도 아마 칼리오페일 겁니다. 서사시를 시작하면서 부를 이름으로 칼리오페가 제격이지요. 처음에 시인은 '무사'라고만 부르지만, 나중에는 칼리오페의 이름을 직접 언급합니다.

그대들께, 오 칼리오페, 청하니, 내게 영감을 불어넣으라,
어떤 파괴와 어떤 살육을 그때 거기서 투르누스*가 칼로써
자행했는지, 각각의 전사들이 누굴 오르쿠스*에게 보냈는지
노래하려는 나와 함께 전쟁의 거대한 두루마리 끝을 펼쳐라!▴
Vos, o Calliope, precor, aspirate canenti
quas ibi tum ferro strages, quae funera Turnus
ediderit, quem quisque uirum demiserit Orco,
et mecum ingentis oras evoluite belli.

그런데 베르길리우스는 칼리오페를 부르긴 했지만, 그녀만을 부른 것은 아닙니다. '그대들'이라는 표현으로 무사 여신 모두를 부르는 것이지요. '영감을 불어넣어라[aspirate]', '펼쳐라[evoluite]' 두 개의 동사도 모두 복수형이니, 무사 여신들 모두를 부른 것이 더욱더 분명해 보입니다. 하지만 시인은 칼리오페의 이름을 대표로 부릅니다. 칼리오페가 서사시를 관장하는 무사이기도 하지

- 아이네아스가 이탈리아 반도에 도착했을 때, 그곳 토착민들 가운데 최고의 전사. 아이네아스는 그와 일대일 대결을 벌여 승리를 거두면서 장차 로마가 될 나라를 세우게 된다.
- 오르쿠스는 로마 신화에서 지하의 저승을 다스리는 신. 지하의 저승 세계 자체를 가리키기도 한다. 그리스 신화에서는 하데스에 해당한다. '오르쿠스에게 보낸다'는 말은 '죽인다'는 뜻이다.
▴ 『아이네이스』, 제9권 525~529행

만, 무사를 대표하는 최고의 여신이기 때문이죠. 일찍이『신통기』를 쓴 그리스의 헤시오도스는 칼리오페가 아홉 명의 무사 여신 가운데 '가장 뛰어나다'고 노래했거든요.

『신곡(*La Divina Commedia*)』의 작가 단테(Alighieri Dante)도 제2권 「연옥편(Purgatorio)」의 도입부에서 칼리오페를 부릅니다. 사후 세계의 모험을 제대로 노래하기 위해 그녀의 도움이 필요했기 때문일 텐데, 작품 속에서 단테가 베르길리우스의 인도를 받는 것처럼, 실제 작가로서의 단테도 시를 지으면서 베르길리우스를 답습한 것이라 하겠지요. 이 작품에서 단테는 지옥을 지나 '인간 영혼이 정화되고 천국에 오를 준비를 하는 두 번째 왕국', 즉 연옥을 노래하면서 무사 여신들을 부르죠. 그리고 곧바로 칼리오페를 꼭 집어 부릅니다. 자신의 노래와 함께 해 달라고 요청하지요.

> 아, 성스러운 무사들이여, 그대들에게 복종하는
> 내 죽음의 시를 이제 삶으로 오르게 하소서!
> 이곳에서 칼리오페를 잠시 일으켜•
> Ma qui la morta poesì resurga,
> o sante Muse, poi che vostro sono;
> e qui Calïopè alquanto surga,

칼리오페는 그리스 신화 최고의 가수로 유명한 오르페우스(Orpheus)와 리노스(Linos)를 낳았다고 합니다. 오르페우스의 아버지는 트라케의 왕 오이아그로스(Oiagros)라고도 하지만, 음악의 신으로서 무사 여신들과 함께 어울려 춤추고 노래하던 아폴론이 그

• 단테, 박상진 옮김, 2007, 『신곡 – 연옥편』 제1권 7~9행, 민음사

의 친아버지라는 이야기도 전해집니다. 오르페우스가 노래를 부르면 동물들도 감동하여 그에게 몰려들고, 나무들도 땅에서 뿌리를 뽑고 걸어서 그의 곁으로 왔다고 합니다. 바위들조차도 들썩거렸다고 하니, 그의 노래가 어떠했는지 정말 궁금합니다. 그는 자신의 아내 에우리디케(Euridikē)가 뱀에 물려 죽자, 지하의 저승 세계까지 내려가 그곳의 왕 하데스와 페르세포네를 노래로 감동시켜 아내를 다시 이승으로 데려올 수 있었다고 하지요. 불행하게도 저승을 완전히 벗어날 때까지 절대로 뒤를 돌아보면 안 된다는 경고를 어기고 마지막 순간에 고개를 돌려 아내를 다시 잃고 말았지만요. 칼리오페의 또 다른 아들 리노스는 영웅 헤라클레스의 음악 선생이었다고 합니다. 하지만 음악 공부에 서툰 헤라클레스에게 독하게 핀잔을 주다가 그만 분노에 눈이 뒤집힌 영웅에게 맞아 죽고 말았지요.

자, 이제 일곱 번째 무사로 넘어가 볼까요? 우아한 모습으로 리라를 켜고 있는 테릅시코레입니다. 그 이름에는 '즐거워하며(Terpsi-) 춤을 춘다(Khorē)'는 뜻이 있습니다. 춤과 함께 합창을 주관하는 무사입니다. 황금 양털을 찾는 이아손의 모험을 노래한 아폴로니오스는 테릅시코레가 강의 신 아켈로이오스(Akhelōïos)와 사랑을 나누어 세이렌(Seirēn)을 낳았다고 전합니다. 위-아폴로도로스(Peudo-Apollodōros)의 『신화집(Bibliothēkē)』에 따르면, 세이렌은 아켈로이오스와 멜포메네 사이에서 태어났다고 하네요. 어쨌든 세이렌은 무사 여신의 딸임에는 분명한 것 같습니다.

세이렌은 처녀의 얼굴에 새의 몸을 가진 반인반수의 모습을 하고 있는데, 엄마를 닮아 노래를 잘했지요. 특히 뱃사람들을 현혹하는 노래를 불러 바다로 뛰어들게 만든 뒤, 잡아먹는 '식인조'였다고 합니다. 호기심이 많았던 오뒷세우스는 도대체 세이렌의 노래가 어떤지 궁금했습니다. 하지만 노래를 듣는 대가로 목숨을 내놓을 수는 없었지요. 그는 꾀를 냈습니다. 친구들에게 자신을 돛대에 꽁꽁 묶어 달라고 했죠. 반면 친구들의 귀는 아무것도 듣지 못하도록 밀랍으로 꼭 막았습니다. 그렇게 해서 그는 세이렌의 노래를 듣고도 목숨을 지킬 수 있었다고 합니다.

여덟 번째 무사는 우라니아입니다. 하늘을 뜻하는 '우라노스'에서 나온 이름이니, '천문학'을 관장하기에 제격입니다. 별처럼 빛나는 눈으로 하늘을 지켜본다고 하네요. 둥근 천체 모양의 공을 들고 있는데, 별의 움직임을 통해 미래를 예언하기도 합니다. 그녀에겐 두 명의 아들이 있다고 전해집니다. 첫 번째는 휘멘(Humēn)인데요, 결혼 예식의 신입니다. 에로스처럼 날개가 달린 모습으로 하늘을 날아다니며 환하게 불을 밝히는 횃불을 들고 다니지요. 신부가 신랑의 집으로 가는 행렬에서 부르는 아름다운 결혼 예식의 노래를 그의 이름을 따서 휘메나이오스(humenaios)라고 합니다. 두 번째는 리노스인데요, 칼리오페의 아들로 소개되었던 그가 사실은 우라니아의 아들이라는 이야기도 전해집니다.

아홉 번째 무사는 멜포메네입니다. '춤추고 노래하는 자'라는 뜻으로 비극의 여신입니다. 부조에서는 가면을 머리 위로 밀어 올려 얼굴을 드러내고 있는데, 비극 공연에서 배우들이 쓰던 가면입니다. 비극은 대(大)디오뉘소스 축제에서 가장 중요한 행사였던 만큼 멜포메네는 아테네인들의 사랑과 존경을 받았습니다.

이렇게 아홉 명의 무사 여신은 각자의 무시케를 발휘하여 중요한 사건과 이름이 영원히 기억될 수 있도록 명예를 드높여 줍니다. 제우스의 궁전이 있는 올륌포스산 정상에서 신들의 잔치가 벌어질 때, 무사 여신들은 아폴론 신과 함께 악기를 연주하고 노래하며 춤을 춰서 좌중의 흥을 돋우지요. 그들은 헬리콘산이나 아폴론의 신전이 있는 델피의 파르나소스산에서도 춤과 노래, 음악을 즐기곤 했답니다. 그러나 그들은 천상의 신들뿐만 아니라 인간들에게도 아름다운 음악을 베풀어 줍니다. 무사 여신들과 인간들 사이에서 매개 역할을 하는 이들이 바로 시인들입니다. 로마의 바티칸에 있는 교황의 궁전에는 르네상스를 대표하는 라파엘로(Raffaello Sanzio)의 유명한 그림이 있습니다. 제목은 '파르나소스산'인데, 아폴론과 아홉 명의 무사 여신, 그리고 서양 문학계를 장식하는 시인들이 그려져 있습니다. 그리스·로마 신화에서, 아니 서양 문명 전체에서 무사 여신의 역할이 무엇인지를 한눈에 보여 주는 명작입니다. 144쪽의 그림이 바로 그것이죠.

중앙에 비올라를 연주하는 이는 음악의 신 아폴론입니다. 그 주위에 아홉 명의 여신이 있지요. 아폴론의 오른쪽에 칼리오페가 왕들의 전유물인 홀을 들고 앉아 있습니다. 무사 여신들 가운데 가장 탁월함을 상징하는 것 같습니다. 왼쪽에는 테릅시코레가 뤼라를 들고 앉아 있네요. 칼리오페의 뒤에는 여러분 보시기에 왼쪽부터 희극 가면을 들고 있는 탈레이아, 클레이오, 에우테르페가 서 있습니다. 테릅시코레 뒤에는 여러분 보시기에 오른쪽부터 등을 보이고 있는 에라토, 폴립니아, 비극 가면을 들고 있는 멜포메네, 우라니아가 보입니다. 이들이 파르나소스산의 주인격이지요.

그런데 탈레이아의 오른쪽에 파란 옷을 입고 월계관을 쓴 채 하늘을 응시하는 듯한 이가 보입니다. 그가 바로 『일리아스』와 『오뒷세이아』의 저자로 알려진 그리스의 시인 호메로스입니다. 그의 왼쪽에는 초록색 옷을 입은 로마의 시인, 『아이네이스』의 작가 베르길리우스가 보이고, 그의 오른쪽에는 붉은 옷을 입은 이탈리아의 시인, 『신곡』의 저자 단테가 보입니다. 그 밖의 다른 이들은 모두 서양 문학사에 큰 획을 그은 시인들입니다.

이들 가운데 여러분 보시기에 왼쪽 아래 한 여성이 보입니다. 한 손에는 악기를, 한 손에는 작은 두루마리가 들려 있는데, 거기

라파엘로, 「파르나소스산」

에 그녀의 이름이 적혀 있습니다. 그리스 최초의 여성 시인으로 알려진 레스보스섬의 삽포(Sapphō)입니다. 영웅 서사시가 주류를 이루던 시대에 사랑의 아름다움을 노래한 그녀의 시는 놀라운 것이었습니다. 어떻게 인간이 이렇게 아름다운 시를 지을 수 있을까, 의아했다 봅니다. 그녀에 관하여 이런 노래가 전해집니다. "어떤 이들은 아홉 무사가 있다고 말하네. 그들은 얼마나 무지한가. 보라 열 번째 무사, 레스보스의 삽포가 있지 않은가?"

무사와 시인들, 그리고 그들이 구사한 기술 무시케, 이것이 바로 그리스·로마 신화를 낳았습니다. 지금 우리가 보고 있는 이 모든 이야기는 천상의 무사 여신들이 지상의 시인들 입을 통해, 우리에게 전해 주는 셈이죠.

3

아테나,
제우스의 머리에서 태어나다

흔히 인간을 가리켜 머리를 쓸 줄 아는 동물이라고 합니다. 세상에
관해 호기심을 갖고 대상을 알려고 애쓰며, 탐구를 통해 획득한 정
보를 활용하여 세상을 살아가는 다양한 방식을 발견하고 발전시
키는 존재가 인간이라는 것이지요. 이런 능력을 지혜라고 합니다.
그리스 신화에서 지혜의 신은 아테나입니다. 로마 신화에서는 미
네르바(Minerva)라고 하지요. 플라톤은 『크라틸로스(Kratulos)』라는
작품에서 '아테나' 여신을 '신적인 것(theia)을 보고 생각하고 알고
있는(nousa) 여신', '신의 마음을 가진 여신(Theonoē)'이라고 풀이했
습니다. 그녀의 탄생도 이와 같은 어원과 통하는 바가 있지요.

　　제우스는 크로노스를 밀어내고 세계의 패권자가 되자 배우
자를 찾았습니다. 그의 마음을 맨 처음 사로잡은 여신은 메티스였
습니다. 그녀는 신들 중에 가장 많은 것을 알고 지혜로운 계책을
찾아내는 데에 명수였지요. 실제로 제우스가 크로노스와 싸우기
위해 동료를 필요로 했을 때, 삼킨 것들을 토해 내는 약을 만들어
크로노스가 먹도록 계략을 짰던 이가 바로 메티스였습니다. 메티
스의 지혜 덕에 제우스는 크로노스의 뱃속에 갇힌 형제자매들을
구하고 아군으로 삼을 수가 있었지요. 그러니 제우스가 메티스에
게 고마워하고, 나아가 사랑을 느꼈던 것은 당연한 일이었습니다.

마침내 메티스는 제우스의 아이를 가졌지요.

그러나 제우스는 불길한 예언을 들었습니다. 우라노스와 가이아가 "메티스가 처음엔 딸을 낳고, 곧이어 아들을 낳을 것인데, 그 아들이 제우스를 권좌에서 밀어낼 것이다"고 예언했기 때문이죠. 이 말을 들은 제우스는 두려움에 사로잡혔습니다. 자신도 아버지를 밀어내고 권력을 잡았으니, 가이아와 우라노스의 말이 허투루 들리지 않았던 겁니다. 고민하던 제우스는 권력을 지키기 위해 특단의 조치를 취합니다. 반란의 싹을 아예 자르기로 한 거죠. 제우스는 메티스가 아이를 낳지 못하게 하려고 그녀를 꿀꺽 집어 삼켰습니다.

그러나 이미 잉태된 아이는 제우스의 몸속에서 자라났습니다. 때가 되자, 제우스는 극심한 두통에 시달렸지요. 이를 보고 있던 프로메테우스는 도끼로 제우스의 머리를 쳤습니다. 그러자 제우스의 쪼개진 머리 틈 사이로 창과 방패를 들고 완전 무장한 여전사가 튀어나왔습니다. 그녀가 바로 아테나입니다. 아테나는 제우스의 첫 번째 자식으로 보이는데, 그녀는 세상 밖으로 나오는 순간부터 제우스의 용기와 지략, 카리스마를 갖추었고, 천하가 쩌렁쩌렁 울리도록 큰 함성을 질렀습니다. 하늘의 신 우라노스와 땅의 여신 가이아가 벌벌 떨 정도였지요.

아테나의 행보도 거침이 없었습니다. 가장 유명한 이야기는 포세이돈과의 한판 대결이었습니다. 케크롭스 왕이 다스리는 케크로피아라는 도시를 놓고 누가 수호신이 될 것인가를 두고 두 신 사이에 경쟁이 벌어졌습니다. 포세이돈은 아크로폴리스의 바위를 삼지창으로 쳤습니다. 바위가 갈라지고 물이 솟구쳐 나오자, 사람들은 놀라움에 환성을 지르며 기뻐했습니다. 그러나 그것은 사람이 먹을 수 없는 바닷물이었지요. 포세이돈은 자신의 능력은 충분히 보여 줬지만 사람들의 필요를 채워 주지 못했고 호감을 얻을 수

계책에 뛰어났던 여신 메티스를 어머니로 삼고, 후에 제우스의 머리에서 태어나게 된 아테나만큼
지혜의 신에 적합한 대상도 없을 것입니다.

없었습니다. 아마도 포세이돈은 케크로피아의 사람들이 장차 해상 활동으로 맹위를 떨치리라 내다보고 자신이 바다의 신임을 강조하며 지지를 얻으려고 했던 것 같습니다.

아테나는 작은 씨 하나를 땅에 던졌습니다. 그 씨는 땅속으로 뿌리를 내리더니 싹을 틔웠고, 이내 나무로 자라나 초록색 빛을 내는 똘똘한 열매들을 알알이 맺었습니다. 올리브였지요. 그냥 먹을 수도 있고, 꾹 짜서 기름을 얻을 수도 있는 실한 열매였습니다. 사람들은 아테나의 능력에 놀라면서, 그 쓸모에도 감탄했습니다. '역시 아테나 여신이야. 저분이 우리의 수호신이 된다면 도시가 부강해질 거야.' 사람들은 희망에 부풀었습니다. 케크롭스 왕은 아테나 여신을 도시의 수호신이라고 공표했습니다. 그리고 도시 이름을 '케크로피아'에서 '아테네'로 바꿨습니다. 포세이돈이 자신의 위력을 보여 주며 두려움의 대상이 되었던 반면, 아테나는 사람들이 필요로 하는 것을 헤아리고 채워 줌으로써 고마움의 대상이 되었고 도시의 수호신이 되었던 겁니다.

아테나 여신은 또한 수많은 영웅들의 수호신이 되었습니다. 뮈케네를 세우고 새로운 문명의 초석을 닦은 페르세우스가 메두사와 대결할 때, 승리의 전략을 알려 준 것도 아테나였습니다. 메두사는 머리카락이 온통 뱀으로 꿈틀대며, 그 눈빛이 고약해서 마주치는 사람을 돌로 만들어 버리는 마력을 가지고 있었지요. 아테나는 페르세우스에게 거울처럼 빛나는 청동 방패를 주면서, 메두사의 위치를 방패로 비추면 그녀의 눈과 마주치지 않고 싸울 수 있다고 알려 주었습니다. 그 덕택에 페르세우스는 메두사를 무사히 무찌를 수 있었지요. 아테나는 헤라클레스가 스튐파로스 호수에 사는 식인 괴조를 무찌를 때도 청동 캐스터네츠를 주면서 승리의 비법을 알려 주었습니다.

트로이아 전쟁의 영웅 아킬레우스가 분노에 휩싸여 큰 실수

149

를 저지를 뻔했을 때, 몸소 지상으로 내려와 분노를 잠재우기도 했습니다. 오뒷세우스에게는 트로이아의 목마 작전을 짤 수 있도록 지혜를 일깨워 주었고, 전쟁이 끝난 후 숱한 모험에서 수많은 위기를 슬기롭게 헤쳐 나갈 수 있도록 길잡이가 되어 주었습니다. 가장 유명한 것은 오뒷세우스의 아들 텔레마코스(Tēlemakhos)가 불한당들에 휩싸여 목숨과 왕국을 모두 빼앗길 위기에 처하자 지혜로운 멘토르(Mentōr)의 모습으로 나타난 것입니다. '멘토르' 덕에 텔레마코스는 용감하고 지혜롭게 난관을 이겨 내고 마침내 아버지의 귀환을 맞이하여 무뢰배들을 무찔렀습니다. '내 인생의 멘토'라는 말은 바로 지혜의 여신 아테나의 강림에서 나온 말입니다.

먼 옛날 그리스·로마의 이야기 속에서 만나는 아테나는 우리의 삶에서 지혜롭게 생각하고 행동할 때 필요한 역량과 태도를 상징하는 것입니다. 내가 힘들 때, 다른 사람들의 말에 귀를 기울이며 해결책을 찾아 나가거나 힘들어 하는 사람들 곁을 지키면서 도와줄 때, 아테나 여신은 옛날이야기 속의 주인공이 아니라, 바로 우리의 모습을 비추는 거울이 되는 겁니다.

4

아폴론과 아르테미스,
세상을 비추다

낮에는 해가 세상을 환하게 비추고, 밤에는 달이 어둠을 밝힙니다. 수많은 별들이 밤하늘에 빛나지만, 크기와 밝기에서 해와 달과 비교가 안 되죠. 오래전 옛날 그리스 사람들은 해와 달이 신적인 존재라고 생각했습니다. 제우스의 사촌 중에 헬리오스와 셀레네가 있었는데, 이들의 이름은 그리스어로 해와 달을 가리킵니다. 이들 남매가 해와 달 자체라고도 할 수도 있고, 해와 달을 관장하는 신이라고도 할 수 있습니다. 하지만 제우스가 신들의 왕으로 군림하자, 밤낮으로 세상을 비추는 해와 달을 더 믿을 만한 신들에게 맡기고 싶었습니다. 그래서 헬리오스와 셀레네 대신 해와 달을 맡을 새로운 자식을 낳기로 했죠.

문제는 새로운 자식을 낳기 위해 헤라 대신 다른 여신을 선택했다는 겁니다. 바로 레토 여신이었죠. 그녀도 제우스의 사촌이었습니다. 레토가 쌍둥이 남매를 임신했다는 소식이 전해지자, 헤라는 분노가 치밀어 올랐죠. 어렸을 적에 저의 할머니는 호랑이에게 쫓기다가 하늘에서 내려온 두레박을 타고 올라가 해와 달이 된 오누이 이야기를 해 주셨는데, 그 이야기를 들으며 마음을 졸였던 기억이 생생합니다. 그리스 신화에서도 해와 달의 신은 아주 어렵게, 구사일생으로 태어났습니다. 세상을 환하게 비추기 위해선, 그만 큰 힘들고 어려운 과정이 필요한 것일까요? 헤라는 출산의 여신인 에일레이튀이아에게 레토가 자식을 낳을 수 없도록 막으라고 명령을 내리는 한편, 퓌톤(Puthōn)이라는 거대한 용을 보내서 레토를 해치려고 했습니다. 그러나 레토는 제우스의 도움을 받아, 불을 뿜어 내며 추격하는 무시무시한 퓌톤을 간신히 피해 오르튀기아라는 섬으로 달아났죠.

척박한 섬에 도착한 레토는 먼저 딸을 낳았습니다. 아르테미스였죠. 아르테미스는 태어나자마자 곧장 성장해서 어머니가 남동생을 낳도록 산파 역할을 했죠. 그녀의 도움으로 레토는 둘째 아이도 건강하게 낳았습니다. 아폴론이었죠. 우리나라의 전래동화 속 해와 달이 된 오누이가 보여 주듯이, 세계 여러 민족과 많은 문화권의 사람들은 해와 달을 남매로 상상했습니다. 대체로 해는 남성으로, 달은 여성으로 보았지요. 그 반대의 경우도 있습니다. 독일 북부의 신화에서 해와 달은 남매지만 달의 신 마니(Máni)는 남성이고 해의 신 솔(Sól) 또는 순나(Sunna)는 여성입니다. 로마 신화에서 해와 달의 신은 그리스 신화의 내용과 비슷합니다. 특히 이름은 거의 같습니다. 그리스 신화의 아폴론은 로마 신화에선 마지막 받침 'ㄴ'이 빠진 아폴로거든요. 반면 아르테미스의 이름은 디아나로 바뀝니다. 예전에 영국의 찰스 황태자비의 이름이 다이아나였는데, 바로 디아나라는 이름을 가져다 쓴 것이지요. 이렇듯 서양 여자들 사이에 다이아나, 즉 디아나의 이름은 인기가 많습니다.

어쨌든 아폴론과 아르테미스, 이들 쌍둥이 남매가 태어난 오르튀기아섬은 어려운 출생과 가난한 조건을 보여 주듯이 메마르고 척박했으며, 바다 바닥에 뿌리를 내리지 못해 에게해를 이리저리 떠돌아다녔다고 합니다. 아폴론과 아르테미스가 태어나 해와 달의 신이 되면서 섬의 이름이 '찬란하다'는 뜻의 델로스로 바뀌었고, 비로소 바다 바닥으로 뿌리를 내려 정착하게 되었다고 합니다.

이렇게 어려운 환경 속에서 힘들게 태어난 남매는 우애도 좋았고, 특히 자신들을 낳아 준 어머니 레토에게 지극정성이었습니다. 어머니를 위해서라면 못할 것이 없었죠. 제우스는 남매가 태어나자 해와 달을 맡기는 한편, 올림포스 궁전으로 데려와 '12신 체제'의 일원이 되게 했지만, 레토에게는 더 이상의 관심을 보이지 않았습니다. 두 남매는 기댈 곳 없고 연약한 어머니를 지키기 위해 강한 힘과 의지를 드러내는 데에 주저함이 없었습니다. 그것은 동시에 자신들의 위상과 권위를 높이고 지키는 방법이기도 했죠. 마치 어둠을 몰아내고 세상을 환하게 비추는 해와 달의 모습과도 같았습니다. 대표적인 두 가지 사례가 전해집니다.

첫 번째 이야기는 아폴론의 복수입니다. 그는 어머니 레토를 괴롭혔던 괴물 퓌톤에게 복수하기로 결심합니다. 태어난 지 며칠 되지 않은 때였습니다. 그 괴물이 언제 또 연약한 어머니와 어린 자신들을 공격할지 모른다는 생각도 있었겠죠. 아폴론은 퓌톤을 찾아가 몇 날 며칠 화살을 쏘며 혈투를 벌였습니다. 마침내 퓌톤을 무찌른 아폴론은 위대한 승리를 기념하는 신전도 세우고, 올림픽 같은 대규모 운동 대회도 열었습니다. 이 대회를 '퓌티아 제전'이라고 합니다. 레토는 만천하에 자신의 존재감을 드러낸 아폴론을 한없이 자랑스럽고 든든하게 여겼을 겁니다. 이건 분명 사적인 보복이었지만, 약자를 괴롭히는 강자의 폭력을 응징하는 공적인 정의의 집행이기도 했습니다. 이후로도 아폴론은 부당한 행위, 특히 인간의 오만에 대해서는 단호하게 응징하는 강한 모습을 보여 줍니다. 정의를 만천하에 공표하는 찬란한 태양과도 같았죠.

둘째는 레토를 모욕한 니오베(Niobē)에 대한 남매의 보복 이야기입니다. 니오베는 지금의 터키 땅 서부에 있던 프뤼기아 왕국의 공주였습니다. 테베의 지도자 암피온(Amphiōn)과 결혼하여 아들 일곱, 딸 일곱 모두 열네 명의 자식을 낳았죠. 그녀는 비록 인간이었지만 제우스의 손녀였고, 그녀의 남편 암피온도 제우스의 아들이었습니다. 좋은 혈통에 위세가 당당했으니, 얼마나 자신만만했겠습니까? 그런데 사람들이 레토 여신을 찬양하자, 니오베는 강한 질투심을 느끼며 레토를 모욕했죠. 자신의 혈통은 물론 아름다움도 레토 여신 못지않고, 자식은 일곱 배나 많다고 자랑했습니다. 제우스의 관심 밖으로 밀려나 혼자 몸이나 다름없었고, 남매가 전부인 레토는 깊은 수치심과 분노를 느꼈습니다. 니오베에게 레토가 무슨 해를 끼치거나 나쁜 마음을 먹은 적도 없는데 그런 모욕의 말을 들어야 했으니, 레토는 니오베가 자신을 무시한다고 생각했던 거죠. 남매는 어머니 레토보다도 더 화가 났습니다.

아폴론과 아르테미스는 당장에 니오베의 자식들을 겨냥해 활시위를 당겼습니다. 아폴론은 일곱 아들을, 아르테미스는 일곱 딸을 한 치의 빗나감도 없이 모두 죽였습니다. 슬픔을 이기지 못하고 통곡의 눈물을 흘리던 니오베는 그 자리에 굳어 바위가 되었고, 그 후로도 계속 눈물을 샘물처럼 흘려보낸다고 합니다. 이 또한 남매의 사적 보복이었지만, 동시에 인간의 공격적인 오만함에 대한 신성한 응징이기도 했습니다. 이것은 우리가 누리고 있는 행운 때문에 기고만장해서 다른 이를 질투하고 무시한다면, 그 오만함은 반드시 대가를 치르게 된다는 메시지가 담긴 신화입니다.

아폴론과 아르테미스의 행동은 단호하다 못해 냉혹하고 가혹하기까지 합니다. 그런데 살다 보면 그런 태도가 필요할 때도 적지 않은 것 같습니다. 우리가 사는 세상은 따뜻한 마음으로 서로를 존중하고 배려하는 사람들만 있지 않으니까요. 선량한 마음으로 양심을 지키며 나의 사적인 이익이나 감정을 위해 다른 사람들을 부당하게 해치는 일은 하지 말아야 하지만, 강한 힘이 뒷받침되지 않으면 자칫 억울하게 당할 수도 있는 게 우리가 사는 세상이니까요. 레토가 겪은 고통과 모욕은 그녀의 탓이 아니었습니다. 숱한 경쟁과 갈등 속에서 자신을 지키며 단단하게 살아갈 수 있으려면, 자신과 주변을 지키는 힘과 지혜가 요구됩니다. 아폴론과 아르테미스는 그런 삶의 진실을 담고 있는 신화적 상징이라 할 수 있습니다.

아르테미스의 잔혹함을 보여 주는 또 하나의 유명한 이야기가 있습니다. 바로 악타이온(Aktaiōn)의 이야기입니다. 악타이온은 아리스타이오스(Aristaios)와 아우토노에(Autonoē)의 아들이었습니다. 아리스타이오스는 태양의 신 아폴론의 아들이었으니까, 악타이온은 아폴론의 손자인 셈입니다. 그는 뛰어난 사냥꾼이었는데, 평소처럼 사냥을 나갔다가 키타이론산에서 참변을 당했습니다. 자신이 몰고 다니던 사냥개들에게 처참하게 물려 죽었거든요.

그의 죽음에 관해서는 여러 가지 이야기가 전해져 오고 있습니다. 가장 오래된 전설 가운데 하나는, 제우스가 사랑하던 세멜레에게 악타이온이 접근해서 사랑을 고백하고 결혼해 달라고 청혼했기 때문에 제우스에게 분노를 샀다는 겁니다. 세멜레는 포도주의 신 디오뉘소스의 어머니였죠. 그런데 세멜레는 악타이온의 이모였거든요. 좀 이상하죠? 어쨌든 제우스는 자신의 여인인 세멜레에게 접근한 악타이온을 괘씸하게 여겨서 무서운 저주를 내렸다는 이야기가 전해져 오고 있습니다.

그것보다 훨씬 더 널리 알려진 이야기는 달의 여신이자 사냥의 여신인 아르테미스의 저주를 받아 죽었다는 겁니다. 앞서 악타이온은 뛰어난 사냥꾼이라고 했죠. 사람들이 그의 사냥 솜씨에 대해 칭찬하자, 기고만장하고 의기양양해진 악타이온은 "사실 내 사냥 실력은 사냥의 여신 아르테미스 여신과 비교해도 손색이 없지. 여신과 겨루어도 지지 않을 자신이 있어." 이렇게 떠벌리고 다닌 겁니다. 이 말을 듣고 있던 아르테미스가 악타이온의 오만함에 화가 나서, 그에게 저주를 내려 죽였다는 것이죠.

그런데 그것 말고도 여신의 분노를 산 게 또 있다고 합니다. 악타이온이 아르테미스 여신의 알몸을 봤기 때문에 죽임을 당했다는 거지요. 사냥을 나갔던 어느 날, 악타이온은 친구들과 떨어져 숲속을 헤매다가, 신비로운 골짜기에 들어섰습니다. 그 골짜기는 아르테미스 여신의 비밀 장소였습니다. 여신이 사냥을 하다가 지치면, 님페들과 함께 이곳으로 와서 목욕을 하고 피곤을 씻어 내던 곳이었거든요. 악타이온은 일부러 그런 건 아니었지만, 실수로 그곳에 들어섰다가 아르테미스 여신이 님페들과 함께 목욕을 하고 있는 놀라운 광경을 보게 된 겁니다.

뒤늦게 악타이온의 시선을 느낀 님페들은 아르테미스 여신을 둘러싸고 가리려고 했지만, 이미 볼 것을 다 본 상태였습니다. 아르테미스 여신은 악타이온이 자신의 알몸을 본 것에 대해 몹시 수치스럽게 여겼고 크게 분노했죠. 그녀는 악타이온에게 물을 뿌리면서 말했습니다. "네놈이 감히 내 벗은 몸을 보다니. 그래, 실컷 떠들어 보렴. 말할 수 있다면 말이다." 악타이온은 겁에 질려 소리를 질렀고, 자리를 피해 달아났죠. 그런데 자신이 굉장히 빨리 달리는 데다가, 입에서 더 이상 사람의 목소리가 나오지 않아서 깜짝 놀랐습니다. 아르테미스가 뿌린 물을 맞자 악타이온이 사슴으로 변했던 겁니다. 머리에서 뿔이 돋아났고, 두 팔은 길쭉한 앞다리가 되었죠. 그래서 빨리 달릴 수 있었고, 인간의 목소리는 사라지고 사슴의 울음소리가 나왔던 겁니다. 영웅의 피가 흐르던 그의 가슴에는 용기가 사라지고, 겁먹은 사슴의 공포가 가득 찼습니다. 악타이온은 달려가면서 물에 비친 자신의 모습을 보고 깜짝 놀랐습니다. "아이고 세상에! 내 모습이 왜 사슴으로 변한 거지?" 이렇게 말하려고 했지만, 말은 안 나오고 사슴의 탄식만이 흘러 나왔습니다.

하지만 사슴의 모습으로 살아갈 시간도 그리 길지는 않았습니다. 악타이온의 사냥개 몇 마리가 사슴으로 변한 그를 발견한 겁니다. 악타이온은 자신이 비록 사슴으로 변했어도 충성스러운 개들은 자신을 알아볼 거라고 생각했지만, 완전히 착각이었습니다. 개들은 사슴으로 변한 악타이온을 전혀 알아보지 못했습니다. "이놈들아, 난 악타이온이다. 주인도 몰라 보냐?" 이렇게 외치고 싶었지만 입에서는 사슴의 울부짖음만이 솟구쳐 나와 온 골짜기에 메아리쳤지요. 그러자 흩어져 있던 사냥개 50여 마리가 모두 몰려와 사슴으로 변한 악타이온을 더욱더 맹렬하게 물어뜯었습니다. 그렇게 악타이온은 자신의 사냥개에 물려 죽었다고 합니다. 어찌 보면 겸손하지 못한 악타이온의 자업자득이지만, 그래도 정말 안됐습니다. 악타이온처럼 신들의 권위에 도전하다가 분노를 산 이들은 비참한 운명을 맞이한다는 공통점이 있습니다.

그런데 이 신화는 그냥 옛날이야기에 그치지 않습니다. 신화학자들은 신화가 현실을 비추는 상징이고 은유라고 합니다. 대체로 신화 속의 신들은 당대의 권력자들을 빗댄 것이라고도 하고요. 실제로 로마의 시인 오비디우스는 자신이 악타이온과 같은 신세라고 한탄했습니다. 로마가 제국으로 새롭게 건설되고 아우구스투스가 첫 번째 황제 자리에 오를 때였습니다. 아우구스투스는 공화정을 허수아비로 만들고, 권력을 장악해 나갔지요. 오비디우스는 그런 아우구스투스 황제에게 눈엣가시처럼 여겨졌습니다.

그는 황제의 명령으로 로마에서 쫓겨나 멀리 흑해 연안, 지금의 루마니아 콘스탄차로 추방을 당했습니다. 당시에 그곳은 황량한 유배지였습니다. 그곳으로 쫓겨나 약 10년간 유배 생활을 했고, 끝까지 로마로 돌아오지 못한 채, 그곳에서 숨을 거두고 말았습니다. 그는 원래 사랑을 노래하던 순진하고 재능 많은 시인이었습니다. 인생이 지루하고 따분한 것은 사랑하는 방법을 몰라서라며, 사랑의 기술을 가르쳤죠. 진실한 사랑은 숭고하며, 그 어떤 사랑도 불량하지 않다고 예찬했는데, 아우구스투스는 그런 자유분방한 태도가 로마의 미풍양속을 해친다며 못마땅했던 겁니다.

사랑을 노래하는 시 때문에 황제에게 미움을 받고 쫓겨나다니, 로마식 블랙리스트나 마찬가지였습니다. 게다가 오비디우스는 아우구스투스의 치부를 알고 있었던 것 같습니다. 황제에게는 율리아(Iūlia)라는 딸이 있었는데, 자유분방한 바람둥이라는 소문이 돌았습니다. 그런데 그녀가 오비디우스와 친하게 지냈던 겁니다. 또한 오비디우스는 황제가 재혼하는 과정에서 뭔가 부적절한 것이 있음도 알고 있었던 것 같습니다. 마치 악타이온이 아르테미스 여신의 알몸을 본 것과 같은 셈이죠. 아우구스투스는 자신의 후계자 문제에 관련해서 오비디우스가 역모에 가담했다는 죄목까지 뒤집어씌워 그를 흑해 연안으로 추방했습니다. 유배지에서 죽음을 예감했던 오비디우스는 자신이 사슴으로 변해 사냥개들에게 물려 뜯겨 죽은 악타이온과 같은 존재라고 푸념하는 회한의 시를 남겼던 것이 아닐까요? 이렇게 시인은 오래된 신화를 가지고 자신의 현재 처지와 시대 상황을 비춰 보았던 겁니다.

5

월계수를 사랑한
아폴론

서울 중구 손기정로 101에는 서울 기념물 5호로 지정된 월계수 한 그루가 위풍당당하게 서 있습니다. 안내 표지판에는 이렇게 쓰여 있습니다.

이 나무는 1936년 제11회 베를린올림픽 경기 대회의 마라톤 종목에서 우승한 손기정 선수를 기념하여 심은 것이다. 원래 올림픽 수상자에게 주는 월계관은 지중해 부근 건조 지역에서 자라는 월계수의 잎이 달린 가지로 만들었으나 독일 베를린 대회에서는 미국이 원산지인 대왕참나무의 잎이 달린 가지로 만들었다고 한다. 이 나무는 당시 손기정 선수가 부상으로 받은 묘목을 그의 모교인 양정고등학교에 심은 것이다. 양정고등학교가 다른 곳으로 옮겨진 후 이곳을 손기정체육공원으로 만들었다.

당시 우리 민족은 일제 강점기를 겪고 있었고, 손기정 선수는 일장기를 가슴에 달고 뛰어야 했습니다. 시상대에 오른 손기정 선수는 승리의 월계관을 쓰고 고개를 푹 숙인 채로, 부상으로 받은 묘목의 화분을 들고 일장기를 가리며 치욕을 감추려고 했습니다.
그런데 근대 올림픽 우승자에게 수여하는 월계관과 월계수 대신 왜 손기정 선수는 참나무, 그것도 미국산 대왕참나무를 받게 되었는지 궁금하기 짝이 없습니다. 애초에 왜 올림픽 경기 우승자에게 월계관을 씌우고 월계수를 부상으로 주었는지도 의문입니다. 사실 고대 그리스의 올림픽 경기, 즉 올림피아 제전의 우승자는 월계관이 아니라 올리브 가지로 만든 관(冠)을 썼거든요. 월계수 가지로 만든 관은 아폴론을 기리는 퓌티아 제전의 우승자에게 주어졌다고 합니다. 그것도 처음부터 그랬던 것은 아니었답니다.

퓌티아 제전은 아폴론이 어머니를 괴롭히던 괴물 퓌톤을 물리치고 승리를 기념하며 개최했는데 인간들을 위한 스포츠 제전이었습니다. 역사적으로는 기원전 582년에 첫 퓌티아 제전이 열렸다고 합니다. 그렇다고 그즈음에 아폴론이 태어났고 퓌톤을 물리쳤다고 신화 그대로 믿을 수는 없겠지요? 인간들이 아폴론을 주신으로 삼는 제전을 개최해 놓고는, 신이 이 제전을 직접 개최했다고 이야기를 만든 것이 분명합니다. 대회에 종교적 권위를 주기 위해서였겠지요? 그리스의 산골 도시인 델피에 가면 아폴론 신전이 있고, 거기서 한참 산등성이를 따라 올라가다 보면, 퓌티아 제전이 열렸던 스타디온이 지금도 잘 보전되어 남아 있습니다. 그곳에서 열린 운동 시합에서 우승한 승리자에게 아폴론은 처음엔 떡갈나무로 엮어 만든 관을 수여했고 나중에 가서 월계수 관을 수여했다고 합니다. 여기에는 아폴론의 가슴 아픈 사연이 깃들어 있습니다.

퓌톤을 무찌르고 의기양양한 아폴론 곁으로 사랑의 신 에로스가 다가왔습니다. 아폴론은 작은 체구의 어린이 같은 에로스가 활을 들고 화살통을 메고 있는 모습이 같잖아 보였지요. "어린아이에겐 활과 화살이 어울리지 않아. 위험하거든. 나 같은 어른이나 가지고 다니는 거야. 난 얼마 전에 이 화살로 퓌톤을 무찔렀지. 넌 횃불로 사랑의 불이나 지르고 다니렴. 활과 화살은 내 몫이란 말이지."

에로스는 아폴론의 빈정거림에 마음이 잔뜩 상했습니다. 앙

근대 올림픽 우승자에게 수여되었던 월계수 관에는 아폴론의 집착과 사랑의 애틋한 사연이 담겨 있습니다.

심을 품고 표독스럽게 대꾸했지요. "아폴론의 화살은 다른 이를 쏘겠지만, 나의 화살은 아폴론을 쏠 수 있소. 사랑을 일으키는 나의 영광은 괴물을 무찌른 그대의 영광보다 훨씬 크지요. 신들이 동물보다 더 큰 것처럼." 에로스는 곧 실행에 옮겼습니다. 아폴론이 다프네(Daphnē)라는 님페를 보는 순간 날카롭고 찬란하게 반짝이는 황금촉 화살을 쏘았던 겁니다. 다프네가 누구냐고요? 그녀는 테살리아에 흐르는 강의 신 페네이오스(Pēneios)의 아름다운 딸이었습니다. 페네이오스는 오케아노스와 테튀스의 아들이었고요. 다프네는 아르테미스 여신처럼 순결한 처녀로 지내며 남자들의 접근을 거부했으며 사냥을 즐겼다고 합니다.

에로스의 화살을 맞은 아폴론은 다프네를 사랑하게 되었습니다. 아폴론은 당장 그녀에게 다가섰지요. 하지만 그녀는 아폴론을 거부하고 달아나기 시작했습니다. 원래도 남자를 싫어했던 그녀인데, 에로스가 그녀에게 뭉뚝한 회색빛의 납화살을 쏘았던 겁니다. 이 화살은 사랑하던 사람도 싫어하게 만드는 혐오의 화살이었습니다. 아폴론과 다프네의 감정은 서로 엇갈리고 충돌했습니다. 아폴론은 애가 달아 다프네를 쫓아다녔고, 다프네는 끔찍하게 싫다는 표정으로 죽어라 달아났습니다. 그러나 아폴론의 사랑이 다프네의 혐오보다 더 강했던 것일까요? 마침내 아폴론이 다프네를 잡으려는 순간이었습니다. 아폴론의 손길을 느낀 다프네는 끔찍한 비명을 지르며 아버지 페네이오스에게 구원을 요청했습니다. 페네이오스는 딸의 비명을 듣고 안타까웠습니다. 근사한 청년인 아폴론이 사위가 된다면 나쁠 것 없다, 딸에게도 좋을 것이다 생각했던 것이겠지요. 하지만 딸이 저렇게 싫다는 데 어쩌겠어요. 딸의 간청을 외면할 수는 없었습니다. 페네이오스는 딸에게 마법을 걸어 나무로 변신시켰습니다. 아폴론이 다프네를 품에 안았을 때는 이미 완전히 나무가 된 상태였습니다.

아폴론은 자신을 혐오하고 나무로 변한 다프네가 야속했지만, 그녀에 대한 기억은 지워지지 않고 사랑하는 마음도 식지 않았지요. "사랑하는 다프네, 그대가 이제 내 아내가 될 수는 없지만, 나의 머리와 키타라(kithara)*와 화살통에는 언제나 그대가 감겨 있을 것이오. 내가 영원한 젊음을 유지하듯, 그대의 영광도 영원할 것이오. 퓌티아 제전의 승리자 머리에 그대의 관이 씌워질 것이오." 글쎄요. 아폴론이 싫어서 그렇게 도망 다녔고 나무가 되었건만 아폴론의 집착이 사라지지 않으니, 그의 영광을 상징하게 된 것이 다프네에게 좋았을까요? 어쨌든 아폴론의 순정만은 인정할 만합니다. 그런데 이때 다프네가 변신한 나무가 바로 월계수였던 겁니다. 실제로 다프네는 그리스어로 월계수를 가리킵니다.

아폴론과 다프네의 이야기는 사랑이 무엇인지를 깊이 생각하게 만듭니다. 상대에 대한 강렬한 갈망이 사랑일까요? 많은 사람들이 그렇게 생각하는 것 같습니다만, 그것은 참된 사랑이라 할 수 없을 겁니다. 상대를 나무로 굳게 만들었건만, 그것을 사랑이라 불러야 할까요? 진정한 사랑은 상대를 위해 나를 포기할 줄 알 때 숭고하게 성립하는 것이 아닐까요?

에로스의 화살에 관해서도 한 가지 생각해 볼 것이 있습니다. 아폴론이 에로스에게 무례하게 대하지 않았다면, 어쩌면 에로스가 다프네에게도 금 화살을 쐈을지도 모릅니다. 그러면 아폴론과 다프네는 행복한 부부가 되었겠지요? 상대를 존중하는 태도가 얼마나 중요한지 생각해 보게 합니다. 그리고 만약 에로스가 아폴론에게 화를 내지 않고 그를 용서해서 다프네에게도 금 화살을 쏴서 둘을 행복하게 엮어 주었다면, 아폴론이 자신의 잘못을 뉘우치고

* 고대 그리스의 현악기

에로스를 사랑의 은인으로 생각하면서 관계가 회복되지 않았을까요? 이런 생각도 해 봅니다. 우리도 에로스처럼 두 가지의 화살을 가지고 있는 게 아닐까 합니다. 에로스처럼 만나는 사람들을 향해 사랑의 금 화살을 쏘거나 미움의 납 화살을 쏘는 것 같습니다. 다른 사람을 존중하고 배려하는 말과 행동을 하면 그것이 상대의 마음속에 사랑을 싹트게 하는 금 화살이고, 다른 사람을 미워하고 무시하고 배척하는 말과 행동을 하면 그것이 상대의 가슴에 못을 박고 노여움과 앙심, 혐오를 낳게 하는 납 화살인 겁니다. 우리가 어떤 화살을 쏘면서 사람들을 대하고 살아갈 것인가를 결정할 때, 우리가 사는 세상은 사랑과 평화로 가득 찰 수도 있고, 반대로 미움과 다툼으로 어지러울 수도 있는 거지요.

6

아스클레피오스,
의술의 신이 되다

의사가 되려는 사람들은 이른바 '히포크라테스 선서'를 합니다. "이제 의업에 종사하는 일원으로서 인정받는 이 순간, 나의 생애를 인류 봉사에 바칠 것을 엄숙히 서약합니다"로 시작하는 이 선서에는 의술을 가르쳐 준 은사에 대한 존경과 감사, 양심과 위엄으로 의술을 베풀겠다는 다짐, 환자에 대한 태도, 동료에 대한 마음, 생명에 대한 존중 등의 내용이 비장하게 담겨 있습니다. 이 맹세대로 의사의 본분을 다한다면, 이 세상은 훨씬 건강하고 아름다워질 것 같습니다.

　의사들의 맹세를 대표하는 히포크라테스(Hippokratēs)는 고대 그리스 고전기 페리클레스(Periklēs) 시대부터 활동하던 의사였습니다. 그 이전의 의사들이 주로 종교적이고 주술적인 의료 행위를 했던 데 반해, 기술로서의 체계적인 의학을 정립하려고 노력했다는 점에서 그를 '의학의 아버지'라고 부르곤 합니다. 지금 시각으로 본다면, 그 역시도 과학적인 의학을 시도했다고 보기 어려운 점이 많습니다. 실제로 그의 선서, 즉 원조 '히포크라테스의 선서'를 보면 첫 문장부터 종교적 색채가 강합니다. 그의 선서는 이렇게 시작합니다.

나는 치료자 아폴론과 아스클레피오스(Asklēpios)와 휘기에이아
(Hugieia)와 파나케이아(Panakeia)와 모든 남신과 여신의 이름으
로 나의 능력과 판단에 따라 이 선서와 계약을 이행할 것을 맹세
합니다.

가장 먼저 눈에 띄는 것은 바로 '아폴론'의 이름입니다. 아폴
론 이외에도 세 명의 신이 나옵니다. 이들은 누굴까요? 아스클레
피오스는 아폴론의 아들입니다. 그리고 휘기에이아와 파나케이아
는 아스클레피오스의 딸, 그러니까 아폴론의 손녀들이지요. 이들
의 계보도를 볼까요?

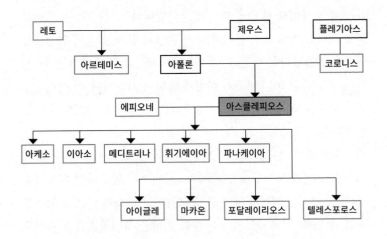

아폴론은 코로니스(Korōnis)라는 여인을 보는 순간 사랑에 빠
졌습니다. 또 한 번 에로스의 화살을 맞았던 걸까요? 그녀는 테살
리아의 왕 플레기아스(Phleguas)의 딸이었습니다. 코로니스는 아폴
론과 사랑을 기뻐하면서도 두려워했습니다. '내가 늙고 병들어 가
면, 아폴론은 나를 버리겠지?' 그 순간 이스퀴스(Iskhus)라는 청년

이 그녀의 눈에 들어왔고, 순식간에 사랑의 불길에 휩쓸렸습니다. 이렇게만 보면 아폴론에 대한 에로스의 보복이 계속되는 것만 같습니다. 이 장면을 본 것은 큰 까마귀였습니다. 당시 이 새는 희고 눈부신 아름다운 깃털을 뽐내며 우아하게 날아다녔지요. 큰 까마귀는 아폴론에게 달려가 코로니스의 부정을 고발했습니다. 아폴론은 진노했고, 불륜의 현장을 급습하여 지체 없이 은빛 화살을 쏘아 두 남녀를 명중시켰습니다.

그런데 죽어 가던 코로니스는 아폴론에게 충격적인 고백을 합니다. 자신의 몸속에 아폴론의 아이가 있다는 것이었죠. 깜짝 놀란 아폴론은 그녀를 구하려고 했지만, 소용이 없었습니다. 그의 의술은 그가 분노를 한껏 묻혀서 쏜 화살의 위력을 이겨 낼 수 없었던 겁니다. 자신의 경솔한 행동에 대한 모진 후회와 함께 고자질한 큰 까마귀에 대한 노여움이 이글거렸습니다. 아폴론이 저주를 퍼붓자, 까마귀의 깃털은 윤기를 잃으면서 검게 물들어 갔다고 합니다.

끝내 아폴론은 코로니스를 잃었지만, 배 속의 아이만은 살릴 수 있었습니다. 아이는 켄타우로스족의 현자 케이론(Kheirōn)에게 맡겨졌고, 케이론은 아스클레피오스를 최고의 의사로 키워 냈습니다. 그러자 아테나 여신은 아스클레피오스에게 고르곤(Gorgōn) 자매의 하나인 메두사의 피를 주었답니다. 메두사의 왼쪽 혈관으로 흐르는 피는 강한 독이 있었지만, 오른쪽 혈관의 피는 병균을 죽이고 사람을 살리는 신비한 효력을 가지고 있었지요. 뛰어난 의술과 신비로운 약을 가진 아스클레피오스는 수많은 병자를 치료해 주었고, 곧 죽어 가던 사람들의 목숨마저 살려 내는 구원자가 되었습니다. 그러나 지하 세계로 내려가던 혼령들이 아스클레피오스의 손길에 다시 세상으로 돌아오자 하데스는 불만을 터트렸고, 제우스는 자연의 섭리를 거스르는 아스클레피오스에게 번개를 던졌습니다. 그렇게 아스클레피오스는 목숨을 잃고 말았습니다.

아들이 죽었다는 소식을 듣자 아폴론은 분노했습니다. 복수를 결심했지요. 제우스에게 번개를 만들어 주는 거신 퀴클롭스에게 화살을 쏘았던 겁니다. 제우스도 불같이 화를 내고 아폴론에게 벌을 내렸습니다. 아드메토스(Admētos)라는 인간을 위해 종살이를 하도록 한 겁니다. 아폴론에게는 치욕스러운 일이었지만, 어쩔 수 없었죠. 아폴론은 묵묵히 벌을 견뎌 냈고, 마침내 제우스와 화해했습니다. 제우스도 아폴론에게 미안했던지, 지난 행적을 사과하는 의미로 죽은 아스클레피오스를 부활시켜 하늘의 별로 빛나게 했습니다. 인간의 몸에 태어나 죽음을 겪은 뒤, 부활해서 영생하는 신이 된 것입니다. 그렇게 그는 의사들의 영원한 수호신이 되었습니다.

아스클레피오스는 에피오네(Ēpionē)와 결혼해서 여러 명의 자식을 낳았습니다. 히포크라테스 선서에 나오는 휘기에이아와 파나케이아는 그의 딸들입니다. 그 밖에도 네 명의 딸이 더 있고요, 아들도 셋이나 있습니다. 딸들은 아스클레피오스 곁에서 환자들을 돌보아 주었는데, 이름이 모두 치유와 관련이 있습니다. 휘기에이아는 '청결, 위생을 책임지는 자'란 뜻이 있고요, 파나케이아는 '모든 것을 치료하는 자'라는 뜻입니다. '회복을 돕는 자'라는 뜻의 이아소(Iasō), '치료하는 자'라는 뜻의 아케소(Akesō), '햇살처럼 빛나는 자'라는 뜻의 아이글레(Aiglē)도 아스클레피오스의 딸들입니다. 이들이 함께 환자를 돌보는 장면은 현대 종합병원의 의사와 간호사들의 모습을 떠오르게 합니다. 마카온(Makhaōn)과 포달레이리오스(Podaleirios), 텔레스포로스(Telesphoros)라는 아들도 있었는데, 앞의 두 사람은 트로이아 전쟁이 터졌을 때, 그리스군의 의사로 참전했다는 이야기가 전해집니다. 반면 텔레스포로스는 아버지 곁에서 환자를 치료하는 일에 전념했다고 합니다.

166쪽 계보도에는 메디트리나(Meditrīna)도 아스클레피오스

죽어 가던 사람들을 살려 낸 아스클레피오스는 지하 세계의 신인 하데스가 불만을 터트릴 정도로
의술에 뛰어났습니다.

의 딸로 소개했는데요. 사실 그녀는 로마 신화에서 새롭게 만들어진 여신으로 보입니다. '치료하다'라는 뜻의 라틴어 동사 메데오르(medeor)에서 왔거든요. 참고로 로마 신화에서 아스클레피오스는 아이스쿨라피오스(Aesculāpius)라고 합니다. 로마에서는 10월 11일에 포도주 수확을 기념하는 축제를 열었는데, 메디트리나가 축제의 주신이었고, 축제의 이름도 메디트리날리아(Meditrīnālia)였습니다. 이때 로마인들은 새 포도주를 묵은 포도주에 섞어 마셨는데, 몸의 병을 치료하는 효험이 있다고 믿었기 때문이지요.

병들어 고통받고 죽어 가는 환자들이 의사와 간호사들의 도움으로 치료를 받고 건강을 회복하는 일은 생각해 보면 신비로운 일이 아닐 수 없습니다. 그래서 옛 그리스·로마 사람들은 신의 도움이 없다면 불가능한 기적과도 같은 일이라고 생각했지요. 아폴론과 아스클레피오스, 그리고 그 자식들이 그 일을 맡았다고 믿었던 겁니다. 의사들은 아폴론과 아스클레피오스 신의 도움으로 의술을 사용하고 사람들을 치료한다고 생각했습니다. '의학의 아버지' 히포크라테스도 역시 신의 능력에 의존해 맹세를 했던 것입니다.

1948년 스위스 제네바에서 세계의학협회 총회가 열렸을 때, 고대로부터 전해져 오던 히포크라테스 선서를 고치고 다듬어서 현대에 맞는 선서를 만들어 냈는데, 이를 '제네바 선언'이라고도 부릅니다. 의술과 의료 행위를 신성한 것으로 생각하던 옛 그리스 사람들의 정신을 현대에 되살려 엄숙하고 진지한 태도로 일에 전념하겠다는 결의가 잘 엿보이는 선서입니다.

7

아르테미스,
오리온을 사랑하다?

입대하여 훈련을 받을 때, 식사보다 많은 운동량 때문에 언제나 허기를 느꼈던 기억이 떠오릅니다. 쉴 새 없이 힘들게 몸을 움직이다 보니, 당이 떨어졌다는 절박감도 자주 느꼈고요. 그럴 때, 가장 생각나는 간식은 '초코파이'였습니다. 외국인들도 이 독특한 맛에 매력을 느낀다고 하지요? 이를 만든 제과 브랜드로 가장 유명한 것은 단연 오리온(Ōriōn)입니다. 이 오리온이 그리스 신화에 나옵니다. 오리온의 출생에 관한 이야기가 여러 가지로 전해져 오는 까닭에 그가 신인지 아니면 영웅인지, 그 존재를 가늠하기 힘들지만 아르테미스의 화살을 맞고 죽었다고 하니 불멸의 존재는 아니었던 것 같습니다. 하지만 아무리 깊은 바다에 들어가도 머리와 어깨가 젖지 않는 거한이라고 하니 보통 인간이나 영웅으로 보기도 힘듭니다. 결국 그가 하늘의 별자리로 남아 불멸의 존재가 되었다고 하니, 신으로 볼 수 있겠지요?

그런데 오리온자리와 아주 밀접한 관련이 있는 별자리가 하나 있습니다. 5월에서 8월 사이 남쪽 하늘에서 볼 수 있는 거대한 모양의 전갈자리입니다. 전갈의 몸통 한가운데에는 아주 환하게 빛나는 일등성 안타레스가 훈장처럼 박혀 있는데, 그 크기가 태양보다도 더 크다고 합니다. 이 전갈자리는 10월 23일에서 11월 22일 사이에 태어난 이들을 위한 별자리인데, 바로 이 시기에 태양이 지나가는 황도에 그 별자리가 자리를 잡기 때문이지요.

태양의 신 헬리오스의 아들인 파에톤은 아버지가 누군지도 모르고 어린 시절을 보내다가 아버지를 찾아가지요. 아들을 반갑게 맞이한 헬리오스는 스튁스강에 대고 모든 소원을 들어주겠노라고 약속했고, 파에톤은 태양의 마차를 몰아 보겠다고 요청합니다. 파에톤은 의기양양하게 태양 마차를 몰고 하늘 높이 올라갔지만, 하늘 높은 곳에 있던 거대한 전갈을 만납니다. 꼬리에 있는 침으로 찌르려고 하자, 그 무시무시한 모습에 겁을 먹고 파에톤은 고삐를 놓치고 말지요. 그 순간 마차의 말들은 그야말로 고삐 풀린 채 날뛰다가 세상을 다 태울 뻔했고, 이를 걱정한 제우스가 벼락을 던져 태양 마차를 박살 냈습니다. 그 때문에 파에톤은 추락하여 목숨을 잃게 됩니다.

오리온이 이 무시무시한 전갈을 쏘아 죽였다고 합니다. 별자리에 관한 이야기를 많이 쓴 로마의 휘기누스(Gāius Iūlius Hygīnus)에 따르면, 오리온은 아르테미스와 사랑 이야기로도 유명합니다. 처녀의 신으로 살아가던 아르테미스에게 얽힌, 어쩌면 유일한 로맨스라고 할 수 있지요. 오리온에게 사랑을 느낀 아르테미스는 그와 결혼할 생각까지 했다고 합니다. 둘은 서로 사랑했지만 아르테미스는 일편단심인 반면, 오리온에게 아르테미스는 여러 연인들 중 하나였습니다. 이에 분노한 아폴론이 아르테미스로 하여금 바다에 있던 오리온의 몸을 향해 화살을 쏘게 만들었고, 그렇게 죽은 오리온을 추모하며 별자리를 만들어 준 것이라고 합니다.

다른 이야기도 전해집니다. 탁월한 사냥꾼이었던 오리온이 아르테미스의 자존심을 건드리는 바람에 분노와 미움을 사게 되었고, 그 결과 여신이 전갈을 보내서 오리온을 독침으로 찔러 죽게 했다는 겁니다. 그러자 아르테미스는 마음이 풀렸고, 전갈을 기특하게 여겨서 하늘의 별자리로 올려놓았다는 겁니다. 사람들이 전갈자리를 볼 때마다 전갈에 쏘여 죽은 오리온을 생각하면서 신을 경외하고 언제나 조심하는 경건한 마음을 갖게 하려고 했던 것이겠지요?

그렇다면 오리온은 어떤 인물이었을까요? 오리온에 관한 기록은 아주 많지는 않고, 또 서로 다른 이야기들이 단편적으로 전해 오는데, 그중에서도 가장 유명한 것은 고대 그리스의 학자였던 아폴로도로스가 썼다고 알려진 『신화집』입니다. 이 책에 따르면, 오리온의 어머니는 에우뤼알레(Eurualē)입니다. 크레타섬을 다스리던 미노스 왕의 딸이었죠. 그리고 아버지는 바다의 신 포세이돈이었습니다. 어머니는 인간이지만 아버지가 신이기 때문에 오리온은 반신반인의 영웅이었고, 그리스 중부 지방인 보이오티아 지방에서 태어나서 그 지방의 수호 영웅으로 추앙을 받았습니다. 포세이돈은 오리온에게 바다를 걸어 다닐 수 있는 특별한 능력을 주었다고 하는데, 정작 오리온은 바다에서 활동하기보다는 주로 들과 숲을 주름잡던 탁월한 사냥꾼이었습니다. 몸집도 어마어마해서 거의 타이탄족이나 거신족의 크기였다고 하네요. 시데(Sidē)라는 여인과 결혼을 했는데, 시데는 엄청난 미인이었지만 허영심이 강했답니다. 감히 헤라 여신과 미모를 겨루겠다고 덤벼들 정도였으니까요. 이를 괘씸하게 여긴 헤라는 시데를 하데스로 던져 버렸지요.

헤라에게 덤벼들다니, 시데도 참 겁 없는 여자였습니다. 그렇게 오리온은 갑자기 홀아비가 되었죠. 그 후에 오리온은 혼자 이리저리 헤매다가 키오스라는 섬으로 갔습니다. 물론 바다 위를 걸어서 갔지요. 오리온은 그곳을 다스리던 오이노피온(Oinopiōn)의 딸 메로페(Meropē)에게 첫눈에 반했습니다. 그러나 실수를 저질렀죠. 술을 마시고 메로페에게 거칠게 들이댔던 겁니다. 그 모습을 보고

173

아르테미스 여신과 오리온의 이야기는 신에게 도전하는 영웅들의 전형적인 스토리 라인을 따라
갑니다.

화가 난 오이노피온은 곯아떨어져 있던 오리온의 눈을 빼 버리고 바다에 던져 섬에서 내쫓았습니다. 오이노피온이 일부러 술을 먹인 뒤에 눈을 뽑았다는 이야기도 있습니다만, 어쨌든 오이노피온은 오리온이 너무 싫었던 겁니다.

아내도 잃고, 눈도 잃어 버림받은 오리온, 참 불쌍합니다. 하지만 그대로 당하고만 있지는 않았습니다. 눈이 뽑힌 채로 바다에 던져진 오리온은 더듬더듬 바다를 걸어서 렘노스섬까지 갔습니다. 그곳에서 대장장이 신 헤파이스토스를 만납니다. 헤파이스토스는 자신의 영리한 시동 케달리온(Kēdaliōn)을 오리온에게 내주었습니다. 오리온은 케달리온을 어깨에 올려놓고 길잡이로 삼았지요. 우리 옛날이야기에 걸을 수 있는 시각 장애인이 볼 수 있는 하반신 장애인을 업고 다녔다는 것과 비슷한 모습입니다. 그렇게 해서 오리온은 해가 돋는 곳, 태양의 신 헬리오스의 궁전으로 갔습니다. 헬리오스는 어둠을 걷어 내고 태양의 빛으로 모든 것을 환하게 비추니까, 오리온은 자신의 어둠도 걷어 내주리라고 믿었던 겁니다. 시각 장애인이 눈을 뜬다는 것도 어둠을 걷어 내는 일이니까요. 정말로 헬리오스는 오리온에게 빛을 주었습니다. 다시 볼 수 있게 된 오리온은 이제 복수를 감행하기 위해 자기 눈을 멀게 했던 오이노피온 왕을 향해 전속력으로 달려갔습니다.

드디어 처절한 복수극이 벌어지고, 분노한 오리온이 오이노피온을 절단 냈겠지요? 그러나 오리온의 복수는 성공하지 못했습니다. 영리한 오이노피온은 모든 것을 예측하고 지하에 비밀 요새를 만들었고, 오리온이 도착하기 전에 그곳에 숨었던 겁니다. 아폴로도로스는 그 비밀 요새를 헤파이스토스가 만들어 줬다고 합니다. 포세이돈은 자기 아들 오리온이 분노에 휩싸여 끔찍한 살인을 저지르지 못하게 하려고 오이노피온을 그곳에 숨겨 주었고요. 그런 사이 새벽의 여신 에오스가 오리온을 보고 반했고, 납치해서 델로스섬으로 데려갔다고 합니다. 그런데 그곳에서 큰 사달이 나게 됩니다.

델로스섬은 아폴론과 그의 누이 아르테미스의 고향인데, 그곳에서 오리온은 아르테미스 여신에게 원반 던지기 시합을 하자고 감히 도전을 했습니다. 한갓 인간 따위가 신에게 도전하자, 아르테미스는 화가 났고 그 서슬에 오리온이 죽었다고 합니다. 다른 이야기도 있습니다. 오리온이 아르테미스 여신의 시녀들 가운데 하나를 겁탈하려고 하자 아르테미스가 괘씸하게 여겨 그를 죽였다는 것이죠. 오리온이 겁탈하려고 했던 대상은 시녀가 아니라 아르테미스 여신이었다는 이야기도 전해집니다. 어쨌든 아르테미스 여신의 손에 죽은 건데요, 여신이 화살을 쏴서 직접 죽였다는 이야기도 전해지지만, 오리온에게 전갈을 보내서 독침으로 찔러 죽였다는 이야기가 훨씬 더 유명합니다.

여러 가지 이야기가 소개되니까, 좀 복잡하지요? 간단하게 정리하면 오리온이 아르테미스에게 뭔가 잘못을 저질렀고, 그것 때문에 여신의 벌을 받았다는 겁니다. 아르테미스 여신은 무례를 범한 오리온을 벌하기 위해 전갈을 보냈고, 전갈이 임무를 성공적으로 수행하자 그의 공적을 기리기 위해 하늘의 별자리가 되게 한 거랍니다. 하지만 영웅들은 언제나 인간인 처지에 머물지 않고, 자신의 몸속에 흐르는 또 다른 피, 즉 신의 피 때문에 신의 영역에 도전하는 모습을 보일 수밖에 없는 겁니다. 신에게 도전하다 전갈에 쏘여 죽은 모습을 본 제우스는 오리온의 뜨거운 열정을 외면하지 않고 하늘의 별자리가 되게 했습니다.

오리온자리는 10월에 동쪽 하늘에 나타나 3월까지 밤하늘을 수놓습니다. 흥미로운 것은 전갈자리가 5월에서 8월에 남쪽 하늘에 나타난다고 하니, 우리는 전갈자리와 오리온자리를 함께 볼 수는 없다는 겁니다. 전갈자리가 나타나면 오리온자리가 도망가고,

전갈자리가 사라지면 그때 비로소 오리온자리가 나타나기 때문이 지요. 이런 천문학적인 사실 때문에 그리스·로마 사람들은 오리온 과 전갈의 이야기를 두 별자리에 덧붙인 것 같습니다.

어쨌든 오리온의 이야기에서 가장 흥미로운 것은 거인의 몸 집을 가진 오리온이 눈이 멀었을 때, 앞길을 헤쳐 나가기 위해 영 리한 케달리온을 자신의 어깨 위에 놓았다는 겁니다. 여기에서 우 리는 공동체 생활을 해 나가는 지혜를 얻을 수 있습니다. 만약 케 달리온이 앞을 못 보는 오리온을 속였다면, 둘은 아무것도 함께할 수 없었겠죠. 케달리온은 충실하게 오리온의 눈이 되어 주었고, 오 리온은 케달리온을 믿고 큰 걸음을 성큼성큼 딛을 수 있었죠. 함께 잘 살아가기 위해서는 자신의 장점을 활용해서 다른 사람의 약점 을 보완해 주고, 자신의 약점을 극복하기 위해서는 다른 사람의 능 력을 신뢰하는 것이 공존의 지혜인데, 오리온의 이야기가 이것을 잘 보여 줍니다.

8

아레스,
전쟁의 신이 되다

아레스는 그리스 신화에서 전쟁의 신입니다. 제우스와 헤라 사이에서 태어났고, 탄탄한 몸매에 잘생긴 얼굴을 뽐내고 있죠. 가장 아름다운 아프로디테도 그에게 매료되어 연인으로 삼을 정도였습니다. 그녀는 아레스의 형제인 헤파이스토스의 아내인데도 추하고 다리를 절룩거리며 땀에 찌들어 있던 헤파이스토스를 노골적으로 피하면서, 아레스와 함께 있고 싶어 했죠. 이렇듯 아레스는 혈통으로나 외모로나 제우스의 후계자로서 손색이 없어 보였습니다. 그러나 제우스는 항상 그를 못마땅하게 여겼습니다. 호메로스의 『일리아스』에 보면, 제우스가 이런 말까지 합니다. "난 네놈을 올림포스에 사는 모든 신들 가운데 가장 미워한다. 넌 언제나 다툼과 전쟁, 전투만 즐거워하지(호메로스 『일리아스』 5.890-891)!" 제우스뿐만이 아니었습니다. 피비린내 나는 전쟁을 일으켜 사람들을 죽게 하니, 그리스 사람들은 아레스를 두려워하긴 해도 사랑하거나 존경하지 않았고, 오히려 원망과 혐오의 대상으로 삼았습니다.

그렇다고 아레스가 대단히 잘 싸우는 것도 아닙니다. 트로이아 전쟁에서 아레스는 트로이아 편에 서서 싸우다가 그리스 편을 드는 아테나와 맞대결을 벌였는데, 아테나에게 치욕적인 패배를 당합니다. 심지어 그리스의 맹장 디오메데스와의 싸움에서도 아레스는 창에 찔려 물러났었죠. 사람에게 패한 것이 처음은 아닙니다. 이전엔 헤라클레스와 싸워 부상을 입기도 했습니다. 또한 올림포스 신들과 기간테스 거신족 사이의 전쟁인 기간토마키아가 벌어졌을 때, 다른 신들은 거신족들과 맞대결을 벌여 승리를 거두었던 반면, 아레스는 오토스(Ōtos)와 에피알테스(Ephialtēs)에게 잡혀 청동 항아리에 열세 달 동안이나 갇혀 지냈습니다. 이런 걸 보면 아레스는 전쟁을 일으켜 신들과 사람들에게 죽음과 고통, 슬픔을 안겨줄 뿐, 정작 전쟁에서는 그 어떤 빛나는 활약도 하지 못하고, 사람들에게 승리를 가져다주지도 못합니다.

태생적으로 좋은 조건을 가지고 태어났으면서도 모두가 기대하는 제 몫을 다하지 못하고, 분란과 전쟁만 일삼으며 사람들을 고통스럽게 하며 즐긴다니, 아레스는 정말 끔찍한 '사이코패스' 같습니다. 이런 존재가 신이라니, 참 한심하기도 합니다. 사실, 우리 주변을 둘러보면 부러운 조건을 안고 태어나는 행운을 누리면서도 그에 걸맞은 역할을 제대로 하지 못하고 하릴없이 위세나 떨면서 부당한 '갑질'로 다른 약한 사람을 무시하고 고통스럽게 하는 사람이 적지 않죠. 그리스인들은 그런 부정적인 인간의 모습을 전쟁의 신 아레스에게 투영한 것 같습니다.

그러나 로마에서는 사정이 달랐습니다. 그리스의 아레스에 해당하는 로마의 신은 마르스(Mars)였습니다. 그런데 그리스인들이 아레스에 대해 갖는 태도와는 달리, 로마인들은 마르스를 진심으로 존경했고, 제우스에 해당하는 유피테르 다음으로 높은 지위를 인정하며 숭배했습니다. 로마를 세운 전설적인 로물루스 왕이 마르스의 아들이었다고 믿었을 정도입니다. 3월을 영어로는 March라고 하는데, 이게 라틴어 Mēnsis Martius, 즉 '마르스의 달'이라는 말에서 온 겁니다. 만물이 소생하는 3월은 한 해의 본격적인 시작이라고 할 수 있는데, 로마인들은 바로 그 3월을 마르스 신에게 바치며 영화롭게 기린 셈이죠.

아레스가 제우스와 헤라의 아들이듯, 마르스는 유피테르와 유노(Iūno)의 자식입니다. 그런데 로마 신화에서는 마르스의 탄생과 관련해 그리스 신화와는 전혀 다른 이야기가 전해집니다. 유피테르가 혼자서 미네르바를 낳자, 이에 질투를 느낀 유노가 꽃의 여신 플로라(Flōra)를 찾아갔습니다. 영어에서 '꽃'이 'Flower'인데, 꽃의 여신 플로라에서 나온 겁니다. 플로라 여신은 유노에게 신비로운 꽃을 선물했는데, 그 꽃은 만지기만 해도 임신이 되는 놀라운 힘을 가지고 있었죠. 유노는 그 마법에 힘입어 마르스를 혼자서 낳았다고 합니다. 전쟁의 신인 마르스가 신비로운 꽃의 기운을 받아 태어났다니, 안 어울리는 것 같습니다. 그러나 로마 신화에서 마르스는 단순히 전쟁의 신이 아니라, 한 해가 비로소 시작되는 3월의 신이듯, 겨울을 깨고 피어나는 봄의 신이며, 만물이 소생하는 계절이 그렇듯 활력이 넘치는 젊음의 신이었습니다. 봄에 시작되는 힘찬 농업의 신이기도 했죠. 그리스 신화의 아레스에게는 찾아볼 수 없는 로마 신화 고유의 특징입니다.

그래서 사실 로마의 전통적인 달력에서는 마르스의 달이 지금처럼 1년의 세 번째 달이 아니라, 첫 번째 달이었습니다. 기원전 153년까지도 마르스의 달은 언제나 1년의 첫 번째 달로 여겨졌다고 합니다. 아주 흥미로운 것은 로마를 세운 로물루스의 달력에는 달이 10개밖에는 없었다는 겁니다. 지금 달력으로 하면 3월부터 시작해서 12월까지만 달의 이름이 있고, 1월과 2월에 대해서는 따로 달의 이름이 없었습니다. 1년이 모두 열 달이었던 겁니다. 로물루스 다음 왕인 누마(Pompilius Numa)가 새해의 문을 연다는 뜻에서 야누스 신의 이름을 붙인 야누아리우스(Iānuārius), 즉 제뉴어리(January)라는 이름과, 모든 것을 깨끗하게 한다는 뜻에서 페브루아리우스(Februārius), 즉 페브러리(February)라는 이름을 붙였는데, 마르스의 달 앞에 붙인 것이 아니라, 열 번째 달에 붙여 11월, 12월로 만들었습니다. 그러다가 기원전 46년, 율리우스 카이사르가 야누아리우스와 페브루아리우스, 즉 제뉴어리, 페이브러리를 맨 앞으로 끌어와 1월 2월을 만드는 바람에, 마르스의 달이 3월이 되었던 겁니다. 그래서 '디셈버(December)'가 원래 라틴어로는 열 번째 달이라는 뜻이었는데, 순서에 밀려서 열두 번째 달이 되었답니다.

그런데 왜 마르스가 전쟁의 신이 되었을까요? 그리스 신화를 로마인들이 받아들이면서 전쟁의 이미지가 덧붙여진 것이라는 해석도 있지만, 전쟁의 의미를 생각하면 마르스가 전쟁의 신이 되는 것이 자연스러워 보입니다. 고대 서양인들은 대체로 겨울철에는 농업은 물론, 그 어떤 활동도 하지 않고 집 안에 움츠리고 앉아 추위와 싸웠다고 합니다. 전쟁도 예외는 아니었죠. 웬만하면 전쟁도 봄부터 시작했다는 겁니다. 그리고 농사가 잘 되려면 외적의 침략을 잘 막아 내야 했기 때문에 전쟁과 농업은 아주 밀접하게 연결되어 있었습니다.

따지고 보면, 농사일도, 전쟁도 모두 젊은이들의 몫이었습니다. 평화로울 때는 농사를 짓다가, 외부의 침략이 있을 때 젊은이들은 농기구를 내려놓고 칼과 창, 방패를 들었으니까요. 그리스인들과는 달리 농업을 주업으로 삼던 로마인들은 마르스를 전쟁의 신 이전에 농업의 신으로 섬겼고, 농업을 위해 적의 침략을 막아 내고 평화를 지키는 강인한 수호신으로 상상했으며, 나아가 전쟁의 신이되, 승리를 가져오는 든든한 신으로서 진지하게 존경했던 것입니다.

인류의 역사에서 전쟁은 단 한 순간도 중단된 적이 없었다고 합니다. 끝 모를 욕망을 채우기 위해 서로 늑대처럼 양보 없이 부딪히기 때문이죠. 그래서 "인간은 인간에 대해 늑대다(Homo homini lupus)"라는 라틴어 격언도 있습니다. 나라 차원에서는 물론 우리의 일상생활 속에서도 경쟁과 전쟁 같은 갈등이 끊이지 않죠. 일부러 분란과 싸움을 일으키며 다른 사람을 고통 속으로 빠뜨리는 모습은 그리스 신화의 아레스가 그랬던 것처럼 전혀 바람직하지 않습니다. 그러나 전쟁에 철저히 대비하고 싸워 이길 수 있는 힘을 갖춘 로마 신화의 마르스가 보여 준 모습은 우리 삶에서도 꼭 필요한 것이 아닐까요? 그래서 그런지, 고대 로마인들은 이렇게 말하곤 했습니다. "그대가 평화를 원한다면, 전쟁을 준비하라(Sī vīs pācem, parā bellum)." 그리스·로마 신화를 보며, 지금 우리가 새겨야 할 금과옥조와도 같은 말입니다. 남과 북이 대치하고, 주변 강대국의 위협은 구한말처럼 여전하며, 경제적인 측면에서도 보이지 않는 총성에 노출되어 전쟁 같은 치열한 경쟁을 치르고 있으니까요.

9

헤파이스토스,
불굴의 장인이 되다

헤파이스토스는 대장장이 신입니다. 로마 신화에서는 불카누스(Vulcānus)라 불리죠. 뛰어난 솜씨로 신과 인간들에게 필요한 것을 만들어 주지요. 울퉁불퉁 근육질의 팔뚝으로 모루 위에 망치질을 하는 힘찬 모습이 그의 전형입니다. 인간이 처음으로 금속을 발견하고 불에 달궈 두드려서 강력한 도구를 만들어 냈을 때, 얼마나 놀랍고 신기했을까요? 옛 그리스·로마인들은 그런 기술은 인간의 것이 아니라 신의 능력이며, 신이 인간에게 베푸는 값진 선물이라고 생각했습니다. 그런 생각이 그려 낸 신이 바로 헤파이스토스였습니다.

　헤파이스토스의 대표작은 제우스의 올림포스 궁전입니다. 헬리오스가 매일 몰고 다니며 세상을 밝히는 태양의 마차도 그가 만든 것이고, 전쟁과 지혜의 신 아테나가 들고 다니는 방패도, 신들 중 최고 궁수인 아폴론과 아르테미스가 사용하는 활과 화살도, 제우스의 전령 헤르메스가 착용하는 날개 달린 모자와 샌들도 모두 헤파이스토스의 작품입니다. 신들은 필요한 것이 생길 때마다 헤파이스토스에게 부탁했죠. 신들뿐만 아니라 인간들, 특히 영웅들에게도 헤파이스토스는 값진 선물을 했습니다. 헤라클레스를 비롯해서, 메두사를 무찌른 페르세우스, 트로이아 전쟁의 영웅 아킬레우스, 트로이아에서 이탈리아로 건너가 로마가 될 도시를 세운 아이네아스 등이 헤파이스토스의 무기를 들고 괴물들과 적을 물리치고 천하를 호령했습니다.

헤파이스토스는 제우스와 헤라 사이에서 태어났으니, 태생만 보면 제우스의 후계자로 손색이 없어 보입니다. 하지만 헤파이스토스의 삶은 태어날 때부터 불행의 연속이었습니다. 투박한 얼굴에 못난 인상, 게다가 다리까지 불편해서 절뚝거리면서 걷자 헤라는 아들을 부끄럽게 생각했고 자신의 아들로 인정하기 싫었던지 갓난아이를 올림포스 정상에서 바다로 던져 버렸습니다. 불행 중 다행으로 바다의 여신 테티스가 그를 받아서 정성껏 보살펴 주었죠. 그녀는 그의 재능을 알아보고 금속을 다루는 기술을 가르쳤고, 최고의 기술자로 성장시켰습니다. 헤파이스토스는 그녀의 정성에 보답하듯 자신의 콤플렉스를 이겨 내고 피나는 노력 끝에 누구도 넘볼 수 없는 탁월한 기술자가 되었습니다. 그리고 탄생부터 성장까지의 모진 삶의 여정을 알게 되자 자신을 업신여겨 내던져 버린 헤라를 어머니로 받아들이기가 어려웠고, 오히려 복수심에 불타올랐습니다.

마침내 헤파이스토스는 황금 의자를 만들어 헤라에게 바치는 선물이라면서 올림포스로 보냈습니다. 헤라는 낯선 선물에 잔뜩 경계심을 가졌지만, 막상 황금 의자를 보자 앉고 싶은 욕망을 주체할 수 없었죠. 그녀는 무엇에 홀린 듯이 황금 의자로 다가갔고, 머뭇거림 없이 황금 의자에 몸을 맡겼습니다. 그러자 보이지 않는 족쇄가 그녀의 발목에 채워졌고, 수갑과 사슬이 그녀를 꼼짝 못하게 조였습니다. 그것은 헤라를 위한 선물이 아니라, 해묵은 원한을 풀려는 복수의 함정이었던 겁니다.

신들은 그녀에게 어떤 도움도 줄 수가 없었습니다. 헤파이스토스만이 문제를 해결할 수 있음을 알고 신들은 헤파이스토스를

태어나자마자 버림을 받았지만 끊임없는 노력으로 스스로 불멸의 반열에 오른 헤파이스토스는
그리스 신화에서 가장 노력을 많이 하는 신일 것입니다.

올림포스로 오라고 했죠. 하지만 헤파이스토스는 단호하게 거절했습니다. 헤라 입장에서는 큰일이었죠. 영원히 의자에 묶여 있어야 할 판이었으니까요. 이때 디오뉘소스가 나섰습니다. 헤파이스토스에게 달콤한 포도주를 권하며 흥겨운 향연을 베풀었고, 잔뜩 취한 헤파이스토스를 나귀에 태워 올림포스로 데려오는 데 성공했습니다. 마침내 헤라는 헤파이스토스에게 지난 일에 관해 진심으로 사과했고, 마음이 풀린 헤파이스토스는 헤라를 풀어 주고 모자간의 정을 회복했습니다. 복수도 성공하고, 자식으로서도 인정을 받는 데에는 그의 탁월한 기술이 큰 몫을 했던 겁니다. 그리고 그 기술은 그가 절치부심 갈고 닦았던 노력의 결과였고요.

헤파이스토스에게 또 하나의 불행이 닥칩니다. 어느 날, 헤라가 제우스에게 반란을 일으켰는데 이를 제압한 제우스는 헤라를 황금 사슬로 묶어 올림포스산 정상에 대롱대롱 매달았습니다. 이때 헤파이스토스가 헤라를 구해 주었죠. 화가 난 제우스는 헤파이스토스를 잡아 에게해를 향해 집어 던졌습니다. 태어나자마자 어머니에게, 그리고 다 자라선 아버지에게 내침을 당했으니, 참 딱한 처지 아닙니까? 그 후로 헤파이스토스는 렘노스섬에서 지내야만 했습니다. 그러나 헤파이스토스는 낙담하는 대신, 주어진 조건 속에서 자신의 실력을 키워 나가는 노력을 게을리하지 않았습니다. 노력은 배신을 하지 않는다죠? 마침내 헤파이스토스에게 기회가 찾아왔습니다. 제우스와 올림포스 신들에게 기가스(Gigas) 거신족들이 전쟁을 일으켰는데, 이때 헤파이스토스가 그동안 자신이 만든 무기를 가지고 전쟁에 뛰어들어 제우스의 승리를 도왔던 겁니다. 승리에 기뻐한 제우스는 헤파이스토스에 대한 앙심을 풀고, 고마움을 표하며 그를 올림포스로 오게 했습니다. 그리고 마침내 어엿한 올림포스 12신 체제의 일원이 되었습니다.

이렇게 헤파이스토스는 어렵고 절망적인 상황에서도 낙담하고 우울의 수렁에 빠지는 대신, 피나는 노력을 게을리하지 않았습니다. 그렇게 해서 닦은 탁월한 기술은 그가 어려운 상황을 돌파해 나가고 자신의 존재 가치를 인정받는 데에 큰 기여를 합니다.

헤파이스토스의 삶의 여정을 따라가다 보면, 정말 매력적인 신임을 발견하게 됩니다. 그리고 이런 점은 우리가 깊이 존중하고 배워야 한다는 생각을 하지 않을 수가 없습니다.

10

아프로디테의
남자들

헤라와 제우스의 아들로 태어난 헤파이스토스는 어려서부터 천대를 받았지만, 실력으로 인정받고 당당히 올림포스 12신의 일원이 됩니다. 그리고 가장 아름다운 여신 아프로디테와 결혼을 하게 되지요. 그동안의 고생에 대한 보상이라고 할까요? 이렇게 헤파이스토스는 아프로디테의 첫 남자가 됩니다. 그런데 그 둘의 결합은 참 얄궂은 측면이 있습니다. 헤파이스토스는 올림포스 신들 가운데에서도 가장 못생긴 것으로 널리 알려져 있었기 때문입니다. 일그러진 외모에다가 신들과 인간들에게 필요한 물건들을 만들어 내느라 대장간에서 바쁘게 일을 하다 보니, 항상 땀에 절어 있어 냄새도 고약했답니다. 그리고 다리도 불편했죠. 그런 헤파이스토스가 바로 아프로디테의 남편이었으니, 그야말로 미녀와 야수 조합의 원조라 할 만합니다.

  그렇다면 디즈니 애니메이션처럼 둘 사이도 좋았을까요? 사실 그 '미녀와 야수'의 모델은 에로스와 프쉬케의 이야기라고 알려져 있습니다. 야수인 줄 알았던 남편이 사실은 미남이라는 결론이 두 이야기의 끝을 장식하니까요. 하지만 아프로디테와 헤파이스토스는 우리가 알고 있는 애니메이션과는 상관없이 말 그대로 '미녀와 야수의 관계'라고 할 수 있습니다. 헤파이스토스가 미남으로 거듭나거나 변신하지도 않고, 둘 사이에 애정이 생기는 것도 아니니까요. 둘 사이는 오히려 좋지 않았습니다. 특히 아프로디테가 불만이었죠. 못생긴 남편을 거들떠보지도 않았고, 다른 남자에게 눈을 돌리곤 했습니다. 아프로디테는 남자를 선택할 때에도 품성이나 실력보다는 외모를 기준으로 삼았던 겁니다. 그녀는 신들 가운데 가장 건장하고 훤칠하고 잘생긴 남신과 뜨겁게 연애를 했으니까요. 아프로디테의 마음을 사로잡은 최고의 미남 신은 바로 아레스였습니다.

아레스는 제우스와 헤라의 아들이었고, 헤파이스토스의 친형제였습니다. 전쟁의 신이었고 그에 걸맞게 거칠고 사나운 성격을 가졌지만, 남아 있는 조각상이나 시인들의 작품을 보면, 남다른 체격과 육체미를 뽐냈답니다. 둘 사이의 관계를 알게 된 헤파이스토스는 신비의 그물을 만들어 아프로디테와 아레스가 함께 누워 있는 침대를 덮쳐 둘을 붙잡았죠. 그리고 모든 신들을 불러놓고 아내와 동생의 불륜을 고발했습니다. "신들이시여, 이 둘이 저를 속이고 이렇게 못된 짓을 저질렀습니다. 여기에 합당한 벌을 내려 주세요!" 헤파이스토스가 정말 분하고 억울했던 모양입니다. 그러면 아레스와 아프로디테가 불륜 현장에서 꼼짝없이 붙잡혔으니, 벌을 받았을까요?

벌거벗은 채로 헤어 나올 수 없는 신비로운 그물에 잡힌 아레스와 아프로디테를 보려고 몰려든 신들은 그 둘을 보고 크게 웃어 대며 조롱했지요. "절름발이 헤파이스토스가 신들 중 가장 빠른 아레스를 잡았군. 대단해. 아레스는 간통의 벌금을 물어야겠는걸!" 짓궂은 헤르메스는 심지어 이렇게까지 말했습니다. "세 배나 더 많은, 아니 헤아릴 수 없을 만큼 많은 사슬이 나를 묶는다고 해도, 그리고 모든 신들이 들여다본다고 해도 좋으니, 나도 황금의 아프로디테 옆에 눕고 싶습니다!" 그러자 헤파이스토스는 더욱더 화가 났습니다. 게다가 헤파이스토스의 계략은 아레스와 아프로디테를 완전히 공인된 애인 사이로 만천하에 공포하는 결과가 되어 버렸지요. 이제 대놓고 놀아나도 이상할 게 없는 사이가 된 겁니다. 둘 사이에는 여러 자식들이 사랑의 열매로 태어났습니다. 사랑의 화살을 쏘는 에로스와 둘 사이의 사랑을 이루어 주는 안테로스(Anterōs)라는 신도 둘 사이의 아들입니다. 조화의 여신 하르모니아(Harmonia)도 아레스와 아프로디테 사이에서 태어났고, 전쟁이 일으키는 공포(포보스Phobos)와 두려움(데이모스Deimos)도 둘의 자식들이지요. 반면 헤파이스토스와 아프로디테 사이에서는 어떤 자식도 태어나지 않았다고 하니, 아프로디테가 정말 헤파이스토스를 거들떠보지도 않은 모양입니다.

하지만 아프로디테가 아레스에게만 충실했던 건 아닙니다. 그녀는 어떤 대가를 치르더라도 잠자리를 같이하고 싶다고 했던 헤르메스와도 사랑을 나누었습니다. 둘 사이에서 헤르마프로디토스(Hermaphroditos)라는 아름다운 소년이 태어났는데, 그 이름은 두 신이 결합한 열매임을 그대로 보여 줍니다. 로마 시인 오비디우스에 따르면, 헤르마프로디토스는 물의 님페들이 이다산에서 키웠고 열다섯 살이 되었을 때, 이다산을 떠나 세상을 떠돌아다녔답니다. 어느 날 소아시아 남서부 카리아인들의 나라에 갔을 때, 그는 맑은 연못을 발견하고 들어가 몸을 씻고 있었습니다. 마침 그곳에 있던 연못의 님페인 살마키스(Salmakis)가 헤르마프로디토스를 보고 반해 물속에서 그를 껴안았지요. 깜짝 놀란 소년은 벗어나려고 몸부림쳤지만 소용없었습니다. 결국 둘은 한 몸이 되었고, 소년이었던 헤르마프로디토스는 그 이름 그대로 남자와 여자가 결합된 양성자가 되었답니다.

아프로디테의 남성 편력은 신들에게만 국한되지 않았습니다. 그녀는 아도니스라는 미소년에게 반해서 저승의 여신 페르세포네와 다투기도 했죠. 아프로디테의 표적이 된 가엾은 소년은 아레스의 질투의 대상이 되었습니다. 결국 아레스가 보낸 멧돼지에게 목숨을 빼앗겨 아네모네라는 꽃이 되었다고 합니다.

또한 트로이아의 왕족 가운데 앙키세스(Ankhisēs)라는 우아한 자태의 미남이 있었는데, 이 사람도 아프로디테의 표적이 되었습니다. 앙키세스는 서양 문명사를 신화적으로 이해할 때, 가장 주목할 만한 인물 중 하나입니다. 둘 사이에서 아주 중요한 영웅이 탄생하기 때문이지요. 바로 아이네아스입니다. 트로이아 전쟁에서 트로이아 연합군으로 싸웠던 인물인데, 그리스·로마, 특히 로마 신화와 역사에서 아주 중요한 인물입니다. 그가 서구 세계의 가장 큰 제국 로마를 세웠기 때문입니다.

우리에게 잘 알려진 로마의 건국 시조는 로물루스고, 그 로물루스라는 이름에서 로마라는 도시와 제국의 이름이 나왔으니 그가 로마의 시조가 아니냐고요? 맞습니다. 기원전 753년 4월 21일에 로물루스가 '로마'를 세웠지요. 그런데 아이네아스가 로마를 세운 로물루스의 16대 할아버지입니다. 로물루스가 이름 그대로의 로마를 세운 인물이라면, 로마가 될 도시를 처음으로 세운 사람은 아이네아스입니다. 그러니까 뿌리를 따져 보면 아이네아스가 로마의 시조인 셈입니다.

아이네아스의 아버지 앙키세스는 카피스(Kapus)와 테미스테(Themistē)의 아들이었습니다. 이 인물들은 모두 트로이아 지역 사람이었지요. 그런데 이 족보를 따라 올라가다 보면, 끝에는 최고의 신 제우스가 있습니다. 그러니까 앙키세스, 아이네아스는 모두 제우스의 자손입니다.

어느 날, 앙키세스가 산에서 양을 돌보고 있는데, 아프로디테가 그를 보았죠. 앙키세스는 한갓 인간일 뿐이고, 양을 돌보는 허드렛일을 하고 있었지만, 준수한 외모를 아프로디테는 놓치지 않았습니다. 그녀는 자신의 원래 모습을 숨기고 이웃 나라의 공주라고 거짓말을 했습니다. 앙키세스도 그녀가 맘에 들었고, 둘은 자연스럽게 사랑을 나누게 됩니다. 그런데 아프로디테가 왜 자신의 정체를 숨기려고 한 걸까요? 아마도 자기 정체를 밝히고 접근했다면 앙키세스가 피했을까 봐 그랬나 봅니다. 여신과 사랑을 나눈다는 것은 인간에겐 과분하고 두려운 일이었으니까요. 그래서 아프로디테는 자신의 정체를 숨기고 앙키세스에게 접근한 것이죠. 하지만 언제까지나 자기 존재를 숨길 수는 없었습니다.

모든 사실을 알게 되자, 앙키세스는 두려움에 사로잡혔습니다. 게다가 전쟁의 신, 난폭한 아레스가 사랑하는 아프로디테잖아요. 이 사실을 아레스가 알게 된다면, 앙키세스는 무사하지 못할 겁니다. 그래서 그랬는지, 아니면 여신인 아프로디테가 한갓 인간과 사랑을 나누었다는 사실이 알려지는 것을 부끄럽게 여겼는지, 그녀는 앙키세스에게 단단히 일러두었습니다. "앙키세스, 잘 들어요. 내가 감추었던 비밀을 말하겠어요. 난 사실 아프로디테 여신이에요. 두려워하지 마세요. 내가 곧 당신의 아들을 낳을 거예요. 낳아서 당신에게 맡길 테니, 잘 돌봐주세요. 이 아이는 장차 트로이를 지배하고 그의 후손들은 거대한 나라를 세우고 영원히 지속될 거예요. 하지만 이 사실을 다른 사람들에게 절대로 말하지 마세요." 그렇게 태어난 아이가 아이네아스였습니다.

그러나 앙키세스는 약속을 지키지 못했습니다. 어느 날 축제에 참여한 앙키세스가 친구들과 즐겁게 술을 마시다 만취하자, 아프로디테와 사랑을 나눈 이야기를 하고 싶은 욕망에 사로잡혀 비밀을 누설하고 말았습니다. 그것을 듣고 노한 이는 아레스가 아니라 제우스였습니다. 제우스가 벼락을 던져 앙키세스의 다리를 불구로 만들었다는 이야기가 전해지죠. 아마도 헤파이스토스를 아끼던 제우스가 아프로디테를 범하고 떠벌이는 앙키세스를 괘씸하게 여겨 헤파이스토스처럼 다리를 불편하게 만들었던 것 같습니다. 그런데 그게 전화위복이 되었는지 아이네아스는 태어난 이후 아프로디테는 물론, 제우스와 아레스에게까지 사랑을 받았고, 헤파이스토스에게서는 불멸의 무장을 선물로 받기까지 했답니다.

그런데 트로이아의 왕족인 아이네아스가 어떻게 머나먼 이탈리아 반도로 가서 로마를 건설하게 되었을까요? 간단하게 정리하자면, 트로이아가 그리스와 10년 동안 싸우다가 트로이아 목마 작전에 휘말려 패배하자, 아이네아스는 사람들을 이끌고 트로이아를 탈출했고, 기나긴 모험 끝에 이탈리아 반도에 도착해서 지금의 로마 가까운 곳에 나라를 세웠던 겁니다. 이런 이야기 때문에 로마 사람들은 베누스(=아프로디테) 여신을 수호신이라고 생각했고, 아이네아스를 최고의 영웅으로 추앙했던 겁니다. 세상에서 가장 아름다운 여신 아프로디테의 남성 편력이 서양 역사상 가장 위대한 제국을 만드는 싹이 되었다니, 참으로 흥미로운 이야기가 아닐 수 없습니다.

11

마이아,
오월의 여왕이 되다

오월을 계절의 여왕이라고 합니다. 영어로는 메이(May)라고 하는데, 이 '메이'라는 말의 기원은 그리스·로마 신화 속에 있습니다. 그 주인공은 마이아(Maia) 여신입니다. '마이아'라는 이름에서 바로 5월 뜻하는 영어 단어 '메이'가 나온 겁니다. 마이아 여신은 거대한 티탄 신인 아틀라스의 딸입니다. 보통 지도책을 '아틀라스'라고 하죠. 아틀라스가 지구를 짊어지고 있는 그림이 16세기부터 유럽에서 지도책의 표지로 사용되었기 때문에 지도책을 가리키는 이름이 된 겁니다. 앞서 아틀라스가 제우스와 싸우다가 패배해 하늘을 떠받치는 형벌을 받게 된 이야기를 소개해 드린 적이 있지요.

마이아의 어머니는 플레이오네(Pleionē)입니다. 아틀라스와 플레이오네 사이에는 일곱 명의 딸이 있었는데, 마이아는 맏딸이었습니다. 마이아를 비롯해서 일곱 명의 딸을 '플레이아데스(Pleiades)'라고 하는데, '플레이오네의 딸들'이라는 뜻이죠. 아버지 아틀라스가 제우스에게 벌을 받아 하늘을 짊어지게 되자 일곱 명의 딸은 너무나 슬퍼해서 하늘의 별이 되었다고 합니다. 일곱 개의 별이 유난히 밝게 빛나는 이 별자리를 '플레이아데스성단'이라고 부릅니다. 원래는 수백 개의 별로 구성되어 있습니다. 하늘의 별자리가 온통 그리스·로마 신화로 가득 차 있다는 걸 또 한 번 확인할 수 있는 대목입니다. 옛날 그리스·로마 사람들에게는 밤하늘의 별들이 신화 이야기를 읽을 수 있는 그림 책이나 마찬가지였던 거죠.

책 이야기가 나왔으니까 한 가지 덧붙이자면, 프랑스의 갈리마르 출판사는 이 플레이아데스라는 이름을 붙여서 자기네 총서를 발간합니다. 문학, 역사, 철학, 사상 분야에서 프랑스의 문화와 정신을 형성하는 데에 기여한 대표적인 작가의 작품들을 출간하는 총서죠. 이 총서에 이름을 올리는 것은 서양 지식인들의 꿈이라고 합니다. 『장미의 이름(*Il nome della rosa*)』으로 세계적인 작가가 된 움베르토 에코(Umberto Eco)도 플레이아드 총서에 올라야 할 가장 적합한 인물은 누구인가라는 설문 조사에서 줄곧 1등을 하곤 했지만, 끝내 올리지 못하고 죽었습니다. 나중엔 어떻게 평가될지도 자못 궁금합니다.

어쨌든 이 마이아가 제우스와 사랑을 하게 됩니다. 족보를 따지자면, 제우스는 마이아의 오촌 당숙이었습니다. 제우스는 마이아의 부드러운 인상과 미모에 반했고, 한밤중에 몰래 동굴에서 자고 있는 마이아를 찾아가 사랑을 나누었답니다. 둘 사이에서 아들이 태어났는데, 바로 헤르메스였습니다. 마이아는 아이가 태어나자 강보에 싸서 키 위에 눕혔다고 합니다. 『황금가지(*The Golden Bough*)』를 쓴 영국의 인류학자 프레이저(James George Frazer)는 이렇게 아이를 강보에 싸서 키 위에 눕히는 것은 아이가 자라나서 부자가 되라는 뜻이라고 해석했습니다.

헤르메스는 태어날 때부터 수완이 아주 좋았습니다. 태어난 지 몇 시간 안 돼서 모두가 잠든 사이에 몰래 강보에서 빠져나와 아폴론 신의 목장으로 갔습니다. 그곳에서 젖소 열두 마리와 암송아지 백 마리를 훔쳤답니다. 갓난아이가 말이죠. 소의 행방을 감추기 위해서 소에게 신발을 신겼다고 합니다. 그렇게 소를 훔쳐서 은밀한 곳에 숨겨 놓고 다시 요람으로 들어와 강보 안에서 천연덕스럽게 자는 척을 했죠. 이런 일 때문에 헤르메스는 도둑들을 보호하는 신이 되었습니다. 감쪽같이 도둑질하는 것도 신비로운 일이라고 생각했던 까닭이겠죠?

아폴론은 소가 없어진 걸 알고서 이리저리 흔적을 찾다가 마이아의 동굴까지 왔습니다. 아무것도 모르는 마이아는 아폴론에게 말했습니다. "강보에 싸여 누워 있는 갓난아이가 어떻게 그 먼 곳까지 가서 백 마리가 넘는 소를 훔칠 수 있겠습니까?" 그렇게 끝까지 아들 편을 들었습니다. 하지만 숨겨 놓은 소들의 울음소리가 들리자, 헤르메스는 자기가 훔쳤다고 자백할 수밖에 없었습니다. 그때 헤르메스는 거북이를 잡아서 껍데기에다 소의 내장으로 줄을 만든 뤼라를 아폴론에게 주면서 소 값으로 퉁쳤다고 하네요. 거래의 달인이었던 거죠. 이런 수완 때문에 헤르메스는 장사꾼을 돕는 상업의 신이 되었습니다.

이후 헤르메스는 제우스의 전령이 되었습니다. 제우스가 사고를 치면 뒤치다꺼리하는 게 헤르메스의 가장 큰 일이기도 했습니다. 전령이면서 해결사나 비서 같은 존재였죠. 어느 날 헤르메스는 어머니 마이아에게 아이를 하나 데려와 자기 동생이라고 했습니다. "어머니, 아버지가 또 사고를 쳤는데, 아무래도 헤라께서 이 아이에게 해코지를 할 것 같아요. 어머니가 좀 돌봐주세요. 헤라가 어머니에겐 함부로 하지 못하잖아요." 알고 보니 제우스가 칼리스토(Kallistō)라는 님페와 관계를 갖고 아들을 낳았던 겁니다. 아이의 이름은 아르카스(Arkas)였죠. 마이아는 아이를 보자 불쌍한 생각이 들어 정성껏 키웠습니다.

사연은 이랬습니다. 아르카디아의 왕 뤼카온(Lukaōn)에게는 칼리스토라는 딸이 있었습니다. 뤼카온은 제우스와 헤르메스를 모욕했다는 이유로 벌을 받아 늑대로 변신한 야비하고 난폭한 왕이었지만, 그의 딸은 누구와도 비교할 수 없을 정도로 아름답고 정숙했습니다. '칼리스토'라는 이름은 '가장 아름다운 여인'이라는 뜻이지요. 그녀는 아버지가 늑대로 변한 것에 마음이 아팠는지, 숲 속으로 들어가 아르테미스 여신을 수행하며 순결하게 살고 있었습니다. 그녀를 본 제우스는 몸이 후끈 달아올랐습니다. 그러나 쉽게 접근할 수가 없었지요. 제우스는 뜻을 이루기 위해 아르테미스 여신으로 변신했습니다. 칼리스토는 변신한 제우스에게 깜빡 속아 순결을 내주고 말았습니다. 그리고 아이를 갖게 되었죠.

날이 차자 배가 불러왔고, 아르테미스 여신은 자초지종도 듣지 않은 채 칼리스토를 쫓아냈습니다. 태어난 아이의 아비가 제우스라는 사실을 알게 된 헤라는 칼리스토를 암곰으로 만들었습니다. 겹겹의 불행을 당한 칼리스토는 아이를 키울 처지가 되지 못한 것에 깊이 좌절했습니다. 그러자 제우스는 헤르메스에게 아이를 안전하게 데려와 자라날 수 있도록 도우라고 명령했던 겁니다. 헤르메스는 갓난아이를 어머니 마이아에게 데려왔고, 마이아는 차마 아들의 요청을 거절하지 못하고 아르카스를 맡아서 길러 주었습니다. 그렇게 해서 마이아는 버려진 아이들을 돌보고 보살피는 유모의 신이 되었다고 합니다. 그리스에서는 나이 든 여인을 어머니처럼 친근하게 부를 때, '마이아'라고 했다고 합니다.

마이아 곁에서 무럭무럭 자라난 아르카스는 용감한 사냥꾼이 되었습니다. 그러던 어느 날 사냥을 나갔다가 큰 곰을 만났는데, 그게 바로 아르카스의 엄마인 칼리스토였습니다. 엄마는 아들을 한눈에 알아보고 다가서려고 했지만, 아들은 엄마인 줄도 모르고 날카롭고 묵직한 창을 던졌습니다. 하마터면 아들의 창에 찔려 죽을 뻔했지만, 제우스가 회오리바람을 일으켜 엄마와 아들을 함께 들어 올렸죠. 아들은 어머니를 따라 작은 곰으로 변하더니 하늘의 별자리가 되었습니다. 그렇게 해서 큰곰자리와 작은곰자리가 되었답니다.

로마 신화에도 똑같은 이름의 마이아 여신이 있습니다. 그런데 로마의 마이아 여신은 유피테르의 연인이 아니라, 원래는 불의 신 불카누스의 아내였다고 합니다. 그런데 나중에 그리스 신화가 수입되면서, 마이아 여신은 불카누스의 아내에서 그리스 신화를 따라 유피테르의 연인으로 둔갑하게 됩니다. 외래 신화의 영향으로 토박이 신화의 내용이 변한 거겠지요? 하지만 로마인들은 원래 신화대로 "마이아 여신과 불카누스 신에게 빕니다"라며 기도를 계속했다고 합니다. 둘이 부부였다는 이야기는 사라졌지만, 그 이야기의 흔적이 습관적인 기도에는 남아 있었던 거죠. 로마 신화에서 마이아 여신은 아이들의 성장을 책임지는 여신이었다고 합니다. 라틴어로 '더 크다, 성장하다, 나이가 든다'는 뜻으로 '마이우스, 마이오르(māius māior)'라는 말을 쓰는데, 그 말이 마이아 여신의 이름과 관련이 있다고 합니다. 오월은 모든 생물이 쑥쑥 크는 성장의 계절인데, 오월을 '메이'라고 하는 것도 '마이우스, 마이오르'라는 라틴어 단어와 관련이 깊기 때문이죠. 그리고 영어 단어 메이저(major)도 라틴어 마이오르에서 나온 거고요. 미국의 '메이저 리그'라는 말의 뿌리에도 마이아 여신이 있는 겁니다.

12

헤르메스,
전령의 신이 되다

프랑스를 대표하는 명품 브랜드 가운데 에르메스(Hermès)가 있습니다. 1837년 티에리 에르메스(Thierry Hermès)가 창립하여 현재까지 6대째 내려오는 브랜드죠. 흥미로운 것은 그 가문의 이름이 그리스 신화에 나오는 헤르메스 신과 같다는 것입니다. 이 이름을 가문 명으로 정한 최초의 인물은 유독 헤르메스가 맘에 들었던 모양입니다. 헤르메스는 상업의 신이며 부를 가져 오는 신이니, 이 브랜드가 성공을 거둔 것은 우연이 아닌 것 같습니다. 에르메스의 창업주도 그런 마음으로 이름을 가졌고, 그에 맞춰 정말로 신의 가호가 있었던 것은 아닌가 하는 생각도 듭니다. 가죽으로 마구를 제작하는 데서 사업을 시작한 것도 헤르메스라는 이름에 잘 어울립니다. 헤르메스는 먼 길을 떠나는 나그네들의 길잡이 역할을 하는 신이기 때문이죠. 최후의 순간에 인간의 혼백을 사자들의 세계인 하데스로 인도하는 이도 바로 헤르메스입니다. 그 이름 자체가 길목마다 길잡이 노릇을 하던 돌의 무더기 또는 돌기둥을 가리키는 '헤르마(Herma)'에서 왔습니다.

　헤르메스는 제우스의 아들로서 전령이며 충실한 비서실장과도 같습니다. 제우스의 뜻을 다른 신들이나 인간들에게 전하며, 제우스가 벌여 놓은 골치 아픈 일들을 깔끔하게 사후 처리하는 데에

헤르메스만큼 제우스의 뜻을 충실히 좇는 신도 없을 것입니다. 뛰어난 재치를 지녔으면서도 우직
하고 충성스러운 모습도 지닌 신이죠.

탁월한 능력을 발휘하였죠. 대표적인 사례를 하나 보겠습니다. 제우스가 이오라는 여인과 사랑을 나누다가 헤라에게 현장에서 발각되자 여인을 암소로 만들었던 적이 있습니다. 시치미를 뚝 떼는 제우스를 의심한 헤라는 암소를 24시간 내내 감시할 수 있는 눈이 백 개나 달린 아르고스(Argos) 곁에 놓습니다. 제우스가 암소를 몰래 원래 여인의 모습으로 돌려놓을 수 없게 만든 겁니다. 이때 제우스는 헤르메스를 보냈고, 헤르메스는 멋진 음악과 재미있는 이야기로 아르고스의 혼을 쏙 빼놓더니, 백 개나 되는 눈을 모두 감고 잠들게 만든 후에 처치하지요. 이후로 헤르메스의 별명이 '아르고스의 살해자'가 되죠.

그러나 무엇보다도 제우스의 뜻을 신들이나 인간들에게 곡해의 여지없이 명확하게 전달하는 데에서 헤르메스의 능력은 빛을 발합니다. 이런 점에서 문자나 텍스트의 정확한 뜻을 밝혀 내고 해석하는 일을 '헤르메네이아(hermēneia)'라고 했습니다. 현대에 이르러서는 이런 해석 작업이 '해석학'이라는 학문으로 성립했는데, 영어로는 'Hermeneutics'라고 합니다. '헤르메스의 기술'이라고 풀 수 있죠. 이런 점을 고려한다면, 신화 속 헤르메스는 한쪽의 뜻을 잘 헤아려서 다른 쪽으로 오해의 여지없이 전달하여 원활한 소통이 이루어질 수 있는 능력을 상징한다고 볼 수 있습니다.

헤르메스의 직무 수행 능력을 잘 보여 주는 가장 대표적인 예는 로마 신화에서 나옵니다. 로마 신화에서는 헤르메스를 메르쿠리우스(Mercurius)라고 부릅니다. 트로이아 전쟁의 패장인 아이네아스에게 제우스, 그러니까 유피테르는 트로이아를 떠나 새로운 국가를 건설하라는 명령을 내렸습니다. 아이네아스는 그렇게 유민들을 모아 불타는 트로이아를 떠나 새로운 땅을 찾아 모험을 떠났죠. 그러다가 지금의 튀니지에 있는 카르타고 땅에 도착했습니다. 마침 그곳에 새로운 도시를 건설하던, 비슷한 처지의 디도

(Dīdō) 여왕을 만났고, 둘은 서로 사랑에 빠졌습니다. 그렇게 달달하게 1년을 보냈으니, 이러다간 아이네아스를 통해 세계를 지배할 위대한 나라를 새롭게 세우려 했던 유피테르의 계획은 어그러지고 말 상황이었죠. 이때 유피테르는 메르쿠리우스를 아이네아스에게 보냈습니다. 메르쿠리우스는 유피테르의 뜻을 한 치의 오차도 없이 분명하게 전달했고, 아이네아스는 메르쿠리우스를 통해 전달된 유피테르의 지엄한 뜻에 따라 디도를 떠나 새로운 땅을 향해 다시 거친 모험을 시작했습니다. 그렇게 해서 세워진 나라가 장차 로마 제국이 됩니다. 그러니까 로마의 성립에 메르쿠리우스가 큰 역할을 했다는 신화인 것이죠.

헤르메스가 제우스의 최측근으로서 가장 믿을 만한 심복임을 보여 준 사건이 있죠. 최초의 신 가이아와 타르타로스 사이에 거대한 튀폰이라는 괴물이 태어나 올림포스를 공격하자, 제우스의 권력에 최대 위기가 찾아옵니다. 그의 곁을 지키고 있던 모든 신들이 달아나고, 제우스 홀로 튀폰과 맞서 싸워야 했지만, 상대가 되질 않았습니다. 결국 튀폰에게 붙들려 손발의 힘줄이 모두 잘리고 식물처럼 널브러져 있었습니다. 이때 헤르메스가 몰래 제우스의 잘린 힘줄을 도둑질해서 그를 살려냈고 마침내 튀폰을 물리치게 하였습니다. 가장 위험한 순간에 가장 요긴한 일을 해 준 헤르메스에게 제우스는 무한 신뢰를 보내며, 자신의 모든 일에 가장 크게 의존하는 협력자로 삼은 것이죠. 이처럼 헤르메스는 우리가 지도자로서 일을 해나갈 때에 어떤 인물을 곁에 두어야 하는지, 우리가 어떤 지도자를 보필할 때에는 어떤 자질과 태도를 갖추어야 하는지, 하나의 지침으로 삼을 만한 신입니다.

13

질투의 여신,
아글라우로스를 망치다

아테네의 공주 아글라우로스(Aglauros)는 언니를 질투하다가 돌덩어리가 된 비극적인 여인입니다. 그녀는 케크롭스(Kekrops) 왕의 딸이었는데, 케크롭스는 아테나 여신이 무척 아끼고 사랑하던 왕이었습니다. 케크롭스 왕 때문에 아테네라는 도시 이름도 생겼지요. 아테네가 지금의 이름으로 불리기 전에는 케크롭스의 도시라는 뜻으로 케크로피아라고 불렸습니다. 그러나 이 도시를 놓고 벌인 아테나 여신과 포세이돈의 경쟁에서 아테나가 승리를 거둔 후에 아테네라고 불리게 되었습니다.

그런데 아테나 여신은 케크롭스 왕을 좋아했지만, 그의 딸은 여신의 미움을 샀습니다. 어떻게 된 일일까요? 잘 아시다시피, 아테나 여신은 순결한 처녀의 신이었습니다. 아테네 사람들이 아크로폴리스 정상에 아테나 여신을 모시는 웅장하고 아름다운 파르테논 신전을 세웠는데, 그 이름이 바로 '결혼하지 않은 여인의 신전'이라는 뜻입니다. 순결을 지키는 여신이니까, 자식이 있을 수 없는데, 아테나 여신에게는 아들이 하나 있었습니다. 그녀가 직접 낳은 아들은 아니지만, 자기가 낳은 것이나 다름없다고 생각한 그런 아들이었지요. 그 아이의 아버지는 대장장이 신인 헤파이스토스였습니다. 대장장이 신 헤파이스토스와 아테나 여신 사이에서 태어난 아들이라는 말인데, 그렇다고 아테나가 직접 낳은 아들은 아니라니, 도대체 어떻게 태어난 걸까요?

아테나 여신은 지혜의 여신이면서 또 전쟁의 여신입니다. 전쟁의 여신답게 항상 번쩍이는 투구와 방패, 무겁고 날카로운 창으로 완전 무장을 하고 다니지요. 어느 날, 여신은 무기를 새로 만들려고 헤파이스토스의 대장간으로 찾아갔습니다. 헤파이스토스는 아름다움의 여신 아프로디테의 남편이었지만 사랑을 받지 못했지요. 그런 상황에서 아테나 여신이 찾아오자 마음이 설렜습니다. 그녀를 보자마자 사랑에 빠졌던 겁니다. 아테나는 헤파이스토스가 갑자기 들이대니까 깜짝 놀라 달아났습니다. 헤파이스토스는 결사적으로 쫓아갔고 마침내 아테나 여신을 품에 안을 수 있었습니다. 하지만 아테나는 결사적으로 저항했고, 순결을 지켰습니다. 헤파이스토스의 음흉한 손아귀에서 빠져나왔던 겁니다. 그러나 그때 헤파이스토스는 주체하지 못하고 사정했고, 그의 정액이 그만 아테나의 허벅지에 묻었습니다. 몹시 불쾌해진 아테나 여신은 몸에 묻은 정액을 불결하게 여기면서 양털로 닦아 낸 다음, 땅에 내던졌지요. 그런데 놀랍게도 그것이 땅에 닿자, 거기서 사내아이가 태어난 겁니다. 정말 신기하지요? 그런데 이 아이는 누구의 아이라고 해야 할까요? 대지에서 태어났으니까 가이아의 아이라고 할까요? 아니면, 어쨌든 헤파이스토스가 아테나를 사랑하는 마음에서 태어났으니, 둘 사이의 아이라고 할 수 있지 않을까요?

이렇게 신비롭게 태어난 아이의 이름은 에리크토니오스(Erikhthonios)였습니다. 그리스어로 양털을 '에리(Eri-)'라고 하고, '크톤(khthōn)'은 땅이라는 뜻이라서, '헤파이스토스의 정액이 묻은 양털이 땅에 닿아 태어난 아이'라는 뜻으로 에리크토니오스라는 이름이 그 아이에게 붙은 겁니다. 아테나 여신은 자신이 순결한 처녀의 신인데 아들이 태어났다는 사실에 창피했지만 그럼에도 자기 자식이라 생각하고 신들이 알지 못하도록 얼른 아이를 안아 올려 작은 바구니에 넣고는 아테네로 갔습니다. 자기가 아끼는 케크롭스 왕에게 맡기려고 했던 거죠. 마침 케크롭스의 세 딸이 아테나 여신을 맞이했습니다. 아테나 여신은 그녀들에게 절대로 바구니를 열어 보지 말라고 신신당부한 후에, 나중에 찾으러 오겠다고 했습니다.

그런데 다른 두 딸은 아테나 여신의 부탁을 잘 지켰지만, 아글라우로스는 아테나 여신의 경고를 무시하고 바구니를 열어, 그 속을 들여다보았습니다. 호기심을 억누르지 못한 거죠. 바구니 안에는 갓난아기였던 에리크토니오스가 누워 있었고, 양 옆에는 놀랍게도 뱀 두 마리가 혀를 날름거리고 있었습니다. 아기를 보호하려고 아테나 여신이 넣어 둔 것이었죠. 아글라우로스가 바구니를 열자, 아이는 뱀의 모습으로 변신한 후에 바구니를 뛰쳐나와 아테나 여신의 방패 뒤에 숨었습니다. 그 이후 에리크토니오스는 아테나 여신의 신전에서 자랐고, 어른이 되자 케크롭스는 에리크토니오스에게 권력을 넘겨주었다고 합니다. 그렇게 해서 에리크토니오스는 아테네의 왕이 되었지요. 어쨌든 그건 한참 나중의 일이고요, 아테나 여신은 케크롭스 왕의 딸이 자신의 명령을 어긴 것에 분노했습니다. 바구니를 열었던 아글라우로스에게 벌을 내리기로 결심했지요.

아테네에는 매년 7월에 아테나 여신을 기리는 성대한 축제가 열립니다. 아테네인들이 모두 참여하는 축제라는 뜻에서 '판아테나이아(Panathēnaia)'라고 부르는데, 아테나 여신의 생일잔치였습니다. 축제가 시작되면, 순결한 처녀들이 화환을 두른 바구니를 들고, 그 속에다 정결하고 성스러운 제물들을 담아 머리에 이고 파르테논 신전으로 날랐습니다. 가장 중요한 것은 아테나 여신의 신상에 새 옷을 입히는 의식이었습니다. 케크롭스의 세 딸도 그 행렬에 참여했지요. 그때 마침 하늘에는 제우스의 전령인 헤르메스가 날아가고 있었는데, 행렬에 참여한 케크롭스의 세 딸 가운데 헤르세 (Hersē)가 유독 헤르메스의 눈에 띄었습니다. 헤르세를 본 헤르메스의 가슴에는 사랑의 정염이 불꽃처럼 활활 타올랐죠.

판아테나이아 축제가 끝나고 밤이 되자, 헤르메스는 케크롭스의 궁전으로 내려갔습니다. 그리고 헤르세의 방으로 들어가려고 했죠. 그때 아글라우로스가 그걸 알아차리고는 헤르메스에게 물었습니다. "누구신가요? 이 밤중에 무슨 일이신가요?" 헤르메스는 자신의 정체를 밝히고 말했습니다. "너의 언니 헤르세 때문에 왔다. 나는 제우스의 아들, 제우스의 전령 헤르메스다. 네가 사랑에 빠진 나를 도와다오." 아글라우로스는 도움을 줄 테니 황금을 달라고 요구했습니다. 그런데 이 장면을 아테나 여신이 보고 있었습니다. "나의 명령을 어긴 네가 벌을 받아도 시원치 않은데, 이제 헤르메스의 환심을 사고 황금까지 얻어 부자가 되려 하다니. 가만히 두지 않겠다." 앙심을 품은 아테나 여신은 곧바로 질투의 여신을 찾아갔습니다.

로마의 시인 오비디우스는 질투의 여신을 이렇게 묘사했습니다. "그녀는 얼굴이 창백하고 온몸이 바싹 말라 있었다. 눈은 째려보듯이 사팔뜨기였고, 이빨은 썩어서 시커멓고, 가슴은 담즙이 올라 시퍼런 녹색이었으며, 혀에서는 독액이 뚝뚝 떨어졌다. 그녀는 남이 잘되는 것을 보면 못마땅하게 생각했고, 그런 꼴을 보는 것만으로도 말라 갔다. 그녀는 남을 괴롭히면서 동시에 자신을 괴롭혔다. 그녀 스스로가 자기 자신에게 징벌이었다." 무시무시하지요? 정말 질투의 여신을 볼 수 있다면 딱 그런 모습일 것 같습니다. 아테나 여신은 아글라우로스가 헤르메스의 사랑을 받는 언니 헤르세를 질투하게 만들려고 했습니다. "질투의 여신이여, 케크롭스의 딸 중에 아글라우로스에게 그대의 독액을 넣어 주세요." 아테나의 부탁을 들은 질투의 여신은 깊은 밤을 틈타서 아글라우로스의 방으로 갔습니다. 그러고는 곤히 자고 있는 아글라우로스의 가슴에 손을 얹고, 따가운 가시로 그녀의 심장을 가득 채웠습니다. 그러자 시커먼 질투의 독액이 아글라우로스의 뼈와 허파 속으로 퍼져 나갔죠. 아침에 잠에서 깨자, 아글라우로스는 언니 헤르스를 불꽃처럼 질투하기 시작했습니다. '언니가 제우스의 아들 헤르메스 님의 사랑을 받다니, 왜 내가 아니고 언니지? 내가 언니보다 더 예쁘고 키도 크고 똑똑한데.' 이런 생각에 휩싸이면서 속이 상하기 시작했습니다. 입맛도 잃어 굶기 일쑤였고, 한숨만 나오고 비쩍 말라가기 시작했습니다.

아글라우로스는 헤르메스 신에게 황금을 받고서 신과 언니가 서로 사랑하고 결혼하는 것을 돕기로 했는데, 질투가 마음에 불길처럼 일어나자 도저히 둘 사이가 잘되는 꼴을 볼 수가 없었습니다. '언니가 헤르메스 님과 사랑을 하다니, 그럴 수는 없어. 둘은 만나서는 안 돼.' 이렇게 생각하고 어떻게 해서든 둘 사이의 관계를 깨고 싶었습니다. 결국 아글라우로스는 언니 방 앞을 가로막고 서서 헤르메스 신이 들어가지 못하게 했죠. 헤르메스가 찾아와 비키라고 했지만 막무가내였습니다. "그만두세요, 헤르메스 님. 저는 절대로 비키지 않을 겁니다. 여기서 꼼짝도 하지 않을 거예요."

헤르메스는 아글라우로스에게 격분했습니다. "네가 지금 나하고 해 보겠다는 거냐? 헤르스의 동생이라고 봐 줬더니, 이제 정말 눈뜨고 못 보겠구나! 그래 네 맘대로 해 보거라." 이렇게 말하고 헤르메스는 들고 다니던 지팡이인 케뤼케이온으로 아글라우로스를 밀치고 방문을 열었습니다. 쓰러진 아글라우로스는 일어서서 헤르메스를 잡으려고 했지만, 몸을 움직일 수가 없었습니다. 온몸이 마비되고 있었지요. 그녀의 몸은 점점 굳어 갔고 핏기가 가시면서 체온도 뚝뚝 떨어졌습니다. 돌덩어리로 변하고 있었던 겁니다.

소리를 지르려고 했으나, 어느새 목이 꽉 막혔죠. 그렇게 그녀는 딱딱한 돌덩어리가 되었다고 합니다.

　지나친 호기심 때문에 아테나 여신의 미움을 받고, 질투에 휩싸여 마침내 돌덩어리가 된 아글라우로스 이야기에서 어떤 의미를 찾을 수 있을까요? 신화학자들은 흔히 신화가 우리 삶을 비추는 우화와 같은 거울이라고 합니다. 누군가를 질투한다는 것이 얼마나 큰 잘못이며, 어떤 큰 불행을 가져오는지를 이 이야기가 보여 준다고 할 수 있습니다. 서양에서 발전한 기독교에서는 질투를 오만, 탐욕, 욕정, 식탐, 분노, 나태와 함께 일곱 가지 부덕과 죄악에 속하는 것이라고 했습니다. 맥락은 좀 다르지만, 동양에서도 질투는 칠거지악 가운데 하나로 꼽히지요. 동서고금을 막론하고 전통적으로 질투는 억제해야 할 부덕이었습니다. 누군가 나보다 더 잘되는 것 같고, 더 많이 성공하는 것을 볼 때, 질투하고 저주하는 마음을 버리고 진심으로 축하하고 격려해 줄 수 있어야 합니다. 그래야 비로소 인격적으로 성숙한 사람이 되고, 행복하고 품격 있는 삶을 살 수 있다는 것을 아글라우로스의 이야기가 잘 보여 주고 있습니다.

14

디오뉘소스,
포도주의 신이 되다

피곤하고 힘들 때, 반짝하고 머리를 맑게 하고 싶을 때, 많은 사람들이 '박카스'를 찾습니다. 1961년부터 우리 곁을 지키고 있는 음료이지요. 고3 시절, 열심히 수업하시는 선생님을 위해 탁자 위에 박카스를 올려놓았는데, 선생님께서 기특하다고 하시더니 병뚜껑에 조금씩 따라서 우리들에게 나눠 주었던 기억이 납니다. 그 박카스(바쿠스)가 사실은 그리스·로마 신화에 나오는 포도주의 신 디오뉘소스의 또 다른 이름입니다.

디오뉘소스는 제우스의 아들입니다. 하지만 그의 어머니는 헤라가 아니었습니다. 인간이었던 세멜레였죠. 세멜레는 원래 제우스 신전의 여사제였습니다. 어느 날, 제우스에게 바칠 황소를 잡았는데 황소의 피로 온몸이 피범벅이 되자 강물에 들어가 몸을 씻었죠. 때마침 독수리로 변해서 하늘을 날고 있던 제우스가 그녀의 모습을 보고는 사랑에 빠진 겁니다. 제우스는 독수리의 모습을 벗고, 다시 인간의 모습으로 변신하여 그녀를 찾아갔습니다. 인간의 모습이지만 사실은 제우스다 밝히니, 그녀도 자기가 모시던 제우스를 맞이하며 크나큰 영광이라고 생각했습니다. 둘은 그렇게 자주 만났고, 사랑은 깊어 갔습니다. 결국 그녀는 제우스의 아들을 갖게 되었지요.

그러나 이걸 본 헤라는 질투심에 불타올랐죠. 세멜레를 없애 버리고 싶었습니다. 헤라는 세멜레의 유모였던 늙은 베로에의 모습으로 변신해서 세멜레에게 다가갔습니다. 세멜레는 그녀에게 모든 것을 털어놓았죠. "유모, 저는 지금 제우스와 사랑을 나누고 있어요. 제우스의 아이까지 가졌어요." 임신을 직접 확인한 헤라는 더욱더 화가 났습니다. 세멜레의 마음에 불길한 의심과 비극적인 호기심을 불어넣었죠. "조심해요, 세멜레. 당신을 찾아온 그 청년이 제우스가 아닐지도 몰라요. 요즘 남자들은 자기가 제우스다, 포세이돈이다, 거짓말을 하면서 순진한 처녀들의 순결을 빼앗는데요." 그 말에 세멜레의 마음이 흔들렸습니다. 자기가 만난 건 평범한 청년의 모습인데, 최고의 신 제우스가 그런 모습일 리가 없잖아요. 헤라는 흔들리는 세멜레의 마음에 의심의 불을 질렀습니다. "세멜레, 아이를 낳기 전에 당신이 만나는 그 청년이 진짜 제우스인지 꼭 확인해 보세요. 다음에 만나면 진짜 모습을 보여 달라고 하세요. 만약 그 남자가 거절한다면, 그건 그가 제우스가 아니라는 뜻이죠. 제우스를 사칭한 사기꾼, 난봉꾼인 거예요."

얼마 후 세멜레는 제우스를 만나 부탁했지요. "제우스 님, 저를 사랑하신다면 제 소원을 들어주세요." 제우스는 사랑하는 세멜레에게 무슨 소원이든 들어주겠다고 말했습니다. 그러자 세멜레가 소원을 빌었죠. "정말이죠? 그렇다면 스틱스강에 대고 맹세를 해 주세요." 제우스는 세멜레를 위해 뭐든 다 해 줄 마음으로 스틱스강에 대고 맹세를 했습니다. 맹세를 확인한 세멜레가 말했죠. "제 소원은 당신의 진짜 모습을 보는 거예요. 당신이 헤라 여신을 만날 때의 모습 그대로 저에게도 나타나 주세요." 제우스는 깜짝 놀라서 그녀의 입을 막으려고 했지만, 이미 때는 늦었습니다. 엎질러진 물처럼 흘러나온 말을 주워 담을 수가 없었죠. 제우스는 그녀의 소원을 들어줘야만 했던 겁니다.

제우스가 인간 여자들을 사랑할 때, 백조나 구름 또는 다른 사람의 모습으로 변하기도 하는데 그것은 사람들이나 헤라에게 안 들키려고 하는 것도 있지만 그보다 더 큰 이유가 있었습니다. 인간 여자가 제우스의 모습을 직접 보면, 홀랑 타 버리기 때문이었습니다. 제우스가 평범한 인간의 몸을 벗어 버리고 벼락을 가진 채 번쩍이고 찬란한 모습으로 나타나자, 세멜레는 제우스의 뜨거운 열기와 눈부신 광채를 이기지 못하고 타 버렸습니다. 그 모습을 안타깝게 바라보던 제우스는 세멜레의 태에 있는 아이를 보고 깜짝 놀랐습니다. 급히 서둘러 죽기 직전에 아이를 구해 냈습니다. 얼른 태아를 꺼내서 자기 넓적다리에 집어넣고 꿰맸죠. 아이는 그렇게 죽을 고비를 넘겼습니다. 태아는 마치 여인의 태에서 자라나듯, 제우스의 허벅지에서 무럭무럭 자라났고, 달이 차자 건강한 아이가 태어났죠. 이런 이유로 디오뉘소스는 부활의 상징이 되었습니다. 그리고 여인에게서 잉태되었지만 제우스의 몸에서 분만했기 때문에 디오뉘소스는 단순한 영웅이 아니라, 신이 되었던 것 같습니다.

헤라는 세멜레를 죽이는 데에는 성공했지만, 아이를 없애는 데에는 실패한 것 때문에 분노는 사그라지지 않고 여전했습니다. 그녀는 디오뉘소스를 없애 버리려고 했습니다. 제우스는 아이를 새끼 염소 모양으로 만들어 헤라의 눈길을 피했다고 합니다. 또 제우스는 헤르메스를 시켜서 아이를 뉫사산으로 피신시켰는데, 그곳에서 디오뉘소스는 여장을 해서 예쁘장한 소녀처럼 자라났다는 얘기도 전해집니다. 그가 자란 뉫사산은 그의 이름에 들어 있죠. '디오-(Dio-)'는 '제우스'의 다른 이름인데, 거기에 '뉫사(Nussa)' 산 이름이 붙어서 '디오뉘소스'라는 이름이 되었다는 겁니다. 헤라는 디오뉘소스가 청년이 될 때까지도 계속 괴롭혔지요. 디오뉘소스가 올림포스에 올라오지 못하게 방해했고, 마침내 그를 실성하게 만들었습니다. 그 때문에 디오뉘소스는 광기에 시달리며 이리저리 떠돌게 됩니다. 이집트와 시리아, 트리키아 등을 떠돌면서 멀리 인도까지 갔다고 합니다. 흥미로운 것은 그의 여정이 나중에 동방 원정을 갔던 알렉산드로스 대왕(Alexandros the Great)의 여정과 아주 비슷하고, 그런 이유 때문이었는지 알렉산드로스는 폭음을 하면서 디오뉘소스 코스프레를 했다고 합니다.

어쨌든 태어나서 청년이 될 때까지 디오뉘소스의 나날은 고행의 연속이었습니다. 세계 이곳저곳을 방황하던 디오뉘소스는 모든 역경을 극복하고 의젓한 신의 면모를 갖추게 되었고, 마침내 헤라의 영향에서도 벗어납니다. 승리자가 된 그는 올림포스로 돌아왔습니다. 이때 표범이 끌고, 포도 넝쿨과 담쟁이덩굴로 장식한 수레를 탔습니다. 노래하는 무녀들이 그의 수레 앞에서 춤과 노래로 흥을 돋우었고, 사튀로스(Saturos)들이 디오뉘소스의 수레를 호위를 했습니다. 그는 모험 중에 발견한 포도나무를 그리스 사람들에게 선물했고, 포도주를 만드는 법도 가르쳐 주었다고 합니다. 그래서 디오뉘소스가 포도주의 신이 된 것이지요.

아테네의 영웅 테세우스(Thēseus)가 낙소스섬에 버려두고 간 아리아드네(Ariadnē)를 아내로 맞이한 것도 그 행렬의 도중이었다고 합니다. 아름다운 그녀에게 반한 디오뉘소스는 그녀의 딱한 사정을 듣고는 아내로 맞이해서 올림포스로 데려갔다고 합니다. 디오뉘소스가 아리아드네를 받아들였던 건, 헤라에게 미움을 받고 버림받아 죽을 고비를 넘겼던 경험 때문이었을 겁니다. 그는 또 헤라 때문에 죽은 어머니 세멜레를 찾아 하데스 세계까지 내려갔고, 어머니를 구하는 데에 성공합니다. 부활한 어머니의 이름을 튀오네(Thuōnē)라고 바꾸고, 함께 올림포스로 승천합니다. 이때는 헤라도 옛일을 잊고 디오뉘소스와 튀오네를 환영했습니다. 그 누구보다도 제우스가 모든 역경을 이겨 내고 돌아온 디오뉘소스를 보고 기뻐했죠.

디오뉘소스는 단순히 포도주의 신이 아니라 부활을 상징하는 신이었습니다. 봄은 바로 디오뉘소스의 계절이기도 합니다.

이렇듯 디오뉘소스는 자수성가형 신이라는 생각이 듭니다. 여러 차례 죽음의 고비를 극복했고, 죽은 어머니도 부활시켰기 때문이지요. 옛 그리스 사람들은 디오뉘소스가 죽음을 이기고 새롭게 태어난 데다가 어머니를 하데스에서 데려오고 봄에 세상을 다시 피어오르게 하기 때문에 부활의 신이라 생각했습니다. 우리는 디오뉘소스를 단순히 포도주의 신으로만 알고 있는데, 포도의 재배, 농업과 생산의 신이라는 게 더 중요합니다. 겨우내 꽁꽁 얼어 있던 죽음의 땅에서 새싹이 돋고 꽃이 피고 새롭게 태어나는 봄은 부활의 계절인데요, 바로 디오뉘소스의 계절이기도 합니다. 그래서 그리스인들은 봄이 되면 농사를 시작하기 전에 풍요를 기원하면서 디오뉘소스 신에게 제사를 지내고 축제를 벌였습니다. 그 축제에는 물론 술이 빠지지 않았습니다. 본격적으로 일하기 전에 한번 실컷 놀아 보자는 뜻도 있었습니다. 하지만 단순히 놀기만 한 것이 아니라, 거기에는 풍요를 준비하는 진지하고 경건한 태도도 있었던 것이죠.

15

비극의 주인이 된
디오뉘소스

디오뉘소스 축제는 일주일 동안 진행되었는데, 그중에 3일은 비극 경연 대회가 열렸습니다. 비극 경연이야말로 디오뉘소스 축제의 절정, 꽃이라고 할 수 있습니다. 우리는 흔히 비극이라면 심각하고 슬픈 연극으로 이해하지만, 원래는 디오뉘소스 신에게 제물을 바치면서 부르던 합창곡이었습니다. 영어로 'Tragedy'라고 하는데, 그리스어 '트라고디아(tragōidia)'에서 온 겁니다. '트라고스(tragos)'가 '숫염소'라는 뜻인데, 거기에 '노래'를 뜻하는 '아오디아(aōidia)'라는 말이 붙어 '트라고디아'가 된 겁니다. '숫염소의 노래'라는 뜻이 되지요? 제사장이 제의를 집행하면서 숫염소를 제물로 바쳐 태우는 동안, 마치 가톨릭의 미사와 개신교 예배에서 성가대가 경건한 노래를 부르는 것처럼 디오뉘소스에게 바치는 제사에서도 합창단이 디오뉘소스 신을 찬양하는 합창을 불렀던 겁니다. 그것이 바로 트라고디아, 즉 비극입니다.

그리스 사람들은 '숫염소'를 생산력, 정력을 상징하는 동물로 여겼고, 이 상징을 디오뉘소스에게 연결시켰습니다. 제우스는 디오뉘소스가 태어나자 헤라에게 들키지 않도록 새끼 염소로 변신시켰는데, 이런 이유로 숫염소는 디오뉘소스를 상징하는 짐승이 되었습니다. 디오뉘소스의 시종인 사튀로스도 얼굴은 사람이었지만 뿔이 나 있고, 하체는 숫염소였습니다. 이래저래 디오뉘소스 신은 숫염소와 관련이 많습니다.

　트라고디아는 처음에는 합창이었다가 나중에 연극으로 바뀌었습니다. 기원전 534년에 아테네의 참주였던 페이시스트라토스(Peisistratos)는 자신을 지지한 민중을 위해 농촌에서 벌어지던 작은 규모의 디오뉘소스 제전을 모든 아테네 시민이 참가하는 '대(大) 디오뉘소스 제전'이라는 국가 제전으로 확장시켜 개최했습니다. 각 마을마다 디오뉘소스 신에게 부르던 합창을 한 자리에 모아 아테네 시내 한복판 아고라에서 경연 대회를 개최한 겁니다. 이때 다른 팀들은 합창을 불렀는데, 테스피스(Thespis)는 가면을 쓰고 특이한 복장을 한 배우 한 명을 합창에 덧붙여 형식에 파격을 주었지요. 사람들은 새로운 형식에 열광했고 테스피스는 우승했습니다. 다른 팀들은 '합창'의 트라고디아를 불렀지만, 테스피스는 합창에다 '행위로 보여 주는' 배우의 연기와 대사를 집어넣어 '드라마(Drama)'를 만든 겁니다. 그리스어로 '드라(Dra-)'는 '행동, 동작, 제스처'라는 뜻이니까, '드라마'는 '동작과 행동, 제스처, 모션으로 보여 주는 것'이라는 뜻이 됩니다. 이때부터 비극은 합창에서 벗어나 연극의 형태를 띠게 됩니다.

　테스피스가 첫 번째 '트라고디아' 경연 대회에서 우승한 다음에 경연에 참가하는 작가들은 합창에다 배우의 행위를 극 형식으로 집어넣기 시작했습니다. 그리스 비극의 3대 비극 작가 중에 아이스퀼로스는 테스피스의 시도를 발전시킵니다. 배우를 한 명 더 넣어 두 명의 배우가 대화를 나누게 한 거죠. 둘이 등장하면서 치고받고 논쟁을 벌이자, 관중들은 더욱더 열광했습니다. 이때부터 비극은 배우 부분과 합창단 부분으로 나뉘고, 두 부분이 합해져 비극의 형식이 잡힙니다. 즉, 비극은 우리가 생각하는 연극보다는 오히려 노래가 있는 오페라나 뮤지컬에 가깝습니다.

비극이 시작되면 처음에는 배우가 무대에 나와 얘기를 시작하는데, 이걸 프롤로고스(prologos)라고 합니다. 배우들의 무대를 '스케네(skēnē)'라고 하는데, 나중에 영어 단어에서는 '신(scene)'이 됩니다. 전투 신, 키스 신, 베드 신 할 때, 그 신을 말하죠. 배우들의 대사가 끝나면 합창단이 등장해서 노래를 합니다. 합창단은 무대와 객석 사이에 있는 둥근 공간에 자리를 잡는데, 그곳을 오르케스트라(orkhēstra)라고 부르죠. 우리는 관현악단을 '오케스트라(orchestra)'라고 하지만, 원래는 비극에서 합창단이 노래하는 둥근 마당을 가리키는 말이었습니다. 합창단이 노래를 끝내고 오르케스트라에 자리를 잡으면, 다시 배우들이 등장하여 대화를 나누는데, 그 부분을 '에페이소디온(epeisodion)'이라 부릅니다. 여기에서 '에피소드(episode)'라는 말이 나옵니다. 정말로 많은 말이 비극에서 나오죠? 이렇게 보면 비극은 배우들의 연기-합창단의 노래-배우-합창단-배우-합창단······ 이렇게 번갈아 진행됩니다.

비극을 바라보는 객석을 '테아트론(theatron)'이라고 했는데, 여기에서 극장을 가리키는 영어 단어 '시어터(theater)'가 나옵니다. 그리스가 서구 문명의 뿌리라는 말을 많이 하는데, 정말 서양의 중요한 문화적인 개념들이 대부분 그리스어에서 온 걸 새롭게 느끼게 되지요? 그리스 문화와 예술이 서양 문화에 끼친 영향이 얼마나 큰가를 잘 보여 줍니다.

다시 비극 이야기로 돌아가 볼까요? 그리스 비극의 3대 작가 중 소포클레스는 세 번째 배우까지 집어넣는데, 그렇게 해서 배우들의 갈등 구조를 더욱 복잡하게 만들었습니다. 양극단 사이에서 고민하고 갈등하는 제3의 인물을 만들었고, 연애에선 삼각관계도 가능해졌죠. 게다가 무대에 배경 그림까지 집어넣어 '트라고디아'를 볼거리가 풍부하게 만들었습니다.

이와 같은 비극은 예술 공연이기도 했지만, 근본적으로는 종교적 제의였습니다. 비극의 제의가 펼쳐질 때, 제물은 디오뉘소스 신에게 소원을 빌며 바치는 선물이었습니다. '정성껏 제물을 바치니 받으시고 축복을 내려 주세요.' 이런 의미였겠지요? 또 다른 의미는 '속죄의 제물'입니다. 신에게 기도하는데, 죄인의 모습으로 갈 수는 없잖아요. 죄를 씻어야죠. 그 방법이 바로 자기 대신 죽는 대속의 제물을 드리는 겁니다. 제물을 바치는 동안 죄로 얼룩진 자신을 죽이는 거죠. 이젠 죄를 더 이상 짓지 않고 깨끗하게 살겠다고 새롭게 결심하는 겁니다. 제사가 끝나면 새롭게 태어나는 부활을 체험하게 됩니다.

이렇듯 비극 공연은 디오뉘소스 신에게 숫염소를 제물을 바치는 제사이자 예배였고, 디오뉘소스 극장은 디오뉘소스 신전이며 예배당이었습니다. 무대는 제단이고, 무대에서 연기하는 배우는 제단 위에서 태워지는 숫염소를 대신한 겁니다. 제사에 참여한 사람들 대신 죽는 제물을 연기하는 셈이지요. 배우가 분한 주인공은 관객들의 마음속에 있는 격정과 일그러진 욕망을 무대 위에서 터뜨리면서 고통을 당하고 마침내 죽습니다. 그것은 관객들이 무대 위의 등장인물들과 함께 고통을 당하고 죽는 체험을 하는 것입니다. 관객들은 단순히 관객이 아니라 디오뉘소스에게 제사를 지내는 신도가 되는 것이지요. 그래서 비극이 끝나고 극장을 나가는 순간, 죄로 얼룩진 자신을 죽이고 없애서 깨끗해지고, 새로운 삶을 살겠다는 결심으로 부활한 셈이죠. 이것을 종교적 카타르시스, 비극적 카타르시스라고 합니다.

그리스 비극은 기독교의 부활절과 통하는 바가 많습니다. 그 시기도 비슷하지요. 기독교인들은 예수가 모든 인류의 죄를 짊어지고 십자가의 형틀에서 죽었다고 믿습니다. 그의 죽음을 생각하면서 죄로 얼룩진 자신들을 죽이고 새로운 모습으로 살아갈 것을 결심합니다. 이런 기독교인들의 종교적인 믿음은 그리스인들이 비극에 대해서 가졌던 태도와 비슷합니다. 이런 점에서 보면, 예수의 죽음과 부활이라는 종교적인 서사는 서양 문명의 최대 비극이라고 할 수 있습니다. 실제로 그리스 사람들은 로마의 지배 아래로 들어가고 나서 로마가 기독교를 국교로 삼았을 때, 큰 거부감 없이 기독교를 받아들였다고 합니다.

그리스 비극은 지금 우리에게도 중요한 의미가 있습니다. 비극 작품이 그때 그곳 그리스의 아테네에서 그랬듯이, 지금도 우리의 격정과 욕망, 그로 인해 우리가 저지르는 잘못과 다른 사람에게 전가하는 고통, 자신의 파멸을 비춰 줍니다. 고대 그리스인들이 비극을 보면서 자신의 잘못된 모습을 죽이고 새롭게 살고자 결심을 했듯이, 비극 작품을 통해서 우리도 하루하루 새롭게 태어나는 부활의 체험을 할 수 있습니다. '어제의 나는 죽고 오늘 나는 새로운 모습으로 살아야 한다, 오늘의 나는 죽고 내일 나는 새롭게 태어난다.' 이런 마음으로 반성하고, 하루하루를 새로운 결심으로 살 수 있도록 하는 힘을 그리스 비극에서 얻을 수 있는 것입니다.

16

밤하늘에 빛나는 처녀는 누구인가?

처녀자리는 8월 23일과 9월 23일 사이에 태어난 사람들의 별자리입니다. 봄의 동쪽 하늘과 초여름 서쪽 하늘에서 볼 수 있지요. 헤라클레스가 무찌른 네메이아의 사자자리 왼쪽 아래에서 볼 수 있습니다. 처녀자리와 관련된 그리스·로마 신화는 크게 세 가지입니다. 그리스·로마 사람들은 그 별자리가 날개가 달려 있고 손에 뭔가를 들고 있는 처녀의 모습으로 상상했는데요, 손에 든 것이 곡식이라고 상상한 사람들은 대지와 곡물의 여신 데메테르의 딸 페르세포네, 로마에서는 케레스(Cerēs) 여신의 딸 프로세르피나(Proserpina)라고 생각했습니다. 반면 손에 든 것이 저울이라고 생각한 사람들은 그 별자리가 순결과 정의로움의 여신 아스트라이아(Astraea), 로마에서는 유스티티아(Iustitia) 여신이라고 생각했지요. 또 다른 사람들은 포도주의 신 디오뉘소스의 여인이었던 에리고네(Ērigonē)가 별자리가 된 거라고 상상했습니다. 또 하나 흥미로운 건, 기독교가 지배하던 서양의 중세 때는 이 처녀자리를 성모마리아라고 믿는 사람들이 많았다는 겁니다.

가장 유명한 이야기는 역시 대지의 여신 데메테르의 딸, 페르세포네와 관련된 신화입니다. 페르세포네는 하데스에게 납치되어 지하 세계로 들어가 사자들의 여왕이 되었지요. 하지만 데메테르의 강력한 항의로 페르세포네는 지상과 지하를 오가는 운명을 안게 되었습니다. 일 년의 반은 지상으로 올라와 어머니 데메테르 여신과 지내고, 나머지 반은 지하 세계로 가서 하데스와 함께 지내게 된 것이지요. 딸을 맞이하고 보내는 데메테르의 심정에 따라 지상에는 계절이 생기게 되었고요. 그래서 봄이 되면 땅에는 부활하듯이 만물이 소생하고, 하늘에는 처녀자리가 환하게 나타나는 겁니다. 하늘에서 반짝이는 처녀자리를 보고 페르세포네가 엄마를 만나려고 지하 세계에서 나온다고 상상하며 이야기를 만들어 낸 거죠. 반면 가을과 겨울이 되면 하늘에서 처녀자리가 사라지니까 페르세포네가 다시 지하 세계로 내려간다고 생각한 거고요. 이런 이야기를 믿는 사람들은 봄에 나타나는 처녀자리가 손에 곡식을 들고 있다고 상상했지요.

처녀자리에 얽힌 또 다른 이야기는 아스트라이아에 관한 겁니다. '아스트라이아'라는 말 자체가 '별의 처녀'라는 뜻인데요, 아버지는 황혼의 신이며 별의 신인 아스트라이오스였고, 어머니는 새벽의 여신 에오스였습니다. 매우 시적인 계보라고 할 수 있지요. 황혼과 새벽이 서로 사랑을 나누어 순수한 별이 탄생했다는 거잖아요. 이런 이미지 때문에 아스트라이아는 순진무구를 상징하는 정의로움의 여신이었습니다. 그녀는 법 없이 산다는 황금 종족의 인간들과 함께 살고 있었답니다. 하지만 점점 인간들이 타락하면서 황금 종족이 사라지고 사악하고 난폭한 철의 종족이 세상을 지배하게 되자, 아스트라이아는 더 이상 인간들과 어울려 살 수 없게 되었지요. 그래서 인간 세상을 떠나 하늘로 올라 맑게 빛나는 별자리가 된 것이라고 하네요. 순결과 정의의 신이 세상을 떠나자 인간 세상이 더더욱 타락하게 된 것이고요. 정의와 순수함의 여신이 하늘에서 별처럼 빛나지만 인간 세계에는 더 이상 없다고 생각하면 가슴이 아픕니다. 예나 지금이나 사람들은 정의가 강물처럼 흐르는 세상을 꿈꾸고 있지만, 닿을 수 없는 별자리처럼 정의의 여신은 저 높은 하늘에서나 빛나고 있다는 얘기니까요. 이런 이야기는 그저 먼 옛날 신화가 아니라 우리의 현재 모습을 상징적으로 보여주는 것 같습니다.

별의 여신, 별의 처녀라는 뜻의 아스트라이아는 로마 신화에서는 '유스티티아' 여신이 되는데요, 이 말은 정의를 뜻하는 영어 단어 '저스티스(Justice)'의 어원이 됩니다. 로마에서는 더 직접적으로 정의의 여신을 처녀자리라고 생각한 거죠. 그래서 로마 사람들은 처녀자리가 손에 양팔 저울을 들고 있다고 생각했습니다. 흔히 로마에서 정의의 여신은 두 눈을 가리고 한 손에는 양팔 저울을, 다른 손에는 칼을 들고 있다고 그려집니다. 어떤 편견에도 휘둘리지 않고 공정하게 판단하고, 엄격하게 처벌한다는 의미를 담고 있는 모습입니다. 현대법의 뿌리가 된 로마법을 세운 로마인들다운 상상입니다.

처녀자리와 관련된 세 번째 신화는 에리고네라는 여인과 관련된 이야기입니다. 에리고네는 아테네 사람 이카리오스(Ikarios)의 딸이었는데요, 포도주의 신 디오뉘소스의 연인이었습니다. 어느 날 디오뉘소스는 먹을 것이 없어 힘들어하는 인간들을 위해 땅으로 내려왔습니다. 인간들에게 포도나무와 포도주를 주면서 재배법과 양조법을 알려 주려고 했지요. 그런데 그의 눈에 에리고네가 띈 겁니다. 둘은 곧 사랑에 빠졌고, 스타퓔로스(Staphulos)라는 건장한 아들까지 낳았죠. 그 이름은 '포도송이'라는 뜻이니 디오뉘소스의 아들로 손색이 없습니다. 디오뉘소스가 포도송이로 변신해 에리고네 앞에 놓이자, 에리고네가 포도송이를 먹고 스타퓔로스를 임신했다는 이야기도 전해집니다. 그런데 문제는 에리고네의 아버지 이카리오스 때문에 생깁니다. 디오뉘소스는 가죽 부대에 포도주를 담아 장인인 이카리오스에게 선물로 주었지요. 이카리오스는 통이 크고 베풀기를 좋아하는 너그러운 사람이라, 그 포도주를 이웃에 사는 목동들과 함께 나눠 마시기로 했습니다. 이렇게 보면, 이카리오스와 목동들은 인류 최초로 술맛을 본 사람인 셈입니다. 이카리오스와 목동들은 얼큰하게 취기가 돌자 처음에는 기분이 좋았는데, 점점 술이 오르고 몸을 가눌 수 없을 정도로 취하게 되자, 목동들은 이카리오스가 자신들을 죽이려고 독약을 먹인 거라고 의심하게 되었습니다. 인사불성으로 취한 목동들은 판단력을 잃고 몽둥이를 휘두르며 이카리오스에게 덤벼들었고, 인정사정없이 매질을 해 댔답니다.

그렇게 어이없이 이카리오스는 몰매를 맞고 목숨을 잃게 되었습니다. 황당하지요? 이카리오스는 이웃과 좋은 것을 나누려고 했는데 뜻하지 않은 봉변을 당했으니 말입니다. 에리고네는 목동들에게 뭇매를 맞고 길바닥에 아무렇게나 버려진 아버지의 시신을 보고는 커다란 충격에 빠졌습니다. 자기 때문에 아버지가 죽었다고 생각한 에리고네는 자책감에 빠져 극단적인 선택을 합니다. 아버지 시신이 버려진 곳에 있던 나무에 목을 매단 겁니다. 이 사실에 화가 난 디오뉘소스는 아테네에 재앙을 내렸습니다. 그러자 기이한 일이 벌어졌습니다. 아테네의 젊은 처녀들이 광기에 휩싸여 에리고네처럼 목을 매달아 자살하는 사건이 연이어 터진 겁니다. 아테네인들은 이 해괴한 재앙에서 벗어나기 위해서 이카리오스를 죽인 목동들을 잡아 처벌을 했답니다.

디오뉘소스는 죽은 에리고네를 애도하며 추모의 축제를 열었고, 그녀를 기념하기 위해 처녀자리로 만들어서 하늘에서 빛나게 했습니다. 또한 호탕하고 배포가 컸던 장인 이카리오스는 처녀자리 곁에 서 있는 목동자리로 만들었고요. 페르세포네나 아스트라이아의 신화는 처녀자리 곁에 왜 목동자리가 있는지 설명하지 못하는 데에 반해서, 에리고네 이야기는 목동자리까지 설명해 줍니다. 이렇게 그리스·로마 사람들은 밤하늘을 수놓은 별자리를 보면서 마치 그림책을 펼쳐 놓고 이야기를 읽듯이 상상의 나래를 펼치면서 밤을 지새웠던 겁니다. 요즘은 밤새 켜 놓은 네온사인이나 가로등 불빛 때문에 하늘의 별자리를 제대로 보지 못하는데, 그만큼 많은 이야기를 잃고 사는 것이겠지요? 그리고 그 빈자리를 텔레비전 드라마나 영화, 손바닥 안의 모바일 속 각종 영상들이 정신없이 채우고 있는 것 같습니다.

17

천칭은
누가 들고 있는가?

천칭은 양팔 저울을 말합니다. 별자리들 가운데 드물게 생명체가 아닌 별자리이기도 하지요. 중국과 우리나라에서는 예로부터 이 별자리를 청룡의 늠름한 앞가슴이라고 생각했습니다. 뚜렷하게 보이는 사각형을 연상시키는 모양을 되의 모습이라고 그려 내기도 했죠. 되는 아시다시피 곡식을 담아 재는 기구니까, 서양의 저울과 비슷한 구실을 한다고 할 수 있습니다. 9월 24일부터 10월 22일까지 생일인 사람들의 별자리지만, 9월에서 10월 사이에는 천칭자리가 태양이 지나는 황도에 위치하기 때문에 태양빛에 가려서 볼 수 없습니다. 대신 3월에 남동쪽 하늘에 나타나기 시작해서 점점 남서쪽 하늘로 움직여 가는데, 7월까지는 볼 수 있습니다. 천칭자리는 처녀자리 발아래, 그러니까 처녀자리의 서쪽에 놓여 있는 것처럼 보입니다. 그리고 전갈자리의 위쪽, 그러니까 전갈자리의 동쪽에 놓여 있는 것처럼 보이고요. 고대 바빌로니아에서는 천칭자리를 전갈의 날카로운 발톱으로 생각하기도 했답니다. 처녀자리와 전갈자리 사이에 천칭자리가 있는 겁니다. 그러면 그 천칭은 누구의 것일까요?

앞서 순결과 정의로움의 여신 아스트라이아를 소개해 드렸는데요, 이 여신이 천칭의 주인이라는 이야기가 있습니다. 반면 그리스 신화에서는 아스트라이아말고 천칭을 들고 있는 여신이 둘이나 더 있습니다. 테미스와 디케라는 여신입니다. 신의 계보를 따져 보면 테미스가 먼저고 디케는 나중인데, 디케가 테미스의 딸이기 때문입니다. 둘 다 정의의 여신으로 추앙받는데, 먼저 테미스 여신은 하늘의 신 우라노스와 땅의 신 가이아의 딸이었습니다. '테미스'라는 이름은 '제자리에 놓다'라는 뜻인데, 모든 사물을 제자리에 둔다는 것은 질서를 잡는다는 뜻이고, 법과 정의, 공정함을 세운다는 걸 의미하게 되지요. 그래서 테미스 여신은 최초로 법의 신이 되는데, 특히 자연의 질서와 모든 사람들에게 공통되는 자연법을 관장하는 신으로 통합니다.

디케가 테미스 여신의 딸이니까, 그녀에게도 역시 정의의 유전자가 흐르겠지요? 게다가 디케의 아버지는 그리스 신화에서 권력 투쟁의 최종 승자, 제우스입니다. 둘의 결합으로 디케를 설명한다면 '최고 권위의 법과 정의'로 해석될 수 있을 겁니다. 테미스는 제우스의 두 번째 부인으로 알려져 있는데, 족보를 따져 보면 제우스의 고모이면서 이모입니다. 테미스의 형제자매 중에 크로노스와 레아가 있는데, 이들 남매가 결혼을 해서 제우스를 낳았으니까요. 제우스는 세상을 다스리는 데에 필요한 정의와 법도를 세우기 위해 자신의 고모이자 이모인 테미스 여신과 결혼할 필요가 있다고 생각했습니다. 그래서 둘 사이에는 정의의 여신 디케가 태어났지요. 디케 여신은 인간들의 관습이나 풍속을 다스리고, 규범과 법을 비롯해 도덕과 윤리를 세우고, 사람들 사이에 정의로운 사회가 이루어지도록 일일이 관여하고 다스리는 역할을 하는 신입니다.

조카가 고모와 결혼을 한다는 것이 좀 이상하지요? 콩가루 집안 이야기인 것 같고요. 하지만 그런 식으로 신화를 글자 그대로 해석하면 참 이상하기 짝이 없지요. 조카가 고모와 결혼한다는 이야기는 정말 망측한데, 그런 불미스러운 결혼을 통해서 인간들 사이의 정의와 법을 관장하는 여신이 태어났다니 정말 말도 안 되는 일이겠지요? 하지만 신화를 상징적인 의미로 해석하면 일리가 있습니다. 제우스와 테미스의 결혼은 결국 최고의 권력이 정의와 법과 결합할 때, 정의롭고 올바르며 도덕과 윤리가 바로 서는 인간 사회를 이룰 수 있다는 뜻으로 해석될 수 있습니다. 그래야 그리스 신화를 제대로 이해하는 게 됩니다. 흥미로운 건, 제우스가 테미스와 결혼해서 정의의 여신 디케 이외에도 두 명의 딸을 더 낳았다는 건데요, 질서의 여신 에우노미아와 평화의 여신 에이레네입니다. 신화의 상징을 풀어 보면, 최고 권력인 제우스가 정의인 테미스와 결합하니까 인간 사회는 정의롭고 질서를 유지하면서 평화를 누릴 수 있게 되었다는 뜻이 되는 겁니다. 우리가 사는 사회도 이렇게 되었으면 참 좋겠습니다.

그런데 처녀자리의 주인공이자 천칭자리의 주인공이라는 설도 있는 아스트라이아가 바로 디케와 같은 신이라는 신화도 전해집니다. 실제로 '아스트라이아 디케'라는 식으로 불리기도 하는데요, 이때 아스트라이아는 디케의 별명이 됩니다. 특히 디케는 다른 모든 신들이 타락한 인간 세상을 떠날 때, 홀로 남아 인간들의 정의를 지키려고 했는데, 그녀의 모습이 하늘의 별자리로 떠오르자 아스트라이아라는 이름을 붙였다는 겁니다. 땅에는 디케 여신이 있고 하늘에는 아스트라이아 여신이 있는 식으로, 하나면서 둘이고, 둘이면서 하나인 거겠지요? '아스트라이아'라는 말 자체가 '별'이라는 뜻을 가지고 있으니까, 디케가 별자리가 되어 아스트라이아가 된 거라고 볼 수도 있습니다.

사실 그리스 신화는 문학적이고 시적인 상징들로 해석할 필요가 있습니다. 아스트라이아는 반짝이는 별의 찬란하고 순수한 이미지와 올바르고 꼿꼿한 정의의 이미지를 결합한 것이라고 할 수 있는데, 많은 사람들은 바로 이 아스트라이아를 정의의 여신 디케라고 생각했던 겁니다. "정의는 하늘의 별처럼 빛난다"라는 뜻이 되겠죠. 이런 신화적 상상력에다가 독일의 철학자 칸트(Imman-uel Kant)가 했던 말을 연결시킬 수 있을 겁니다. 그는 이렇게 말했죠. "생각하면 할수록 언제나 감탄스럽고 경건한 마음을 불러일으키는 것이 두 가지가 있다. 하나는 밤하늘에 반짝이는 별들이고, 다른 하나는 가슴속에 빛나는 양심이다."

18

제우스,
거신들의 반란을 제압하다

제우스는 아버지 크로노스와 삼촌들로 구성된 티탄 신족들과의 전쟁, 즉 티타노마키아에서 승리를 거두고 새롭게 최고 권력자의 자리에 등극했습니다. 하지만 그가 권력을 탄탄히 다져 나가는 모습을 대지의 여신 가이아는 못마땅하게 쳐다보고 있었지요. 특히 제우스가 티탄 신족들을 대지 아래 타르타로스에 가두자, 대지의 여신 가이아는 또다시 고통스러워했습니다. 결국 그녀는 제우스를 권좌에서 몰아낼 계획을 세웁니다. 돌이켜 보면, 세상을 최초로 지배했던 가이아는 하늘의 신 우라노스에게 권력을 뺏기고 난 뒤에 신들의 권력 투쟁에서 계속 반란의 배후 실세로 행동했습니다. 우라노스에게 당했을 때는 크로노스를 도왔고, 크로노스의 폭력에 대해서는 제우스를 지원하여 새로운 권력을 창출했지요. 이제 가이아는 제우스에 대해서도 반란을 시도합니다.

먼저 그녀는 크로노스가 우라노스를 거세했을 때에 태어난 거신족들을 동원합니다. 거세된 우라노스의 남근에서 쏟아져 나온 핏방울과 정액이 대지에 닿자, 가이아 여신은 그것을 품어 기가스(Gigas), 즉 거신족들을 낳았습니다. 이들의 덩치는 우람했고 힘이 장사였지요. 이들이 가이아 여신의 명령에 따라 올림포스를 공격한 것입니다. 거대한 바위와 불타는 나무를 던졌지요. 이 싸움을 거신족인 '기가스들과의 전쟁'이라는 뜻에서 '기간토마키아'라고 부릅니다. 올림포스 12신 체제의 첫 시련이었습니다.

고전을 면치 못하던 올림포스의 12신들에게 신탁이 주어집니다. 거신족들은 신들의 공격을 받아도 죽지 않으니, 이들을 제거하려면 인간의 도움이 필요하다는 것이었지요. 제우스는 자존심이 상했습니다. 프로메테우스와 갈등이 생겼을 때, 인간을 무시하고 모조리 없애 버리려고까지 했는데, 보잘것없는 인간의 도움을 받아야 할 처지가 되었으니 말입니다. 그러나 제우스는 권력을 지키기 위해 굴욕적인 신탁을 받아들입니다.

그런데 신들조차 죽일 수 없는 거신족들을 죽일 수 있는 인간이 과연 누굴까요? 바로 그리스 최고의 영웅 헤라클레스였습니다. 이렇게 해서 불멸의 신들과 필멸의 인간이 협력하는 진기한 광경이 연출됩니다. 대지의 여신 가이아도 이 신탁을 듣고는 거신족들이 인간에 의해 파멸되지 않도록 해 줄 신비의 약초를 구하려고 합니다. 하지만 제우스가 가이아보다 한발 먼저 이 약초를 구해 감추었고, 지혜의 여신 아테나는 헤라클레스를 불러옵니다.

올림포스 12신들은 각자의 상대를 정해 자신의 장점을 최대한 살려 싸움에 임하였고, 마지막 순간에 헤라클레스가 결정타를 날립니다. 제우스가 벼락을 쳐서 상대를 쓰러뜨리면 헤라클레스가 화살을 쏘고, 아폴론이 상대의 왼쪽 눈을 맞추면 헤라클레스가 오른쪽 눈을 맞추었으며, 헤파이스토스가 불에 달궈진 쇳덩이를 던져 상대를 눕히면 헤라클레스가 화살을 쏴서 숨통을 끊어 놓는 식이었습니다. 이렇게 해서 올림포스 신들은 어렵사리 거신족들을 모두 쓰러뜨렸습니다. 제우스는 거대한 산을 뽑아 쓰러진 거신족들의 주검 위에 던져 다시는 일어서지 못하게 덮어 버렸습니다.

그러나 여기서 끝이 아니었습니다. 거신족들이 모두 죽자, 더욱더 화가 난 대지의 여신 가이아는 지하의 신 타르타로스와 결합하여 튀폰이라는 사상 초유의 괴물을 낳았습니다. 이놈은 얼마나 큰지 벌떡 일어서면 머리는 하늘에 닿았고, 양팔을 벌리면 동쪽 끝과 서쪽 끝에 닿았습니다. 생김새도 무시무시했는데, 백 개나 되는 용의 머리가 양팔 위로 솟아 있었고, 넓적다리 아래는 거대한 뱀이었지요. 온몸에 날개가 달려 있고, 입에서는 불길을 뿜어냈습니다.

튀폰이 올림포스에 나타나자, 신들은 그 거대하고 무시무시한 모습에 전의를 상실하고 동물로 변신해 걸음아 날 살려라 허둥지둥 달아났지요. 디오뉘소스는 염소로, 헤라는 암소로, 아르테미스는 고양이로, 아프로디테는 물고기로, 헤르메스는 따오기로 변신했답니다. 이들이 이집트로 달아났기 때문에 그곳 사람들은 동물 모양의 신을 숭배하게 되었다고 하네요.

제우스만이 튀폰과 맞서 싸웠지요. 아테나 여신도 아버지를 도와 괴물과 싸웠다고 합니다. 제우스는 자신의 가장 강력한 무기인 번개 창을 튀폰에게 던졌습니다. 튀폰이 번개를 맞고 주춤하자, 제우스는 재빠르게 달려들어 거대한 강철 낫으로 튀폰의 가슴을 가격해서 쓰러뜨렸지요. 그러나 튀폰은 역시 강했습니다. 다시 몸을 추스르고 일어나 제우스를 거대한 손으로 움켜쥐었고, 강철 낫도 빼앗았습니다. 제우스에게서 빼앗은 강철 낫으로 그의 팔다리 힘줄을 모두 끊어 버렸죠. 온몸에서 힘을 잃은 제우스는 줄 끊어진 인형극의 인형처럼 축 늘어지고 말았습니다. 함께 싸우던 아테나도 반격할 방법이 없었습니다. 튀폰이 제우스를 칼리키아에 있는 코리코스 동굴로 데려가 가두는데도, 아테나는 그저 바라보고 있을 수밖에 없었습니다. 안타까웠지만 어쩔 도리가 없었죠. 튀폰은 제우스의 팔다리에서 잘라 낸 힘줄을 곰의 가죽에 싸서 거대한 용에게 지키게 했습니다.

아테나는 제우스의 힘을 회복할 방법을 찾아보았습니다. 혼자서는 도저히 싸울 수가 없으니까요. 아테나 여신은 도적질에 능한 헤르메스와 공모해서 곰의 가죽으로 싸 놓은 제우스의 끊어진 힘줄을 몰래 꺼냈습니다. 그리고 동굴에 잠입해서 제우스의 팔다리에 다시 힘줄을 붙여 탈출에 성공하게 됩니다. 힘을 회복한 제우스는 일단 화력을 충분하게 보강합니다. 번개 창을 날개 달린 마차에 잔뜩 싣고서 높이 올라가 위에서 공격하는 전술을 택하지요. 땅에서 싸우는 것보다 훨씬 유리했습니다. 물론 튀폰도 날 수는 있었지만, 몸집이 너무나 거대해서 민첩성이 떨어졌기 때문에 높은 곳에서 빠르게 움직이면서 번개를 던지는 제우스를 피하기가 어려웠습니다. 우리가 아무리 덩치가 커도 윙윙 날아다니며 공격하는 모기를 잡기 어려운 것과 비슷했죠.

어쨌든 제우스의 공중 공격에 화가 난 튀폰은 땅에서 산을 뿌리째 뽑아내서 제우스에게 던지기 시작했습니다. 그러나 제우스는 번개 창을 던져서 날아오는 산을 튀폰에게 되돌려 보냈죠. 날아오던 거대한 산은 부메랑처럼 되돌아가 튀폰에게 쏟아져 내렸습니다. 튀폰은 떨어져 내리는 산을 맞고 피투성이가 되어 시칠리아의 바다로 달아났습니다. 이때 제우스는 시칠리아섬에 있는 아이트나산(지금의 에트나산)을 뽑아서 튀폰 위로 던졌고, 튀폰은 그 산에 깔리고 말았습니다. 시칠리아섬의 에트나산이면 지금도 화산이 폭발한다는 그 활화산인데, 사람들은 그 화산이 그때 산 밑에 깔려 바다 아래 지하에 갇힌 튀폰이 불을 뿜기 때문에 용암을 뿜어내는 것이라는 이야기를 지어냈습니다. 화산이 폭발하는 건, 튀폰이 발작을 일으키고 다시 지상으로 나오려고 몸부림치는 거라고 말했던 겁니다. 또 거대한 돌풍을 동반한 태풍은 튀폰의 거친 입김이라고 합니다.

이렇게 해서 제우스는 거신족의 반란을 완전히 제압하고 권력을 더욱더 단단하게 다질 수 있게 되었습니다. 특히 사활을 건 튀폰과의 싸움에서 물러서지 않고 용감하게 싸운 전력은 그의 권력과 권위를 그 누구도 부인할 수 없게 만들었지요. 이후에도 올림 포스 신들 내부에 갈등과 반란의 역사가 있긴 하지만, 그 모든 것을 제압하고 제우스는 그리스·로마 신화의 영원한 권력자로 남게 됩니다. 그 비결이 뭘까요? 그는 권력을 획득하고 지켜 나가는 과정에서 형제자매와 친지, 자식들, 더 나아가 인간의 도움까지도 마다 않고 적절히 이용했습니다. 그리고 권력을 효율적으로 나누며 전체적으로 조화롭게 통제해 나갔지요. 바로 그것이 제우스의 성공 비결이었고, 그리스·로마 신화를 통해 고대인들이 전하려던 정치적 지혜의 메시지였다고 할 수 있습니다.

19

거대한 튀폰,
무시무시한 자식들을 낳다

별자리 가운데 물고기자리는 7월에 동쪽 하늘에서 보이기 시작해서 이듬해 1월까지 보입니다. 2월 19일에서 3월 20일 사이의 생일을 맞이한 사람들의 별자리죠. 물고기자리의 주인공은 아름다움의 여신 아프로디테와 사랑의 화살을 쏘는 에로스입니다. 많은 전승 자료에서 두 신은 모자 사이로 나타납니다. 물고기 별자리는 한 점에서 시작한 두 개의 끈이 브이(V) 자로 뻗어 있고, 그 끝에 두 마리의 물고기가 묶여 있는 모양입니다. 그런데 아프로디테와 에로스가 물고기자리와 무슨 상관이 있을까요? 그 이유는 아프로디테와 에로스가 물고기로 변했던 적이 있었기 때문입니다. 앞서 튀폰이 올림포스의 하늘 궁전으로 쳐들어왔을 때, 대부분의 신들이 이집트 쪽으로 달아났는데 아프로디테와 에로스가 물고기로 변해 바다로 뛰어들었다는 말씀을 드린 적이 있었죠. 이때 넓고 넓은 바다에서 어머니와 아들은 헤어져 이산가족이 되는 것을 막기 위해 꼬리에 줄을 묶어서 연결했다고 합니다.

나중에 제우스의 승리가 알려지자, 튀폰의 공격에 두려움을 느끼고 짐승으로 변해서 달아났던 신들은 다시 제 모습을 찾고 올림포스 궁전으로 복귀했습니다. 물고기로 변한 아프로디테와 에로스도 원래의 모습으로 돌아왔고, 그 사실을 기뻐하면서 기념으로 물고기자리를 하늘에 새겨 넣은 것이라고 하네요.

제우스와의 싸움에서 엄청난 위력을 보여 준 튀폰은 자신의 누이였던 에키드나(Ekhidna)와 함께 여러 괴물들을 낳았습니다. 머리가 두 개가 달린 커다란 맹견 오르트로스(Orthros), 머리가 셋 달린 케르베로스(Kerberos), 머리가 아홉 개 달린 거대한 뱀 히드라(Hudra), 사자와 염소와 뱀이 결합된 하이브리드 괴물 키마이라(Khimaira), 엄청난 몸집에 단단한 가죽을 가진 네메이아의 사자, 송곳니가 날카로운 식인 멧돼지 파이아(Phaia), 그리고 여자 얼굴에 사자 몸뚱이, 날개가 달린 스핑크스(Sphinx)가 그들의 자식이었습니다. 이 가운데 일부만 좀 더 자세히 살펴볼까요?

오르트로스는 두 개의 머리가 달린 개의 모습입니다. 꼬리는 뱀이었죠. 개들은 보통 집을 지키거나 가축을 몰거나 사냥에 이용되는데, 오르트로스는 가축을 돌보는 파수꾼 노릇을 했습니다. 이 머리 둘 달린 개의 주인은 게리온(Gēruōn)이라는 전사였는데, 이 전사의 생김새도 특이합니다. 몸통이 세 개였거든요. 당연히 머리가 셋, 팔이 여섯이었습니다. 그러니까 다리도 여섯 개였는데, 어떤 기록에는 허리 아래는 한 사람의 모습이었고 다리가 여섯이 아니라 둘이었다는 이야기도 전해집니다. 한 사람에 세 몸뚱이니 얼마나 강력했을까요?

게리온의 가축에 감히 손을 댄 영웅이 있었습니다. 바로 헤라클레스였습니다. 헤라클레스는 광기에 휩싸여 미친 상태에서 자식들을 죽인 적이 있는데, 그 죄를 씻기 위해 열두 가지 힘든 과업을 수행해야만 했습니다. 헤라클레스에게 열두 가지 과업을 내린 사람은 그의 오촌 당숙이었던 에우뤼스테우스(Eurusteus) 왕이었습니다. 그가 헤라클레스에게 내린 열 번째 과업이 바로 게리온의 소 떼를 데려오라는 것이었죠. 이렇게 해서 헤라클레스는 게리온과 오르트로스를 상대로 싸워야만 했습니다.

명령을 받자마자, 헤라클레스는 게리온이 사는 에뤼테리아라는 섬으로 갔죠. 이 섬은 세상의 가장자리를 흐르는 오케아노스 가까운 곳에 있었습니다. 그 섬으로 가는 것도 쉬운 일은 아니었지만 헤라클레스는 온갖 역경을 다 이겨 내고, 우여곡절 끝에 섬에 도착했습니다. 헤라클레스가 야영 준비를 하는 동안, 낯선 침입자를 발견한 오르트로스는 다짜고짜 덤벼들었죠. 하지만 으르렁거리며 호기롭게 달려든 오르트로스는 헤라클레스의 곤봉에 맞아 목숨을 잃고 말았습니다.

자신의 충견이었던 오르트로스가 낯선 침입자에게 맞아 죽자, 게리온은 당장에 무장을 하고 헤라클레스에게 덤벼들었습니다. 번쩍거리는 투구를 쓴 세 개의 머리에 세 개의 팔이 세 개의 창을 휘두르며, 다른 세 개의 손이 세 개의 방패를 들고 달려드는 게리온의 모습을 보고 헤라클레스는 깜짝 놀라 달아났지요. 하지만 계속 도망칠 수는 없는 일, 헤라클레스는 일정한 거리를 확보하자 활시위를 당겼고, 활을 떠난 화살은 어김없이 게리온의 세 개의 머리 가운데 하나의 이마를 꿰뚫었습니다. 그런데 그 화살에는 오르트로스의 누이였던 히드라의 맹독이 묻어 있었습니다. 히드라의 독은 치명적이었죠. 온몸에 맹독이 퍼지자 게리온은 회생할 수가 없었고, 그 자리에서 숨을 거두고 말았습니다.

히드라는 레르네라는 늪에서 살던 괴물이었는데, 헤라 여신이 길렀다고 합니다. 머리가 아홉 개 달린 거대한 뱀이었지요. 생물 책에도 소개되는 같은 이름의 강장동물이 있는데요, 크기는 1센티미터 정도 되고, 머리 쪽에 입이 크게 달려 있습니다. 입 주위로 기다린 촉수가 7~8개 정도 나 있고요. 그 모습이 그리스·로마 신화 속 괴물 히드라와 비슷하게 생겨서 똑같은 이름을 갖게 된 겁니다. 그런데 괴물 히드라는 독을 뿜어내서 주변의 농작물과 가축들에게 큰 피해를 입혔습니다. 에우뤼스테우스는 헤라클레스에게 히드라를 처치하라는 명령을 내렸지요. 헤라클레스는 올리브 나무 몽둥이로 히드라의 머리를 으깼는데, 놀랍게도 으깨진 자리에서는 새로운 머리가 두 개나 다시 나왔습니다.

헤라클레스는 괴물을 죽일 방법이 없을까 고민하다가, 마부 노릇을 하던 조카 이올라오스(Iolaos)에게 숲에 불을 지르라고 한 다음 횃불을 만들었습니다. 그리고 곤봉으로 히드라의 머리를 박살 내고서 곧바로 횃불로 깨진 머리통을 지져서 새로운 머리가 돋아나는 것을 막았습니다. 이 방법은 효과가 있었습니다. 머리가 하나씩 깨져 나가고 잘리다가, 결국 모든 머리가 없어지자 히드라는 죽었습니다. 헤라클레스는 죽은 히드라의 몸뚱이에서 담즙을 꺼내 화살촉에 묻혔습니다. 바로 이 히드라의 독이 묻은 화살에 맞고 머리가 셋 달린 전사 게리온이 죽었던 것이지요. 히드라의 오빠인 오르트로스는 헤라클레스의 곤봉에 맞아 죽었고요.

그러고 보면 헤라클레스와 튀폰 가문은 완전히 원수 사이입니다. 튀폰의 형제들도 헤라클레스의 화살에 맞아 죽었고, 튀폰의 자식들도 헤라클레스에게 죽임을 당했으니까요. 거슬러 올라가면 이들의 원수 관계는 대물림된 것이네요. 제우스가 튀폰을 물리쳤는데, 제우스의 아들 헤라클레스는 튀폰의 자식들을 처치하니 말입니다.

하지만 케르베로스만은 죽임을 당하지 않았습니다. 에우뤼스테우스는 마지막 열두 번째 명령을 내렸는데, 헤라클레스에게 저승으로 내려가서 케르베로스를 데려오라는 것이었습니다. 케르베로스는 형이었던 오르트로스와 비슷한 맹견인데, 머리가 하나 더 있었습니다. 머리가 세 개 달린 개였지요. 그리고 등에는 온갖 종류의 뱀들 머리가 꿈틀거렸다고 합니다. 이 무시무시한 개가 하데스의 입구를 지키는 문지기 노릇을 했던 겁니다. 한번 하데스에 들어간 혼백들이 다시 나오지 못하게 하고, 살아 있는 사람이 하데스로 들어가는 것을 막았지요.

헤라클레스는 그 무엇으로도 뚫을 수 없는 네메이아의 사자 가죽으로 온몸을 꽁꽁 감싼 뒤에 하데스로 내려가서 케르베로스와 맨몸으로 싸웠습니다. 헤라클레스는 열두 과업 중 첫 번째로 네메이아의 사자를 물리쳤는데, 그때 얻은 가죽이 무엇으로도 뚫리지 않을 만큼 단단했기 때문에 그것을 벗겨서 갑옷처럼 입고 다녔던 거죠. 헤라클레스는 케르베로스의 세 개의 머리를 한꺼번에 팔로 둘러 있는 힘을 다해서 꽉 조였습니다. 등과 꼬리에 있는 독사들이 헤라클레스를 물으려고 했지만, 사자 가죽을 뚫을 수가 없었습니다. 결국 케르베로스는 질식해서 탈진했고 저항할 힘을 잃고 널브러졌지요.

헤라클레스는 케르베로스를 잡아 지상으로 끌고 와서는 에우뤼스테우스 앞으로 데려왔습니다. 설마 했는데, 눈앞에 정말로 케르베로스가 나타나자 에우뤼스테우스는 공포에 휩싸여 도로 데려가라고 했지요. 헤라클레스는 케르베로스를 다시 저승 세계로 데려가 하데스에게 돌려주었습니다. 그래서 케르베로스는 목숨을 부지할 수 있었고, 계속해서 저승을 지키는 문지기 노릇을 하고 있는 겁니다. 이렇게 해서 헤라클레스는 열두 번째 마지막 과업까지 성공적으로 수행하고 자기 자식을 죽인 지난 죄를 씻고 정화되었지요.

키마이라는 아주 복잡한 모습을 가지고 있었습니다. 몸통의 앞부분은 사자고 꼬리는 뱀의 모양인데, 꼬리의 끝에는 뱀의 머리가 달려 있었습니다. 그리고 얼굴은 염소였는데, 불을 뿜어냈다고 하죠. 세 가지 동물이 합쳐진 아주 다채로운 하이브리드, 즉 합성 괴물이었습니다. 이런 이유 때문에, '키마이라(=키메라)'라는 말은 지금도 여러 분야에서 사용됩니다. 가장 대표적인 예가 생물학 분야에서인데요, 생물학자들은 서로 다른 종끼리 결합해서 새로운 종을 만들어 내는 유전학적인 기술을 '키메라'라고 부릅니다. 그 밖에도 다양한 모습이 결합된 하이브리드 형태를 여러 분야에서 키메라라고 부르곤 하지요.

이 괴물을 물리친 영웅은 벨레로폰테스(Bellerophontēs)입니다. 그는 날개 달린 말인 페가소스(Pēgasos, 로마 신화에서는 페가수스)를 타고 다녔습니다. 키마이라가 출몰해서 사람들이 피땀 흘려 가꾸어 놓은 농토를 황폐하게 만들고 가축들을 해치자, 벨레로폰테스는 페가소스를 타고 하늘 높이 올라가서 키마이라에게 활을 내리 쏘아 죽였다고 합니다.

튀폰의 자식들 가운데 스핑크스는 테베의 영웅 오이디푸스에 의해 퇴치되고, 멧돼지 파이아는 아테네의 영웅 테세우스에게 죽임을 당합니다. 고대의 그리스·로마인들은 농부들이 일구어 놓은 농토를 망가뜨리고 가축을 습격하는 야생 들소나 야생 염소, 멧돼지, 사자, 호랑이 등의 맹수들이나 칼과 창으로 무장한 산적 떼, 야만족들을 튀폰이나 그의 자식들과 같은 괴물로 상상했던 겁니다. 그리고 이 괴물들을 힘과 지혜로 물리친 전사들을 영웅으로 숭배했는데, 이들에 관한 이야기들이 신화의 형태로 오늘날까지 전해진 것입니다. 아울러 자라나는 새로운 세대들에게 이런 영웅들의 이야기를 들려주면서 슬기롭고 씩씩하게 자라날 수 있도록 교육을 했던 것이죠.

20

제우스의 영광,
올림피아와 네메이아 제전

고대 그리스의 모든 제전은 특정한 신에게 영광을 돌리는 종교적인 의미가 있었습니다. 올림피아 제전은 전 그리스인들의 최고 축제인 만큼, 그리스 신화의 최고 신인 제우스에게 영광을 돌리는 제전이었죠. 여러 가지 기원 신화가 있는데, 그중에 가장 오래된 신화는 그리스의 역사가 파우사니아스(Pausanias)의 기록에서 찾아볼 수 있습니다. 그리스어로 손가락을 뜻하는 말이 '닥틸로스(dak-tulos)'인데, 손재주가 아주 좋았던 신들의 이름도 또한 '닥틸로스'였습니다. 이 닥틸로스들은 대장장이 노릇이나, 병을 고치는 마술사 역할을 했답니다. 이들이 새로 태어난 어린 제우스의 마음을 즐겁게 해 주려고 펠로폰네소스 반도 서쪽 끝에 있는 올림피아에 모여 달리기 시합을 열었는데, 그게 올림피아 제전의 기원이 되었다고 합니다.

또 다른 기원 신화는 어린 제우스가 커서 자신이 누구인지 알게 된 후에 아버지 크로노스를 찾아가는 이야기와 관련이 있습니다. 장성한 제우스는 아버지 크로노스에게 도전하기 위해 뱃속에 갇힌 형제자매를 모두 구하고, 힘을 합해 아버지와 싸워 승리를 거둡니다. 제우스는 올림포스산 정상에 궁전을 세우고 천하를 통치하게 되지요. 이를 기념하기 위해 올림피아 제전을 열었다는 것입니다.

제우스의 아들 헤라클레스가 수행해야 했던 열두 가지 과업과 연관되었다는 설도 있습니다. 헤라클레스가 열두 가지 과업을 모두 성공한 다음에 그 업적을 기념하고 아버지인 제우스에게 영광을 돌리기 위해 올림피아 제전을 열었다고 합니다. 이 제전은 처음에 달리기 경기만 있었는데, 점점 종목이 늘어서 스물세 종목까지 되었죠. 최초의 달리기는 약 192미터의 트랙을 달리는 스타디온(stadion)이라는 경기였는데, 요즘 종목으로 한다면 200미터 단거리 경주와 비슷합니다.

우리는 축구장을 포함한 종합 경기장을 '스타디움(stadium)'이라고 부르는데, 이 명칭은 바로 그리스어 스타디온에서 나왔습니다. 이것은 원래 구조물이나 건물을 가리키는 말이 아니라, 길이의 단위였죠. 성인의 발을 600족 잰 거리를 1스타디온이라고 했는데, 그 길이는 지역마다 달랐습니다. 올림피아에서는 스타디온이 약 192미터였다고 하니, 발 크기가 무려 320밀리미터입니다. 도대체 누구 발이 이렇게 왕발이었을까요? 바로 헤라클레스였답니다. 그는 자신의 발로 달릴 거리를 측정한 다음 달리기 시합이 열리는 운동장을 조성한 후에 그 둘레를 경사진 관중석으로 둘렀습니다. 그렇게 만들어진 공간과 거리를 달리는 시합을 스타디온이라 부르게 되었죠. 그러고 보면, 헤라클레스의 발명품이 전 세계에 퍼져 있는 셈입니다.

14회 올림피아 제전부터는 스타디온을 왕복으로 달리는 디아울로스(diaulos) 경기가 추가되었고, 15회 때부터는 장거리 달리기인 돌리코스(dolikhos)가 도입되었지요. 65회에는 완전 무장을 하고 스타디온을 한 번 또는 두 번 왕복하는 호플리토드로모스(hoplitodromos)라는 경기도 시작되었고요. 이 모든 경기는 이후에 생겨난 다른 범그리스 축제의 운동 시합에서 표준이 되었습니다.

육상 이외의 종목도 추가되었습니다. 18회 대회부터는 레슬링이, 23회부터는 권투가, 33회부터는 판크라티온(pankration)이라는 종합 격투기가 포함되었답니다. 달리기, 멀리뛰기, 원반던지기, 창던지기, 레슬링을 함께하는 펜타틀론(pentathlon)이라는 5종 경기도 열렸는데, 처음 시작된 것은 18회부터였다고 합니다. 25회 대회부터는 사두마차 경기가 시작됐고, 그 외에도 이두마차 경기와 경마가 있었습니다. 이 경기는 말이나 마차를 소유한 부자들만 참가할 수 있었기 때문에, 사람들의 이목이 가장 많이 집중된 경기였지요. 모든 경기에는 원칙적으로 남자들만이 참가할 수 있었지만, 마차 경기에 한해서만은 마차를 소유한 여인들이 전차 몰이꾼을 고용해서 시합에 참여할 수 있었다고 합니다.

로마가 그리스를 지배한 후에도 올림피아 제전은 계속되었는데, 로마인들도 참가했죠. 가장 유명한 일화는 서기 67년에 로마의 네로 황제가 마차 경기에 참가한 겁니다. 달리는 도중에 네로 황제는 그만 마차에서 떨어져 꼴등을 하고 말았는데, 그 사고만 아니었다면 네로가 우승했을 거라면서 주최 측은 네로를 우승자로 선정했답니다.

올림피아 제전은 기원전 776년부터 시작하여 4년마다 개최되었고, 우승자에는 월계관이 아니라 올리브로 만든 관을 쓰여 주었다고 합니다. 이 축제는 펠로폰네소스 반도의 서쪽 도시 올림피아에서 개최되었고, 처음에는 인근 도시만 참가했지만, 점점 그 규모가 커져 그리스 전 지역에서 참여하는 축제가 되었습니다. 이 기간에는 축제를 위해 전쟁을 멈추기로 약속했고, 이에 따라 평화의 제전이 되었던 겁니다.

범그리스 축제는 여러 지역에서 개최되었는데, 올림피아 제전을 포함해서 네 개의 제전을 대표적인 것으로 꼽습니다. 기원전 583년에는 코린토스 인근 이스트미아에서 포세이돈을 주신으로 하는 '이스트미아 제전'이 열렸는데, 이 제전은 2년마다 열렸습니다. 올림피아 제전이 열리기 전 해와 열린 다음 해에 열렸고, 우승자에게는 소나무 가지로 만든 관을 수여했다고 합니다. 그 이듬해인 기원전 582년에는 델피에서 퓌티아 제전이 열렸는데, 아폴론이 퓌톤이라는 괴물을 물리친 것을 기념하는 아폴론 주신의 축제였습니다. 올림피아 제전이 열리고 2년 뒤에 열렸고, 올림피아 제전처럼 4년마다 열렸습니다. 우승자에게는 월계관을 수여했고요. 기원전 573년에는 네메이아 제전이 2년 주기로 열리기 시작했는데, 이스트미아 제전이 열리는 해에 같이 열렸습니다. 두 제전이 겹치지 않기 위해 이스트미아 제전은 4월경에, 네메이아 제전은 7월경에 개최했지요. 네메이아의 우승자에게는 야생 셀러리로 만든 관을 씌어 주었습니다.

　　여기에서 잠깐 네메이아 제전을 좀 더 알아볼까요? 흔히 네메이아 제전은 헤라클레스가 네메이아의 사자를 죽인 것을 기념하기 위해 개최되었다고 알려져 있는데, 이 전설은 나중에 로마 시대에 퍼진 것이라고 합니다. 이 주장에 따르면, 네메이아 제전을 처음 만들었고 즐겼던 고대 그리스 사람들은 이 축제를 헤라클레스와 직접 연결시키지 않았다는 겁니다. 그들이 내세우는 전설은 오펠테스(Opheltēs)라는 아이와 관련이 있습니다. 오펠테스는 네메이아의 왕자였습니다. 그런데 태어날 때, 불길한 신탁이 내려졌죠. 아이가 걸음마를 배우기 전 땅에 몸을 대면 화를 입는다는 거였습니다. 그런데 아이를 기르던 유모가 실수로 이 신탁을 어겼지요. 아르고스의 일곱 장군이 테베를 공격하기 위해 가는 길에 네메이아 지방을 지나다가 아이의 유모에게 마실 물을 좀 달라고 간청했는데, 유모는 장군들의 갈증을 빨리 덜어 주려는 마음에 깜빡하고 오펠테스를 셀러리 밭에 내려놓았답니다. 땅에 등을 댄 아이는 갑자기 나타난 용에게 잡아 먹혔지요. 예언이 실현된 겁니다. 유모가 마음씨는 착했지만, 야무지진 못했던 모양입니다.

갈증을 해소한 일곱 장군은 아이가 용에게 잡아먹힌 것을 발견하고 용과 싸워 해치웠지요. 그리고 자신들 때문에 죽게 된 아이를 위해 엄숙한 장례식을 치러 주고, 이를 추모하는 성대한 운동 경기를 열었다고 합니다. 이것이 바로 네메이아 축제의 기원이라는 거죠. 이후 네메이아의 왕은 너무 어린 나이에 죽은 왕자를 추모하기 위해 주변의 도시국가 사람들이 참여할 수 있는 이 경기를 2년마다 열었다고 합니다. 그리고 아이가 셀러리 밭에서 누워 있다 변을 당한 것을 기려서 우승자에게는 야생 셀러리로 만든 관을 씌워 준 거고요.

게다가 네메이아 경기에서는 심판들이 모두 검은 옷을 입는데, 그것도 어린 왕자의 죽음을 애도하는 의미라고 합니다. 현대 스포츠에서도 심판들이 한동안 검은 옷을 입곤 했는데, 이 전통에서 온 것으로 보입니다. 이 제전은 네메이아에서 시작되었지만, 나중에는 아르고스에서도 열리게 됩니다. 이 역시 왕자를 추모한 일곱 장군이 아르고스에서 왔다는 전설에 힘을 보태 줍니다.

하지만 '네메이아'라는 이름을 사용하기 때문에 사람들은 언제나 헤라클레스가 네메이아에서 사자를 무찌른 사건을 떠올렸을 겁니다. 실제로 이 경기에서 우승한 사람들은 헤라클레스의 용맹을 가진 사람이라고 찬양을 받곤 했지요. 그리고 네메이아 제전의 주신이 제우스인 것도 헤라클레스와의 연관성 때문이라고 주장하는 사람도 있고요.

그런데 1994년에 네메이아 경기를 부활시키는 협회가 만들어졌습니다. 전 세계의 보통 사람들이 4년마다 모여 고대 그리스인들의 복장을 입고 맨발로 경기를 벌이는 축제를 재생시킨 건데요, 현대 올림픽이 특별한 재능을 가진 운동선수들만 참여하면서 일반인들에게는 너무 멀어졌고, 게다가 너무 상업적이고 국가들 사이의 경쟁이 지나치자 이에 대한 반성으로 나온 겁니다. 2016년에

6회 대회가 열렸고, 2020년 6월 26일에서 28일까지 제7회 대회가 열릴 예정이었으나, 코로나 사태로 인해 계속 연기되었습니다. 도쿄 올림픽은 일 년을 연기하고 2021년에 끝내 열렸지만, 네메이아 제전의 개최는 아직도 기약이 없습니다. 언제쯤 세계가 코로나의 위험에서 벗어나 함께 모일 수 있을지, 정말 답답한 일이 아닐 수 없습니다.

21

포세이돈의 영광을 기리는
이스트미아 제전

이스트미아 제전은 올륌피아 제전, 네메이아 제전, 퓌티아 제전 같
은 범그리스 스포츠 제전이었습니다. 이스트미아는 그리스의 코
린토스, 성경에서는 고린도라고 하는 도시에 가까운 곳인데, 바로
그 코린토스의 이스트모스에서 열렸기 때문에 개최 지역의 이름
을 따서 이스트미아라고 했습니다. 네메이아 제전과 마찬가지로
이스트미아 제전도 2년마다 열렸고, 올륌피아가 열리기 이전 해와
열린 다음 해에 열렸습니다. 순서로 보면, 이렇게 됩니다. 먼저 올
륌피아 제전이 열리면, 그다음 해의 4월경에는 이스트미아 제전이
열렸고, 7월경에는 네메이아 제전이 열렸죠. 그리고 그다음 해에
는 퓌티아 제전이 열리고, 다음 해에는 다시 이스트미아 제전, 네
메이아 제전이 차례로 열리고, 그러고 나서 다시 올륌피아 제전이
열렸습니다. 이렇게 계속 순환적으로 반복 개최된 겁니다. 지금도
올림픽, 월드컵, 세계 선수권 대회 등 중요한 스포츠 제전들이 줄
줄이 매년 개최되는데, 예나 지금이나 비슷한 것 같습니다.

　　이스트미아 제전은 멜리케르테스(Melicertēs)의 죽음을 추모
하기 위해 처음 개최되었다고 합니다. 멜리케르테스는 아타마스
(Athamas) 왕의 아들이었는데, 아버지는 광기에 휩싸여 아들을 죽
이려고 했습니다. 그의 어머니인 이노(Inō)는 아들이 아버지의 손

에 죽는 것을 막기 위해 아이를 안고 필사적으로 도망가다가 그만 벼랑 끝에 몰렸고, 잡혀 죽는 것을 피하기 위해 바다 속으로 뛰어들었습니다. 그러나 두 사람은 신들의 가호를 받아 바다의 신으로 거듭났지요. 이 모든 일이 헤라의 질투와 분노 때문이었습니다. 이노는 디오뉘소스 신의 이모였는데, 세멜레가 제우스의 사랑을 받고 디오뉘소스를 낳은 뒤, 헤라의 계교에 의해 타 죽고 말았지요. 디오뉘소스는 구사일생 구해졌는데, 어린 디오뉘소스를 이노가 돌봐주자 헤라가 이를 괘씸하게 여겼던 겁니다. 바다에 빠진 이노는 레우코테아라는 이름의 바다의 여신으로 거듭났고, 나중에 트로이아로 돌아가던 오뒷세우스가 난파했을 때, 그를 구해 주기도 하지요. 멜리케르테스는 팔라이몬(Palaimōn)이라는 이름의 신이 되었고요.

두 모자가 바다에 빠져 인간으로서의 삶을 바쳤을 때, 돌고래 한 마리가 인간이었던 멜리케르테스의 시신을 싣고 코린토스의 이스트모스로 데려가 소나무 밑에 놓았다고 합니다. 그의 시신을 발견한 사람은 시쉬포스였습니다. 그는 멜리케르테스의 시신을 도성으로 옮겨와 정중하게 장례식을 치러 주었지요. 그리고 바다의 여신들이 내린 명령에 따라 아이의 죽음을 추모하는 제사를 지내고 이스트미아 제전을 거행했다고 합니다. 이 대회를 개최한 시쉬포스는 코린토스를 건설하고 난 뒤, 만천하에 널리 알리는 기회로서 이스트미아 제전을 개최한 것이라고 합니다.

그런데 이스트미아 제전을 정말로 중요한 행사로 만든 사람은 시쉬포스가 아니라 테세우스였습니다. 그는 미노타우로스(Minōtauros)를 물리치고 크레타의 예속으로부터 아테네를 구한 뒤, 진정한 국가의 면모로 다시 세운 위대한 영웅이었지요. 그는 코린토스 사람들을 도와 이스트미아 제전을 포세이돈에게 바치는 거대한 제전으로 거듭나게 했습니다. 그렇게 해서 테세우스는 이스트미아 제전을 헤라클레스가 만든 올림피아 제전에 맞먹는 중요한 제전으로 발전시켰던 겁니다. 모든 그리스인들이 모이게 했고 아테네인들도 적극적으로 참여하게 한 것은 물론, 경기장의 맨 앞자리에 앉을 수 있도록 했죠. 테세우스는 이스트미아 제전을 통해 아테네의 위상을 높이려고 했습니다.

이스트미아 제전은 멜리케르테스의 죽음을 추모하는 데에서 시작되었다고 했지만, 이 제전이 열린 이스트모스에는 포세이돈 신전이 있었습니다. 테세우스는 바로 이 점에 주목한 겁니다. 헤라클레스가 제우스의 아들이라면, 테세우스는 포세이돈의 아들이었습니다. 테세우스의 인간 아버지는 아이게우스(Aigeus)였지만, 진짜 아버지는 포세이돈이었다고 합니다. 테세우스는 이스트미아 제전을 포세이돈에게 바치는 제전으로 만들면서, 결국 자신의 위대함을 알리는 축제로 잘 활용한 셈입니다.

그의 인간 아버지였던 아이게우스는 여기저기 떠돌다가 잠시 트로이젠에 들러 아이트라(Aithra) 공주를 만나 하룻밤을 보냈고, 테세우스가 생긴 줄도 모르고 떠났죠. 나중에 어른이 된 테세우스는 아버지가 있는 아테네를 찾아갔고, 거기서 자신이 아이게우스의 아들이라고 주장하면서 결국 권력을 거머쥐었습니다. 조그만 부족 국가였던 아테네를 도시국가 수준으로 발전시켰기 때문에 테세우스를 아테네의 시조라고 부릅니다. 그는 먼저 여기저기 흩어져 있는 사람들에게 같은 도시의 시민이라는 공동체 의식을 심어 주었고, 여러 가지 제도를 정비하고 화폐를 주조하여 정치·경제 공동체를 만들어 나갔습니다.

그러나 그것만으로는 충분하지 않다고 생각했던 그는, 공동체 의식을 확고하게 하기 위해 이스트미아 제전을 활용했던 겁니다. 사람들이 놀다 보면 친해지고, 한마음 한뜻이 되곤 하잖아요. 테세우스는 그런 인간의 본성과 심리를 잘 이용한 것입니다. 내부

이스트미아 제전은 포세이돈에게 영광을 돌리기 위해 펼쳐졌습니다. 하지만 실상은 아테네의 위상을 높이기 위한 행사였습니다.

적으로 결속을 다진 테세우스는 대외적으로 아테네를 알리기 위해 이미 일정한 국가와 도시 체계를 잡고 발전했던 코린토스와 손을 잡고 이스트미아 제전을 더욱더 성대한 스포츠 제전으로 발전시킨 겁니다. 그리고 이스트미아 제전을 포세이돈에게 영광을 돌리는 제전으로 확장시킨 다음, 자신이 바로 포세이돈의 아들이라고 선언하면서 외교적인 위치를 확고하게 만든 것이지요. 이스트미아 제전에 더 많은 사람들, 더 많은 도시들이 참여할수록 테세우스의 위상은 점점 더 높아졌고, 아테네의 결속과 대외적 영향력도 커졌던 겁니다.

테세우스가 이스트미아 제전을 헤라클레스가 만든 올림피아 제전에 경쟁하기 위해 만들었다고 했는데, 경쟁하기 위해서는 일단 모방이 필요했습니다. 그래서 벌어진 경기도 비슷합니다. 일단 전차 경기가 있었고, 달리기, 걷기, 창던지기, 권투, 레슬링이 있었습니다. 또 하나 흥미로운 것은 음악과 시 경연 대회가 있었는데, 여기에는 여성도 참여할 수 있었답니다.

기원전 5세기까지는 이스트미아 경기에서 우승한 사람에게는 네메이아 제전에서처럼 야생 셀러리가 주어졌다고 합니다. 이후에는 소나무 잎으로 엮은 관을 수여했죠. 우승자의 동상이 세워지기도 하고, 우승한 사람을 위한 찬가가 만들어져 노래되었답니다. 다른 경기에서와 마찬가지로 이스트미아 제전에서 우승한 사람은 전 그리스에 명성을 드날렸고, 도시국가에서는 영웅 대접을 받았습니다. 아테네에서는 우승자에게 도시의 명예를 드높였다는 공로로 특별히 100드라크마의 상금을 주었고요. 당시 1드라크마는 일용 노동자의 품삯이었다고 하니, 100일치 임금을 받은 셈이죠. 기원전 3세기 말에는 로마인들도 이스트미아 경기에 참여했다고 합니다. 그리고 기원전 146년에 코린토스가 로마와 싸워 패배하였는데, 그 이후에는 코린토스 서쪽 시퀴온에서 이스트미아가 열렸지요. 그러다가 카이사르의 명령으로 다시 코린토스에서 열렸다고 합니다. 하지만 로마가 기독교를 국교로 삼고 난 이후부터 이스트미아 제전은 포세이돈을 섬기는 불경스러운 제전이라고 하여 폐지되었고, 이후에는 다시 열리지 않고 있습니다.

역사적으로 볼 때, 스파르타와 아테네는 그리스 고전기에 그리스 전체 패권을 두고 경쟁했습니다. 이들은 자신들의 위상을 높이기 위해 각각 헤라클레스와 테세우스를 대표적인 영웅으로 내놓았지요. 이들의 이야기는 상당 부분 허구일 것입니다. 그러나 그 허구는 현실을 살아가는 사람들에게 의미와 가치를 부여하고, 나아가야 할 방향을 그려 주며 미래를 상상하게 하는 힘을 줍니다. 이스트미아 제전이 왜 열렸는지, 그 제전에 아테네가 적극 참여하고 주도하려고 했던 이유는 무엇인지, 그리스인들은 이런 질문에 신화적으로 답하면서 흥미로운 이야기를 만들어 냈습니다. 우리는 어떤 역사, 어떤 신화, 어떤 이야기를 가지고 살아가는지, 새삼 돌아보게 됩니다.

22

포세이돈의 여자,
메두사

1978년 이탈리아의 패션 디자이너 잔니 베르사체(Gianni Versace)는 자신의 이름을 딴 베르사체라는 브랜드를 내놓았습니다. 그리고 1993년에 파격적인 로고를 선보였습니다. 눈동자가 비어 있는 눈에 꿈틀거리는 듯이 뻗어 오르는 머리카락, 바로 메두사입니다. 그리스의 비극 작가 아이스퀼로스는 『결박된 프로메테우스(Promētheus Desmōtēs)』에서 이렇게 묘사합니다. "날개 달린 세 자매, 사람을 미워하며 머리카락이 뱀으로 꿈틀대는 고르곤, 이들을 보게 되면 어떤 인간도 목숨을 부지하지 못할 것이오(797~801)." 전통적으로 메두사의 입에는 멧돼지처럼 날카로운 엄니가 나 있었고, 그녀의 손은 단단한 청동이었다고 합니다. 그래서 언뜻 남자로 보일 수도 있죠. 가장 치명적인 것은 메두사의 눈빛입니다. 그녀의 눈과 마주치면 그 누구든 곧바로 돌덩어리로 굳어 버린다고 합니다. 잔니 베르사체는 자신이 디자인한 옷을 사람들이 보는 순간, 메두사를 본 것처럼 곧바로 매료되어 돌처럼 굳어졌으면 하는 희망을 로고에 담았던 것입니다. 그리스·로마 신화의 끔찍한 이야기를 예술적으로 승화시킨 셈이죠. 메두사의 머리카락은 무서운 독사들로 이글거리는데, 그것이 그의 디자인에서는 치명적인 아름다움으로 표현되곤 합니다. 1997년 잔니 베르사체는 의문의 총격으로 세상을 떠났지만, 그의 생각은 여전히 그의 브랜드에 살아남아 있는 것 같습니다.

그런데 메두사, 그녀는 누구일까요? 아이스퀼로스의 대사처럼 메두사는 '고르곤 자매'라고 불리는 세 자매의 하나입니다. 다른 두 자매는 스테노(Stenō), 에우뤼알레(Eurualē)죠. 이들의 아버지는 포르퀴스(Phorkus)고 어머니는 케토(Kētō)인데, 모두 바다의 신들입니다. 헤시오도스와 아이스퀼로스에 따르면, 메두사는 사르페돈섬에서 살다 죽었다고 하는데요, 기원전 2~3세기의 산문 작가인 디오뉘시오스 스퀴토브라키온(Dionusios Skutobrakhiōn)은 메두사의 고향을 리비아라고 했습니다. 역사가 헤로도토스는 메두사이야기가 북아프리카 지역에 살던 베르베르족의 종교에서 나왔다고 합니다. 메두사에 관해서도 참 다양한 이야기가 있지요?

일부의 고대 도기 그림에서 메두사는 끔찍한 괴물의 모습으로 나타나는데, 태어나면서부터 그런 모습이었다는 이야기도 있습니다. 하지만 기원전 5세기 고전기에는 메두사가 아름다운 모습을 가진 괴물로 그려지곤 합니다. 서정 시인이었던 핀다로스(Pindaros)는 "어여쁜 볼을 가진 메두사"라는 표현을 사용했죠. 너무나 아름다워서 사람들의 시선을 끌지만, 보는 사람을 돌로 만들기 때문에 괴물이지 못생겨서 괴물인 건 아니라는 이야기가 되겠지요? 로마의 시인 오비디우스는 『변신 이야기』에서 메두사가 원래는 괴물이 아니었고, 매력적이고 아름다운 여신이었답니다. 그래서 수많은 청년들과 남신들이 그녀와 결혼하려고 했죠.

하지만 그녀를 차지한 것은 바다의 신 포세이돈이었습니다. 그는 메두사를 납치해서, 아테나 여신의 신전으로 들어가 겁탈을 했습니다. 이것 때문에 아테나 여신은 분노했죠. 메두사가 자신의 신전을 더럽혔다는 겁니다. 분노한 아테나는 메두사에게 저주를 내립니다. 메두사가 평소에 자랑하던 아름다운 머리카락을 모두 독사로 만들었죠. 그리고 메두사의 얼굴을 바라보는 사람들을 모두 돌덩이가 되도록 저주를 퍼부었습니다. 그런데 좀 이상합니다. 잘못을 따지자면 포세이돈의 책임이 큰데, 왜 죄는 메두사가 죄다 뒤집어쓴 걸까요? 아테나 여신이 화를 낸다면 메두사가 아니라 포세이돈에게 내는 게 정당한데 말이지요. 아마도 아테나 여신은 포세이돈과 충돌하는 것을 피하면서도 권위를 지키기 위해 상대적으로 약한 메두사에게 해코지를 한 것 같습니다. 다소 비겁해 보이지요?

그런데 좀 더 합리적인 전설이 더해지기도 합니다. 메두사가 아테나의 저주를 받았던 건, 아테나 신전을 더럽힌 일 이외에도 또 다른 이유가 있다는 겁니다. 사람들이 메두사를 보고 너무나 아름답다고 칭찬하자, 그녀는 으쓱해져서 오만해졌고, 결국 자기가 아테나 여신보다 아름답다며 떠들고 다닌 겁니다. 그게 아테나 여신을 정말로 화나게 만들었겠지요. 그런데 그런 일 가지고 화를 내면 옹졸해 보일 테니 벼르고 있던 터에 어찌되었든 메두사가 포세이돈과의 정사에 얽히면서 신전을 더럽히자 좋은 기회를 잡은 셈이죠. 그렇게 해서 결국 메두사가 아테나의 저주를 받았다는 겁니다.

한때 아름다웠던 메두사가 괴물로 나타났을 때, 사람들의 반응은 어땠을까요? 곱디고운 머리카락을 휘날리며 아름다움을 과시하던 메두사의 머리가 온통 뱀으로 뒤덮였으니 사람들이 놀랐겠죠. 게다가 그녀와 눈이 마주친 수많은 사람이 돌덩이가 되면서 목숨을 잃었습니다. 메두사가 살던 곳에는 그녀를 보고 돌이 된 수많은 석상들이 서 있었다고 합니다. 저주를 받고 흉한 모습이 된 메두사는 미치광이처럼 헤매고 다니면서 사람들이 애써 일군 농경지를 망치기도 했죠. 사람들은 그녀를 없애 버려야 한다고 소리를 높였고, 마침내 메두사를 처치한 영웅이 등장합니다. 그게 바로 페르세우스였습니다.

페르세우스는 다나에라는 여인의 아들입니다. 그의 외할아버지는 아크리시오스(Akrisios)인데, 외손자에게 목숨을 잃을 것이라는 신탁을 받자, 자기 딸이 아이를 못 낳게 하려고 청동 방을 만들어 꽁꽁 가두었습니다. 그러나 제우스가 황금 빗방울로 변해서 청동의 방으로 흘러들어가 그녀와 사랑을 나눴고, 페르세우스가 태어난 겁니다. 제우스는 다나에를 통해 장차 새로운 문명을 만들려는 계획을 품고 있었던 겁니다. 이 사실을 알게 된 아크리시오스는 신탁이 두려워 딸과 외손자를 나무 궤짝에 넣어 바다에 버렸습니다. 하지만 그들은 험한 바다에서도 살아남을 수 있었습니다. 제우스의 가호가 있었겠지요? 그들이 도착한 곳은 세리포스라는 섬이었는데, 그 섬의 왕 폴뤼덱테스(Poludektēs)는 다나에와 결혼하고 싶어 했습니다. 하지만 페르세우스가 막았죠. 그러자 폴뤼덱테스는 페르세우스를 죽이려고 메두사의 목을 가져오라고 명령을 내렸죠. 이 때문에 페르세우스는 메두사를 찾기 위해 모험을 떠났습니다.

제우스의 아들인 페르세우스는 힘도 세고 지혜로웠습니다. 게다가 여러 신들이 도움을 줬습니다. 아테나 여신은 거울 같은 청동 방패를 줬고, 헤르메스는 날개 달린 샌들을, 헤파이스토스는 칼을, 하데스는 쓰면 모습을 보이지 않게 만드는 투명 투구를 주었습니다. 페르세우스는 메두사를 직접 보면 돌로 변한다는 사실을 알고, 아테나가 준 거울 같은 방패로 사방을 살펴보면서 메두사에게 다가가 그녀의 목을 베었다고 합니다. 그런데 이상한 점이 있습니다. 분명 메두사는 신들 사이에서 태어났으니 불멸의 신일 텐데, 어떻게 죽을 수가 있었을까요? 아주 이상한 일이지만, 고르곤 세 자매 중에 메두사만은 죽을 수밖에 없는 운명을 타고났다고 합니다. 아마도 세상에 없는 아름다움을 갖는 대신 불멸성을 포기한 것이 아닌가 싶습니다.

그런데 그렇게 죽임을 당한 메두사는 당시 임신 중이었습니다. 포세이돈의 아이를 가지고 있었던 거죠. 페르세우스의 칼에 메두사의 목이 잘리자, 그녀의 몸에서는 날개 달린 말 페가소스와 황금 칼을 가진 거인 크뤼사오르(Khrusaōr)가 튀어 나왔다고 합니다. 페가소스는 처음엔 페르세우스의 애마가 되었다가 나중에는 벨레로폰테스를 태우고 다녔지만, 결국 하늘로 올라가 제우스의 말이 되었다고 합니다. 제우스가 언제 어디든 필요로 할 때마다, 올림포스로 가서 천둥과 번개를 가져다주는 심부름꾼이 되었던 것입니다. 한편 크뤼사오르는 멀리 지중해 서쪽의 에우뤼테이아섬으로 가서 오케아노스의 딸 칼리로에와 결혼해서 게뤼온이라는 아들을 낳았지요. 게뤼온은 머리가 셋이고 팔다리가 여섯인 무시무시한 전사였습니다. 나중에 헤라클레스는 열두 과업 중 하나로 게뤼온의 소 떼를 취하게 됩니다. 게뤼온은 소 떼를 지키는 머리 둘 달린 개 오르트로스와 함께 헤라클레스와 맞섰지만, 불행하게도 죽임을 당하고 말지요.

23

케이론,
영웅들의 스승이 되다

궁수자리는 5월부터 조금씩 보이기 시작해서 6, 7, 8월에 남쪽 하늘에서는 완전하게 볼 수 있습니다. 전갈자리를 뒤쫓아 가며 활을 쏘려고 시위를 당기는 모습이죠. 전갈은 궁수의 화살을 피해 도망가는 것처럼 보이고요. 궁수자리는 11월 23일부터 12월 24일까지 생일인 사람들의 별자리인데, 이 기간에 태양이 지나가는 황도에 있기 때문입니다. 그런데 그 모습이 좀 이상합니다. 허리 위는 사람인데, 그 아래는 사람이 아니라 말의 모양이거든요. 반인반마의 모습입니다. 그리스·로마 신화에서는 이런 종족을 통틀어서 켄타우로스(Kentauros)라고 부릅니다. 켄타우로스는 원래 구름에서 태어났다고 알려져 있죠. 이들의 성격은 보통 포악하고 사나운 편인데, 궁수자리의 주인공인 케이론은 그런 보통의 켄타우로스와는 달리 아주 지혜롭고 인품이 뛰어납니다. 그 이유는 케이론이 다른 켄타우로스와는 혈통이 완전히 다르기 때문이랍니다. 케이론은 크로노스의 아들이거든요.

크로노스는 하늘과 땅의 신, 우라노스와 가이아 사이에서 태어난 티탄족이고, 포세이돈, 하데스, 헤라, 제우스의 아버지였지요. 그런데 케이론도 크로노스에게서 태어난 아들이니까, 제우스와는 배다른 형제인 셈입니다. 신들의 족보로는 꽤 서열이 높은 편입니다. 케이론의 어머니는 바다의 님페 필뤼라(Philura)였답니다. 어느 날, 그녀를 보고 반한 크로노스가 필뤼라에게 접근하기 위해 말로 변신했습니다. 필뤼라는 아무것도 모르고 잘생긴 말 등에 올라탔는데, 크로노스는 그녀를 태우고 멀리 달려가 버렸습니다. 그렇게 해서 낳은 아들이 케이론이었습니다. 크로노스가 말의 모습을 하고 접근했기 때문에 케이론은 허리 위는 사람의 모습이었지만 그 아래는 말의 모습을 갖게 된 것이랍니다.

케이론은 궁술의 신 아폴론에게서 활쏘기를 배웠습니다. 케이론이 태어나자, 크로노스는 기괴한 모습의 아이를 직접 키울 수가 없었던지 아폴론에게 맡겼지요. 족보로는 케이론이 더 높지만, 그는 자기를 키워 주고 돌봐준 아폴론을 양아버지로 대접했습니다. 케이론은 아폴론에게서 궁술뿐만 아니라 다른 다양한 기술도 배웠습니다. 음악과 사냥술, 예언과 의술을 배웠는데, 특별히 활쏘는 기술을 잘 배워서 최고의 명사수가 된 겁니다. 그래서 다재다능하게 된 케이론은 켄타우로스족의 우두머리 노릇을 하였고, 신들과 영웅들의 스승이 되기도 했습니다.

그렇다면 어떤 신과 영웅들이 케이론의 제자였을까요? 가장 먼저 꼽을 수 있는 이는 아폴론의 아들이었던 아스클레피오스입니다. 아폴론이 죽어 가는 코로니스의 태에서 아이를 꺼낸 후에 케이론에게 맡겼지요. 아스클레피오스는 케이론에게 의술을 배워서 나중에 의술의 신이 되었습니다. 포도주의 신 디오뉘소스도 케이론에게 음악을 배웠다고 합니다. 디오뉘소스가 술과 농업의 신일 뿐만 아니라, 축제와 제전, 시가의 신이 된 것도 케이론의 덕택이랍니다. 영웅으로는 황금 양털을 찾아 나섰던 이아손, 열두 과업을 완수하고 거신족들을 물리친 헤라클레스, 트로이아 전쟁의 최고 전사 아킬레우스를 꼽을 수 있습니다.

아킬레우스뿐만 아니라 그의 아버지였던 펠레우스도 케이론의 제자였다는 사실도 흥미롭습니다. 펠레우스가 켄타우로스들에게 잡혀서 맞아 죽을 뻔한 적이 있는데, 케이론이 펠레우스를 구해 줬습니다. 그 뒤로 펠레우스는 케이론을 따라다녔고, 결국 그의 제자가 되었죠. 케이론은 펠레우스를 아꼈고, 나중에 바다의 여신 테티스와 결혼할 수 있도록 도와주기까지 합니다. 펠레우스와 테티스가 결혼해서 낳은 아들이 아킬레우스였는데, 훌륭하게 키워야겠다는 생각에서 아들을 케이론에게 보냈던 거죠. 그렇게 해서 아킬레우스는 케이론의 제자가 되었습니다.

그리고 또 눈에 띄는 영웅이 바로 헤라클레스인데요, 헤라클레스는 어떻게 해서 케이론의 제자가 되었을까요? 사실 헤라클레스를 처음 가르쳤던 사람은 무사 여신의 아들로서 음악가였던 리노스였습니다. 그런데 헤라클레스는 음악이 적성에 맞지 않았는지, 열심히 하지도 않았고 잘 따라하지도 못했습니다. 그래서 리노스에게 꾸중을 자주 들었고 심지어 매까지 맞았는데, 어느 날 매를 맞다가 화가 난 헤라클레스가 대들다가 악기로 선생님을 쳐서 죽입니다. 그 사건 이후에 헤라클레스는 케이론에게 맡겨졌다고 합니다. 케이론은 거칠고 폭력적인 헤라클레스를 슬기롭게 다루면서 영웅 교육에 성공했습니다.

그런데 케이론은 리노스가 그랬듯이 결국 제자인 헤라클레스의 손에 죽게 됩니다. 영웅이 갖추어야 할 여러 가지 기량과 솜씨는 가르쳤는데, 성격만은 어떻게 할 수가 없었던 모양입니다. 물론 헤라클레스가 케이론에게 직접 화를 내거나 대들다가 그런 건 아니었고, 아주 우발적인 사고가 일어났던 겁니다. 하지만 그것도 다 헤라클레스의 욱하는 성격 때문에 벌어졌던 일이었고, 아무 잘못도 없는 케이론이 어처구니없게 희생이 되고 말았던 겁니다.

어느 날, 헤라클레스가 멧돼지 사냥을 하러 떠났는데, 켄타우로스 중에 폴로스(Pholos)라는 친구를 만났습니다. 폴로스는 헤라클레스를 극진하게 대접했죠. 자기는 날고기를 먹으면서도 헤라클레스에게는 고기를 익혀 줄 정도였습니다. 한참 고기를 먹던 헤라클레스가 목이 마르다며 포도주를 달라고 했죠. 그런데 폴로스가 가지고 있던 포도주는 디오뉘소스 신이 직접 담가 준 귀한 것으로 켄타우로스족의 공동 소유였기 때문에 친구들의 승인 없이 혼자서 먹어서는 안 되다고 거절했습니다. 그러나 헤라클레스는 물러서지 않았습니다. 모든 일은 자기가 책임질 테니 얼른 포도주를 가져오라고 했죠. 폴로스는 처음에는 망설이다가 술을 가져왔습니다. 그렇게 의기투합한 둘은 거나하게 취했습니다.

왠지 폴로스 친구들이 그 사실을 알고 가만히 있을 것 같지 않습니다. 신화에서는 하지 말라는 걸 하면 꼭 사고가 나잖아요. 그게 어디 신화뿐이겠습니까? 우리 사는 일상 속에서도 금지된 일을 하면 문제가 생기는 건 마찬가지죠. 자신들이 아끼던 포도주 냄새를 맡자, 켄타우로스들이 폴로스의 집으로 몰려왔습니다. 술에 취한 헤라클레스는 그들을 진정시키고 차분하게 해명하는 대신에 위협을 느낀 나머지 분노해서 전후좌우 살피지 않고 다짜고짜 활을 쏴서 켄타우로스를 죽이기 시작했습니다. 열 명이 넘는 켄타우로스가 목숨을 잃었지요. 폴로스는 어떻게 이렇게 작은 화살 하나가 덩치가 큰 켄타우로스를 죽이는지 신기하게 여기며 화살을 만지작거리다가, 술에 취해 몸을 가누지 못해 실수로 떨어뜨렸는데, 그게 그만 발등에 떨어져 죽고 말았습니다. 결국 술과 헤라클레스의 불같은 성격이 문제였지요.

헤라클레스의 공격을 당한 켄타우로스들 중 살아남은 이들은 케이론에게 달려갔습니다. 그런데 헤라클레스는 그들을 계속 추격했고, 공격도 멈추지 않았습니다. 사태가 심각하다는 것을 느낀 케이론이 헤라클레스를 달래 보려고 했습니다. 하지만 헤라클레스는 물불 안 가리고 달려들었고, 결국 그가 쏜 화살이 케이론의 무릎에 꽂히고 말았습니다. 헤라클레스는 그제야 자신이 저지른 실수를 깨닫고 얼른 달려가 화살을 뽑았지만, 그 화살에는 치명적인 히드라의 독이 발려 있어서 어떤 약도 소용이 없었습니다. 극심한 고통에 시달리던 케이론은 차라리 죽고 싶었지만, 그럴 수도 없었습니다. 그는 죽음을 모르는 불멸의 신이었거든요.

그 모습을 안타깝게 지켜보던 프로메테우스는 제우스에게 가서 케이론의 불멸성을 자기에게 주고 케이론을 고통에서 해방시켜 달라고 요청했습니다. 그래서 프로메테우스는 그 이후 불멸의 존재가 되었고, 케이론은 불멸성을 프로메테우스에게 건네주고 비로소 평화롭게 눈을 감을 수 있었다고 합니다. 그 모습을 본 제우스는 자기 아들 헤라클레스가 한 짓에 미안한 마음이 들었겠지요? 제우스는 배다른 형제였던 케이론의 죽음을 안타깝게 여겨 그를 하늘로 올려 보내 별자리로 만들었습니다. 고통에서 벗어나 영원히 하늘에서 빛날 수 있게 해 주었던 겁니다. 그때부터 활을 쏘며 젊음을 과시하던 케이론은 하늘에서 빛나는 궁수자리가 되어 지금까지도 빛나고 있는 것이지요. 그리스·로마 사람들은 여름철 밤하늘에 빛나는 궁수자리를 보면서 훌륭한 품성과 뛰어난 실력을 갖춘 케이론을 기억했고, 자식들에게 본받아야 할 모범으로 제시하며 교육의 소재로 삼았습니다.

24

에로스,
프쉬케를 사랑하다

기독교인들의 최대 명절은 예수가 세상에 태어난 성탄절입니다. 하지만 그의 존재 자체는 태초부터라는 이야기가 있고, 천지 창조도 그가 없었다면 이루어질 수 없었다는 말도 있으니, 성탄절은 엄밀히 말해 그의 탄생을 기념하는 날은 아니겠지요? 신의 아들이었던 그가 인간의 몸을 입고 세상에 태어난 날이라니, 그의 변신 기념일이라고 해야 할 것만 같습니다. 어쨌든 신적 존재가 그 자리를 떠나 인간들이 사는 세상에 인간의 모습으로 태어났다니 매우 신비로운 일입니다. 특히 인간이었던 마리아의 태를 빌어 태어났으니 말입니다. 이런 탄생이라면, 그리스인들이나 로마인들에게는 예수가 영웅으로 여겨졌을 것입니다. 그들에게 영웅은 부모 중 하나가 신이고 다른 하나가 인간인 반신반인의 존재니까요. 하지만 예수는 완벽한 신적 존재이면서 동시에 온전한 인간이라고 하니, 좀 복잡하고 어렵긴 하지만 그리스·로마 신화 속 영웅과는 질적으로 다른 차이가 있는 것만은 분명합니다.

어쨌든 인류를 죄악과 갈등, 고통에서 구하기 위해 예수가 탄생한 것을 기념하는 날이 성탄절입니다. 그의 탄생 메시지는 한마디로 말하자면, '사랑'일 겁니다. 우리가 서로 사랑한다면, 세상의 모든 갈등과 문제들이 해결될 것입니다. 사실 '예수는 사랑이다.'

라고 하니 예수 자신이 곧 사랑이기도 합니다. 그리스 신화로 빗대
본다면 에로스와 비슷하다고 할까요?

신들의 계보를 정리한 헤시오도스는 에로스가 이 세상이 태
어날 때부터 있었던 신이라고 노래합니다. 태초에 텅 빈 '카오스'
라는 신이 있었고 그다음에 대지의 여신 가이아와 지하의 신 타르
타로스가 있었는데, 그들과 거의 같은 시기에 에로스가 태어났다
고 합니다. 원초적인 신인 에로스는 세상 만물이 탄생하는 창조의
원동력이었습니다. 남녀가 사랑해야 아이가 생겨나듯, 이 세상 모
든 것이 에로스에서 비롯된 겁니다. 그러나 헤시오도스의 이야기
이외에도 에로스의 출생에 대해서는 여러 가지 설이 있습니다. 무
지개의 여신 이리스(Iris)의 아들이라는 설도 있고, 순결하고 아름
다운 아르테미스 크토니아(Artemis Khthonia)의 아들이라는 설도
있습니다. 철학자 플라톤은 가난의 여신 페니아와 술책의 남신 포
로스 사이에서 에로스가 태어났다고 했습니다. 어쨌든 가장 잘 알
려진 것은 아름다움의 여신 아프로디테의 아들이라는 건데요, 특
히 아프로디테가 프쉬케라는 아름다운 여인의 미모에 질투했다는
이야기 때문에 에로스는 아프로디테의 아들이라는 설이 가장 유
명해진 것 같습니다. 그런데 프쉬케가 누구이기에 아름다움의 여
신 아프로디테가 질투했을까요?

프쉬케는 한 왕국의 공주였습니다. 얼마나 예뻤던지, 사람들은
프쉬케가 인간이 아니라 미의 여신 아프로디테가 사람이 되어 내려
온 거다, 아니 아프로디테 여신이 인간 남자와 바람이 나서 난 딸이
다, 이런 소문이 날 정도였습니다. 급기야 사람들은 아프로디테 여
신에게 바쳐야 할 제물을 프쉬케에게 선물로 주면서 소원을 빌며
기도를 드리기까지 했다고 합니다. 이런 일들을 지켜보던 아프로디
테 여신은 질투심에 불타올랐고, 아들인 에로스에게 프쉬케를 혼내
주라고 시켰습니다. 이 이야기는 로마의 시인 아풀레이우스(Lūcius

Apulēius)의 『황금 당나귀(*Asinus Aureus*)』라는 작품에 나오는데요, 이야기를 제대로 하려면 신들의 이름을 로마식으로 바꿔야겠지요? 아프로디테는 베누스, 에로스는 쿠피도(Cupīdō), 이렇게요.

이야기 속에서 베누스는 쿠피도에게 불평하죠. "아들아. 내가 프쉬케라는 계집애 때문에 화가 나서 못살겠구나. 네가 가서 좀 혼내 주렴. 너의 화살로 그 계집애를 쏴서 아주 못생긴 놈을 사랑하게 만들어라." 쿠피도 화살을 맞으면 그때 본 사람을 사랑하니까, 못생긴 사람 앞에서 프쉬케에게 화살을 쏘게 하려는 것이었죠. 어머니의 명령에 따라 쿠피도는 프쉬케를 찾아갔는데 잠이 들어 있는 그녀를 본 순간 깜짝 놀랐습니다. 너무나 예뻤던 겁니다. "아니, 이렇게 아름다운 여인이 있다니. 엄마보다 훨씬 더 예쁘잖아?" 그렇게 넋을 잃고 감탄하고 있다가 그만 들고 있던 자신의 화살에 찔리고 말았습니다. 그 순간 쿠피도는 사랑의 불길에 휩싸였고, 어머니의 명령을 어길 수밖에 없었습니다. 쿠피도는 숲속의 비밀 궁전에 프쉬케를 데려다 놓지요.

잠에서 깨어난 프쉬케는 낯선 곳에 있다는 것을 알고 두려움에 휩싸였습니다. 깜깜한 밤이 되자 쿠피도는 프쉬케 곁으로 다가 갔지요. "안심하세요, 프쉬케." 그리고 둘은 뜨거운 밤을 보냈습니다. 프쉬케는 밤에만 찾아오는 남자를 볼 수가 없었고, 누군지도 알 수 없었지만, 점점 그에게 익숙해졌습니다. 쿠피도는 하녀들에게 모습을 드러내지 말고 프쉬케의 시중을 들라고 명령했습니다. 그렇게 해서 프쉬케는 누구의 모습도 볼 수 없는 궁전에서 목소리만 들으면서 지냈습니다. 쿠피도는 프쉬케에게 신신당부했습니다. "당신이 내 모습을 본다면, 우리의 행복은 깨지고 말 겁니다." 어머니의 명령을 어긴 쿠피도로서는 정체를 숨겨야 했던 겁니다. 어쨌든 프쉬케는 기가 막힐 노릇이었습니다. 밤에만 찾아오는 남편, 게다가 그 모습을 보지 못하는 결혼 생활이라니요. 행복하긴 하지만 어딘가 허전하고 외로운 생활이었습니다. 그래서 언니들을 만나고 싶다고 했지요. 쿠피도는 그 부탁을 들어줬습니다. 언니들은 프쉬케가 화려한 궁전에서 사는 것이 너무나 부러웠습니다. 걱정도 되고요. "프쉬케야, 남편의 얼굴을 보지 못한다고? 엄마 아빠가 그러는데, 너는 괴물과 살 운명이라는 신탁이 있었대. 남편이 흉측한 괴물이라 보지 못하게 한 거 아니겠니? 네가 아이를 낳으면 너랑 아이를 다 잡아먹는 거 아니니?" 이렇게 의심을 불어넣으면서 공포와 불안감을 조장했지요.

언니들이 왕궁을 떠나자, 프쉬케는 남편의 모습을 확인하기로 결심했습니다. 등불과 칼을 침대 곁에 숨겨 두고 남편을 맞이했지요. 그녀는 남편이 잠든 후에 조심스럽게 등불을 켜고 칼을 들었습니다. 괴물이라면 찔러 죽이려는 생각이었는데 남편의 얼굴을 보는 순간 깜짝 놀랐습니다. 남편이 너무나 잘생겼던 겁니다. '어머나, 이렇게 잘생긴 남자는 처음 봐. 그런데 왜 이런 모습을 보여주지 않았지?' 이렇게 넋을 잃고 바라보다가 그만 곁에 있던 쿠피도의 화살에 몸이 긁혔고, 깜짝 놀라 등불의 뜨거운 기름을 쿠피도에게 떨어뜨렸습니다. 소스라치게 놀란 쿠피도는 깊은 상처를 입고 어머니의 집으로 날아갔습니다. 이렇게 프쉬케는 호기심 때문에 결국 남편을 잃었습니다.

여기까지는 일단 비극이지요? 어쨌든 모든 사실을 알게 된 베누스는 아들을 다치게 한 프쉬케가 더욱더 미워졌습니다. 프쉬케는 쿠피도가 너무나 보고 싶었습니다. 그러나 베누스는 프쉬케가 쿠피도를 만날 수 없게 하면서 여러 가지 시련의 시험을 던집니다. 먼저 밀과 보리, 콩 등 수많은 곡식들이 섞인 큰 자루를 던져 놓고 하룻밤 사이에 종류대로 모아 놓으라고 했지요. 프쉬케가 눈물을 흘리며 곡식 낱알들을 고르고 있는데, 개미 떼가 와서 도와주었습니다. 더욱더 화가 난 베누스는 프쉬케가 포기하고 돌아가게 만들려고 여러 가지 힘든 일을 막 시킵니다. 하지만 프쉬케는 저승 세계까지 내려가는 일을 비롯해서 모든 시험을 다 이겨 내지요. 마침내 부상에서 회복된 쿠피도는 베누스의 집을 몰래 빠져나와 프쉬케를 데리고 유피테르에게 올라갑니다. 그곳에서 그는 프쉬케에게 신들이 먹는 암브로시아를 먹게 하고 불멸의 존재로 만든 후에 신들의 축복 속에서 성대한 결혼식을 올리게 됩니다. 이렇게 해서 둘의 사랑 이야기는 비극이 아니라 해피엔드로 끝납니다. 그 결혼식에는 마침내 베누스도 와서 아들의 결혼을 축하해 주었고, 고부간의 갈등도 다 해결되었답니다.

이 이야기는 우리들에게 삶의 깊은 의미를 깨닫게 하려는 하나의 우의이기도 합니다. '프쉬케'는 그리스어로 '영혼'이라는 뜻입니다. 그리고 쿠피도는 에로스처럼 '사랑'이라는 뜻이죠. 그래서 쿠피도는 사랑을 뜻하는 라틴어 아모르(amor)라고 불리기도 하지요. 그러니까 쿠피도와 프쉬케의 결합은 '사랑과 영혼'의 결합이지요. 영혼인 프쉬케가 모든 시험을 이겨 낼 수 있었던 것은 바로 사랑, 즉 쿠피도(에로스)에서 나온다는 뜻입니다. 영혼의 힘은 사랑에서 온다는 뜻이기도 하지요. 우리의 삶도 마찬가지입니다. 우리가 겪는 모든 고난과 시련을 이겨 낼 수 있는 힘이 어디에 있는가라는 질문에 대해 프쉬케와 에로스의 이야기에서 그 답을 찾을 수 있습니다. 사랑, 그것이야말로 우리의 모든 문제를 풀어 나갈 수 있는 가장 큰 힘이며, 우리의 영혼을 강하게 만드는 원동력이라는 겁니다. 직장에서 삶의 무게로 힘들어하는 남편에게, 자식들과 남편을 내조하며 힘겨워하며 집 안에서 외로워하는 아내에게, 미래에 대한 불안 속에서 시험과 공부로 지친 자식들에게 사랑은 모든 것을 이겨 내는 힘을 우리의 영혼에 줄 겁니다. "믿음, 소망, 사랑, 이 세 가지는 항상 있을 것인데, 그중의 제일은 사랑입니다"라는 성경의 메시지도 에로스와 프쉬케의 아름다운 신화와 연결시켜 볼 수 있을 겁니다.

25

판,
사람을 놀라게 하다

"패닉 상태에 빠졌다"는 말을 들으신 적이 있을 겁니다. 더 심각해지면 '공황장애'가 된다고도 합니다. 그런데 이 말은 그리스·로마 신화와 관련이 있습니다. '패닉(panic)'이라는 말은 그리스어 '파니코스(panikos)'에서 왔는데, 이 말은 '판(Pan)'이라는 목동들의 신이가진 속성을 나타내는 말입니다. 판은 아주 기괴하게 생겼습니다. 얼굴은 사람이지만 염소 뿔이 달렸고, 두 팔은 인간의 팔이지만 염소처럼 털이 많이 나 있지요. 그리고 두 다리는 아예 염소 다리와 똑같습니다. 그러니까 반은 인간이지만 반은 염소의 모습인, 반인반수의 신이었습니다. 디오뉘소스를 수행하는 사튀로스와 아주 흡사하지요? 이런 기괴한 모습을 한 판 신은 주로 숲속에 사는데, 몰래 숨어 있다가 사람이 지나가면 갑자기 뛰쳐나와서 깜짝 놀라게 만들었습니다. 그렇게 사람이 깜짝 놀라면 얼이 빠지게 되는데, 바로 그런 상태를 빗대어 "패닉 상태다"라고 말하는 겁니다. 갑자기 예상하지 못한 어떤 큰 충격을 받아서 정신이 나가는 것 같은 상태가 될 때, 판 신에게 당한 것 같다며 패닉 상태라고 말하는 것이지요. 그런데 판 신은 왜 그런 이상한 모습을 하게 되었을까요?

판의 절반이 염소인 이유는 그의 어머니가 암염소였기 때문이라고 합니다. 판의 아버지는 제우스의 전령인 헤르메스라고 전해지죠. 그런데 왜 헤르메스가 염소와 짝이 되었을까요? 어쨌든 헤르메스가 판의 아버지라는 전설은 여러 문헌에서 확인됩니다. 판의 어머니는 염소가 아니라 드뤼오페(Druopē)라는 이름의 님페라는 이야기도 있죠. 드뤼오페가 아이를 낳았는데 어찌된 일인지, 반은 염소인 아이가 태어나자 몹시 두려웠습니다. 하지만 헤르메스는 그 요상하게 생긴 아이를 산토끼 가죽에 싸서 올륌포스 궁전으로 올라갔습니다. 그리고 신들이 모인 자리에 펼쳐 놓았지요. 신들은 그 희한한 모습을 보고 모두 놀랐답니다. "저것 좀 봐, 아기가 뿔이 달렸네." "꼬리도 있어." "발에는 염소처럼 굽도 있어." 신들은 "이 아기는 없는 게 없네, 다 가졌어."라고 말하면서 '판'이라는 이름을 붙여 줬다고 합니다. 그리스어로 '판'은 '모든 것'이라는 뜻이거든요. 그러니까 '판'은 '모든 걸 다 가진 아이'라는 말이 됩니다.

이렇게 특이하게 생긴 판을 신들은 매우 신기하게 여기며 좋아했습니다. 특히 포도주의 신 디오뉘소스가 판을 아주 좋아했습니다. 그래서 판은 나중에 디오뉘소스 신과 함께 춤추고 노래하는 잔치에 자주 나타나곤 했지요. 하지만 연애는 어려웠습니다. 어느 날, 판이 숲을 거닐다가 아름다운 나무의 님페를 보게 되었는데 그녀의 이름은 쉬링크스(Surinx)였습니다. 그녀는 마치 달의 여신 아르테미스 같았답니다. 판은 그녀를 발견하고 곧바로 사랑에 빠졌죠. 마음이 설레고 주체할 수가 없었던 판은 자신의 모습을 생각하지 않고 쉬링크스에게 다가갔습니다. "쉬링크스, 당신은 정말 아름답군요." 하지만 쉬링크스는 판의 이상한 목소리와 반인반수의 기괴한 모습을 보고 깜짝 놀라 곧바로 달아나기 시작했습니다. 그야말로 패닉 상태였던 겁니다.

판은 자신을 보고 놀라 달아나는 쉬링크스에게 잠시만 시간을 달라고, 말할 게 있다고 애원하며 쫓아갔지만, 쉬링크스는 더욱더 속력을 내서 달아났습니다. 판은 간절하고 애달픈 마음으로, 마치 아폴론이 다프네를 쫓아가는 것처럼 쉬링크스를 뒤쫓아 갔고, 쉬링크스는 공포와 불안에 휩싸여 있는 힘을 다해 판의 추격을 벗어나려고 전속력으로 달렸습니다. 그렇게 쫓고 쫓기며 한참을 달렸는데, 마침내 강물에 막혀 더 이상 달아날 수가 없게 되자 판은 드디어 쉬링크스를 두 팔로 안을 수 있을 만큼 가까이 다가갔습니다. 그러나 쉬링크스는 비명을 지르며 강물 속에 있던 님페들에게 도와달라고 외쳤습니다. 판이 쉬링크스를 향해 마침내 돌진하는 순간, 판의 품에 들어온 것은 쉬링크스가 아니라 갈대 뭉치였습니다. 쉬링크스의 언니들이었던 강물의 님페들이 위기에 몰린 그녀를 구하기 위해 갈대로 변신시킨 겁니다.

판은 쉬링크스가 갈대로 변해 사라진 것이 허망하고 슬퍼서 강변에 새롭게 만들어진 갈대숲에 주저앉았습니다. 그때 바람이 불어와 갈대에 스치는 소리가 애처로운 탄식처럼 들렸습니다. 판은 그 소리에 매혹되었습니다. 그 소리가 쉬링크스의 목소리라고 생각했죠. "당신의 모습은 사라졌지만, 당신의 목소리는 남아 있군요. 이제 나는 그대와 이렇게 아름다운 소리로 언제까지라도 대화를 나누겠소."라고 말했습니다. 그는 갈대의 굵은 줄기들을 골라내서 길이가 서로 다르게 자른 다음, 그것들을 밀랍으로 연이어 붙였습니다. 악기를 만든 겁니다. 그리고 그것에 자신의 숨을 불어넣자 애절하면서도 아련한 아름다운 소리가 울려퍼졌습니다. 그렇게 해서 판은 자기가 사랑하던 쉬링크스의 목소리를 들을 수 있었습니다. 그 악기가 바로 우리가 알고 있는 '팬파이프(Panpipe)'이고 그것을 연주하는 것이 판이 쉬링크스와 대화를 나누는 방법이었습니다. 처음에 판은 사랑하던 님페의 이름을 그대로 붙여서 그 악기를 '쉬링크스'라고 했습니다. 그래서 그리스 사람들은 팬파이프를 쉬링크스라고 부릅니다. 그때부터 판은 손에서 쉬링크스를 놓지 않았고, 신들과 사람들은 판의 애절한 연주를 사랑했다고 합니다. 그중에서도 모든 것을 황금으로 만드는 손을 가진 미다스가 판의 열혈 팬이었다고 하네요.

미다스는 디오뉘소스 신으로부터 자신의 몸에 닿는 모든 것을 황금으로 만들 수 있는 능력을 받았으나, 그것은 그에게 행복이 아니라 불행을 안겨 주었지요. 손을 대면 모든 것이 금으로 변하니 아무것도 먹지도 못하고, 신하나 친구, 식구들의 손도 잡을 수 없었으니까요. 그래서 미다스 왕은 디오뉘소스 신에게 다시 부탁을 해서 자신의 손에서 황금을 만드는 능력을 없애 달라고 애원했고, 디오뉘소스 신은 그 소원을 들어줬습니다. 재앙에서 벗어난 미다스 왕은 홀가분한 마음으로 숲을 돌아다니다가 판의 연주를 듣게 됩니다. 감미롭고 애틋한 선율의 매력에 푹 빠진 미다스는 그때부터 판 신을 숭배하고 섬기는 추종자가 되었다고 합니다. "판 신이시여, 당신의 음악은 이 세상 최고입니다. 음악의 신 아폴론도 당신만큼 연주할 수 없을 겁니다." 이렇게 말하자 판 신은 너무나 기분이 좋아졌고 오만한 마음까지 들었습니다.

자존심이 강했던 아폴론은 판 따위가 자신에게 연주 실력으로 맞먹으려고 한 것을 괘씸하게 여기고 주의를 줬지만, 판은 당돌하게 시합을 하자고 도전을 했습니다. 이렇게 해서 아폴론과 판 사이에 시합이 벌어졌는데, 트몰로스(Tmōlos)라는 산신이 둘 사이의 심판관이 되었습니다. 그 시합에 미다스도 관객으로 참석했죠. 판은 자신의 쉬링크스를 꺼내 구슬픈 가락으로 연주를 했는데, 이를 듣고 있던 미다스와 관객들은 모두 감탄해서 눈물을 흘렸다고 합니다. 판의 승리처럼 보였지만 아폴론이 상아로 만들고 보석으로 장식한 키타라로 태양처럼 빛나는 음악을 장엄하게 연주하자 관객들의 생각은 달라졌습니다. 트몰로스 산신은 아폴론의 승리를 선언했고, 관객들은 모두 그 판정에 동의했습니다. 단 한 사람, 미다스만은 이의를 제기했죠.

아폴론은 미다스의 이의 제기에 불쾌함을 감추지 못했습니다. 감히 인간 따위가 신의 판정에 이의를 제기했으니까요. 게다가 음악의 신 아폴론의 연주를 폄하하다니 괘씸했습니다. 아폴론은 "음악을 제대로 듣지도 못하는 아둔한 놈이 인간의 귀를 갖고 있다니!" 하면서 역정을 내더니, 그의 귀를 잡고 쭉 잡아당겼습니다. 미다스의 귀는 당나귀의 귀처럼 길게 늘어졌고, 굵고 거친 잿빛 털이 나기 시작했습니다. 미다스는 두렵고 창피해서 그 자리를 피해 도망가듯이 자신의 왕궁으로 돌아왔죠. 그 이후 그는 언제나 귀를 덮는 자줏빛 모자를 만들어 쓰고 있었답니다.

우리나라 전래 동화에도 '임금님 귀는 당나귀 귀'라는 이야기가 있지요? 실제로 『삼국유사』에 거의 똑같은 이야기가 실려 있습니다. 신라의 제48대 왕인 경문왕이 당나귀 귀를 가졌다고 전해지는데, 바로 그 이야기가 미다스 왕에도 똑같이 적용이 됩니다. 미다스 왕은 당나귀 귀를 숨기고 살았지만, 머리를 깎아 주는 이발사에게만은 신체의 비밀을 숨길 수가 없었습니다. 그는 이발사에게 단단히 일러두었죠. "내 귀에 관해 비밀을 지켜라. 이 사실을 발설하면, 너의 목숨은 더 이상 너의 것이 아니게 될 것이니라." 그러나 왕의 비밀을 말하고 싶어서 미칠 것 같았던 이발사는 끝내 그 욕망을 참지 못하고 외딴 곳으로 가서 땅을 파고 미다스 왕의 비밀을 크게 외치고 흙을 덮었습니다. 그러자 그곳에서 갈대가 자라나기 시작하더니 바람이 불면 "미다스 왕의 귀는 당나귀 귀"라는 소리가 났다고 합니다. 판이 싫어서 도망치던 쉬링크스가 갈대가 되었다고 했는데, 아마도 판을 좋아하는 미다스도 싫었던 모양이지요? 갈대의 모습으로 미다스 왕의 수치스러운 비밀을 폭로했으니 말입니다. 비밀을 숨기려고 했는데, 갈대밭에서 비밀을 폭로하는 소리가 들렸으니, 미다스 왕도 패닉 상태에 빠졌을 겁니다. 판의 열혈한 팬인 미다스가 판 때문에 패닉 상태에 빠진 모습을 상상하니,

참 여러모로 불쌍합니다.

판 신은 들판에서 양과 염소를 치는 목동들에게는 많은 사랑을 받은 신이었습니다. 목동들은 판 신이 그들의 편에서 늑대나 맹수들을 쫓아 주고 가축을 지켜준다고 생각했으니까요. 기원전 5세기에 페르시아가 엄청난 대군을 이끌고 그리스에 쳐들어왔을 때, 아테네의 소수 병력이 마라톤 평원에서 맞서야 했는데, 그때 판 신이 도와주었다는 전설도 있습니다. 페르시아군을 패닉 상태에 빠뜨려 자중지란을 겪게 했고, 그 틈을 타서 아테네의 정예군이 공격해서 승리를 거두었다는 거죠. 스스로도 믿을 수 없는 놀라운 승리를 거둔 아테네인들은 그 승리의 공을 판 신에게 돌리며 자축했다고 합니다.

26

가뉘메데스,
불멸의 시종이 되다

여름이 무르익어 가는 7월 동남쪽에는 물병자리가 나타납니다. 서서히 남서쪽 하늘로 이동하는데, 11월까지 볼 수 있지요. 물병자리는 1월 20일에서 2월 18일까지 생일을 가진 사람들의 별자리입니다. 그리스·로마인들은 이 별자리를 아름다운 청년이 커다란 물병을 오른쪽 팔에 끼고 기울이면서 물을 쏟는 모습으로 상상했습니다. 그런데 물을 쏟는 아름다운 청년은 누굴까요? 그 주인공은 가뉘메데스(Ganumēdēs)입니다. 트로이아 전쟁이 일어나기 전에 살았던 트로이아의 왕자였죠.

가뉘메데스의 아버지는 트로스(Trōs) 왕이었습니다. '트로이아'라는 도시의 이름이 바로 이 트로스 왕의 이름에서 나온 겁니다. 가뉘메데스의 어머니는 트로이아를 흐르는 스카만드로스(Skamandros)라는 강의 신의 딸이었습니다. 그녀의 이름은 칼리로에(Kallirrhoē)인데, '칼리(Kalli-)'가 아름답다는 말이고, '로에(rhoē)'는 흐름이라는 의미니까, '아름답게 흐르는 강물'이라는 뜻입니다. 가뉘메데스는 어머니 칼리로에를 닮아서 그랬는지 빼어난 미남이었습니다. 인류 최고의 미남이 어쩌다가, 무슨 사연으로 물병자리의 주인공이 되었을까요?

호메로스의 『일리아스』에서 그 사연을 짧게 읽을 수 있습니다. "가뉘메데스는 죽어야 할 인간들 가운데 가장 아름다운 사람이었다. 하지만 미모 때문에 신들이 그를 채어 가 제우스의 술을 따르는 시종이 되게 하니, 그는 지금 불사신들 사이에 살고 있다(『일리아스』제20권 232~235행)." 그러니까 신들이 그를 데려간 것입니다. 그런데 호메로스의 시에 따르면, 가뉘메데스가 들고 있는 것은 물병이 아니라 술병인 셈입니다. 좀 더 정확하게 말하자면 신들이 마시는 감미롭고 향기로운 넥타르를 담은 항아리인 거죠. 호메로스는 가뉘메데스를 데려간 존재를 '신들'이라고 말했지만, 다른 많은 기록들은 제우스가 직접 가뉘메데스를 데려갔다고 합니다. 여기에는 다음과 같은 일화가 있습니다.

트로이아 가까운 곳에 이다산이 있는데, 제우스가 그곳에 자주 들렀습니다. 어느 날, 가뉘메데스가 이다산에서 양을 치고 있는데, 제우스가 그를 보고 반한 겁니다. 저 소년을 데려다가 곁에 두고 영원히 시중을 들게 해야겠다고 결심하죠. 그래서 가뉘메데스를 올륌포스의 궁전으로 데려간 겁니다. 그때부터 가뉘메데스는 불멸의 존재가 되었고, 신들이 잔치를 벌일 때마다 커다란 물병에 넥타르를 담아 신들의 잔에 따르는 일을 하게 된 겁니다. 가뉘메데스가 넥타르를 따르면서 시중을 들었다면, 그전에는 그런 시중을 드는 이가 없었을까요?

물론 있었습니다. 헤베라는 여신이었죠. 헤베는 제우스와 헤라 사이에서 태어난 딸이었는데, 젊음과 청춘의 신이었습니다. 가뉘메데스가 하늘로 오기 전에는 헤베 여신이 신들의 축제에서 넥타르를 따르는 일을 했습니다. 그런데 나중에 헤라클레스가 신이 되어 올륌포스에 올라왔을 때, 헤베는 헤라클레스의 신부가 되었습니다. 이것은 헤라클레스가 죽음을 이기고 영원한 젊음을 얻었음을 상징하죠. 어쨌든 결혼을 하고 헤베는 신들의 시중을 드는 일에서 은퇴한 모양입니다. 그녀를 대체하기 위해서 가뉘메데스를 데려간 거지요. 그런데 제우스가 가뉘메데스를 데려간 것은 헤베가 다리를 다쳐 더 이상 신들의 축제에서 넥타르를 따르는 시중을 들 수 없게 되었기 때문이라는 이야기도 있습니다. 어쨌든 헤베의 공백 때문에 제우스가 고민하고 있는데, 아폴론이 가뉘메데스를 추천했다고 합니다. 제우스가 땅을 내려다보니, 과연 가뉘메데스는 눈부시게 빛을 내고 있었죠.

제우스가 가뉘메데스를 올림포스로 데려간 방법에 관해서도 여러 가지 설이 있습니다. 제우스가 직접 지상으로 내려와 가뉘메데스를 올림포스로 데려갔다고도 하고요, 독수리에게 명령을 내려 그를 낚아채서 하늘로 데려오게 했다는 이야기도 있습니다. 이 독수리는 그 공로로 별자리가 되었다고 합니다. 또 다른 전설에 따르면, 제우스가 직접 독수리로 변신하여 지상으로 내려와 가뉘메데스를 데려갔다고도 합니다. 유럽의 많은 화가, 조각가들은 가뉘메데스를 소재로 작품을 남겼는데, 대부분은 독수리가 가뉘메데스를 데려가는 모습으로 표현하였습니다.

제우스가 시종으로 부리기 위해 가뉘메데스를 데려갔다곤 하지만, 한편으론 이런 의심도 듭니다. 천하의 바람둥이 제우스가 청년의 미모에 반한 건 아닌가 하고요. 헤라도 그런 점을 의심해서 제우스에게 화를 내고 가뉘메데스를 미워했다고 합니다. 그런 이유 때문에 서양의 문학 전통에서 가뉘메데스는 남성 동성애의 상징처럼 여겨집니다. 영어로 남성 동성애자를 '케터마이트(cata-mite)'라고 하는데, 이 단어도 가뉘메데스의 이름에서 왔습니다. 가뉘메데스를 라틴어로는 카타미투스(Catamitus)라고 하기 때문이죠. 지금까지 제우스가 여성이나 여신을 대상으로 사랑을 나누는 이야기를 많이 보았는데, 이번엔 남색까지 밝히다니, 그렇다면 제우스는 양성애자였던 걸까요?

그런데 제우스를 양성애자냐, 남색을 밝힌 것 아니냐, 이런 말을 하기 전에 알아 둬야 할 것이 있습니다. 그리스에서는 나이 많은 남자가 미소년을 곁에 두는 일을 명예로운 것으로 여겼다는 사실입니다. 제우스와 가뉘메데스의 관계도 그런 점에서 이해될 수 있죠. 소크라테스도 당대 최고 미남으로 알려진 알키비아데스(Alkibiadēs)를 곁에 두고 철학적 담론을 즐겼다고 합니다. 이런 식으로 젊은이가 사회적으로 존경받는 남성을 가까이서 모시면서 많은 것을 배우고 경험하는 일은 하나의 교육적 전통이기도 했습니다. 나이 든 남성은 젊은 청년의 반짝이는 눈과 배우고자 하는 열정, 패기에 호응하며 삶의 의욕과 살아갈 힘을 얻었던 거고요. 이런 관계를 단순히 남색으로 말하기는 어렵습니다.

그렇다면 제우스를 양성애자로 볼 필요는 없겠지요? 증거도 있습니다. 크세노폰(Xenophōn)의 기록에 따르면, 소크라테스는 제우스가 가뉘메데스의 영혼과 정신이 아름다워서 곁에 두려고 했다고 합니다. 참고로 말씀드리자면, 크세노폰은 소크라테스의 제자로 알려진 철학자이며 역사가였습니다. 그의 설명에 따르면, '가뉘(Ganu-)'가 '즐기다, 즐거워하다'라는 뜻이고 '메(mē-)'는 '정신'이라는 뜻인데요, 가뉘메데스라는 이름은 그가 정신적인 기쁨, 영혼의 쾌락을 추구했음을 나타냅니다. 그리고 제우스가 육체적인 욕정에 이끌린 경우에는 상대를 불멸의 존재로 만들지는 않는데요, 유독 가뉘메데스만은 산 채로 하늘로 데려와 불멸의 존재로 만들었다는 것은 그의 사랑이 육체적인 영역이 아니라 정신적인 부분임을 의미하는 걸로 봐도 될 것 같습니다. '정신적인 쾌락을 즐기는 자'가 하늘로 올라간다, 이렇게 해석이 될 수도 있고요.

실제로 그런 식으로 해석하는 철학자들이 종종 있었습니다. 플라톤의 사상을 계승한 신플라톤주의자들도 마찬가지였는데요, 가뉘메데스가 하늘로 올라간 것은 영적인 완성을 은유적이고 상징적으로 보여 준 사례라고 해석합니다. 나중에 이와 같은 해석은 이탈리아 르네상스 인문주의자들의 큰 호응을 얻게 됩니다. 물병자리의 주인공인 가뉘메데스는 아무런 고통도 겪지 않고, 비극적인 결말을 맞이하거나 심지어 죽지도 않고 하늘로 올라가, 그대로 별자리가 된 거의 유일한 예인 것 같습니다. 성서에서도 비슷한 인물이 있는데, 에녹(Enoch)이라는 사람입니다. 그 사람은 항상 신의 뜻을 따라 경건하고 신실하게 살았고, 매일같이 신과 동행하다가 하늘로 올라갔다고 합니다. 신의 각별한 사랑을 받은 거죠.

어쨌든 하늘로 들려 올라가는 가뉘메데스의 기분이 어땠을까요? 갑자기 독수리가 달려들어 채 갔으니, 많이 두려웠을 것 같습니다. 이제 죽었구나 싶었겠죠. 하지만 하늘에 도착해서 신들을 만났을 때는 처음엔 어리둥절했겠지만, 황홀하지 않았을까요? 독일의 시인 괴테는 하늘을 보고 가뉘메데스를 상상하면서 부러워하듯이 시를 썼습니다.

아침 햇살 속에서
그대 나를 둘러싸고 빛나는구나.
봄이여, 사랑이여!
천 배의 사랑으로
내 심장을 누르는구나
그대의 영원한 온기가
거룩한 느낌이
무한한 아름다움이!
Wie im Morgenglanze
Du rings mich anglühst,
Frühling, Geliebter!
Mit tausendfacher Liebeswonne
Sich an mein Herz drängt

Deiner ewigen Wärme

Heilig Gefühl,

Unendliche Schöne!

이 부분을 보면 괴테는 따뜻한 봄의 아침 햇살을 즐기는 것처럼 그렸는데, 그런 자기 자신을 들판에서 양을 치던 가뉘메데스가 따뜻한 봄을 즐기는 모습으로 묘사한 것 같습니다. 추운 겨울 뒤에 찾아오는 봄을 즐기는 이가 가뉘메데스라면, 제우스는 그를 감싸는 따뜻한 봄으로 해석할 수 있을 것 같습니다. 괴테는 봄의 따스한 아침 햇살에 빛나는 꽃과 풀을 보면서 벅차오르는 감정을 노래한 후에 이렇게 덧붙입니다.

사랑스러운 아침 바람!

그 속으로 부른다, 나이팅게일이

안개 골짜기에서 사랑스럽게 나를.

간다, 나는 간다.

어디로? 아, 어디로?

Lieblicher Morgenwind!

Ruft drein die Nachtigall

Liebend nach mir aus dem Nebeltal.

Ich komm', ich komme!

Wohin? Ach, wohin?

위로, 위로 올라가리

구름들이 둥실둥실 떠 있고

내 아래에, 구름들이

몸을 굽힌다, 간절한 사랑에게로

나에게로, 나에게로
그대들의 품 안에서
위로
껴안고, 껴안겨서!
위로, 당신의 가슴으로
모든 것을 사랑하는 아버지!

Hinauf! Hinauf strebt's.

Es schweben die Wolken

Abwärts, die Wolken

Neigen sich der sehnenden Liebe.

Mir! Mir!

In eurem Schosse

Aufwärts!

Umfangend umfangen!

Aufwärts an deinen Busen,

Alliebender Vater!

괴테는 봄 햇살, 바람, 꽃, 풀, 나이팅게일, 구름들로 가득한 풍경 속에서 자연과 하나가 되면서 하늘로 올라가는 듯한 기분을 느꼈던 모양인데요, 그런 자신의 느낌을 독수리에 붙들려 하늘로 올라간 가뉘메데스에 빗대어 표현한 겁니다. 이 시가 마음에 들었던지, 슈베르트(Franz Peter Schubert)는 아름다운 선율을 붙여 「가뉘메데스」라는 가곡을 짓기도 했죠.

27

신들,
과학 속에 살아 있다

평화의 여신을 위협하는 신들이 있습니다. 정확하게 말하면, 이 이야기는 단순히 그리스·로마 신화 이야기가 아니라 여기에 등장하는 신들이 서양인들이 발전시켰던 과학과 기술에 살아 있다는 이야기입니다. 현재 우리 인류의 평화와 안전, 생존을 위협하는 문제와 관련된 그리스·로마 신들은 누가 있을까요? 특히 한반도의 위기 상황과도 직접 연결되는 이름들인데, 바로 핵무기와 관련된 이야기입니다. 우라늄과 플루토늄이 그 주인공입니다. 북한은 6·25전쟁이 끝난 직후에 소련과 원자력의 평화적 이용을 위한 협정을 체결하고 1962년에는 영변에다 원자력 연구소를 설치했지요. 그런데 이 기술을 점점 핵무기를 개발하는 쪽으로 발전시켰고 국력을 집중시켰습니다. 2005년에는 핵무기를 보유했다고 선언했고, 2011년에 권력을 잡은 김정은 국무위원장은 핵무기와 ICBM(대륙간 탄도미사일)의 개발에 총력을 기울여 일정한 성취를 이루었지요. 북한의 핵무기 개발은 크게 두 가지 방향으로 이루어지는데, '우라늄 농축 방식'과 '플루토늄 생산 방식'이라고 합니다. 바로 여기에 그리스 신화의 어마 무시한 두 명의 신이 관련된 겁니다.

우라늄은 하늘의 신 우라노스에서 플루토늄은 저승의 신이자 죽음의 신인 플루톤(Ploutōn)에서 가져온 겁니다. 플루톤은 하데스를 가리키는 다른 이름입니다. 우라늄은 1789년 독일의 화학자였던 클라프로트(Martin Klaproth)가 발견했는데, 어떤 이름을 붙일까 고민하던 중에 그리스 신화에 나오는 하늘의 신 우라노스의 이름을 가져온 겁니다. 클라프로트가 그리스·로마 신화를 좋아했던 모양이지요? 사실 서양 사람들은 어려서부터 기독교의 성경 이야기와 그리스·로마 신화를 듣고 자라면서 상상력과 가치관을 키웠으니까, 클라프로트도 다르지 않았을 겁니다. 자기가 발견한 새로운 원소에 좋아하는 그리스·로마 신화의 주인공 이름을 골라 붙였다는 건 개연성이 높은 이야기입니다. 그런데 클라프로트가 우라늄이라는 이름을 붙인 데는 단순히 어릴 적 추억 때문만은 아니고, 당대에 화제가 되었던 또 다른 과학적 발견과 관련이 있다고 합니다.

클라프로트가 우라늄을 발견하기 8년 전인 1781년 3월 13일에 영국의 천문학자 윌리엄 허셜(William Herschel)은 천체를 관측하다가 태양계의 일곱 번째 행성을 발견했습니다. 거기에다 우라노스라는 이름을 붙였던 겁니다. 우라노스가 하늘의 신이었기 때문에 우리는 '하늘 천(天)' 자를 써서 천왕성이라고 부르지요. 클라프로트는 새로 발견한 원소에 똑같이 이 이름을 붙였던 겁니다. 잘 살펴보면, 태양계의 다른 행성들 이름도 모두 그리스·로마 신화에 나오는 신들입니다. 허셜 박사가 천왕성을 발견하기 전까지, 사람들에게 알려져 있던 태양계의 행성은 지구를 포함해서 모두 6개였습니다. 우리가 쓰는 한자 이름으로 하면 수성, 금성, 지구, 화성, 목성, 토성인데, 서양인들은 이 여섯 개의 행성에다가 모두 그리스·로마 신화에 나오는 신들의 이름을 붙였습니다.

먼저 태양과 가장 가깝고 제일 작은 행성인 수성은 유피테르의 전령인 메르쿠리우스, 영어식으로 하면 머큐리(Mercury)라는 이름을 붙였습니다. 수성은 행성들 가운데 태양 주위를 가장 빨리 돕니다. 지구가 한 바퀴를 도는데 365일이 걸리는 데 비해서 수성은 대략 88일밖에 안 걸리거든요. 지구보다 4배 이상 빠른 겁니다. 날개 달린 샌들을 신고 아주 빨리 달리는 메르쿠리우스의 모습과 비슷하다고 생각해서 그 이름을 붙인 겁니다. 메르쿠리우스는 그리스 신화로는 헤르메스입니다. 그다음은 금성인데, 샛별이라고도 하죠. 이 별에는 아름다움의 여신 베누스의 이름을 붙였습니다. 그리스 신화에서는 아프로디테죠. 금성을 베누스라고 부르는 이유는 금방 알겠지요? 제일 먼저 밤하늘에 뜨면서 달 가까이에서 아주 밝게 반짝이잖아요. 실제로 금성은 밤하늘에서 우리가 눈으로 볼 수 있는 것으로는 달 다음으로 가장 밝습니다.

그리고 지구가 있고, 지구 다음에는 화성이 있습니다. 화성은 전쟁의 신 마르스로 불리죠. 그리스 신화에선 아레스입니다. 아마도 붉은 빛이 감돌기 때문에 그런 이름이 붙은 것 같습니다. 한자로도 불 화(火) 자를 쓰고요. 목성은 신들의 왕 주피터(유피테르), 즉 제우스입니다. 행성들 가운데 가장 크기 때문에 행성의 왕이라는 뜻에서 이 이름이 붙었죠. 그다음 토성은 주피터의 아버지인 사투르누스, 영어식으로는 새턴(Saturn)이라는 이름으로 불립니다. 로마에서는 농업의 신으로 숭배되지만, 그리스에서는 시간의 신 크로노스에 해당합니다. 그리고 1781년에 영국의 천문학자 허셜이 태양계의 일곱 번째 행성을 발견하고 그 이름을 우라노스라고 붙였습니다. 앞서 이야기한 천왕성입니다. 목성을 유피테르라고 이름을 붙였고, 그다음에 있는 토성을 유피테르의 아버지인 사투르누스라는 이름을 붙였으니까, 토성 다음에 있는 행성에는 사투르누스의 아버지인 우라노스의 이름을 붙인 것 같습니다. 유피테르가 있고, 그다음에 유피테르의 아버지 사투르누스가 있고, 그다음에 유피테르의 할아버지 우라노스가 있는 셈이죠. 그런데 우라노스는 사실 그리스 신화에서의 이름이고, 로마 신화에서는 카일루스(Caelus)라고 합니다.

허셜이 우라노스(천왕성)를 발견하고 서양 과학계에 알린지 8년 뒤에 클라프로트가 새로운 원소를 발견했는데, 그게 원자 번호 92번의 우라늄이죠. 천문학자의 발견이 화학자의 발견에 영향을 주고 연결된 것이라고 할 수 있습니다. 우라늄과 함께 또 다른 핵무기 재료인 플루토늄의 이름 역시 천문학적인 발견과 관련이 있습니다. 원자 번호 94번에 해당하는 것을 발견한 사람은 이탈리아의 화학자 페르미(Enrico Fermi)였지만, 핵무기 원료로 사용되는 플루토늄 238을 발견한 것은 1940년에 미국의 과학자 글렌 시보그(Glenn Seaborg), 에드윈 맥밀런(Edwin McMillan), 조지프 케네디(Joseph Kennedy), 아서 발(Arthur Wahl)로 이루어진 팀이었습니다. 이 과학자들이 발견한 원소에 플루토늄이라는 이름을 붙인 건, 우라늄의 이름을 붙인 것과 비슷한 사연이 있습니다. 플루토늄은 태양계의 행성들 가운데 하나로 알려졌던 명왕성의 이름에서 따온 겁니다. 명왕성(Pluto)을 서양인들은 플루톤, 즉 하데스의 이름으로 부르거든요. 1930년 미국의 천문학자 클라이드 톰보(Clyde Tombaugh)가 명왕성, 즉 플루톤을 처음 발견했는데, 그로부터 10년 후에 원자번호 94번이 발견되자(페르미가 발견한 것은 우라늄 핵분열 생성물로 다시 알려졌죠) 과학자들은 그 원소에다가 당시 최근에 발견된 행성의 이름을 가져다가 붙여 플루토늄이라고 부른 겁니다. 우라늄, 플루토늄 모두 태양계의 행성 이름을 붙였는데 그게 결국 그리스·로마 신화의 신들 이름이라는 게 참 흥미롭습니다.

이건 좀 벗어나는 이야기인데, 명왕성은 처음 발견되었을 때는 태양계의 아홉 번째 행성으로 인정되었지만, 2006년에 열린 국제천문연맹 총회에서는 태양계의 행성에서 퇴출되었지요. 행성이라고 하기엔 크기나 중력이 작고, 궤도도 태양계의 행성이라고 하기 어렵다는 이유 때문이었습니다. 대신 최근에는 캘리포니아공과대학 연구팀이 새로운 아홉 번째 행성이 존재할 가능성이 높다는 의견을 내놓았고, 서구의 한 천문학회지에는 열 번째 행성도 존재할 가능성이 있다는 주장이 실리기도 했습니다. 아홉 번째, 열 번째 행성이 발견된다면 어떤 이름이 붙게 될지 자못 궁금합니다.

그런데 천왕성과 명왕성 사이에 여덟 번째 행성인 해왕성이 있습니다. 해왕성에는 넵투누스(Neptūnus)라는 이름이 붙어 있습니다. 영어식으로는 넵튠(Neptune)이 되지요. 넵투누스는 바다의 신인데, 그리스 신화에서는 포세이돈이라고 합니다. 그래서 우리는 바다 해(海) 자를 써서 해왕성이라고 하는 겁니다. 그런데 이 행성의 이름도 화학 원소의 이름으로 옮겨 갔습니다. 우라늄이 원자번호 92번이고, 플루토늄은 원자번호 94번인데, 그 둘 사이에 있는 원자번호 93번 원소를 넵투늄이라고 한 겁니다. 이것은 플루토늄이 발견되던 해인 1940년에 미국의 과학자 맥밀런(Edwin McMillan)과 에이벌슨(Philip Abelson)이 발견했는데요, 이 원소에다 넵투늄이라는 이름을 붙인 것은 태양계의 행성 이름과 짝을 맞춘 겁니다. 태양계에는 천왕성, 해왕성, 명왕성이 차례로 있고, 그것은 우라노스, 넵투누스, 플루톤의 순서인데, 이 순서를 그대로 따라서 원자번호 92번에는 우라늄, 93번에는 넵투늄, 94번에는 플루토늄의 이름을 붙인 거지요. 이렇듯 서양의 과학자들은 새로운 것을 발견하면서도 거기에다 가장 오래된 이야기, 즉 그리스·로마 신화의 이름들을 붙인 것이지요. 새로운 것을 발견하고 그것을 다른 사람들에게 알려 주는 효율적인 방법은 가장 익숙한 이름을 붙이는 것이라고 할 수 있습니다.

객관적이고 딱딱하고 차가운 과학적인 성과에 고대로부터 신화적 상상력으로 가득한 인문학적 성취를 접목시킨 점이 매우 흥미롭습니다. 밤하늘의 숱한 별자리들의 이름도 그리스·로마 신화에서 그 뿌리를 가지고 있지요. 우리가 세계적으로 주목받는 과학적 발견이나 발명을 하고, 중요한 국제적·문화적 행사를 개최하면서 우리 전통의 고유한 이름을 붙인다면 그것이 우리 전통적 자산을 세계화하는 아주 효율적인 방법이 될 것이라고 생각해 봅니다.

3부

영웅의 투쟁

1

최초의 인간과
영웅의 탄생

그리스 신화를 보면 태초에 가장 먼저 카오스가 생겨나고, 이어 가이아, 타르타로스, 에로스가 줄줄이 태어나고 그들이 자식들을 낳으면서 세상은 온통 신들로 가득 차게 되었습니다. 그런데 언제부터 이 신들의 세상에 인간들이 나타난 걸까요? 성경의 「창세기」에는 창조주가 빛을 만들고 밤과 낮을 나누자 시간이 흐르게 되었고, 그 이후 하늘과 땅을 비롯해서 이 세상을 만든 뒤, 여섯째 되는 날에 흙으로 인간을 빚어 만들었다고 합니다. 그렇다면 그리스 신화에서는 언제, 어떻게 인간이 태어났다고 이야기할까요? 헤시오도스는 『일과 나날(*Erga kai Hēmerai*)』에서 다섯 종족의 인간이 세상에 태어났다가 그중 일부가 사라졌다는 이야기를 해 줍니다. 그런데 다섯 종족의 탄생과 소멸을 보면 타락의 역사가 그려집니다.

　최초의 인간은 황금 종족이었습니다. 크로노스가 천하를 지배하던 시기 그러니까 아마도 제우스가 크레타섬 동굴에서 숨어 지낼 때, 아니면 제우스가 태어나기 이전에 생겨난 것이겠지요? 황금 종족이라는 이름에 걸맞게 이들은 풍요롭고 찬란한 나날을 보냈습니다. 불멸의 신들처럼 아무 걱정 없이, 가난과 궁핍에서 자유로웠고 힘들게 일할 필요도 없었습니다. 곡식도, 과일도 모든 식물들이 열매를 아낌없이 베풀어 주니, 일을 해도 한가롭고 즐거웠습니다. 곳간에서 인심 난다는 말이 있죠? 풍요로운 황금 종족들이 서로 싸우고 해코지할 일이 뭐가 있었겠습니까? 낙원에 지내듯이 매일을 축제처럼 즐겁게 지냈습니다. 몸도 건강해서 노년을 비참하게 보낼 일이 없었고, 죽을 때도 마치 깊은 잠에 빠져드는 것 같았다고 합니다. 하지만 대지의 여신 가이아가 그들을 감춰 버리자 순결한 정령들이 되어 살아 있는 인간들에게 복을 주고 수호자가 되었답니다. 어떻습니까. 여러분도 이런 삶을 살고 싶지 않으신가요?

두 번째 인간은 은의 종족이었다고 합니다. 올림포스의 궁전에 사는 신들이 이들을 만들었다고 하니, 크로노스의 시대가 저물고 제우스가 권좌에 오른 시기에 태어난 것이겠지요. 그런데 이들은 황금 종족처럼 신들과 친하게 지내지는 못한 것 같습니다. 백 년 동안이나 어머니의 품 안에서 어리광을 부리며 지냈다니 몸과 마음이 약하기도 하고, 철이 없었나 봅니다. 어리석음에 고통을 받기도 하고, 황금 종족에서는 볼 수 없었던 범죄 행위도 빈번하게 일어났다고 하니 버릇없는 부잣집 아들 같은 느낌입니다. 특히 신들에게 불경스러웠는데, 제물 바치는 것을 소홀히 했다고 하네요. 제우스가 마침내 안하무인으로 제멋대로였던 은의 종족들에게 노여움을 폭발시켜 이들을 땅 위에서 감춰 버리자 가이아 여신이 그들도 받아 땅 아래로 숨겨 버렸다고 합니다. 좋은 조건을 타고났으나, 그것과 함께 해야 할 책임을 다하지 못하고 권리만을 누리려는 어리석음이 그들을 파멸시켰던 것 같습니다. 하지만 지하 세계에 내려가서는 나름 축복받은 인간들이라 불리며 명예롭게 지낸다고 합니다.

세 번째 인간은 청동 종족이었는데, 청동 무기와 농기구를 사용했기 때문입니다. 이름은 청동 종족이었지만, 제우스가 이들을 직접 물푸레나무로 만들었다고 합니다. 물푸레나무에 청동을 달아 무기나 농기구로 사용했던 것으로 보이지요? 실제로 이들은 먹고살기 위해 힘들게 일을 해야만 했고, 자신들의 욕망을 채우기 위해 남의 것을 탈취하기 위한 침략과 전쟁을 일삼았습니다. 이들은 은의 종족보다 훨씬 더 고단한 삶을 살아야 했고, 그에 따라 성품도 거칠고 난폭했습니다. 그들 사이에 적대감이 생겼고, 서로 싸우며 죽이는 잔혹함이 용맹스러움으로 찬양되기도 했습니다. 탐욕과 폭력에 물든 그들은 결국 멸망하고 말았는데, 이는 스스로가 자초한 것이었습니다. 서로의 창과 칼에 쓰러지자, 그들도 역시 대지의 여신 가이아가 집어 삼켰고 땅 아래로 사라졌다고 합니다.

네 번째 인간은 영웅 종족이었습니다. 그런데 영웅은 반신반인의 존재였으니, 인간과 신 사이에서 태어났던 겁니다. 제우스가 이 영웅 종족을 만들었다는데, 어떻게 만들었을까요? 헤시오도스가 쓴 『여인들의 목록(Gunaikōn Katalogos)』에는 이런 구절이 있습니다.

> 이제 여인들의 종족을 노래하라, 달콤한 말소리를 내는
> 올림포스의 무사들, 아이기스를 가진 제우스의 딸들이여,
> 그녀들은 그때 최고였지. [   ]
> 여인들이 옷고름을 풀었고 [   ]
> 신들과 몸을 섞었지. [   ]˙
> Νῦν δὲ γυναικῶν φῦλον ἀείσατε, ἡδυέπειαι
> Μοῦσαι Ὀλυμπιάδες, κοῦραι Διὸς αἰγιόχοιο,
> α ἳ τότ' ἄρισται ἔσαν.[   ]
> μίτρας τ' ἀλλύσαντο [   ]

• 『여인들의 목록』 단편 1,1~5행. 본문 중에 [ ] 표시된 것은 그리스어 필사본이 파손되어 해독과 추정을 하기 어려운 부분이 있음을 뜻한다.

그런데 여인들과 잠자리를 같이한 것은 제우스뿐이 아니었습니다. 그 뒤로 포세이돈, 아레스, 헤르메스 등의 이름이 열거되는데, 이 서사시에 따르면 제우스를 비롯해서 올림포스의 남신들이 세상의 여인들과 몸을 섞어 영웅 종족을 낳은 겁니다. 그러면 여신들은 어땠을까요? 여신들도 인간들과 사랑을 나누고 자식들을 낳았습니다. 그런데 왜 올림포스의 신들은 갑자기 인간들에게 매력과 욕정을 느끼고 잠자리를 같이해서 영웅 종족을 낳았을까요?

하지만 영웅 종족도 이 땅에서 사라지고 말았습니다. 헤시오도스에 따르면, 테베와 트로이아에서 전쟁이 일어난 후 영웅 종족이 멸종되었다고 합니다. 일부는 죽고, 일부는 세상의 끝에 있는 축복의 섬 엘리시온 들판으로 가서 아무 근심 없이 살고 있다고 하네요. 두 개의 큰 전쟁이 끝난 후로는 영웅들이 태어나지 않은 걸 보니, 신들이 인간들에게 더 이상 성적 매력을 느끼지 못했나 봅니다.

청동 종족과 영웅 종족이 사라지자, 철의 종족이 태어났습니다. 이들은 지금까지의 인간들보다 훨씬 더 사악했고, 삶도 고통스러웠습니다. 부모에게 은혜도 갚지 않고, 폭행을 일삼으며 힘센 사람이 선량한 사람들을 괴롭히기 일쑤였습니다. 악행과 폭력으로 권력을 잡은 사람이 떵떵거리며, 다른 사람들의 부러움을 샀습니다. 철의 종족은 정의를 무시하며 자기 배를 불리는 일에 몰두하면서도 도무지 부끄러운지도 모르고 오히려 이를 자랑으로 여기기까지 했으며, 자기 이익을 위해서는 다른 사람을 속이고 고통스럽게 하는 일도 서슴지 않았습니다. 그리고 약하거나 선량한 사람을 무시했죠. 그런데 가만 보니, 지금 우리가 살고 있는 이 시대와 다르지 않아 보입니다. 바로 우리가 철의 종족이 아닐까 싶습니다. 이대로 가다가는 우리도 이전 종족의 인간들처럼 신들의 저주를 받아 이 땅에서 사라져 지하 세계로 삼켜져 버리진 않을까요?

플라톤도 이미 철의 종족 시대를 살고 있었습니다. 그런데 그는 『국가』에서 위에서 언급한 네 종족들이 함께 섞여 살고 있다고 이야기합니다. 겉으로 보면 모두 같은 사람으로 보이지만, 그 마음속에는 황금이나 은, 청동이나 철을 품고 산다는 겁니다.

그렇지만 이 신화의 나머지도 들어 보세요. 이 도시국가에 있는 여러분 모두가 실은 형제입니다. 그러나 신은 여러분을 만들면서, 여러분 중에서도 다스릴 능력이 충분한 이들에게는 태어날 때 황금을 섞었고, 그래서 이들이 가장 존경받는 겁니다. 한편 보조자들에겐 은을, 그리고 농부들이나 다른 장인들에게는 쇠와 청동을 섞었습니다.•

ἀλλ' ὅμως ἄκουε καὶ τὸ λοιπὸν τοῦ μύθου. ἐστὲ μὲν γὰρ δὴ πάντες οἱ ἐν τῇ πόλει ἀδελφοί, ὥς φήσομεν πρὸς αὐτοὺς μυθολογοῦντες, ἀλλ' ὁ θεὸς πλάττων, ὅσοι μὲν ὑμῶν ἱκανοὶ ἄρχειν, χρυσὸν ἐν τῇ γενέσει συνέμειξεν αὐτοῖς, διὸ τιμιώτατοί εἰσιν· ὅσοι δ' ἐπίκουροι, ἄργυρον· σίδηρον δὲ καὶ χαλκὸν τοῖς τε γεωργοῖς καὶ τοῖς ἄλλοις δημιουργοῖς.

그래서일까요? 어떤 사람은 황금을 품고 황금 종족처럼 한없이 선량하고 우아하며 고귀한 품격을 지키며 살고, 어떤 이는 청동이나 철을 품고 포악하게 산다는 거죠. 우리 인간들의 품성을 은유

• 『국가』 제3권 415a2~7

로 비춰 주는 흥미로운 우화입니다. 플라톤에 따르면, 황금을 품고 사는 사람은 외부의 황금에 초연하며, 쇠와 청동을 가진 사람은 황금을 갖고 싶은 탐욕에 휩싸인다고 합니다. 저마다 마음속에 타고난 품성이 있겠지만, 어쩌면 우리는 그것을 갖고 태어나는 게 아닐지도 모릅니다. 이 세상을 살아가면서 어떻게 생각하며 말하고 실천하며 살아가느냐에 따라 어떤 이는 고귀한 황금을 품게 되고, 어떤 이는 은을, 어떤 이는 청동을, 어떤 이는 거칠고 날카로운 철을 품게 되는 건 아닌가 싶습니다. 여러분은 마음속에 무엇을 품고, 어떤 종족으로 살고 계신가요? 그리고 어떤 종족으로 살고 싶으신가요?

그런데 어쩌면 우리 모두의 가슴속에 영웅 종족의 본성도 깃들어 있는 것 같습니다. 우리는 나약한 인간으로서 명백한 한계를 품고 살지만, 그 한계 너머로 신들과도 같은 무한한 힘과 능력, 공간을 생각하고 영원한 시간과 존재도 상상할 수 있으며, 그 초월적인 열정에 몸살을 앓곤 하니까요. 그런 점에서 본다면, 우리 역시 신의 본성을 가지고 있지만 인간의 한계를 살아가는 반신반인의 존재가 아닐까요? 우리가 우리 안에 깃들어 있는 그 영웅을 깨닫게 된다면, 비겁한 두려움을 이겨 내고 세상을 힘차게 살아갈 수 있는 힘과 용기를 우리 스스로에게서 찾을 수 있을 겁니다.

2

판도라,
항아리 뚜껑을 열다

플라톤은 『국가』에서 인간의 품성을 헤시오도스가 말했던 네 가지 종족의 금속으로 설명했습니다. 한편 『프로타고라스(*Prōtagoras*)』에서는 신들이 땅속에서 흙과 불, 그리고 이 두 가지가 혼합된 것들을 잘 섞어서 동물과 인간을 만들었다고 합니다. 그런 다음 프로메테우스와 에피메테우스 형제들에게 동물과 인간 각각에게 잘 어울리는 능력을 나눠 주라고 맡겼답니다. 일단 에피메테우스가 다양한 능력을 생명체들에게 나눠 주면 프로메테우스가 최종적으로 검사를 하기로 했지요. 그런데 에피메테우스는 인간이 있는 줄을 까맣게 잊고는 글쎄 다른 동물들에게 모든 능력을 나눠 주었답니다. 일단 일을 저질로 놓고 '나중에(Epi-) 생각하는 자(metheus)'라는 이름값을 톡톡히 한 겁니다. 형이 이 일을 알면 어쩌나 쩔쩔 맸겠지요? 그러니까 두 형제가 일을 바꿔 맡았어야 이런 실수가 없었을 겁니다. '미리(Pro-) 생각하는 자(metheus)'가 능력을 분배하고, 에피메테우스가 나중에 검사를 했더라면 좋았겠지요.

  프로메테우스는 아우의 실수를 만회하려고 고심했습니다. 어떻게 해야 인간에게 구원의 수단을 줄까? 그는 헤파이스토스와 아테나에게서 기술과 지혜, 불을 훔쳐서 신들 몰래 인간에게 선물로 주었지요. 프로메테우스는 또 제우스가 갖고 있던 '정치적 지혜

(politikē sophia)'를 훔치려고 했지만 실패했답니다. 이런 절도죄 때문에 프로메테우스는 제우스에게 벌을 받게 되지요.

그런데 왜 프로메테우스는 처벌을 감수하면서까지 인간을 위해 애썼던 걸까요? 기원전 2세기에 알렉산드리아 도서관에서 일하던 아폴로도로스는 수많은 신화 자료를 수집해서 정리했는데, 『신화의 도서관(Bibliothekē)』이라는 책에서 그 비밀을 알려 줍니다. "프로메테우스는 물과 흙으로 인간들을 빚었다. 그리고 제우스 몰래 회향풀의 줄기에 불을 감추어 두었다가 인간들에게 주었다." 프로메테우스가 인간을 위해 애를 쓴 이유는 그가 바로 인간의 창조자였기 때문입니다. 나중에 로마의 시인 오비디우스도 『변신 이야기』에서 비슷한 이야기를 합니다. "하늘의 씨앗을 간직한 흙이 높고 맑은 하늘 위에서 떨어졌다. 그 흙을 프로메테우스가 빗물로 개어서 인간을 빚었을 수도 있다. 그 모습은 만물을 다스리는 신의 모습을 닮았다."

제우스는 신의 특권인 불을 한갓 인간들에게 건네준 프로메테우스에게 화가 단단히 났습니다. 프로메테우스가 만든 인간도 덩달아 미워했지요. 제우스는 인간들에게 어떤 재앙을 내릴까 고민했습니다. 그 답은 여자를 만드는 것이었습니다. 처음에 인간은 모두 남자뿐이었거든요. 영어 단어에는 이런 신화적 사연의 흔적이 남아 있는 것 같습니다. man은 '남자'라는 뜻 이전에 '인간'이란 뜻이 있고, 여자는 특별히 'woman'이라고 부르니까요. 남자가 먼저고 여자라는 말이 나중에 덤으로 생긴 것 같죠? 성경에서도 최초의 인간은 남자인 아담이고, 최초의 여자 하와(이브)는 신이 자고 있는 남자의 몸에서 갈비뼈 하나를 빼내어 거기에 살을 붙여 새롭게 창조한 존재라고 하니, 그리스 신화와 유대교/기독교의 이야기에 공통점이 있습니다. 그러나 둘 사이의 공통점은 탄생의 순서에만 있는 것은 아니었습니다. 여자가 남자에게 고통의 원인이 된다는 점도 중요한 공통점입니다. 지금처럼 양성평등 사회에서는 충분히 문제가 되는 사상이지만 신화가 쓰일 당시에는 그런 인식 자체가 없었던 것이죠.

그런데 제우스의 계획에 따라 창조된 여자는 어떤 모습이었을까요? 그리스 신화가 보여 주는 최초의 여성은 '판도라(Pandora)'입니다. 솜씨 좋은 대장장이 신 헤파이스토스가 제우스의 명령대로 여자를 만들었답니다. 여신을 닮은 처녀의 모습을 흙으로 빚었지요. 그러자 여러 신들이 구경을 와서 한 가지씩 값진 선물을 주었습니다. 그래서 이름이 판도라가 된 건데, '판(Pan)'은 '모든'이라는 뜻이고, '도라(dora)'는 '선물'이라는 뜻입니다. '모든 신들이 선물을 주었다'는 의미가 되죠. 지혜의 신 아테나는 예쁜 옷과 허리띠, 화환, 황금 머리띠로 치장해 주었고, 베 짜는 솜씨를 덤으로 주었습니다. 아름다움의 신 아프로디테는 판도라에게 매력을 부어 주었고, 전령의 신 헤르메스는 아름다운 목소리와 영악한 마음, 교묘한 말솜씨를 선물로 주었답니다. 여자가 사람(남자)들 사이에 오면 재앙이 된다는 것을 미리 알아차린 프로메테우스는 에피메테우스에게 제우스의 선물을 절대로 받지 말라고 단단히 일러두었습니다.

제우스의 명령에 따라 헤르메스는 판도라를 에피메테우스에게 데려갔습니다. 에피메테우스는 아름답고 매력적인 판도라를 보자마자 반했고, 형의 말을 까맣게 잊고 말았습니다. 생각 없이 행동하고 나중에 후회하는 에피메테우스다운 행동입니다. 성경에도 여자는 인간에게 재앙이 되었지요. 최초의 남녀인 아담과 하와는 에덴이라는 낙원에서 걱정 없이 살 수 있었습니다. 단, 동산의 중앙에 있는 선악과만은 금지되어 있었지요. 그런데 뱀으로 변신한 사탄이 하와에게 다가가 따 먹으라고 유혹했습니다. 하와는 유혹을 이기지 못하고 열매를 먹었고, 아담에게도 건네주었습니다.

판도라가 열었던 항아리 속의 희망은 어쩌면 우리가 생각하는 개념과 다른 것일 수도 있습니다.
하지만 그럼에도 희망은 여전히 행복의 기반이 되는 믿음이죠.

그러자 신은 명령을 어긴 아담과 하와를 에덴에서 쫓아냈고, 이후 인간들은 고통스럽게 살게 되었다고 합니다. 성경의 하와처럼 판도라도 인간에게 재앙이 되었습니다.

여러분은 텔레비전 뉴스나 신문에서 "판도라의 상자가 열렸다"라는 말을 많이 접하셨을 텐데요, 숨겨졌던 엄청난 비밀이 폭로되어 사람들을 충격과 혼란에 빠뜨릴 때 쓰이는 표현입니다. 그런데 사실 판도라가 열었던 것은 '상자'가 아니라 '항아리'입니다. 실제로 헤시오도스는 판도라가 '항아리(pithos)'를 열었다고 썼습니다. 밀이나 곡식, 물을 담아두는 커다란 항아리였죠. 그런데 16세기에 네덜란드의 르네상스 인문주의자 에라스뮈스(Desiderius Erasmus)가 이 단어를 '상자(puxis)'라고 읽고 잘못 번역을 했대요. 이렇게 해서 우리에게는 '판도라의 상자'라고 널리 알려지게 되었습니다.

어쨌든 프로메테우스는 에피메테우스에게 제우스의 선물을 받지 말라고 했지만 에피메테우스는 판도라를 집 안에 들였고, 거기서 사달이 납니다. 프로메테우스는 큰 항아리 안에다 고통과 질병, 배고픔, 노화 같은 것들을 잔뜩 집어넣었던 모양입니다. 아마도 그것들이 세상에 떠돌면서 인간들을 괴롭힐까 봐 그랬던 것이겠지요? 그런데 호기심 많은 판도라가 그만 항아리의 뚜껑을 열었던 겁니다. 그러자 그 안에 들어있는 것들이 튀어나와 인간들을 괴롭히기 시작했습니다. 그것이 바로 제우스가 계획한 보복이었던 겁니다. 깜짝 놀란 판도라가 뚜껑을 닫자, 미처 나가지 못한 희망만이 그 안에 갇혔답니다. 그런데 이상하죠? 왜 희망이 애초에 그 항아리 속에 있었던 걸까요? 희망은 인간을 행복하게 하고 발전할 수 있게 해 주는 것 아닌가요? 그런데 프로메테우스가 그것을 항아리 속에 넣었다는 것은 우리가 생각하는 것과는 달리, 희망이라는 것이 인간에게 오히려 재앙이 된다는 뜻이겠지요? 왜 이런 말도 있잖아요. "우리가 절망하고 고통스러운 것은 우리가 헛되이 희망을 품기 때문이다", "희망이 없다면 절망도 없다."라고요.

하지만 우리는 희망이 행복의 조건이라 믿습니다. 그래서 그런지, 이런 이야기도 전해집니다. 프로메테우스가 항아리 속에 넣어 둔 것은 인간을 괴롭히는 나쁜 것들이 아니라, 인간에게 유익하고 필요한 온갖 좋은 것들이었다고요. 그런데 항아리가 열리자 그 좋은 모든 것들은 인간들의 곁을 떠나 하늘로 날아올라 신들의 세계로 돌아갔고, 오직 희망만이 인간 세계에 남아서 고통스럽게 살아갈 수밖에 없는 인간들을 그나마 행복하게 해 준다는 거예요. 희망에 관해, 여러분은 어떤 생각을 갖고 계신가요?

3

데우칼리온과 퓌르라,
홍수에서 살아남다

제우스는 인간에 대해 반감이 있었습니다. 프로메테우스가 인간을 만들고 그들을 위해 신들의 특권인 불을 훔쳐 간 것도 괘씸했지만, 무엇보다도 인간이 이 세상을 혼란스럽게 만드는 사악한 존재라고 생각했던 겁니다. 오비디우스의 『변신 이야기』에 따르면, 프로메테우스가 만든 최초의 인간은 황금 종족이었답니다. 헤시오도스의 이야기와 아주 비슷하지요? 그리고 차례로 은의 종족과 청동 종족, 철의 종족이 태어났는데, 역시 마지막에 나타난 철의 종족이 문제가 많았습니다. 게다가 제우스에게 반란을 일으켰던 거신족 기가스들이 죽으면서 흘린 피가 땅에 닿자, 신들을 경멸하고 잔혹한 살육과 폭력을 일삼는 사악한 인간들이 태어나 철의 인간들과 섞였다는군요. 제우스는 이들을 더 이상 가만둘 수가 없었습니다. 사악한 이들이 늘어나자 대지의 여신 가이아가 그 무게를 견디기 힘들어 제우스에게 인간들을 좀 없애 달라고 부탁했다는 이야기도 전해집니다.

　제우스는 인간들이 어떤지 직접 확인하기 위해 헤르메스와 함께 사람의 모습을 하고 지상으로 내려왔습니다. 그때 만난 이가 아르카디아의 왕 뤼카온이었습니다. 그는 제우스와 헤르메스를 죽이려 했고, 두 신의 지혜를 시험하겠다고 몰래 인육을 구워 요리를 만든 뒤, 버섯이 식사로 내놓기까지 했지요. 화가 난 제우스는 그를 늑대로 만들었고, 다른 모든 인간들도 없애 버리기로 했습니다. 대홍수를 일으켰던 겁니다. 이렇게 해서 모든 인간들이 죽었을까요?

대홍수 이야기는 지중해 지역 여러 곳에 남아 있습니다. 가장 유명한 것은 성서에 기록된 노아의 홍수입니다. 세상을 창조한 여호와가 사람들이 죄를 짓고 타락하는 모습을 보고 인간들을 모두 없애 버리기로 결심합니다. 하지만 노아라는 인간이 눈에 밟혔습니다. 그는 언제나 경건하고 정의롭고 선하게 살았기 때문이었죠. 신은 노아에게 큰 배를 만들라고 했습니다. 배를 완성시킨 노아는 아내와 세 아들, 며느리들을 데리고 새와 짐승들을 배 안으로 데리고 들어갔습니다. 폭우가 쏟아져 세상이 물에 잠겨 모든 인간과 동물들이 생명을 잃었지만, 노아의 배 안에 있던 사람과 동물들은 모두 무사했다는 이야기죠.

지금의 이라크 지역에 있는 메소포타미아에는 수메르 문명이 있었는데, 그곳의 왕이었던 길가메시(Gilgamesh) 영웅담에도 대홍수 이야기가 나옵니다. 폭풍과 바람, 비의 신 엔릴(Enlil)이 대홍수를 일으킬 것을 미리 알아차린 물과 지혜의 신 엔키(Enki)는 우트나피쉬팀(Utnapishtim)에게 큰 배를 만들어 아내와 식구, 친척들과 동물들, 곡물들을 구하라고 명령했고, 그렇게 해서 생존할 수 있었답니다.

그리스 신화에서는 누가 이 홍수의 대재앙에서 살아남았을까요? 데우칼리온(Deukaliōn)과 퓌르라(Purrha) 부부였습니다. 데우칼리온은 프로메테우스와 클뤼메네의 아들이었고, 퓌르라는 에피메테우스와 판도라의 딸이었습니다. 판도라에 이어 두 번째 여인인 셈입니다. 오비디우스는 이 두 사람이 선하고 정의로우며 신을 경외하는 신실한 남녀라고 했는데, 좀 이상한 점이 있습니다. 퓌르라는 에피메테우스 신과 최초의 여인 판도라 사이에서 태어난 반신반인의 영웅 종족이니 인간이라 할 수 있지만, 데우칼리온이 과연 사람일까요? 프로메테우스의 아내로 알려진 클뤼메네는 오케아노스와 테튀스의 딸이니까 신의 혈통을 가졌습니다. 일부 기록들은 그녀를 뉨페로 소개하는데, 분명 신보다는 격이 낮지만 인간이나 영웅과는 다른 신적인 존재임에 분명합니다. 그런데 어떻게 남신과 여신(또는 뉨페) 사이에서 인간이 태어날 수 있을까요? 저도 잘은 모르겠지만, 그리스·로마 신화에서는 신과 뉨페 사이에 태어난 자식이 불멸의 신이 아니라 인간인 경우가 간혹 있습니다.

어쨌든 데우칼리온과 퓌르라 이 두 사람만은 살아남았답니다. 제우스가 큰 홍수와 해일을 일으켜 세상을 물에 잠기게 했을 때, 두 사람은 작은 조각배를 타고 죽음을 피했습니다. 데우칼리온의 아버지 프로메테우스가 그들에게 제우스의 재앙에 관해 미리 이야기를 해 주었기 때문입니다. 홍수가 그치고 물이 잦아들며 땅이 드러나자 악한 인간은 모두 사라지고, 가장 고결하고 선량하며 경건한 두 사람만이 남았습니다. 이들로부터 자식들이 태어난다면, 그들도 훌륭한 사람들이 되겠지요? 그런데 왜 세상은 다시 타락하고, 지금 우리가 목격하듯이 수많은 악인들과 악행들이 세상을 물들이고 있는 걸까요?

이야기로 돌아와 보죠. 유일하게 살아남은 데우칼리온과 퓌르라는 배에서 나와 다시 땅을 밟았을 때, 법도의 여신 테미스에게 경배했습니다. 테미스는 그들에게 새로운 인간을 만들 방법을 알려 주었지요. "머리를 가리고 옷의 띠를 풀고 위대한 어머니의 뼈들을 등 뒤로 던지라"는 것이었습니다. 이게 무슨 뜻일까요? 이들은 어머니인 판도라와 클뤼메네의 뼈를 찾아야 하는 걸까요? 그런데 클뤼메네는 신(또는 뉨페)인데 죽지도 않은 존재의 뼈를 어떻게 구할 수 있을까요? 답을 찾은 이는 데우칼리온이었습니다. '위대한 어머니'는 바로 최초의 여신, 대지를 주관하는 가이아 를 가리키는 말이며, '뼈'란 대지의 단단한 부분, 즉 돌이라고 해석한 겁니다. 결과는 어땠을까요?

반신반의하던 두 사람은 실행에 옮겼습니다. 다행히도 데우칼리온의 생각이 맞았습니다. 그가 던진 돌은 남자가 되었고, 퓌르라가 던진 돌은 여자가 되었던 겁니다. 이들은 모두 일을 잘하는, 돌같이 단단한 강인한 종족이 되었답니다.

그 외에도 두 사람 사이에서도 자식이 태어났습니다. 헬렌 (Hellēn)과 암틱티온(Amphiktuōn)이라는 아들과 프로토게네이아 (Prōtogeneia)와 멘란토(Melantō)라는 딸을 낳았지요. 그런데 여기에서 헬렌에 주목해야 합니다. 우리가 '그리스'라고 하는 지명은 예전에는 '헬라스(Hellas)'라고 불렸습니다. '희랍(希臘)'이라는 말도 쓰이는데, 이 말은 헬라스를 한자로 음차한 겁니다. 그런데 이 '헬라스'와 '희랍'이 바로 '헬렌'에서 나온 겁니다. 그리고 그의 자식들은 헬라스를 대표하는 여러 종족의 이름을 나타나게 되지요. 아래 계보도를 잠깐 보실까요?

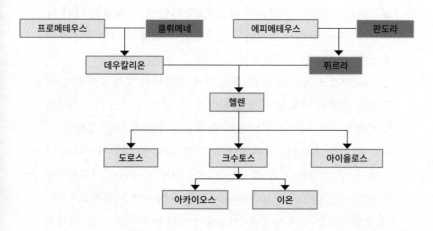

헬렌의 아들 도로스(Dōros)는 나중에 도리아인들의 조상이 되

고, 아이올로스(Aiolos)는 아이올로스인들의 조상이 됩니다. 그리고 크수토스(Xouthos)의 두 아들 아카이오스(Akhaios)와 이온(Iōn)은 각각 아카이아인들과 이오니아인들의 조상이 되지요. 에우리피데스의 비극 『이온(Iōn)』에서는 아이올로스가 크수토스를 낳고, 크수토스가 도로스를 낳았으며, 이온은 크수토스의 아내 크레우사(Kreusa)와 아폴론의 자식으로 소개되고 있지만, 어쨌든 이들 모두가 헬렌의 자손이라는 것은 인정되고 있는 셈입니다.

흥미로운 사실은 신들의 세계는 제우스가 지배하지만, 그리스인들의 주요 부족과 그들의 지역은 프로메테우스의 자손이 차지했다는 것입니다. 프로메테우스는 제우스가 크로노스에게 도전할 때 제우스를 힘껏 도왔지만, 그의 탁월한 능력을 두려워하고 경계한 제우스에 의해 토사구팽 당했죠. 하지만 프로메테우스는 제우스에게 굴복하지 않았고, 그의 폭력적인 독재로부터 인간을 지켜 냅니다. 그래서일까요? 그리스인들은 제우스를 두려워하지만, 자신들을 프로메테우스의 자손이라 여기고 그를 애정하고 존경하지요. 천상에 제우스가 있다면, 지상엔 프로메테우스가 있는 셈인데, 여러분은 이 두 신의 대조적인 모습을 보면서 어떤 모습을 갖고 싶으신가요?

또한 거대한 재앙에서 살아남은 데우칼리온과 퓌르라를 보면서, 우리가 어떻게 살아야 할 것인가를 생각해 보게 됩니다. 세상에서 가장 큰 재앙은 어쩌면 사람들 사이에 배려와 사랑이 없어지고, 자신의 이익만을 위해 남을 짓밟으려고 하는 사악함에서 비롯되는 것은 아닌가 싶습니다. 인간을 초월하는 압도적인 신이 있어 인간의 사악함을 재해로 징벌한다는 신화를 우리가 곧이곧대로 믿을 수는 없겠지만, 우리의 삶을 고통스럽고 힘들게 만드는 것은 자연재해보다도 우리의 마음속에서 똬리를 틀고 있는 사악한 본성이 경쟁적이고 노골적으로 드러나는 것이라 생각할 수 있습니다. 구원을 받고 세상을 새롭게 구원할 힘은 그 모든 경쟁에서 승자로 살아남는 게 아니라, 선량함을 유지하는 인간의 품격에서 나오는 것이 아닐까 싶습니다.

4

이오, 암소로 변해
세상을 떠돌다

제우스는 많은 여신은 물론 여인들과도 밀회를 즐긴 천하의 사랑
꾼입니다. 정확하게 말하긴 어렵지만, 그 수는 대략 70명이 넘습니
다. 헤라를 비롯해서 여신들이 대략 25명, 님페들이나 여자들이 약
46명 정도 됩니다. 일부 신화학자들은 이런 제우스의 모습을 남성
의 욕망으로 설명합니다. 아름다운 여자들을 맘껏 차지하고도 아
무런 탈 없이 무사할 수 있기를 바라는 남자들의 음흉한 욕망이 제
우스라는 신으로 표출되었다는 겁니다. 사실 우리 주변에는 돈과
권력, 지위를 이용해서 제멋대로 욕망을 채울 수 있다고 생각하는
못된 '현대판 제우스'들이 있지 않습니까? 옛날에도 그런 추악함
은 마찬가지였던 겁니다.

물론 다른 해석들도 있습니다. 그리스·로마 신화에는 수많은
신들이 등장하는데, 그 신들은 각각 특별히 애호하는 지역이나 도
시가 있습니다. 강이나 호수, 바다, 강에도 신이 있고, 또한 각 지역
출신의 영웅들도 있습니다. 그들은 특정 지역에서는 최고의 신, 최
고의 영웅으로 존경받는데, 그 지역 사람들에게는 수호신이 되어
주고 자부심도 심어 줍니다. 사람들은 자기 지방 출신의 영웅이나,
자신들의 도시와 강, 산을 보살펴 주는 신들이 다 최고라고 생각했
겠지요? 그래서 다들 자기네들의 영웅과 신들이 최고의 신인 제우

스의 아들이다, 손자다, 이런 전설을 만들어 낸 겁니다. 그러다 보니 제우스는 본의 아니게 수많은 지역의 신과 영웅의 아버지가 될 수밖에 없었고, 그런 이야기를 충족시키기 위해 할 수 없이 외도도 수없이 해야 했던 겁니다.

신화 속으로 다시 돌아와 보죠. 제우스에게 사랑을 받던 여신들과 여인들, 그리고 그들의 자식들은 헤라의 분노와 미움의 대상이 되었습니다. 헤라야말로 제우스의 정식 아내로 군림하고 있었으며 지엄한 결혼의 신, 가정의 신이었기 때문입니다. 그녀의 분노 때문에 고통을 받았던 대표적인 여성을 꼽으라면 아마 이오를 들수 있지 않을까 싶습니다. 이오는 제우스의 사랑을 받았다가 헤라에게 들키는 바람에 암소가 되었던 아름다운 님페입니다. 원래는 헤라 여신을 모시는 신전의 사제였고 순결하게 살고 있었는데, 제우스의 눈에 띄면서 불행이 시작되었습니다. 끓어오르는 욕망을 주체하지 못한 제우스가 먹구름이 되어 이오를 뒤쫓았죠. 그녀는 겁에 질린 채로 달아났지만 제우스의 손길을 피할 수가 없었습니다. 이오는 제우스의 강력한 힘에 그만 제압당했고, 정조를 빼앗기고 말았습니다.

자기 아내의 신전을 지키는 사제를 범하다니, 헤라가 몹시 화가 났겠지요? 헤라는 대낮에 들판 한가운데 검은 구름 덩어리가 굴러다니는 걸 보고, 이건 뭐지 싶었습니다. 그러고는 뭔가 집히는 게 있는 듯, 급히 제우스를 찾았지요. 하지만 하늘 어디에도, 올림포스 궁전 어디에도 없었습니다. 화가 난 헤라는 곧바로 구름 뭉텅이가 있는 곳으로 쏜살처럼 내려가 흩어 버렸습니다. 그랬더니, 아니나 다를까 제우스가 나타난 겁니다. 동시에 헤라는 제우스 옆에 하얗고 아름답게 생긴 암소 한 마리를 발견했습니다. 제우스가 자신의 불륜을 감추려고 이오를 암소로 바꿔 버린 거였죠. 눈치 빠른 헤라가 그 사실을 몰랐을 리 없었겠죠?

하지만 헤라는 확실한 증거도 없이 심증만으로 대놓고 물을 수는 없었습니다. 대신 암소를 쓰다듬으면서 "이 암소는 뭐예요, 누구의 거지요, 어디서 왔나요?"라고 물었습니다. 당황한 제우스는 갑자기 땅에서 쑥 솟아난 것이라고 궁색하게 둘러댔습니다. "그래요, 이 암소 내 맘에 쏙 드네요. 저에게 선물로 주세요. 땅에서 생겨났다니, 정말 갖고 싶네요. 저에게 주시는 거죠?" 제우스는 헤라의 요청을 거절할 수가 없었습니다. 그랬다가는 헤라가 왜 못 주는 거냐고 추궁할 게 뻔하니까요. 지금은 그냥 건네주고 나중에 때를 봐서 다시 원래 모습으로 돌려놔야겠다고 생각했던 거죠.

제우스는 그런 마음으로 일단 암소를 헤라에게 넘겨줬습니다. 헤라는 암소를 아르고스에게 잘 감시하라고 맡겼습니다. 아르고스는 온몸에 눈이 백 개나 있는 괴물이었습니다. 몇 개의 눈이 감겨도 나머지 눈들은 부릅뜬 채였고, 잠을 잘 때도 수십 개의 눈은 항상 떠 있었습니다. 심지어 등 뒤에도 눈이 수십 개가 있어서 어떤 자세로도 사방을 항시 감시할 수 있었습니다. 제우스는 암소로 변한 이오에게 접근할 수 없었고, 이오를 원래의 모습으로 돌려놓는 것은 꿈도 꿀 수가 없었습니다. 이왕이면 눈에 띄지 않는 작은 새로 만들어서 얼른 현장을 빠져나갈 수 있게 할 것이지 덩치도 크고 느린 암소로 만들었으니, 이오도 참 딱합니다. 게다가 눈이 백 개 달린 아르고스가 지킨다니 꼼짝 못했습니다.

고민하던 제우스는 꾀 많은 아들 헤르메스를 불러서 사태를 좀 해결해 보라고 부탁했습니다. 헤르메스는 목동으로 변장해서 아르고스 곁으로 접근했습니다. 그러고는 미리 준비한 피리로 아름다운 연주를 해서 아르고스의 환심을 샀습니다. 아주 재미있는 이야기보따리도 풀어내기 시작했지요. 암소를 감시하느라고 피곤하고 지루했던 아르고스는 헤르메스의 감미로운 이야기에 취하기 시작했습니다. 눈이 하나둘씩 감기더니, 마침내 마지막 백 번째 눈

까풀이 무겁게 내려오자, 헤르메스는 기다렸다는 듯이 낫처럼 굽어 있는 칼을 뽑아서 아르고스의 목을 뎅겅 베었습니다. 넋을 잃고 재미있는 이야기를 듣다가 봉변을 당했던 겁니다.

그러나 제우스는 이오를 원래 모습으로 돌려놓지 못했습니다. 아르고스가 죽자, 헤라가 급히 현장으로 달려왔고 헤르메스는 재빨리 도망갔습니다. 제우스가 개입할 여지가 없었던 겁니다. 헤라는 충실하게 감시자 노릇을 하다가 죽임을 당한 아르고스를 가엾게 여겨 죽은 그의 몸에서 100개의 눈을 모두 떼어 냈습니다. 그리고 자기가 항상 데리고 다니는 새의 꼬리에다 붙였지요. 그 새가 바로 공작새입니다. 공작새의 꼬리에 달린 눈동자 같은 무늬는 바로 아르고스의 눈이었던 겁니다. 그러면 그 무늬가 모두 백 개겠지요? 말이 그렇다는 겁니다. 자, 그건 그렇고, 그러면 이오는 어떻게 되었을까요? 헤라는 아르고스가 죽은 다음에 또 다른 감시자를 붙였습니다. 바로 쇠파리들입니다. 암소 꼬리와 엉덩이에 들러붙어서 피를 빨아 먹었지요. 이오는 암소의 모습을 하고 외롭게 세상을 이리저리 헤매고 다니며 고통을 당했습니다. 그녀가 방황한 흔적은 지금도 지명으로 남아 있습니다. 이탈리아 반도 남부와 그리스 본토 사이의 바다는 이오가 지나갔다고 해서 '이오니아해'로 남아 있고요, 아시아에서 유럽으로 넘어가는 곳에는 보스포루스해협이 있는데, 그곳은 암소[bos]로 변한 이오가 건너간 길[poros]이라 해서 그런 이름이 붙었습니다.

세상을 정처 없이 떠돌던 이오는 제우스 몰래 불을 빼내서 인간들에게 선물했다가 발각되어 카우카소스산 바위에 묶여 벌을 받던 프로메테우스도 찾아갔습니다. 그녀가 너무나 괴로워서 죽고 싶다고 하소연하자, 프로메테우스는 참고 기다리라고 타일렀습니다. 언젠가는 반드시 원래의 모습으로 돌아갈 것이며, 그녀의 자손들 가운데는 위대한 영웅들이 많이 탄생할 것이라는 희망찬 예언을 해 주었던 겁니다. 너무나 고통스럽게 이 세상을 떠도는 이오의 모습을 보고 가슴이 아팠던 제우스는 마침내 헤라를 찾아가 잘못했다고 용서를 빌었습니다. 이제 이오에 대한 징벌을 그만 그쳐 달라고 간절하게 애원했지요. 진심 어린 사과를 받은 헤라가 노여움을 풀자 이오는 원래의 모습으로 돌아갔습니다.

이오는 세상을 이리저리 떠돌다가 이집트로 갔고, 거기서 텔레고노스(Tēlegonos)와 결혼을 했습니다. 나중에는 이집트 최고의 여신인 이시스(Isis)가 되었고, 하늘로 올라가 별이 되었다고 합니다. 목성을 영어로 주피터라고 하는데, 1614년에 천문학자 시몬 마리우스(Simon Marius)는 목성의 주변을 도는 가장 큰 달을 발견하고, 거기에다 이오라는 이름을 붙여 주었습니다. 그렇게 이오는 지금도 하늘에서 제우스의 곁을 맴돌고 있습니다.

또한 프로메테우스의 말대로 이오의 자손 중에는 수많은 영웅들이 태어났는데, 뮈케네를 세운 페르세우스, 테베를 세운 카드모스, 크레타의 미노스 왕, 아르고스의 륑케우스 왕, 이디오피아의 통치자 케페우스, 이집트의 전설적인 왕 다나오스, 그리고 헤라클레스 등이 모두 이오의 자손들입니다. 훌륭한 자손은 조상의 자랑이며 명예라고 한다면 이오는 참 복이 많은 여성입니다. 고생 끝에 낙이 온다고 하더니, 이오에게 딱 맞는 말인 것 같습니다.

5

파에톤,
태양의 마차에서 추락하다

그리스·로마 신화에서 태양의 신은 보통 아폴론으로 알려져 있지만, 아폴론이 태어나기 전에 태양을 관장하던 신은 헬리오스였습니다. 제우스가 세계를 제패하고 아폴론이 태양의 주도권을 갖게 되었지만, 태양을 실제로 움직이는 일은 여전히 헬리오스의 몫이었습니다. 그는 태양의 마차를 몰고 동쪽에서 떠올라 서쪽으로 달렸지요. 그 마차는 오직 태양의 신 헬리오스만이 몰 수 있었습니다. 그런데 헬리오스의 아들 파에톤이 태양의 마차를 몰아 보겠다고 무모한 도전을 했다가 파멸하고 말았죠. 어째서 이런 일이 벌어졌을까요?

파에톤의 어머니는 클뤼메네였는데, 아이티오피아(=에티오피아)의 왕비였습니다. 그녀의 남편은 아이티오피아의 왕인 메롭스(Merops)였고요. 파에톤은 어려서부터 아이티오피아의 왕자로 자랐고, 메롭스 왕이 자기 아버지라고 생각했습니다. 신의 아들로 태어났지만 인간의 자식으로 자란 겁니다. 클뤼메네가 어떻게 하다가 헬리오스의 아들을 낳았는지, 그리고 메롭스 왕은 왜 다른 남자의 아들을 낳은 클뤼메네를 아내로 삼았는지는 베일에 가려져 있습니다.

파에톤에게는 에파포스(Epaphos)라는 친척이 있었습니다. 제우스와 이오 사이에서 태어난 아들이었죠. 둘이 사랑을 나누다가 헤라에게 들켜 암소로 변했던 이오가 다시 사람의 몸으로 돌아온 다음 태어난 아이가 바로 에파포스였습니다. 이후 이오가 이집트에 정착해서 살면서 그는 이집트의 왕자로 자라났습니다. 제우스와 헬리오스가 4촌 형제였으니까, 파에톤과 에파포스는 6촌 형제인 셈입니다. 그런데 에파포스는 자기 아버지가 제우스라고 자랑하면서 함께 어울리려는 파에톤을 대놓고 무시했지요. "나 같은 신의 아들이 너 같은 인간의 자식하고 놀아 주는 걸 영광으로 알아라" 하고 말했던 거죠. 파에톤은 그 말에 기분이 상했고 열등감을 느꼈습니다. 파에톤도 이집트의 이웃 나라인 아이티오피아 왕의 아들이라 집안으로는 쉽게 밀릴 이유는 없었지만, 신의 아들이라는 혈통에는 고개를 숙일 수밖에 없었습니다. 그때까지만 해도 파에톤은 자신의 탄생에 관해 아무것도 모르고 있었던 것 같습니다.

자존심이 상한 파에톤이 어머니에게 하소연하자, 아들의 기를 살려 주고 싶었던 클뤼메네는 출생의 비밀을 알려 주었습니다. "메롭스 왕은 너의 아버지가 아니다. 너의 진짜 아버지는 태양의 신 헬리오스다. 그러니 에파포스 녀석에게 기죽지 마라." 이 말을 들은 파에톤은 어깨에 힘이 들어가게 되었고, 에파포스에게 하나도 꿀릴 게 없다고 기세등등해졌습니다. 하지만 에파포스는 파에톤의 말을 믿으려고 하지 않았습니다. "어디서 거짓말이냐? 너는 지금 인간 아버지랑 같이 살잖아! 감히 나랑 맞먹으려고 해? 네 엄마가 너에게 거짓말 한 건데, 그걸 믿느냐? 순진한 놈."

이 말을 들은 파에톤은 분하고 억울했습니다. 어머니의 말을 안 믿을 수도 없고, 그렇다고 어머니의 말을 증명할 수도 없었죠. 그래서 어머니에게 따지며 아버지를 직접 만나 모든 사실을 분명하게 확인하겠다고 말했지요. 어머니는 아들을 말릴 수 없다는 것을 직감했습니다. 사실 에파포스에게 모욕을 당한 일 때문에 클뤼메네 자신도 속이 많이 상했던 거죠. 그래서 헬리오스가 사는 곳과 가는 방법을 상세하게 알려 주었습니다. 파에톤은 곧바로 아버지를 찾아 길을 떠났습니다. 험하고 먼 길이었지만, 파에톤은 이를 악물고 험한 여정을 견뎌 내며 동쪽을 향해 몇 날 며칠 쉬지 않고 걸어갔습니다. 그리고 마침내 태양신의 궁전에 도착해서 헬리오스 신을 만납니다.

태양신 헬리오스는 파에톤을 보자마자 기뻐했지요. 태양 마차를 타고 하늘을 날아다니던 헬리오스는 날마다 지상을 내려다보면서 파에톤의 성장 과정을 내내 지켜보았던 겁니다. 파에톤은 헬리오스가 따뜻하게 환영하는 것을 보고 감격하며 말했습니다. "우주를 비추시는 빛의 신이시어, 제가 아버지라고 불러도 된다면 아버지라 부르겠습니다. 아버지, 제가 이곳에 온 것은 제가 아버지의 진정한 아들이라는 확신을 갖기 위해서입니다. 제 자신의 의심을 말끔히 씻어 내고 싶습니다. 그리고 다른 사람들도 제가 아버지의 아들이라는 사실을 믿게 만들고 싶습니다. 제 소원을 들어주십시오."

그동안 아들에게 미안했었는지, 헬리오스는 그 어떤 소원이라도 들어주겠다고 스튁스강에 대고 맹세했습니다. 너무 성급한 대답이었죠. 일단 소원을 들어 보고 판단했어야 했는데 말입니다. 파에톤의 소원은 헬리오스가 타는 태양의 마차를 몰 수 있도록 해 달라는 거였습니다. 마차를 타고 하늘에 올라가서 자기를 무시했던 친구 에파포스에게 확실하게 보여 주고 싶었던 것이겠죠?

파에톤의 소원을 들은 헬리오스는 깜짝 놀랐습니다. 그것은 너무나 위험한 일이었습니다. 하지만 이미 스튁스강에 대고 맹세했기 때문에 취소할 수가 없었죠. "아들아, 그것만은 절대로 안 된다. 태양의 마차를 몬다는 것은 너 같은 인간에게는 불가능하다. 잘못하면 죽을 수도 있어. 올림포스의 통치자인 제우스도 내 마차를 몰 수가 없단다. 아직 늦지 않았으니 네 소원을 취소해라. 다른 것을 요구하렴." 헬리오스가 간절하게 요구하는데도, 파에톤은 물러서지 않았습니다. 파에톤은 목숨을 걸고 명예를 지키는 쪽을 고수했습니다. "제가 아버지의 아들이라면 당신의 피를 이어받았으니 태양의 마차도 몰 수 있지 않겠습니까? 태양의 마차를 멋지게 몰아서 제가 아버지의 아들이라는 것을 증명하고 싶습니다. 제가 태양의 마차를 타고 아이티오피아 하늘을 날아간다면 사람들이 그 모습을 보고 제가 태양신의 아들이라는 것을 인정하게 될 겁니다. 그러면 제우스의 아들이라고 잘난 척하던 에파포스의 코도 납작하게 만들어 줄 수 있어요. 아버지는 위험하다고 말씀하셨지만, 저는 그 마차를 꼭 타야겠다는 열망이 더 강렬해졌습니다." 헬리오스는 아들의 비극적인 운명이 눈앞에 선하게 떠오르자, 가슴이 답답하고 찢어지는 것만 같았지요.

파에톤의 고집, 정말 세지요? 하지만 곰곰이 따져 보면 파에톤 말에도 일리가 있습니다. 아버지만 만나고 가면 자신의 의심은 씻을 수 있겠지만, 친구의 의심은 여전히 남아 있을 테니까요. 태양의 마차를 몰면 그것보다 더 확실한 증거는 없겠지요? 파에톤이 딱 그런 마음이었습니다. 결국 헬리오스는 안타까운 마음을 뒤로하고 파에톤에게 태양의 마차를 내줬습니다. 그리고 달려야 할 궤적과 주의 사항, 말을 다루는 법 등을 세심하게 알려 주었지요. 그리고 마지막으로 한마디 했습니다. "그런데 아들아, 지금이라도 내 충고를 받아들이면 좋겠는데, 안 되겠니?" 하지만 파에톤은 확고했습니다. "저를 믿으세요. 아버지가 태양의 마차를 멋지게 모시는 것처럼 저도 할 수 있습니다. 저는 아버지의 아들이잖아요." 그리고 그는 네 마리의 말이 끄는 황금빛 마차에 올랐습니다. 하지만 아버지의 충고를 받아들이지 않았던 걸 후회하는 데는 그리 오랜 시간이 걸리지 않았습니다.

출발하자마자 문제가 생겼던 거죠. 고삐를 쥐고 채찍을 들고 있긴 했지만, 파에톤은 하늘을 날아다니는 천마를 다룰 줄 몰랐으니까요. 출발한 마차가 하늘 높이 솟구치자, 파에톤은 얼굴이 하얗게 질렸습니다. 하늘에는 뱀자리, 전갈자리 등 괴물들이 득실거렸고, 그놈들을 피하느라 말들은 갑자기 땅으로 곤두박질치듯이 달렸지요. 그러자 땅이 불길에 휩싸이며 나무와 풀, 곡식들이 모두 타 버렸습니다. 호수와 강물과 바다가 말랐고, 도처에서 산불이 났죠. 아이티오피아 백성들의 얼굴은 그때부터 까맣게 되었답니다. 아이티오피아(Aithiopia)라는 말이 그때 생깁니다. '아이티(Aithi-)'가 '탔다', '옵스(ōps)'는 '얼굴'이고, '-이아(-ia)'는 '나라'라는 뜻이니, '얼굴이 검게 불에 탄 사람들이 사는 나라'라는 뜻이 됩니다. 그리고 리비아와 사하라 사막도 그때 불길에 땅이 바짝 마르면서 생겨난 것이라고 합니다. 세상이 그렇게 온통 불바다가 되어 황폐해진 겁니다.

이렇게 말들이 멋대로 하늘을 휘저으면서 너무 높이 올라가자 대지는 꽁꽁 얼어 버렸고, 반대로 대지에 너무 가까워지면 불바다가 되었습니다. 사람과 동물들은 불길을 피해 달아났고, 애써 가꾼 곡식과 과일들은 잿더미가 되었습니다. 태양의 마차 위에서 정신을 못 차리고 있던 파에톤이 불길 속을 헤매고 있던 에파포스와 눈이 마주쳤습니다. 두 사람은 겁에 질린 채 서로를 응시했겠지요? 아마 둘 다 크게 후회했을 겁니다. 에파포스는 친구를 무시하고 우월감을 즐기던 탓에 큰 재앙에 직면하게 된 사실을 깨닫고 자신의 책임을 뼈저리게 느꼈겠죠. 반면 파에톤은 아버지에 대한 진실을 확인하고도, 친구에게 당한 모욕을 씻어 내겠다고 무모한 도전을 감행한 것을 통한했을 겁니다.

일이 걷잡을 수 없이 커지자 대지의 여신은 제우스에게 도움을 요청했습니다. 제우스는 헬리오스와 상의한 끝에 극단의 조치를 취했습니다. 벼락을 내리쳐 파에톤이 타고 있던 태양의 마차를 박살 낸 겁니다. 말들은 사방으로 도망쳤고, 파에톤은 불길에 휩싸여 땅으로 떨어졌습니다. 서쪽에 있던 강의 신 에리다노스(Éridanos)가 파에톤의 무덤을 만들고 "여기 파에톤이 잠들다. 아버지의 마차를 몰던 그는 비록 그것을 제어하지는 못했지만 큰일을 감행하다가 떨어졌도다."라고 비석을 새겨 주었다고 합니다. 파에톤의 누이들은 무덤에 모여 슬피 울다가 모두 미루나무가 되었죠. 나무가 되어 그녀들이 흘리던 눈물은 호박이 되었고요.

철없는 파에톤은 능력에 맞지 않는 욕망을 채우려고 하다가 치명적인 실수를 저질렀던 겁니다. 자업자득이란 생각도 들고, 짧은 인생이 가련하기도 합니다. 자신의 능력을 넘어서는 일을 하다가는 파멸에 이르고 만다는 교훈과 "누울 자리를 보고 다리를 뻗어라"라는 우리 속담이 절로 떠오릅니다. 하지만 또 한편으로 보면, 현실에 안주하지 않고 집을 떠나는 결단이나 실패를 두려워하지 않고 위험을 무릅쓰고 어려운 일에 도전하는 파에톤의 모습이 멋있어 보이기도 합니다. 실제로 옛 그리스·로마인들은 파에톤의 무모한 도전을 일방적으로 비난하지 않았고, 자신의 한계를 넘어서려는 그의 도전에 일정 부분 긍정적인 공감을 표했습니다. 비록 비참하게 추락했지만, 명예를 지키려고 했던 그의 의지, 도전을 두려워하지 않고 시도했던 용기를 높이 산 셈이지요. 그러나 파에톤에 대해 큰 아쉬움이 남는 것은 자신의 분수를 아는 지혜와 중용의 미덕 또한 용기 있는 도전 못지않게 삶에서 중요하기 때문입니다. 파에톤의 비극적인 추락을 보면서 그런 멋진 도전에는 그에 상응하는 충분한 준비를 통해 적절한 실력을 갖추는 것이 꼭 필요하다는 사실을 마음에 새겨 놓게 됩니다.

6

에우로페,
유럽 문명의 어머니

그리스어 '에우로페(Eurōpē)'를 영어식으로 발음하면 '유럽(Europe)'이 됩니다. 발음은 다르지만 알파벳 철자는 똑같죠. 에우로페는 두 단어가 합쳐진 건데, '에우뤼스(eurus)'는 '크고, 넓다'라는 뜻이고, '오페(ōpē)'는 '눈, 얼굴'이라는 뜻입니다. '눈망울이 큰 여인', 또는 '얼굴이 달덩어리 같은 여인'이라는 의미이죠. 이것 때문인지 에우로페가 인간이 아니라, 사실은 땅의 여신 데메테르의 별명이었다는 해석도 있습니다. 페니키아 지방에서는 에우로페가 달의 여신이었다는 주장도 있지요.

그런데 에우로페는 원래 유럽이 아니라 아시아 출신의 여인입니다. 바로 페니키아 지역, 지금의 시리아 땅에서 태어났습니다. 그곳의 왕 아게노르(Agēnōr)와 텔레파사(Tēlephassa)의 딸이었죠. 에우로페의 가문을 거슬러 올라가면, 그녀의 고조할머니가 바로 이오입니다. 이오는 제우스의 사랑을 받다가 헤라에게 들키는 바람에 암소가 되었던 불운의 님페였지요. 아르고스의 감시 때문에 원래 모습으로 돌아가지 못하고 계속 암소로 살아야 했고, 쇠파리의 감시 때문에 이리저리 떠돌다가 나중에는 아시아를 거쳐 아프리카의 이집트로 갑니다. 그 이오의 고손녀가 바로 에우로페였는데, 에우로페도 역시 제우스의 사랑을 받았던 겁니다. 이오의 미모가 에우로페에게 그대로 전해진 것이라고 할 수 있겠지요?

그런데 이번에는 사정이 정반대였습니다. 제우스는 사랑하는 이오를 암소로 만들었지만, 에우로페를 사랑했을 때는 자신이 직접 황소로 변한 겁니다. 어느 날 에우로페가 시리아의 해변에서 동료들과 꽃을 꺾으며 노닐고 있는데, 제우스가 그녀를 보고 반했습니다. 아름답고 지혜로우며 정숙한 에우로페는 인간 세계에 새로운 문명을 만들 자식을 낳을 수 있으리라 직감했던 것일까요? 제우스는 어떻게 해서든 에우로페에게 접근하여 환심을 사기 위해 아름답고 건강한 황소로 변신했습니다. 에우로페는 잘생긴 황소가 다가오는 것을 보고는 넋을 잃었습니다. "세상에 저렇게 잘생긴 황소가 다 있다니!" 감탄을 하고 있는데, 황소가 에우로페에게 다가와서는 올라타라는 듯이 몸을 낮추었습니다.

처음에는 에우로페도 조심스럽게 황소의 등만 쓰다듬다가 결국 용기를 내서 황소의 등에 올라탔습니다. 그러자 황소는 천천히 몸을 일으켜 세우더니, 바다를 향해 성큼성큼 걸어가다가 갑자기 속력을 높였습니다. 깜짝 놀란 에우로페는 황소의 뿔을 꼭 잡았고 멈추라고 비명을 질렀지만 아무 소용이 없었습니다. 황소는 말을 듣지 않았죠. 에우로페의 하인들이 달려갔지만 황소의 힘과 속도를 따라 잡을 수가 없었습니다. 황소는 에우로페를 태운 채로 바다로 뛰어들었고 유유히 헤엄쳐 달아났습니다.

아게노르 왕은 딸이 없어진 것을 알고 세 아들에게 불러 명령을 내렸습니다. "너희들의 누이가 황소에게 납치당했다. 누이를 반드시 찾아오너라. 찾지 못하면, 집으로 돌아올 생각은 아예 하지 마라." 세 아들은 아버지의 말을 잘 들었죠. 누이를 찾지 못하자 집으로 돌아가지 않았거든요. 카드모스(Kadmos)는 그리스 본토의 테베로 갔고, 킬릭스(Kilix)는 터키 남부의 킬리키아로, 포이닉스(Phoinix)는 페니키아 근처에 정착해서 각각 자기 나라를 세웠다고 합니다. 그러면 황소는 에우로페 공주를 태우고 어디로 갔을까요?

에우로페를 태우고 황소가 도착한 곳은 크레타섬이었습니다. 섬에 도착한 황소는 청년의 모습으로 다시 변신했지요. 에우로페가 깜짝 놀라자, 청년이 말했죠. "나는 제우스다. 놀라지 마라." 제우스와 사랑을 나눈 에우로페는 미노스(Minōs), 사르페돈(Sarpedōn,), 라다만튀스(Rhadamanthus), 이렇게 세 명의 아들을 낳았습니다. 나중에 제우스는 에우로페를 떠나야만 했는데 과부처럼 혼자 지내게 하지 않고, 그녀를 크레타의 왕이었던 아스테리온(Asteriōn)과 결혼하게 했습니다. 역사의 아버지라고 불리는 헤로도토스는 크레타 사람들이 페니키아로 배를 타고 가서 에우로페를 납치했다는 이야기를 전해 줍니다. 그러다가 나중에 페니키아인들은 에우로페가 사라진 것을 신비로운 이야기로 만들어 신화적으로 설명했던 것이겠지요? 페니키아인들은 그녀를 기리는 신전도 만들었다고 합니다.

사실 미노스 왕은 그리스의 미노아 문명과 연관이 깊습니다. 그리스 문명은 에게해 남쪽에 위치한 크레타섬에서 꽃핀 미노아 문명부터 시작합니다. 미노아 문명이 본격적인 그리스 문명에 속하지 않는다고 주장하는 사람도 있지만, 그리스 문명 성립에 큰 영향을 주었다는 데는 이견이 없을 겁니다. 적어도 유럽 문명의 출발점으로 보는 데는 대체로 합의가 이루어져 있습니다. 미노아 문명은 대략 기원전 2,700년에서 1,450년까지 번영을 누리다가, 기원전 1,100년경에 몰락했지요. 몰락의 원인은 크게 두 가지인데, 첫째는 펠로폰네소스 반도에서 일어난 뮈케네 문명과의 충돌에서 밀렸기 때문입니다. 그러나 이것보다 더 직접적이고 강력한 원인은 천재지변 때문인데요, 크레타섬 북쪽에 있는, 지금은 산토리니라 불리는 섬에서 일어난 거대한 화산 폭발 때문이었습니다. 섬의 반쪽이 바다에 가라앉았고, 이로부터 생긴 거대한 쓰나미가 크레타섬을

유럽연합(EU)이 성립하면서 에우로페는 '범유럽주의'를 상징하는 인물이 되었고, 포털 사이트나 화폐, 우표 등에서 널리 사용되고 있습니다.

쓸어 버리면서 미노아 문명의 대부분이 폐허가 되었던 겁니다.

이렇게 몰락하기 전까지 크레타섬은 남쪽의 이집트 문명과 동쪽의 메소포타미아 문명을 흡수하면서 독창적인 미노아 문명을 이루었고, 유럽과 아시아, 아프리카를 잇는 문화적·경제적·정치적·군사적 요충지로서 중요한 역할을 했습니다. 이 문명은 주로 신화와 전설로만 전해지다가, 20세기 초 영국의 고고학자인 에반스(Arthur Evans)에 의해 발굴되어 세상에 널리 알려졌습니다. '미노아 문명'이라는 이름은 크레타의 전설적인 왕 미노스에서 따온 것입니다.

앞서 미노스에겐 두 형제가 있다는 말을 했었죠. 그런데 어떻게 미노스가 다른 형제들을 제치고 왕이 될 수 있었을까요? 거기에는 다음과 같은 사연이 있습니다. 세월이 흘러 아스테리온 왕이 죽게 되자, 삼형제 사이에 권력 다툼이 일어났지요. 셋은 백성들의 선택을 받기로 합의했는데, 이때 미노스는 몰래 바다의 신 포세이돈을 찾아갑니다. 포세이돈은 제우스의 형제이니, 미노스에게는 삼촌이었지요. 포세이돈을 찾아간 미노스는 대담한 제안을 합니다. "삼촌, 제가 크레타를 다스릴 수 있도록 도와주세요. 내일 아침, 제가 백성이 보는 앞에서 바다를 향해 황소를 보내 달라고 외치면 눈처럼 하얀 황소를 한 마리 보내 주세요. 그러면 백성은 저를 바다의 신인 삼촌과 다른 모든 신들의 가호를 받는 지도자라고 생각하고 왕으로 선택할 거예요. 그러면 저는 그 황소를 삼촌께 바치고 성대한 제사를 치러 드리겠습니다. 그러면 크레타는 삼촌 포세이돈을 모시는 나라가 될 거예요." 포세이돈은 조카인 미노스가 제우스보다 자신을 더 존중한 것을 기쁘게 생각하고, 그의 부탁을 들어주기로 했습니다. 그다음 날, 백성들이 보는 앞에서 미노스는 바다를 향해 황소를 보내 달라고 외쳤고, 약속대로 포세이돈은 잘생긴 하얀 황소 한 마리를 보내 주었지요. 백성들은 바다에서 신비로운 황소가 나오자 미노스를 왕으로 선택했고, 다른 두 형제들도 승복할 수밖에 없었습니다.

이 모습을 본 제우스는 기분이 어땠을까요? 자신보다 포세이돈을 더 존중한 것 같은 미노스의 행동을 괘씸하게 생각했을까요? 그랬을지도 모릅니다. 그러나 미노스는 영리했지요. 왕이 된 미노스는 곧바로 제우스를 찾아가 나라를 바로잡을 법을 가르쳐 달라고 부탁했고, 제우스는 미노스와 크레타를 위해 세상에서 가장 훌륭한 법을 내려 주었습니다. 아마도 제우스는 미노스에게 분노하기보다는 오히려 그의 영리한 수완에 흡족했던 것 같습니다. 크레타에는 제우스가 태어난 동굴이 있다고 알려져 있는데, 미노스가 바로 그 동굴을 찾아가 제우스로부터 크레타를 다스릴 법을 받았다고 하네요. 타고난 영리함과 수완, 그리고 제우스의 가르침에 힘을 얻은 미노스는 크레타를 강력한 해상 제국으로 발전시킬 수 있었지요.

그런데 미노스는 뜻하지 않던 고민에 빠집니다. 포세이돈이 보내 준 황소 때문이었지요. 단순하게 생각하면 사실 아무 문제도 없었습니다. 애초의 약속대로 포세이돈에게 황소를 바치면 되니까요. 허나 미노스가 실리적인 계산을 하면서 고민이 생겼습니다. 잘생긴 황소가 탐이 났던 겁니다. 왕이 된 그는 백성을 위해 무언가를 해 주고 싶었는데, 그 황소가 제격으로 보였지요. 황소를 종자소로 삼아 새끼 소들을 낳게 하여 키운다면, 왕실의 재정도 늘리고 백성에게도 좋은 선물이 될 것 같았습니다. 하지만 자칫 포세이돈의 노여움을 산다면 낭패를 볼 테니, 그것이 고민이었던 겁니다.

여러분이라면 어떤 선택을 하시겠습니까? 약속을 했으면 그냥 지키면 되지, 무슨 고민인가 하시겠지요? 미노스도 처음엔 그랬을 겁니다. 그런데 시간이 지나 약속된 날짜가 다가올수록 황소에 대한 욕심이 커졌고, 점점 더 황소가 눈에 밟혔습니다. 그는 황소를 가질 수 있는 방법과 논리를 생각해 보았지요. 마침내 이런 결론을 내렸습니다. '삼촌도 백성을 위한 내 마음을 이해하실 거야. 제사야, 제물보다는 마음이 중요하지. 다른 소로 제사를 정성껏 지내고, 이 소는 살려두고 종자를 퍼트려 나라를 부강하게 한다면 삼촌도 기뻐하실 거야.' 미노스는 그렇게 자기 합리화를 하면서 욕심에 따라 하얀 황소를 빼돌렸고, 대신 다른 황소로 포세이돈에게 제물을 바치고 제사를 마무리 지었습니다.

미노스의 선택, 여러분이 보시기에 어떤가요? 불경스러운 약속 위반인가요? 아니면 국가를 부강하게 하는 합리적인 선택인가요? 그런데 포세이돈은 미노스를 곱게 보지 않았습니다. 약속을 어기고 자신을 속인 것에 대해 크게 노했지요. 그는 미노스의 아내 파시파에를 황소에 반하게 만들었습니다. 그녀는 재주가 뛰어난 다이달로스(Daidalos)가 만들어 준 가짜 암소 속에 들어가 황소와 사랑을 나누었고, 결국 얼굴은 황소인데 몸은 사람인 괴물을 낳았지요. 그 이름이 바로 유명한 미노타우로스(Minōtauros)였습니다. 미노타우로스는 '타우로스'가 황소를 가리키니 '미노스의 황소'라는 뜻이 됩니다. 이놈은 사람을 잡아먹는 식인 괴물이었고, 크레타 섬에 큰 골칫거리가 됩니다. 미노스의 판단이 잘못된 것이었음을 알려 주는 증거였지요. 눈앞에 보이는 이익을 챙기려다가 포세이돈과 같은 큰 지원자를 잃었으니까요. 미노스의 영리함이 자기 발목을 잡은 셈입니다. 미노스의 선택을 보면서, 약속의 중요성을 다시 한 번 마음 깊이 새겨 봅니다.

가만 보니, 에우로페 집안은 유난히 소와 관련이 많습니다. 제우스가 에우로페를 유혹하기 위해 황소로 변신하고, 이오와 사랑을 나눌 때는 헤라의 눈을 속이기 위해 이오를 암소로 바꾸고요. 나중에 미노스의 아내 파시파에도 미노타우로스라는 반은 인간이고 반은 황소인 반인반수의 괴물을 낳았으니까요. 에우로페는 페니키아 사람이었는데, 그쪽 근동 지역은 예전부터 농사를 주업으로 했지요. 그래서 경작에 아주 중요한 소가 사람들 이야기에 자주 등장한 것 같습니다. 구약성서에서도 이스라엘 사람들이 황금 송아지를 만들어 신으로 섬기다가 여호와의 저주를 받아 수천 명이 죽었다는 기록도 있죠. 크레타섬은 소를 키우는 목축이 옛날부터 발달했다고 하고요.

서양의 별자리에서 황도 12궁의 하나로 황소자리가 있는데, 그것은 제우스가 에우로페와의 사랑을 기념하기 위해 만든 별자리랍니다. 4월 20일부터 5월 20일까지가 서양 점성술에서는 황소자리의 시기입니다. 황소자리는 근면하고 성실하며, 마음이 넓고 통이 크며 우직한 성격을 가진 사람이 많다고 합니다. 책임감이 강하고 타의 모범이 되는 그런 인간형이라고 하지요. 또 앞서 보았듯이 서양의 천문학자들은 목성을 제우스의 라틴어 표기인 유피테르, 즉 주피터라고 이름을 붙였는데, 그 주변을 도는 위성 가운데 하나에 에우로페(영어식 표기는 유로파)라는 이름을 붙여 주었죠. 이오도 목성의 달 가운데 하나고요.

에우로페는 페니키아의 여인이었으니 시리아 쪽, 그러니까 아시아 땅입니다. 그런데 왜 아시아 건너편에 있는 땅의 이름이 에우로페에서 유래한 유럽이 된 걸까요? 그것은 에우로페가 페니키아 출신이긴 하지만, 거슬러 올라가면 고조할머니였던 이오가 그리스의 아르고스 출신이기 때문입니다. 그러니까 에우로페의 가문은 원래 그리스 출신인 겁니다. 에우로페가 크레타로 온 것은 결국 가문의 뿌리, 원래의 고향을 찾은 것이라고 할 수 있습니다. 그래서 에우로페가 땅을 가리키는 말로 쓰이기 시작했을 때, 처음에는 에게해의 서쪽인 그리스 본토를 가리키는 말이었다고 합니다. 호메로스식으로 지은 아폴론 찬가에서 그런 흔적을 찾을 수 있습니다.

고대 지리학자 스트라본(Strabōn)은 발칸산맥 아래에 있는 트라키아 지역, 지금의 터키 북부와 불가리아 땅을 가리키는 말로 썼습니다. 로마 제국이 둘로 갈라졌을 때는 서로마 제국을 에우로페라고 불렀고, 나중에는 샤를마뉴 대제가 지배하던 제국을 에우로페라고 불렀습니다. 이슬람 세력이 커졌을 때는 그들과 싸우던 서구의 기독교 세력을 에우로페라는 말로 지시했고, 그 이후로는 점차 지금의 유럽을 가리키는 말로 발전했습니다. 유럽연합(EU)이 성립하면서 에우로페는 '범유럽주의'를 상징하는 인물이 되었고, 포털 사이트나 화폐, 우표 등에서 널리 사용되고 있습니다.

7

페르세우스,
뮈케네 문명을 세우다

아름다운 여신 메두사는 포세이돈의 연인이었으나 그 오만한 자부심 때문에 아테나의 저주를 받아 괴물로 변했습니다. 머리카락이 온통 뱀으로 변하고 그녀의 눈을 마주치는 모든 사람을 돌로 만들었지요. 공포의 대상이었던 메두사를 물리친 영웅은 페르세우스였습니다. 그는 뮈케네라는 도시를 세우고 새로운 문명을 건설했는데, 역사학자들은 뮈케네 문명을 최초의 그리스 문명이라고 평가합니다. 앞서 이야기했듯이 페르세우스는 폴뤼덱테스의 명령에 따라 메두사를 물리쳤습니다. 그러고 나서 어머니를 구하기 위해 세리포스섬으로 다시 돌아갔습니다. 그 과정에서 페르세우스는 여러 가지 일들을 겪는데, 그중에서 가장 유명한 이야기는 역시 안드로메다(Andromeda)를 만난 이야기입니다. 안드로메다는 아프리카 에티오피아의 공주였습니다. 에티오피아의 왕 케페우스(Kē-pheus)와 카시오페이아(Cassiopeia)의 딸이었죠. 그런데 엄마가 문제였습니다. 카시오페이아의 오만함 때문에 곤욕을 치른 겁니다. 바다의 신 네레우스에게는 50명의 아름다운 딸이 있었는데, 카시오페이아는 자기가 그 50명 중 누구랑 비교해도 더 아름답다고 자랑을 했죠. 자기뿐만 아니라, 딸인 안드로메다도 50명을 모두 합한 것보다도 더 아름답다고 했던 겁니다. 메두사도 자기가 아테나 여신보다 더 아름답다고 뽐내다가 저주를 받았는데, 카시오페이아도 불길하지요? 그렇습니다. 네레우스의 딸들은 카시오페이아가 감히 인간인 주제에 자신들보다 더 아름답다고 뻐겨 대니까, 모욕감을 느끼며 괘씸하게 생각했습니다. 그래서 여신들은 바다의 신 포세이돈을 찾아가서 카시오페이아를 혼내 달라고 부탁했죠. 분노한 포세이돈은 당장 에티오피아로 홍수와 바다 괴물을 보냈습니다. 괴물이 사람들을 잡아먹고 농토를 짓밟자, 케페우스 왕은 암몬의 신전으로 사람을 보내 해결의 신탁을 받아 오라고 했습니다. 신탁은 이렇게 말했습니다. "네레우스의 딸들의 노여움을 달래고 괴물을 물러나게 하려면 안드로메다를 포세이돈이 보낸 괴물의 먹이로 바쳐라." 어머니의 허영심 때문에 결국 딸이 죽게 생긴 것이죠.

어쨌든 백성들을 재앙에서 구하려면, 안드로메다를 괴물의 먹이로 바쳐야만 했습니다. 안드로메다는 알몸으로 바다 가운데 있는 바위에 묶였습니다. 그녀는 두려움에 사로잡혀 비명을 질렀지요. 그 소리를 듣는 두 부부의 가슴은 찢어질 것만 같았습니다. 그런데 그때 페르세우스가 그곳을 지나가고 있었습니다. 메두사를 해치우고 어머니 다나에를 구하려고 세리포스섬으로 날아가던 중이었던 겁니다. 페르세우스는 위험에 빠진 안드로메다를 보고 첫눈에 반했습니다. 그는 케페우스와 카시오페이아에게 다가가 안드로메다를 구할 테니 안심하라고 했죠. "제가 따님을 구할 테니, 걱정하지 마십시오. 그런데 만약 제가 성공하면 저를 사위로 맞아 주십시오." 케페우스는 페르세우스의 제안을 거절할 이유가 없었습니다. "좋네. 내 딸 안드로메다만 구해 준다면 결혼을 허락함세. 그리고 이 에티오피아 왕국도 내 딸의 결혼 지참금으로 자네에게 주겠네."

급하긴 급했던 모양입니다. 왕국을 다 주겠다고 했으니 말입니다. 페르세우스가 더욱 힘이 났겠지요? 안드로메다의 곁에 서 있던 페르세우스는 괴물이 다가오자, 헤르메스의 날개 달린 신발을 신고 하늘로 높이 치솟았고 태양을 등지고 바닷물에 커다란 그림자를 만들었습니다. 괴물은 눈에 보이는 그림자를 보자 미친 듯이 공격을 했습니다. 그렇게 바다 괴물이 허둥대고 있는 동안, 하늘로 솟아올랐던 페르세우스는 독수리가 뱀을 덮치듯이 쏜살같이 괴물을 향해 날아가, 날카로운 칼로 괴물의 등을 찔러 깊이 박았습니다. 몸부림치는 괴물을 치고 빠지면서 페르세우스가 계속 찔러대자, 마침내 괴물은 바다를 피로 붉게 물들이며 숨을 거두었습니다. 그렇게 해서 페르세우스는 안드로메다를 구했고, 그녀와 결혼을 하게 되었습니다.

그런데 문제가 하나 있었습니다. 이 일이 있기 전에 케페우스 왕은 자기 동생인 피네우스(Phineus)에게 안드로메다를 주겠다고 약속했던 겁니다. 그러니까 둘은 약혼을 한 상태였습니다. 피네우스는 안드로메다와 페르세우스의 결혼식에 군사들을 이끌고 나타나 "이 결혼은 무효다!"라고 선언을 했지요. 자기가 안드로메다의 약혼자니까 신랑이 되어야 한다는 겁니다. 참 뻔뻔하죠. 괴물의 제물로 바쳐서 죽게 될 때는 모른 척하고 있다가 이제 나타나서 신부를 달라니 말입니다. 케페우스는 자기 동생을 꾸짖었습니다. "넌 신랑이 될 자격이 없다. 네가 결혼하려고 했던 안드로메다는 괴물에게 제물로 바쳐졌을 때, 이미 죽은 거다. 그때는 뭐하고 있다가 이제 나타나서 안드로메다를 달라는 거냐? 안드로메다는 새로 태어난 거고, 괴물을 물리친 페르세우스가 신랑이 될 자격이 있다."

그러나 피네우스는 물러서지 않았습니다. 호위 무사들과 함께 페르세우스를 죽이려고 했지요. 결혼식장은 순식간에 난장판이 되었습니다. 페르세우스와 피네우스 사람들 사이에 격렬한 전투가 벌어졌습니다. 칼과 창이 날아다니고 사람들이 피를 흘리며 쓰러져 갔습니다. 페르세우스는 혼자서 수십 명의 군사를 상대하기가 쉽지 않았습니다. 점점 힘이 떨어져 갔고, 죽을 고비도 여러 차

메두사를 죽인 페르세우스 이야기는 그리스 신화 가운데서 아주 유명한 사건입니다. 보는 사람을
돌로 만들어 버렸다는 전승이 워낙 강렬해서 메두사는 유명 브랜드의 로고가 되기도 했습니다.

례 넘겼습니다. 안 되겠다 싶었던 페르세우스는 위험하지만 최후의 수단을 사용할 수밖에 없었습니다. 그는 케페우스와 카시오페이아, 그리고 안드로메다에게 눈을 감고 머리를 숙이라고 했지요. 그러고는 피네우스의 무리들을 한쪽으로 유인한 후에, "여길 봐라" 하고 소리를 지르며, 시선을 집중시키고선 숨겨 두었던 메두사의 머리를 꺼내 들었습니다. 페르세우스를 죽이겠다고 몰려들어 창을 던지고 칼을 휘두르던 피네우스 무리들은 메두사의 머리를 보자 순식간에 돌덩어리가 되었습니다. 결혼식장이 갑자기 조각 공원처럼 변해 버린 것이죠. 메두사의 머리는 죽은 뒤에도 정말 무시무시한 위력을 간직하고 있었습니다. 살아 있을 때는 원수였지만, 죽은 다음에는 페르세우스에게 가장 큰 도움을 주는 아군과도 같았죠.

이렇게 해서 안드로메다와 페르세우스는 마침내 부부가 되었습니다. 케페우스는 안드로메다를 살려 주면 왕국을 주겠다고 했지만, 페르세우스는 빨리 세리포스섬으로 가서 어머니를 구하고 싶었습니다. 곧바로 안드로메다를 데리고 에티오피아를 떠나 세리포스섬으로 갔지요. 폴뤼덱테스 왕은 페르세우스의 어머니 다나에를 사랑했기 때문에 억지로 결혼을 하려고 했습니다. 그는 페르세우스가 죽은 줄 알았던 겁니다. 그런데 페르세우스가 나타나자, 군사를 동원해서 그를 죽이려고 했죠. 그러자 이번에도 페르세우스는 메두사의 머리를 꺼내들어 폴뤼덱테스 일당을 모두 돌덩어리로 만들어 버렸습니다. 메두사의 머리는 그야말로 천하무적의 무기였던 셈입니다.

폴뤼덱테스를 물리친 페르세우스는 세리포스섬을 어렸을 적에 자기를 정성껏 돌봐 주었던 딕튀스(Diktus)에게 맡기고, 자기 고향인 아르고스로 돌아갑니다. 거기엔 자기 외할아버지 아크리시오스가 있었습니다. 그는 외손자가 태어나면 그의 손에 죽게 될 것이라는 신탁 때문에 두 모자를 궤짝에 넣고 바다에 던졌지만 페르세우스는 그런 외할아버지를 미워하지 않았습니다. 하지만 페르세우스가 온다는 소식을 듣자, 아크리시오스는 여전히 신탁이 두려웠습니다. 얼마 후, 페르세우스는 운동 경기에서 원반던지기를 했는데, 그 원반이 관중석으로 들어가 한 사람을 맞혀 죽이게 됩니다. 바로 아크리시오스였습니다. 필사적으로 신탁을 피하려고 했지만, 결국 신탁대로 외손자의 손에 죽고 만 것이죠. 페르세우스는 외할아버지 장례를 치른 후에 아르고스 가까이에 뮈케네라는 도시를 세웠습니다. 도시는 새로운 문명의 터전이 되었지요. 그는 그곳에서 어머니를 잘 모시고, 아내인 안드로메다와 행복하게 여생을 보냈다고 합니다.

죽은 뒤에도 페르세우스와 안드로메다는 하늘의 별자리가 되어 사이좋게 반짝이고 있답니다. 가을철 초저녁 동쪽에서 볼 수 있는 별자리입니다. 그녀의 별자리 오른쪽에는 메두사의 머리에서 나온 날개 달린 말 페가소스자리가 있고, 왼쪽에는 그녀의 남편 페르세우스자리가 있죠. 그리고 그녀의 위쪽으로 부모인 케페우스와 카시오페이아의 자리도 함께 있습니다.

안드로메다는 에티오피아의 유복한 왕실에서 태어났고, 아름다운 외모와 착한 마음씨를 가지고 있었습니다. 어머니 때문에 죽을 뻔했지만, 백성을 구하기 위해 공주로서 노블레스 오블리주를 보여 주었고, 불평 하나 없이 부모의 말에 순종했지요. 남편인 페르세우스도 아주 모범적입니다. 외할아버지에게 버림받긴 했지만, 어머니를 지키기 위해 메두사와의 대결도 피하지 않았고, 위험에 빠진 안드로메다를 구해 평생을 함께 살며 사랑을 지켰으니까요. 이렇게 안드로메다의 행복을 되새겨 보니, 메두사가 더욱더 불쌍해지는군요.

8

탄탈로스,
영원히 목마르고 배고프다

그리스·로마 신화에서 탄탈로스(Tantalos)는 영원한 목마름과 배
고픔에 시달리는 벌을 받은 인물이죠. 로마의 시인 오비디우스는
그의 모습을 이렇게 묘사했습니다. "탄탈로스여, 그대는 물을 먹
을 수도 없고, 머리 위에 나 있는 나무는 그대에게서 도망치고 있
구나." 수수께끼 같은 말이지요? 물을 먹을 수 없다는 건 그렇다 쳐
도 머리 위에 달린 나무가 도망친다니, 이게 무슨 말일까요? 그리
스의 시인 호메로스는 이 물음에 대한 답을 줍니다. 『오뒷세이아』
라는 작품에서 훨씬 더 자세하게 탄탈로스가 어떻게 벌을 받는지
묘사하고 있거든요. 트로이아 목마를 만든 오뒷세우스는 트로이아
전쟁이 끝나고 집으로 돌아가는 길에 저승 세계까지 내려가는데
요, 그곳에서 탄탈로스가 벌을 받고 있는 모습을 본 겁니다. "나는
또 탄탈로스가 극심한 고통을 당하는 것을 보았소. 그는 연못 안에
서 있었는데, 물이 그의 턱 밑까지 닿았소. 그는 목이 말라 열심히
시도해 보았으나, 단 한 방울의 물도 그의 마른입을 적실 수가 없었
소. 그 노인이 마시기를 열망하며 고개를 숙이고 허리를 구부릴 때
마다 물은 뒤로 물러나 사라지고, 그의 두 발 주위에는 검은 땅바닥
이 드러났으니, 어떤 신이 물을 말려 버렸기 때문이오."• 갈증을 풀
어 줄 물이 턱까지 차 있지만 한 모금도 마실 수 없다니, 사막에서

오아시스를 찾는 것보다 더 고통스럽겠지요? 그리고 그의 머리 위로는 배나무, 석류나무, 사과나무, 무화과나무, 올리브나무 같은 키 큰 나무들이 탐스럽고 달콤한 열매들을 주렁주렁 달고 있었지만, 탄탈로스가 그것들을 잡으려고 손을 내밀면 바람이 불어와 구름 위로 쳐 올렸다고 합니다. 그렇게 그는 아무것도 먹을 수가 없었던 겁니다. 어쩌다 그는 이런 가혹한 형벌을 받게 된 걸까요?

신들에게 큰 죄를 지었기 때문입니다. 원래 탄탈로스는 신들에게 많은 사랑을 받았습니다. 제우스의 아들이었고, 아틀라스의 손자였지요. 그는 지금의 터키 땅, 아나톨리아 반도의 프리기아(또는 뤼디아 지역)의 왕이었습니다. 풍요와 부를 누리던 축복받은 사람이었죠. 처음엔 신들에게 경건하게 행동했습니다. 제물도 정성껏 바치고 기도도 열심히 올렸지요. 신들은 더욱더 그를 아끼고 사랑했습니다. 심지어 그를 천상에서 열리는 신들의 잔치에 초대하기도 했습니다. 천상의 잔치에 참여하여 즐길 때까지는 문제가 없었습니다. 하지만 하늘에서 땅으로 내려왔을 때 문제가 생겼습니다. 탄탈로스는 지상으로 내려와서 식구들과 친구들, 신하들을 만나자 자기가 보고 듣고 경험한 것을 자랑했습니다. 그의 이야기를 듣는 사람들이 부러움과 존경을 표하자, 탄탈로스의 어깨에는 더욱더 힘이 들어갔고, 그의 자랑은 점점 더 대담해졌지요. 말하지 말아야 할 것까지 말한 겁니다. 천기누설이었죠.

탄탈로스는 신들의 잔치에서 우연히 듣게 된 여러 가지 은밀한 비밀들을 사람들에게 누설하기 시작했습니다. 예를 들면, 제우스가 젊고 아름다운 청년 가뉘메데스를 납치해서 신들의 잔치에 데려다가 넥타르를 따르는 시중을 들게 했다는 둥, 아도니스라는

• 『오뒷세이아』 제11권 582~587행

잘생긴 청년이 태어났는데, 그 청년을 놓고 아름다움의 여신 아프로디테와 지하의 여신 페르세포네 사이에서 심각한 삼각관계가 생겼다는 둥 하는 식으로 신들의 치부를 드러내는 이야기를 퍼트린 겁니다. 이 사실을 알게 된 신들은 탄탈로스의 경거망동을 괘씸하게 여겼습니다. 그러던 차에 정말 신들을 화나게 만드는 일을 하고 말았죠. 신들의 음식을 도적질하려고 했던 겁니다.

천상의 신들은 넥타르와 암브로시아를 먹고 마셨습니다. 넥타르는 신들의 음료로서 술과 같은 것이고, 암브로시아는 신들이 먹는 빵이나 과일과도 같은 것이었지요. 그런데 인간들이 그것을 먹는다면 늙지도 않고 죽지도 않으며 영생불멸을 누릴 수 있는 신비로운 힘을 가지고 있었습니다. 그래서 탄탈로스가 신들의 잔치에 초대되었어도, 신들의 음식을 먹지는 못했습니다. 그런데 탄탈로스는 인간에게는 철저하게 금지된 이 생명의 음식, 영생불멸의 넥타르와 암브로시아를 훔쳐서 인간에게 주려고 했던 겁니다. 탄탈로스의 욕심이 과했지요. 프로메테우스도 인간들에게 신들의 특권인 불을 건네준 죄로 제우스에게 벌을 받았잖아요.

이렇듯 신들이 누리는 특권을 빼돌려 인간에게 몰래 전하는 것은 여간 큰 죄가 아닐 수 없습니다. 하지만 탄탈로스의 마음을 이해할 수 없는 건 아닙니다. 인간은 병들고 늙어 가면서 고통을 겪고 언젠가는 죽게 될 운명인데, 신들이 먹고 마시는 넥타르와 암브로시아를 지상으로 가져간다면, 사람들을 고통과 죽음에서 구할 수 있다고 생각한 겁니다. 인간의 입장에서 보면 탄탈로스는 정말 고마운 생각을 했던 것이라고 할 수 있습니다. 원나라에 갔다가 목화 재배 현장을 보고 베옷만 입고 추위에 떠는 가난한 백성들을 생각해서 목화씨를 가져왔다는 문익점 선생님을 떠오르게 하죠. 그런데 탄탈로스가 벌을 받게 된 건, 이것보다 더 큰 죄를 지었기 때문이라는 이야기도 있습니다.

탄탈로스가 신들의 잔치에 참석한 후에 그들의 특권을 부러워하기도 하고, 그들이 못된 짓을 저지른 이야기를 들으면서 실망도 하면서, 이런 의문이 들었던 겁니다. 도대체 신들은 뭐가 잘났기에 죽지도 않고 영원히 특권을 누리면서 인간들 위에 군림하는 것일까? 정말 그들은 그런 특권을 누릴 자격이 있는가? 그들은 정말 위대한 존재며, 인간보다 더 뛰어난 존재인가? 그는 자신 안에 샘솟는 의문을 해결하기 위해 신들을 시험하기로 작정했습니다. 그는 천상의 신들을 자신의 궁전으로 초대했지요. 보잘것없는 인간인 자신을 신들의 잔치에 초대해 준 것이 너무나 고마워서, 감사의 보답으로 초대한다고 했지요. 앞의 이야기와 연결시키면, 어쩌면 자신의 잘못을 뉘우치고 용서해 달라는 의미도 있었을 겁니다.

그렇게 해서 신들이 탄탈로스의 왕궁에 왔을 때, 그는 특별한 재료로 요리한 음식을 신들에게 내놓았습니다. 그런데 그 음식이 바로 신들을 시험하는 것이었지요. 신들이 과연 그 음식의 재료를 알아볼 수 있을까 시험했던 겁니다. 그 재료는 놀랍게도 자기 아들이었던 펠롭스였습니다. 제우스를 비롯해서 다른 신들은 처음에는 그것이 무엇인지 몰라서 먹으려고 했으나, 입으로 가까이 가져간 순간, 그것이 사람 고기로 만든 음식임을 알아차렸습니다. 신들을 시험하기 위해 자기 아들을 죽이다니, 신이 아니라 누구라도 격노했을 일이었습니다. 신들은 모두 즐거운 마음으로 잔치에 참여했다가 자신들을 시험하려는 탄탈로스의 의도와 엽기적인 행위에 경악을 금치 못했습니다. 모두들 음식을 먹을 수가 없었지요.

그런데 잔치에 늦게 도착한 대지의 여신 데메테르는 모르고 탄탈로스가 준비한 특별한 음식을 먹어 버렸습니다. 다른 신들이 겨우 말렸지만, 첫입에 들어간 음식은 이미 배 속으로 꿀꺽 들어간 뒤였지요. 신들은 탄탈로스 때문에 죽임을 당한 펠롭스를 불쌍하게 여겨서, 조각난 그의 육신을 수습해서 원래의 모습으로 되돌려 놓았습니다. 그러나 데메테르 여신이 먹은 부위는 어쩔 수가 없었습니다. 어깨 쪽이 비어 있었던 겁니다. 신들은 그곳에 하얀 상아를 대신 넣었고, 복원된 그의 신체에 생명의 입김을 불어 넣어서 새로운 삶을 시작할 수 있도록 해 주었습니다. 그리고 신들을 시험하기 위해 아들을 죽음으로 몰아넣은 탄탈로스는 죽은 다음에 하데스의 세계로 내려가 영원한 배고픔과 목마름에 시달리는 벌을 받았던 것입니다.

그런데 이와는 다른 전설도 있습니다. 탄탈로스는 경건했지만, 신들이 오해했다는 겁니다. 탄탈로스가 자기 아들인 펠롭스를 죽여서 신들을 대접한 것은 그들을 시험하려는 불경스러운 의도에서 한 것이 아니라, 신들에게 최고의 제물을 바치려고 했다는 겁니다. 당시 탄탈로스가 다스리던 땅에 가뭄이 심하게 들었는데, 기우제를 드리면서 양이나 소, 염소를 바치는 것보다는 자기 자식을 바치는 일이 신들에게 가장 큰 예를 갖춘 제물이라고 생각했다는 거죠. 하지만 탄탈로스의 의도와는 달리 신들은 자식을 죽인 그에게 노여워했고, 마침내 영원히 고통받는 벌을 내렸다는 겁니다. 아마도 고대 그리스와 로마에서는 실제로 인간을 제물로 바치는 의식이 자행되고 있었는데, 이것이 잘못된 것이라는 비판을 담은 이야기라고 해석할 수도 있습니다. 사람들에게 인간 생명의 소중함을 깨우친 겁니다.

부활한 펠롭스는 소아시아를 떠나 그리스로 건너와 펠로폰네소스 반도 서쪽에 정착해 나라를 세웠는데, 그리스 사람들은 그를 훌륭한 지도자로 존경했다고 합니다. '펠로폰네소스(Peloponnēsos)'라는 지명이 '펠롭스(Pelops)의 섬(Nēsos)'이라는 뜻으로 그의 이름에서 나온 것이라니, 이는 그를 영원히 기억하려는 그리스인들의 마음이 표현된 것이겠지요?

9

시쉬포스,
영원히 바위를 굴려 올리다

트로이아 전쟁을 승리로 이끈 오뒷세우스는 전리품을 챙겨 집으로 돌아가는 길에 여러 신비한 곳을 들르게 됩니다. 그 가운데 가장 놀라운 사건은 살아 있는 사람으로서 지하에 있는 사후 세계로 내려간 일입니다. 그곳에서 그는 수많은 신화적 인물들의 혼백을 보게 되는데, 그중에는 시쉬포스의 혼백도 있었다고 합니다. 그의 증언에 따르면, 시쉬포스의 혼백은 집채만 한 바위를 두 손으로 밀어 산의 정상으로 올리는데, 정상에 도착한 바위는 다시 아래로 굴러 떨어졌답니다. 오뒷세우스는 이렇게 말하죠. "그러면 그 뻔뻔스러운 바위는 다시 들판으로 굴러 내렸고, 그러면 그는 또 기를 쓰며 밀어 올렸소. 그의 사지에서는 땀이 비오듯 흘러내렸고, 그의 머리 위로는 먼지가 구름처럼 일었소." • 어떤가요? 참 미련한 짓을 하는 것처럼 보이지요? 그러나 그는 그리스·로마 신화 속에서 손에 꼽힐 정도로 영리하고 똑똑한 인물입니다. 영리한 걸로 치면 트로이아 목마 작전을 지휘했던 오뒷세우스가 최고로 꼽힐 텐데, 그 오뒷세우스의 진짜 아버지가 시쉬포스라는 소문이 있을 정도였습니다.

시쉬포스가 얼마나 똑똑했는지를 보여 주는 일화가 있습니

• 『오뒷세이아』 제11권 598~600행

다. 그가 소 떼를 키울 때의 일입니다. 그런데 소가 자꾸 없어졌습니다. 사람들은 아우톨리코스(Autolukos)라는 자가 소 떼 주변을 얼쩡거린다고 이야기를 해 주었습니다. 그래서 직접 그를 찾아가 보았지만, 아우톨리코스가 치는 소는 전혀 다른 털빛과 얼룩을 가진 것들이었죠. 의심을 지울 수 없었던 시쉬포스는 소들의 굽에 자기 이름을 표시해 두었고, 마침내 아우톨리코스가 소도둑임을 밝혀냈다고 합니다.

그런데 그렇게 똑똑한 시쉬포스가 어쩌다가 미련스럽게 바위를 산꼭대기로 끊임없이 올리는 형벌을 받게 된 것일까요? 그의 똑똑함이 여러 신들로부터 노여움을 샀기 때문인데, 특히 제우스의 미움을 받았습니다. 첫 발단이 된 사건은 제우스의 비밀을 누설했던 일입니다. 아소포스(Asōpos)라는 강의 신이 있었는데 대양의 신 오케아노스의 아들로 20명의 딸이 있었죠. 그 가운데 아이기나(Aigina)가 가장 아름다웠습니다. 어느 날, 그녀를 본 제우스는 사랑에 빠졌고, 커다란 독수리로 변해서 다가갔지요. 그러고는 발톱으로 채서 오이노네라는 섬으로 데려갔습니다. 그런데 시쉬포스가 때마침 이 장면을 목격한 겁니다. 그리고 사랑하는 딸을 잃고 그리스 전역을 찾아 헤매던 아소포스를 만나게 되죠. 시쉬포스는 아소포스에게 아이기나의 행방을 알려 주겠다고 했습니다. 하지만 거저 알려 준 건 아닙니다. 한 가지 조건을 달았습니다. 시쉬포스는 코린토스의 왕이었는데 늘 물이 부족해서 사람들이 애를 먹고 있었습니다. 시쉬포스는 아소포스에게 "우리 백성들이 항상 목이 말라 고생을 합니다. 우리 도시의 아크로폴리스에 샘이 터져 나와 물이 흐르게 해 주십시오. 그러면 제가 모든 것을 이야기해 드리겠습니다. 당신은 강의 신이지 않습니까!" 하고 말했습니다.

딸을 찾는 데 간절했던 아소포스를 조건 없이 도와주었다면 훌륭하다는 칭찬을 받았을지도 모르겠지만, 그렇다고 시쉬포스가 무리한 요구를 했다고 보기도 어렵긴 합니다. 게다가 그의 요구가 사리사욕을 챙기기 위한 것이 아니라 백성들을 위하는 마음에서 나온 것이니 후한 평가를 받아도 될 것 같습니다. 어쨌든 너무나도 답답하고 애가 탔던 아소포스는 시쉬포스의 요청을 흔쾌히 수용했습니다. 시쉬포스는 아소포스에게 자초지종을 다 이야기했지요. "커다란 독수리가 아이기나를 채 갔는데, 그 독수리는 제우스인 게 틀림없습니다. 그 새가 아이기나를 납치해서 오이노네섬으로 데려갔으니, 그곳에 가신다면 아이기나를 찾을 수 있습니다." 시쉬포스 말을 듣고 아소포스는 당장에 오이노네섬으로 제우스를 찾아가 딸을 내놓으라고 다그쳤죠. 그러나 제우스는 거부했습니다. 결국 둘 사이에 결투가 벌어졌습니다. 아소포스가 거대한 물길을 일으켜 제우스를 쳤지만, 제우스는 아소포스의 공격을 피한 후에 강력한 번개를 던져 반격했습니다. 제우스의 벼락을 맞은 아소포스는 쓰러졌고, 원래의 자리로 돌아갔다고 합니다. 벼락에 맞은 후유증으로 아소포스의 강바닥은 그때부터 숯검정처럼 시꺼멓게 되었다고 합니다.

제우스는 아소포스의 딸 아이기나를 오이노네섬에 놓고 다시 올림포스로 떠났습니다. 아이기나는 오이노네섬에서 아이아코스(Aiakos)를 낳은 후에 테살리아로 가서 악토르(Aktōr)라는 사람과 결혼합니다. 사람들은 아이기나가 제우스의 아들 아이아코스를 낳은 것을 기념해서 그 섬을 오이노네섬에서 아이기나섬이라고 바꿔 불렀습니다. 지금은 '애기나섬'이라고 부르는데, 아테네의 페이레이에우스(피레우스) 항구 앞바다에 있는 섬입니다. 나중에 아이기나와 제우스 사이에서 태어난 아이아코스는 자라나서 아이기나섬의 왕이 되었습니다. 아이아코스가 바로 트로이아 전쟁의 최고 영웅인 아킬레우스의 할아버지입니다. 아이아코스가 펠레우스를 낳고, 펠레우스는 바다의 여신 테티스와 결혼하여 아킬레우스를 낳았던 겁니다.

그런데 딸을 잃고 슬퍼하는 아버지에게 그 행방을 알려 준 시쉬포스가 이 일로 제우스의 미움을 사게 되었던 겁니다. 사실 애초에 잘못은 제우스가 했지요. 자기 힘만 믿고 아이기나를 제멋대로 납치했고, 그녀를 찾는 아버지를 힘으로 쫓아냈으며, 그것을 말해 주었다고 시쉬포스를 괘씸하게 생각하고 앙심을 품었으니, 정말 못된 것은 시쉬포스가 아니라 제우스인 게 분명합니다. 그러나 제우스는 시쉬포스에 대한 분노를 풀지 않고 보복하기로 결심했습니다. 그것도 극단적인 방법으로요. 바로 죽음의 신 타나토스를 보낸 겁니다. 시쉬포스로서는 정말 억울한 일이 아닐 수 없었습니다. 불의를 보고 침묵해야만 한단 말인가, 하고 생각했겠죠. 시쉬포스의 반항심은 당연한 것이었습니다. 제우스가 죽이려고 했을 때, 그것을 순순히 받아들일 수는 없다고 생각했습니다. 어떻게 하면 죽음을 피할 수 있을까, 꾀를 짜내기 시작했죠.

죽음의 신 타나토스는 저승사자 같은 존재였습니다. 죽을 운명을 맞이한 자를 찾아가 그의 혼백을 저승 세계인 하데스로 끌고 갔죠. 그 일을 위해서 그는 한번 묶으면 풀기 어려운 포승줄을 가지고 있었습니다. 타나토스가 그 밧줄로 시쉬포스를 묶으려고 하자, 그는 밧줄이 어떻게 작동하는지 궁금하다며 한 번만 만져 보게 해 달라고 부탁했습니다. 타나토스는 시쉬포스에게 망자의 마지막 소원이니 들어준다면서 밧줄을 건네주었지요. 시쉬포스는 밧줄을 만져 보는 척하다가 갑자기 타나토스에게 달려들어 꽁꽁 묶어 버렸습니다. 그러고는 자신의 궁전에 있는 감옥에 가둬 버립니다. 꾀를 써서 감히 신을 감옥에 넣다니 영악하고 무례하기 짝이 없어 보입니다.

이 사실을 알게 된 제우스가 화를 낸 건 당연했겠죠. 그런데 그보다 더욱더 화가 난 것은 전쟁의 신 아레스였습니다. 아레스는

강력한 신들의 힘에도 굴복하지 않고 부조리에 저항하며 죽음의 운명까지 극복한 시쉬포스는 인간 의지의 전형이라 할 수 있습니다.

전쟁을 일으켜 사람들이 서로 싸우다가 피 흘리며 죽어 가는 모습을 보고 즐거워하는 신인데, 죽음의 신 타나토스가 꽁꽁 묶여 감옥에 갇혀 있으니 세상에 그 누구도 죽지 않게 되었던 겁니다. 제우스는 씩씩거리는 아레스를 코린토스 왕궁으로 보냈습니다. 아레스는 당장에 그곳으로 내려가서 감금된 타나토스를 풀어주고, 시쉬포스를 죽음의 신에게 넘겨 주었습니다.

타나토스 손에 넘겨진 시쉬포스는 결국 하데스 세계로 끌려가게 되었습니다. 하지만 하데스로 끌려가기 직전에 자기 아내에게 이렇게 말합니다. "여보, 내가 죽더라도, 장례식을 절대로 치르지 말고 기다려요. 그리고 내 시신을 광장 한가운데 버린 것처럼 놔두세요." 아내는 의아해했지만, 남편의 지혜를 믿고 있었기 때문에 그대로 했습니다. 이것도 하데스에서 빠져나오기 위한 사전 포석이었습니다. 하데스의 세계로 끌려간 시쉬포스는 하데스와 페르세포네에게 불만을 토로합니다. "저승의 신들이시여, 저는 참 불쌍한 사람입니다. 억울하게 죽음을 맞이하게 되었는데, 저의 아내에게도 철저하게 버림받았습니다. 아내는 저의 죽음을 슬퍼하지도 않고 합당한 장례도 치러주지 않습니다. 남편인 저를 개만도 못하게 여긴 겁니다. 어디 그뿐입니까? 죽은 자들의 세계를 통치하는 위대하신 하데스 신과 페르세포네 왕비님께 존경과 예를 표하지 않았으니, 참으로 불경스러운 죄입니다. 저에게 잠깐 시간을 주시면, 이승으로 올라가 나의 아내를 응징하고 다시 오겠습니다. 부디 허락해 주십시오." 이렇게 애원한 겁니다.

시쉬포스의 말이 하데스와 페르세포네의 마음을 움직였을까요? 그렇습니다. 하데스는 시쉬포스의 아내가 망자의 장례식을 치르지 않는 것은 자신을 존중하지 않은 것이라고 분노하였고, 페르세포네는 장례도 치르지 못한 채로 저승에 온 시쉬포스에게 연민과 동정을 느꼈던 겁니다. 하데스의 허락을 받고 다시 이 세상으로 돌아온 시쉬포스는 당연히 하데스로 돌아가지 않고, 아내와 더불어 조용히 숨죽여 지내면서 지상에 남아 오래오래 살았다고 합니다. 시쉬포스, 참 영리하지요? 하지만 이렇게 신들을 연달아 속인 시쉬포스가 무사했을까요? 곧 돌아온다는 조건으로 시쉬포스를 잠시 풀어주었던 건데, 그가 곧바로 돌아오지 않자 하데스와 페르세포네는 시쉬포스가 엄청 괘씸했겠죠?

그런데 어찌된 일인지, 그에게 당했던 제우스, 하데스, 타나토스는 더 이상은 그를 건드리지 못한 건지, 안 한 건지, 어쨌든 그가 죽을 날만 벼르고 기다렸습니다. 결국 모든 인간은 죽음을 맞이하게 되듯이 시쉬포스도 죽었고 마침내 하데스 세계로 내려갔습니다. 그렇게 운명을 다하고 하데스 세계로 내려간 시쉬포스에게 신들은 그가 다시는 절대로 딴생각도, 딴짓도 못하도록 잠시도 쉬지 못하는 벌을 내린 겁니다. 커다란 바위를 굴려 산꼭대기에 올려놓으면 바위는 이내 아래로 굴러 떨어지고, 그러면 다시 내려가 굴려 올리는 벌을 받은 것입니다.

이런 신화를 가진 시쉬포스는 부조리하고 불합리한 일을 반복하는 것을 빗대는 상징이 되었습니다. 다람쥐 쳇바퀴 돌리듯이 똑같은 일을 계속 반복하는 현대의 우리 모습 속에도 시쉬포스가 자리 잡고 있는 것 같습니다. 이 이름 자체도 끊임없이 반복되는 인간의 호흡을 흉내 낸 것이라는 해석도 있습니다. 쉬-푸-쉬-푸- 인간이 곧 시쉬포스인 셈이죠. 그런데 다시 생각해 보면, 이 시쉬포스의 모습, 즉 강력한 신들의 힘에 굴하지 않고 생존을 지키기 위해 지혜를 짜내고 용감하게 싸워 나간 그의 모습에서 삶을 살아가는 용기와 힘, 지혜를 얻을 수도 있지 않을까요?

10

벨레로폰테스,
페가소스에서 추락하다

페르세우스가 메두사의 목을 잘랐을 때, 괴물의 몸통에서 페가소스가 튀어나왔다고 했지요. 페르세우스는 페가소스를 타고 다녔지만, 그 이외에도 페가소스를 타고 다닌 영웅이 있었습니다. 벨레로폰테스(Bellerophontēs)입니다. 코린토스의 왕 글라우코스(Glaukos)의 아들이었는데, 진짜 아버지는 바다의 신 포세이돈이라고 합니다. 조금 더 거슬러 올라가 보면, 신들에게서 불을 몰래 훔쳐 인간들에게 가져다준 프로메테우스의 자손이었고, 코린토스를 세운 시쉬포스의 손자였지요.

원래 이름은 힙포노오스(Hipponoos)였는데, '힙포스(hippos)'가 그리스어로 '말'이라는 뜻이어서 풀이하자면 '말을 잘 타는 자', '말을 좋아하는 자'라는 뜻입니다. 날개 달린 말 페가소스를 타게 될 운명을 가진 이름이라 할 수 있습니다. 그러고 보니 벨레로폰테스나 페가소스나 모두 포세이돈의 자식이니, 둘은 이복형제인 셈이네요.

그런데 그 힙포노오스가 뜻하지 않게 코린토스의 참주였던 벨레로스(Belleros)를 죽이게 되자 고향에서 쫓겨났고, 벨레로폰테스라는 이름을 갖게 되었습니다. '폰테스(-phontēs)'가 '살인자'라는 의미라서 벨레로폰테스는 '벨레로스를 죽인 자'라는 뜻이 되지요.

이름에 '주홍글씨'가 새겨진 셈입니다. 그가 추방당해서 이리저리 헤맬 때, 사람들이 그를 보고 '저자가 벨레로스를 죽이고 고향에서 쫓겨난 자다!'라면서, 벨레로폰테스가 그의 새로운 이름이 된 것 같습니다.

벨레로폰테스는 자신의 실수와 죄를 씻고 싶었는데, 때마침 "티륀스의 왕 프로이토스(Proitos)를 찾아가 그와 정화의 의식을 거행해야 한다"는 신탁이 내려졌습니다. 그래서 벨레로폰테스는 프로이토스를 찾아갔는데, 그곳에서 또 뜻하지 않은 사건에 휩싸이게 됩니다. 여자 관계로 모함을 당한 겁니다. 정화의 의식을 위해 찾아간 프로이토스에게는 스테네보이아(Stheneboia)라는 아내가 있었는데, 그녀가 벨레로폰테스를 보고 반한 겁니다. 그녀는 욕망을 채우려고 벨레로폰테스의 침실로 몰래 들어갔지요. 하지만 벨레로폰테스는 그녀의 유혹을 거부했습니다. 그러자 그녀는 모욕감을 느꼈고, 남편을 찾아가 거짓말을 했습니다. "여보, 벨레로폰테스가 감히 나를 범하려고 했어요." 이 말을 들은 프로이토스 왕은 사실 확인도 하지 않은 채, 격렬한 질투와 분노에 휩싸였습니다.

벨레로폰테스가 프로이토스에게 모든 사실을 폭로할까 봐 무서웠던 스테네보이아가 선수를 친 것이겠지요. 정절을 지킨 벨레로폰테스만 무척이나 억울하게 되었습니다. 단단히 오해를 한 프로이토스는 당장이라도 벨레로폰테스를 죽여 버리고 싶었지만, 코린토스에서는 손님으로 찾아와 식사를 같이한 사람을 죽여선 안 된다는 전통이 있었기 때문에 직접 죽일 수가 없었습니다. 그래서 그는 장인에게 벨레로폰테스를 보내기로 합니다. 중요한 편지를 장인 이오바테스(Iobatēs)에게 전달하라고 명령을 내리지요. 그런데 그 편지에는 "이 편지를 가져온 자는 사악한 자이오니, 당장에 죽여 주십시오."라고 적혀 있었습니다. 아무것도 모르는 벨레로폰테스는 자신의 죄를 씻기 위한 일이라고 생각하고, 프로이토스의 심부름을 하게 됩니다.

벨레로폰테스가 전해 준 편지를 받은 이오바테스는 곧바로 편지를 읽지 않고, 사위가 보낸 손님이라며 잔치를 벌였습니다. 그렇게 두 사람은 아흐레 동안 먹고 마시며 즐기는데, 열흘째 되는 날 편지를 보고 이오바테스는 깜짝 놀랍니다. 실컷 친해 놨더니, 그 사람을 죽여야 한다는 게 너무 기가 막히고 황당했던 겁니다. 하지만 사위의 부탁을 무시할 수는 없었습니다. 그래서 벨레로폰테스에게 위험한 과업을 맡깁니다. 먼저 뤼키아 지방의 농토와 가축을 망치던 괴물 키마이라를 물리치라는 것이었습니다. 이오바테스는 만약 이 청년이 죽을죄를 지었다면 괴물에게 죽을 테고, 결백하다면 신의 가호를 받아 괴물을 처치할 것이라 생각했습니다. 그 덕에 나라를 망치는 괴물을 없앤다면, 그로서도 손해 볼 것은 없었죠. 키마이라는 튀폰과 에키드나 사이에서 태어난 무시무시한 괴물이었지요. 몸통의 앞부분은 사자고 꼬리는 뱀의 머리가 달려 있었고 불을 뿜어 냈습니다. 몸통은 염소였죠.

벨레로폰테스는 막막했습니다. 무시무시한 괴물과 맞서 싸워 이길 자신이 없었고, 자칫 괴물에게 죽을지도 모른다고 생각하니 더욱더 억울했지요. 하지만 이 임무는 살인죄를 씻어 낼 정화의 기회이기도 했습니다. 고심하던 벨레로폰테스는 죽음을 각오하고 그 임무를 수행하기로 결정합니다. 실패하더라도 신들은 자신의 죄를 용서해 주리라 생각했지요.

괴물을 물리칠 방법을 고민하던 벨레로폰테스는 예언자 폴뤼이도스(Poluidos)를 찾아갑니다. 예언자는 포세이돈에게 황소를 제물로 바친 후에 아테나 여신의 신전에서 하룻밤을 자라고 알려 줍니다. 예언자가 일러준 대로 하고 잠을 자고 있는데, 벨레로폰테스의 꿈에 아테나 여신이 나타났죠. "벨레로폰테스, 키마이라가 내뿜는 불길을 무찌르려면 페가소스를 타야 한다. 내가 황금 재갈

과 고삐를 줄 테니, 이걸 가지고 페이레네 샘물로 가라. 페가소스
가 물을 마시고 있을 테니." 이렇게 아테나 여신의 도움으로 페가
소스를 잡게 됩니다. 벨레로폰테스는 아테나 여신이 준 황금 재갈
과 고삐를 페가소스에게 채운 후 하늘로 올라가 키마이라를 찾아
갔습니다. 키마이라가 내뿜는 불길을 피하면서 화살을 쏘고, 창을
던졌지요. 그러나 키마이라의 피부가 단단해서 화살과 창은 치명
상을 입히지 못했습니다. 결정적인 치명타는 창에 납을 달아 던지
는 것이었습니다. 납을 장착한 창은 키마이라의 입을 향해 날아갔
고, 키마이라의 입에서 뿜어져 나오는 화염에 납이 녹으면서 녀석
의 내장을 녹여 버렸던 겁니다.

이렇게 키마이라를 물리치고 뤼키아의 궁전으로 돌아오자,
이오바테스는 깜짝 놀랐습니다. 키마이라와 싸우다 죽을 줄 알았
는데, 괴물을 물리치고 돌아왔으니까요. 그러자 이오바테스는 두
번째 임무를 부여합니다. 뤼키아 산악 지역에 사는 사납고 호전적
인 부족 솔뤼모스 전사들을 토벌하라는 것이었습니다. 뤼키아의
정예 부대도 쩔쩔매는 사나운 전사들이었는데, 양민들을 학살하
고 재산을 빼앗는 산적들이었습니다. 이번에도 벨레로폰테스는
혈혈단신, 페가소스를 타고 공중전을 펼치면서 적들을 물리치고
산속으로 몰아붙였습니다.

두 번째 임무도 성공하고 돌아오자, 이오바테스는 벨레로폰
테스에게 세 번째 임무를 부여합니다. 솔뤼모스인들과 동맹인 아
마존 여전사들을 물리치라는 것이었습니다. 그 여전사들도 역시
뤼키아에 위험한 존재들이었습니다. 이번에도 벨레로폰테스는 이
오바테스의 예상을 깨고 혼자서 아마존 여전사들을 무찌르고 뤼
키아의 영토 바깥으로 몰아낸 후에 무사히 귀환합니다. 이 소식을
전해 들은 이오바테스는 자신이 직접 나서서 벨레로폰테스를 해
치려고 합니다. 하지만 매복해 있던 이오바테스의 군사들은 모두

벨레로폰테스에게 목숨을 잃고 말지요.

자신의 군인들마저 모두 죽고 벨레로폰테스 제거 작전에 실패했다는 소식을 듣고, 이오바테스도 겁이 났습니다. 그리고 깨달았죠. '벨레로폰테스는 내가 죽일 수 있는 상대가 아니구나. 그는 진정 하늘이 내린 영웅이구나.' 이오바테스는 자기 사위가 보냈던 편지를 벨레로폰테스에게 보여 주면서 자신의 잘못을 용서해 달라고 사죄했습니다. 그러고는 사위로 삼은 후에 왕국의 절반을 주고 다스리게 했습니다. 이렇게 해서 벨레로폰테스는 스테네보이아 때문에 뒤집어썼던 폭행 혐의도 벗었을 뿐만 아니라, 지난날의 살인죄도 씻어 냈습니다. 반면 그를 모함했던 스테네보이아는 모든 사실이 드러날 것이 두려워 스스로 목숨을 끊었답니다. 벨레로폰테스는 오해와 역경에도 굴하지 않고, 자신의 고귀한 품성과 용기, 정의를 믿고 흐트러짐 없이 행동했습니다. 그리고 마침내 모든 이들이 존경하고 칭송하는 영웅으로 우뚝 설 수 있었던 겁니다.

이렇게 해서 모든 역경을 이겨 내고 왕이 되어 왕국을 다스리게 되었으니, 분명 행복한 결말이라 할 수 있겠지요? 그런데 오만한 마음이 문제였습니다. 벨레로폰테스는 자기가 이룬 업적과 행복에 취해서 점점 오만한 마음을 품게 되었던 겁니다. 그는 지상의 왕으로 살아가는 것에 만족하지 못하고 올림포스에 올라가서 신들과 살고 싶어졌습니다. '나는 포세이돈의 아들이야. 그리고 엄청난 적들을 혼자서 무찔렀으니, 모든 영웅들 가운데 최고의 영웅이 아닌가! 나 정도면 제우스와 함께 살 자격이 있지.' 이렇게 생각하면서 페가소스를 타고 올림포스 궁전으로 날아올랐습니다.

이 모습을 보고 가만히 있을 제우스가 아니었습니다. 오만한 벨레로폰테스가 하늘로 올라오는 것을 보면서, '참으로 건방지고 어리석은 인간이로군. 감히 신의 영역으로 올라와서 신과 같이 되려고 하다니. 네가 얼마나 약한 존재인지, 곧 깨닫게 해 주마.'라고 하면서 아주 작은 등에 한 마리를 벨레로폰테스에게 날려 보냅니다. 뭐 대단하게 번개씩이나 던질 필요가 없다고 생각한 것이겠지요? 제우스가 보낸 등에는 페가소스의 꼬리를 톡 쏘았습니다. 그러자 통증을 느낀 페가소스는 몸부림쳤고, 벨레로폰테스는 그만 균형을 잃고 낙마하여 하염없이 공중에서 추락하다가 가시덤불에 떨어져 시력을 잃고 말았습니다. 그리고 죽을 때까지 비참하게 떠돌았지요. 자기가 물리쳤던 스몰리아인들에게 아들이 죽임을 당하는 것도, 자기 딸이 아르테미스 여신의 저주로 죽게 되는 일까지 겪게 되었습니다.

이 얼마나 어이없는 몰락이고 죽음인가요? 그리스·로마인들은 이 신화를 통해 무엇을 말하고 싶었던 걸까요? 어떤 성공에도 자만하지 말고 끝까지 자중할 것을 경고하는 것이겠지요? '초심을 잃지 말라', '벼는 익을수록 고개를 숙인다'는 말이 있습니다. 숱한 역경을 이겨 낸 벨레로폰테스가 이런 말들을 곱씹어 봤다면, 오만한 인간이 아닌, 위대한 영웅으로 남았을 텐데 아무리 생각해도 아쉬운 마음을 금할 길이 없습니다. 그리고 이 이야기는 대단한 성취를 이룬 사람에게도 뜻하지 않게 허망한 몰락은 언제든 찾아올 수 있음을 암시하는 것 같습니다.

11

테세우스,
영웅의 길을 가다

테세우스는 아테네가 추앙하는 영웅입니다. 그의 아버지이자 아테네의 왕인 아이게우스는 두 번이나 결혼을 하고도 아들을 갖지 못하자 델피에 있는 아폴론 신전을 찾아가 신탁을 구했습니다. 그가 받은 신탁은 "아테네로 돌아갈 때까지 포도주 가죽 부대의 끈을 풀지 마라"였는데요. 그 뜻을 알 수 없었던 그는 트로이젠의 핏테우스(Pittheus) 왕을 찾아갔죠.

핏테우스는 신탁의 뜻을 단박에 알아차렸습니다. 아마도 아테네로 돌아갈 때까지 흐트러지지 말라는 뜻이었을 텐데, 이상하게도 그는 아이게우스에게 술상을 거하게 차려주지요. 그리고 곯아떨어진 아이게우스의 곁으로 자기 딸 아이트라(Aithra)를 들여보냈습니다. 아이게우스를 사위로 삼고, 손자가 태어나면 아테네의 왕이 되게 할 속셈이었습니다. 잠에서 깨어난 아이게우스는 난감했습니다. 그는 커다란 바위를 들어 옮긴 후, 그곳에 자신의 칼과 샌들을 징표로 넣고 다시 바위로 덮었죠. "만약 그대가 아들을 낳거든, 그 아이가 이 돌을 들어 올릴 수 있을 때, 이것들을 가지고 아테네로 나를 찾아오게 하시오." 아이게우스는 이 말만 남긴 채 떠났습니다.

그러나 그날 밤 아주 이상한 일이 일어났습니다. 아이트라에게 아테나 여신이 나타났던 겁니다. "일어나라, 아이트라. 침대에서 나와 스파이리아섬으로 가라." 그 섬은 트로이젠 해변 가까이에 있는 섬이었습니다. 아이트라는 아테나 여신의 지시에 따라 섬으로 갔고, 포세이돈에 헌주했습니다. 그러자 포세이돈이 나타나 그녀와 동침하였지요. 그렇다면 테세우스는 포세이돈의 아들이 아닐까요? 어린 테세우스가 아이트라에게 아버지가 누구냐고 물었을 때, 아이트라는 아이게우스 대신 포세이돈의 이름을 댔을 겁니다. 테세우스도 바다의 신 포세이돈이 아버지라고 믿고 성장했겠죠?

테세우스가 장성하고 어느 날부터인가 아이트라는 그에게 바위를 들어 보라고 했습니다. 처음에는 꿈쩍도 않던 바위를 들어 올리던 날, 아이트라는 테세우스에게 출생의 비밀을 털어놓았습니다. "너는 포세이돈의 아들이면서 동시에 아테네의 왕 아이게우스의 아들이다. 이 칼과 신발을 가지고 아테네로 가거라." 이 말을 들은 테세우스는 어떤 심정이었을까요? 한 번도 보지 못한 아테네의 왕이 아버지라니, 귀를 의심했겠죠? 그리고 무작정 아테네로 가라고 하니, 많이 망설여졌을 겁니다. '내가 아테네로 간다면, 그분이 나를 알아볼까? 나를 정말로 아들로 여기며 환영해 줄까?' 어쩌면 아이게우스는 또 다른 결혼을 하고 배다른 아들을 낳았을지도 모릅니다. 행여 그를 후계자로 세웠다면, 그를 옹호하는 무리들이 테세우스를 가만두지 않을 겁니다. 어머니를 혼자 두고 떠난다는 것도 큰 걱정이었습니다. 이런 상황에서 굳이 고향을 떠나 낯선 아테네로 가야 할까요? 여러분이라면 어떻게 하시겠습니까?

결국 테세우스는 떠나라는 어머니의 뜻에 부응하기로 결심합니다. 이제 아테네로 가는 길을 선택해야 했는데요. 트로이젠에서 아테네로 가는 길은 두 가지가 있었습니다. 하나는 트로이젠에서 배를 타고 아테네로 가는 것입니다. 훨씬 빠르고 안전한 길이었지요. 아마도 그 옛날 아버지 아이게우스는 그 항로로 아테네로 갔을 테고요. 또 다른 길은 육로였는데, 펠로폰네소스 반도의 길목인 코린토스를 통과해서 디귿자 모양으로 길게 돌아가는 멀고 험한 길이었습니다. 길목 곳곳에는 당대 악명을 떨치던 수많은 괴물과 악당들이 도사리고 있었지요. 그 길을 가다가 수많은 사람들이 목숨을 잃었다는 소문이 자자했습니다. 쉬운 길과 어려운 길 중에서 단지 아버지를 만나는 것이 목적이라면 굳이 위험이 도사리는 어려운 길을 택할 이유가 없지 않을까요? 하지만 아테네의 후계자가 되는 것이 목적이라면 어려운 길을 통해 자신의 정체성과 능력을 증명할 필요가 있었죠. 여러분이라면 어느 쪽을 선택하시겠습니까?

테세우스는 쉬운 길을 놔두고 어려운 길을 선택했습니다. '만약 내가 아이게우스 왕의 아들이라면, 내가 후계자로서 장차 아테네의 왕이 될 자격이 있음을 만천하에 보여 주어야 한다. 이 험난한 여정 속에서 내가 죽는다면, 그것이 신이 내게 정해 준 운명일 테니, 그 또한 달게 받겠다.' 이렇게 생각했던 모양입니다. 어려서부터 포세이돈의 아들이라 듣고 자랐으니, 그에 따른 자신감도 있었을 테고요. 이래저래 자신의 정체성과 능력을 시험해 보고 싶던 겁니다. 결국 그는 험한 육로를 통해 아테네로 가면서 여섯 가지 과업을 수행합니다. 당시 악명이 높았던 악당들과 괴물들을 처치하는 것이었지요.

맨 처음 만난 괴물은 대장장이 신 헤파이스토스의 아들로 '곤봉의 사나이'라고 불리는 페리페테스(Periphētēs)였는데요. 테세우스는 행인들을 마구 때려죽였던 그의 거대한 곤봉을 빼앗아 똑같은 방식으로 그를 처치했습니다. 이후로 그는 소나무에 사람들을 매달아 죽인 시니스(Sinis)와 괴물 암퇘지 파이아(Phaia), 벼랑길에 사람들을 속여 밀어 버리던 스키론(Skirōn), 씨름 대결 후 상대를 죽이던 케르퀴온(Kercuōn)까지 모두 해치웠습니다. 마지막은 침대의 크기에 맞춰 사람을 자르고 늘렸던, 그 이름도 유명한 프로크루스테스(Prokroustēs)였습니다. 이 이야기는 워낙 유명하고 시사하는 바가 많으니 좀 더 자세히 살펴보죠. 앞서 말했듯이 여러 차례 고비를 넘기며 아테네로 향하던 테세우스는 케피소스강에 다다랐습니다. 그러나 길을 제대로 가늠하지 못해 그만 산 중턱에서 밤을 맞이하게 되어, 허름한 여관에 들어갔습니다. 여관 주인은 험악하게 생겼지만 친절했지요. 만찬을 마치자, 주인은 그를 방으로 인도했습니다. 깨끗한 방에는 정갈한 침대가 하나 놓여 있었지요. 그곳에 몸을 누인 테세우스는 고단함에 금방 잠이 들고 말았습니다.

얼마나 지났을까요, 그가 뒤척이려 하자 움직일 수가 없었습니다. 답답함과 불편함은 불안이 되어 그를 깨어나게 했지요. 그러나 몸을 일으킬 수가 없었습니다. 침대에 꽁꽁 묶여 있었던 겁니다. 곧이어 문이 열리고 주인이 들어왔습니다. 그의 손에는 커다란 망치가 있었습니다. "이제 깨어났군. 그런데 몸이 침대에 딱 맞질 않는군. 몸이 좀 작아. 난 딱 맞는 게 좋은데." 주인은 비릿한 웃음을 흘리며 테세우스에게 다가왔습니다.

이 주인이 바로 프로크루스테스였죠. '프로(Pro-)'는 '앞으로'라는 뜻이며, '크루오(Krouō)'는 대장장이가 불에 달군 금속을 모루 위에 올려놓고 망치로 쳐서 길게 늘이는 행위를 가리킵니다. '망치로 두드려 앞으로 쭈욱 길게 늘어나게 하는 사람', 프로크루스테스라는 이름은 그런 뜻이었습니다. 그는 잠든 손님을 침대에 묶어놓고 침대 길이에 맞춰 그것보다 큰 사람은 튀어나온 다리와 머리를 잘랐고, 그것보다 작은 사람은 망치로 두들겨 길게 폈던 겁니다. 오직 그 침대에 딱 맞는 사람만이 당장의 죽음을 피할 수 있었지만, 결국 죽을 때까지 묶여 있어야만 했지요. 침대가 두 개였다는 이야기도 있습니다. 그래서 작은 사람은 큰 침대에, 큰 사람은 작은 침대에 눕혔다고 하네요. 죽음을 예감한 테세우스는 비명을 지르며, 있는 힘을 다해 몸부림쳤지요. 침대가 삐걱대는 소리가 방안으로 메아리치며 비명과 엉겨 붙었고, 온 산을 뒤흔들었습니다. 프로크루스테스는 가소롭다는 듯이 비웃으며 몸부림치는 테세우스에게 천천히 다가왔습니다. 커다란 망치 자루를 두 손으로 잡고, 머리 위로 들어 올려 테세우스를 겨냥했지요. 그리고 올라가던 속도와는 비교도 안 될 빠른 속도로 침대를 향해 망치를 내려 꽂았습니다. 어떻게 되었을까요?

지금껏 그의 망치질은 빗나간 적이 없었습니다. 이번도 마찬가지였지요. 정확하게 겨냥한 곳으로 날아갔습니다. 하지만 망치가 몸에 닿기 전에 테세우스는 밧줄을 끊고 몸을 틀어 간발의 차이로 망치를 피했습니다. 사투 끝에 테세우스는 프로크루스테스를 제압했고, 그를 침대에 묶었습니다. "네놈이 지금껏 이 침대에 맞춰 얼마나 많은 사람들을 두들겨 펴 죽였는가? 이제 네놈 차례다." 그렇게 프로크루스테스는 그가 희생시킨 사람들과 똑같은 방식으로 테세우스의 손에 으깨어져 목숨을 잃었습니다.

황당무계한 옛날이야기, 동화나 전설에 불과해 보이시나요? 하지만 요즘도 수많은 프로크루스테스가 우리 곁에 있다면 믿으시겠습니까? 나만이 옳다는 독선에 빠져 다른 사람들을 자신의 틀 속에 가두려는 사람들이 바로 현대의 프로크루스테스가 아닐까요? 실제로 서양 사람들은 자신의 잣대로 다른 사람을 재단하려고 하고, 융통성 없이 꽉 막혀 고집을 피우며 다른 사람들을 괴롭게 하는 사람에게 '프로크루스테스의 침대' 또는 '방법'이라는 말을 합니다. "We should not be forced into your Procrustean bed(우리는 당신의 그 프로크루스테스의 침대에 강요될 수는 없소)!"라는 식으로 말이지요.

자, 여러분은 어떤 모습인가요? 프로크루스테스처럼 동료나 가족을 여러분이 만든 침대의 틀에 맞춰 늘이거나 자르는 무서운 행동을 한 적은 없으신가요? 반대로 프로크루스테스에게 희생당한 수많은 사람들처럼 누군가의 독선적이고 고집스런 침대의 틀에 갇혀 고통스럽게 몸부림치고 계신가요? 사람들이 일을 하려면 일정한 기준과 원칙이 되는 틀은 필요합니다. 하지만 사람들을 그 틀에 억지로 끼워 맞추려고만 해서는 안 된다는 것이 이 신화의 메시지입니다. 사람들이 자율적으로 움직일 수 있는 유연성이 필요한 거지요. 또 다른 메시지도 있습니다. 영웅 테세우스가 자신의 목적을 이루기 위해서는 주어진 틀에 묶이지 않고 깨치고 나와야 한다는 것입니다. 틀을 깨는 자만이 새로운 세계를 만들 수 있으니까요.

이처럼 하나씩 과업을 이룰 때마다 그의 명성은 퍼져 나갔고, 아테네에 도착했을 때는 이미 헤라클레스에 버금가는 영웅으로 인구에 회자되고 있었습니다.

마침내 테세우스는 아버지를 만나게 되지요. 아이게우스는 당시 메데이아를 아내로 맞이하고 아들 하나 두고 있었는데요, 메데이아는 테세우스를 알아보고 그를 독살하려 했지만 아버지는 테세우스가 가져온 칼을 단번에 알아보았죠. 그리고 일말의 망설임도 없이 테세우스를 후계자로 지명하였습니다. 두려움에 굴하지 않고 어려운 길을 택해 그 능력을 보여 준 그가 이 모든 명성과 혜택을 누리는 것은 당연한 일이겠지요? 어려운 길 앞에 섰을 때 테세우스의 용기를 기억해 보시길 바랍니다.

12

미노타우로스를 물리친
테세우스

크레타에는 무시무시한 식인 괴물 미노타우로스가 있었는데, 이를 물리친 영웅도 바로 아테네의 왕자 테세우스였습니다. 크레타의 미노스 왕에게는 안드로게오스(Androgeōs)라는 아들이 있었죠. 그는 미노스 왕의 자랑스러운 후계자였는데, 모든 운동 경기에 탁월했습니다. 어느 날, 아테네의 왕 아이게우스가 올림픽처럼 성대한 운동 경기를 열었습니다. 여기에 참가한 안드로게오스는 아이게우스와 경쟁하여 모든 종목에서 승리를 차지했지요. 패배한 아이게우스는 질투심에 불타올랐고, 안드로게오스를 자극했습니다. 아테네 근교의 마라톤에 무시무시한 황소가 출몰하는데, 당신이 아무리 강해도 상대할 수 없을 거라고 도발한 것이죠. 기가 꺾이지 않으려고 안드로게오스는 마라톤으로 향했고, 그 황소와 싸우다가 그만 죽고 말았습니다. 마라톤으로 가는 길에 아이게우스의 측근들이 암살을 했다는 소문도 돌았지요.

　이 소식을 듣고 분노한 미노스 왕은 당장 아테네를 공격했습니다. 아테네는 미노스가 이끈 크레타군의 공격을 견디지 못했지요. 크레타는 당대 최강의 해상 제국이었으니까요. 마침내 아이게우스는 미노스에게 백기를 들고 휴전 협정을 제안했습니다. 미노스는 아이게우스에게 매년 수많은 공물을 크레타로 보내라고 했는데, 특히 젊은 처녀와 총각을 각각 일곱 명씩, 모두 열네 명을 보내라고 했지요. 미노스 왕은 그들을 미노타우로스의 먹이로 주려고 했던 겁니다. 끔찍하고 굴욕적인 조건이었지만, 아이게우스는 아테네를 구하기 위해 어쩔 수 없이 미노스의 청을 수락합니다.

그렇게 해서 아테네의 젊은이들이 크레타로 끌려갔고, 해를 거듭할수록 아테네 시민의 원성은 점점 높아져 갔습니다. 희생자의 가족들은 아이게우스의 무능함을 비판했고, 테세우스 왕자를 원망의 눈초리로 바라보았지요. 젊은이들은 언젠가는 나도 끌려갈 수 있다는 불안감에 두려워 떨었고, 부모들은 재앙이 자기 자식들을 피해 가기만을 빌었습니다. 아이게우스는 아테네 왕으로서 특단의 조치를 궁리해야만 했지요. 미노스 왕과 새로 협상을 하든가, 타협이 안 된다면 전쟁도 불사해야 하는, 전격적인 국면 전환이 필요했던 겁니다.

왕자 테세우스의 고민도 깊어 갔습니다. 조국의 젊은이들이 죽어 가는 모습을 더 이상 볼 수 없다면서 사태를 해결하겠다고 무작정 뛰어들 수는 없었습니다. 그렇다고 아무것도 하지 않은 채 궁궐에서 지내는 것은 불편하기 짝이 없는 일이었습니다. 이렇게 가만히 침묵을 지킨다면 막상 아이게우스의 뒤를 이어 왕좌에 오를 때, 과연 백성의 지지와 환영을 받을 수 있을까요? 그럴 수 없다는 생각이 들자, 그는 초조해졌습니다. 어쩌면 반란이 일어나 왕이 되기는커녕, 분노한 군중에게 쫓겨날지도 모를 판이었습니다. 중대한 결단이 필요해 보였지요. 여러분이라면 어떤 선택을 하시겠습니까?

마침내 테세우스는 용단을 내립니다. 아이게우스 왕을 찾아가 크레타로 보내는 열네 명의 젊은이 가운데 자기를 끼워 달라고 부탁하지요. 아이게우스는 펄쩍 뛰었지요. 왕위를 이을 유일한 후사가 테세우스인데, 크레타로 가서 미노타우로스의 먹이가 된다면 아테네의 미래가 완전히 사라지는 것이었으니까요. 그러나 테세우스를 보내지 않는다면, 백성의 불만이 쌓일 대로 쌓여서 결국 극단적으로 폭발할지도 모른다는 위기감도 있었지요. 냉정하게 따져 보니, 테세우스를 희생시키는 것이 어쩌면 반란의 위기를 누그러뜨릴 수 있는 유일한 길이 될지도 모른다는 생각이 들었습니다.

이렇게 고민하던 아이게우스에게 테세우스는 다시 한 번 단호하게 말했습니다. "아버지, 저를 크레타로 보내 주세요. 제가 가서 미노타우로스를 처치하겠습니다. 그래서 다시는 아테네를 무시하고 모욕할 수 없다는 것을 미노스 왕과 크레타 사람들에게 확실히 보여 주겠어요. 우리 젊은이들이 무고하게 희생을 당하는데도 제가 지금처럼 계속 눈을 감고 있다면, 백성들은 아버지와 제가 무능하다고 계속 비판할 겁니다. 그러면 저는 나중에라도 아테네의 온전한 왕이 될 수 없지요. 백성이 저의 권위를 완전히 무시할 테니까요. 아니, 그전에 아테네에 반란이 일어나 우리가 쫓겨날지도 몰라요."

이 말을 들은 아이게우스의 심정은 더욱더 복잡했습니다. 백성의 원망을 잠재우기 위해선 테세우스를 보내야 하지만, 그가 죽으면 아테네는 더 큰 혼란에 빠질 수도 있었으니까요. 테세우스에 대해서도 두 가지 마음이 복잡하게 교차했지요. 왕자로서 노블레스 오블리주를 실천하는 모습이 감동적이긴 하지만, 왕권을 향한 그의 무서운 야망도 섬뜩하게 비춰진 겁니다. 고민 끝에 결국 아이게우스는 테세우스를 크레타로 보내기로 합니다. 테세우스가 미노타우로스에게 희생된다면, 그것은 아테네인들을 똘똘 뭉치게 하고 크레타에 저항하는 힘을 얻는 반전의 계기가 될 수 있었죠. 그러나 만에 하나 테세우스가 미노타우로스를 성공적으로 물리친다면, 아테네와 자신의 왕권에 그보다 더 좋은 일은 없었습니다. 그렇다고 설마 테세우스가 야망을 드러내면서 아이게우스를 밀어내고 왕권을 차지하려고 하지도 않을 테고요. 이런 결론이 내려지자 아이게우스에게는 구원의 빛이 비추는 것 같았습니다.

그렇게 해서 테세우스는 다른 젊은이들과 함께 크레타로 갔습니다. 식인 괴물 미노타우로스는 천재 건축가였던 다이달로스가 만든 미궁에 갇혀 있었는데, 얼마나 복잡하게 길이 얽혀 있는지, 한 번 들어가면 그 누구도 다시는 나올 수 없도록 설계되었지요. 하지만 크레타의 공주 아리아드네가 몰래 건네준 실타래를 풀면서 미로로 들어간 테세우스는 미노타우로스와의 목숨을 건 대결에서 놀라운 승리를 거두었고, 풀어진 실을 다시 감아 무사히 미로에서 빠져나올 수 있었습니다. 그렇게 아테네의 청년들을 구한 테세우스는 실타래를 건네준 아리아드네 공주를 데리고 고향으로 향하는 배에 올랐습니다. 테세우스가 크레타에 도착했을 때, 첫눈에 반한 아리아드네는 미궁에서 빠져나올 방법을 알려 주는 조건으로 결혼을 요구했거든요. 이대로 아테네로 간다면, 테세우스는 국가적인 영웅으로 백성들의 열렬한 환영을 받을 게 분명했죠. 위기의 순간에 비겁하게 살아남는 것만을 생각하는 대신, 과감한 결단력으로 목숨을 걸고 용감하게 행동한 테세우스는 아테네의 왕으로서 우뚝 설 수 있는 결정적인 힘을 얻게 된 것입니다.

그러면 테세우스는 자신을 도운 아리아드네와 결혼했을까요? 일단 테세우스는 미노타우로스를 죽이고 동료들과 함께 배를 타고 떠나는데, 약속대로 아리아드네를 데리고 갑니다. 그런데 그들이 낙소스섬에 도착하며 하룻밤을 보낸 후, 테세우스는 잠에서 깨어나지 않은 아리아드네를 놓고 몰래 떠납니다. 아리아드네를 버린 거죠. 테세우스는 왜 그녀를 버렸을까요? 몇 가지 전설이 있습니다. 먼저, 테세우스가 아리아드네를 처음부터 좋아하지 않았다는 겁니다. 임무를 완수하기 위해 아리아드네의 순정을 이용한 것이죠. 자기 조국의 처녀, 총각을 제물로 바치라고 횡포를 부리는 강대국 크레타 왕의 딸을 사랑한다는 것은 말이 안 되잖아요. 그러니까 버렸다는 겁니다. 조국의 청년들을 구하기 위해 적국의 여인을 이용하는 정도는 얼마든지 괜찮다고 생각했던 거겠지요.

다이달로스의 미궁으로 용감히 찾아가 미노타우로스를 죽인 테세우스는 분명 영웅이었습니다. 하지만 그의 아버지 아이게우스의 죽음과 관련해 다소 찜찜한 의심이 드는 부분도 있지요.

잠에서 깨어나서 아무도 없는 것을 보고, 아리아드네는 황당했습니다. 버림받은 것을 알고서는 억울하고 슬펐죠. 막막하고 두렵기도 했고요. 그런데 슬픔도 잠시, 구세주가 나타났습니다. 디오뉘소스 신이 나타나서 아리아드네를 구한 겁니다. 그녀를 신부로 삼고, 올림포스로 올라간 거죠. 신들도 아리아드네를 환영했다고 합니다. 헤파이스토스는 그녀에게 결혼 선물로 황금관을 줬는데, 이건 나중에 별자리가 됩니다. 둘은 많은 자식들을 낳고 행복하게 살았다고 합니다. 아리아드네가 여신이 되었다는 전설도 있습니다. 테세우스에게는 버림받았지만, 아리아드네는 결국 좋은 남자를 만나 행복하게 된 것이지요.

이와 관련해서 테세우스가 나쁜 마음을 먹고 아리아드네를 버린 게 아니라는 전설도 전해집니다. 테세우스는 영웅답게 아리아드네를 끝까지 책임지려고 했는데, 디오뉘소스 신이 꿈에 나타났다는 겁니다. "아리아드네는 내가 신부로 삼으려고 점찍어 둔 여자라네. 자네의 여자가 아니야. 그러니 조용히 떠나게."라고 말했다는 겁니다. 테세우스는 신의 명령에 따라 아쉽지만, 아리아드네를 포기했다는 거죠.

더 나아가 원래 아리아드네는 테세우스를 만나기 전에 이미 디오뉘소스의 아내였다는 이야기도 있습니다. 그러다가 테세우스를 보고 반해서 그를 도왔던 겁니다. 테세우스는 아무것도 모르고 디오뉘소스의 아내와 함께 달아난 꼴이 되었답니다. 모든 것을 알게 된 테세우스는 디오뉘소스 신의 아내를 범할 수 없다고 판단했고, 그녀가 잠든 사이에 낙소스섬에 놓고 떠났던 겁니다. 한편, 디오뉘소스는 아리아드네를 괘씸하게 여겼다고 합니다. 아르테미스 여신을 시켜서 아리아드네를 죽여 버렸죠. 사랑을 찾는 아리아드네, 조국을 위해 용감히 싸운 테세우스, 버림받은 여인을 거둔 디오뉘소스, 그런데 그것 말고도 여러 가지 이야기들이 뒤섞여 전해지는데, 정말로 어떤 이야기가 맞는 걸까요? 판단은 독자에게 맡기겠습니다.

13

아이게우스,
에게해에 빠지다

아리아드네와 헤어진 테세우스는 지금의 그리스와 터키 사이에 있는 에게해를 지나 고국으로 돌아오게 되죠. 에게해는 '아이게우스의 바다'라는 뜻입니다. 아이게우스가 이곳에 몸을 던졌기 때문에 붙은 이름이죠. 아이게우스는 왜 바다에 몸을 던졌을까요? 앞서 말했듯이 테세우스는 미노타우르스를 처단하기 위해 크레타로 향했지요. 그때 크레타로 가는 배는 죽음을 의미하는 검은 돛을 달았습니다. 아이게우스는 이렇게 말했습니다. "아들아, 나는 너를 매일 기다리겠다. 반드시 살아 돌아오너라. 그때는 검은 돛을 내리고, 하얀 돛을 올려라. 그러면 나는 기뻐할 것이다. 그러나 검은 돛을 본다면, 나는 바다에 몸을 던져 너와 함께 운명을 같이하겠다."

그런데 테세우스는 미노타우로스를 물리치고 아테네로 돌아오는 길에 아버지의 부탁에 따라 돛의 색깔을 바꾸지 않았습니다. 매일 테세우스를 기다리던 아이게우스는 검은 돛을 보자, 바다에 몸을 던져 죽었다고 합니다. 그때부터 사람들은 그 바다를 '아이게우스의 바다', 즉 '에게해'라고 불렀지요. 테세우스는 아버지를 죽음으로 몰아넣었다는 죄책감에 괴로웠겠지요? 그런데 자꾸 이상한 생각이 듭니다. 과연 테세우스가 아버지의 부탁을 잊을 만큼 그렇게 부주의한 사람이었을까요? 만약 그가 용의주도한 성격이었다면, 아버지의 부탁을 무시하고 하얀 돛 대신 계속 검은 돛을 달고서 아테네로 온 이유가 있을 겁니다. 그 이유는 무엇일까요?

어쩌면 테세우스는 아버지의 말을 토씨 하나 잊지 않고 있었을지도 모르겠습니다. 일부러 흰 돛을 올리지 않고, 검은 돛을 단 배를 아이게우스에게 보여 주려고 했던 것이죠. 그렇게 함으로써 그는 크레타 원정을 성공하고 돌아온 백성의 영웅으로 환영을 받음과 동시에, 아버지의 죽음으로 곧바로 왕위에 오를 수 있었겠지요.

그것이 아니라면, 테세우스는 아버지를 믿지 못했던 것 같습니다. 만약 아이게우스가 테세우스를 크레타로 보낸 것이 그를 희생시킴으로써 백성의 불만을 해소하고 자신의 왕권을 강화하기 위한 극단의 조치였다고 생각해 봅시다. 그런데 만약 테세우스가 미노타우로스를 물리치고 개선한다면, 백성은 아이게우스보다 테세우스를 더 높이 찬양할 것이고, 그 서슬에 아이게우스는 아들에게 왕위를 빼앗겼을지도 모릅니다. 그렇게 생각하고 있었다면 아이게우스는 하얀 돛을 보는 순간, 아들을 제거하려고 했을 겁니다. 만약 이런 아이게우스의 음모를 테세우스가 간파했다면, 그는 아이게우스를 안심시키려고 검은 돛을 내리지 않고 귀국했을 겁니다. 그리고 방심한 아버지를 제거한 뒤, 아버지의 죽음을 자살로 은폐했을 겁니다. 잔혹한 상상이지만, 테세우스는 그럴 만한 영웅이었던 것 같습니다. 그에게 아이게우스는 따뜻한 아버지는 아니었으니까요. 그 사연을 좀 더 자세하게 보겠습니다.

앞서 아들을 얻지 못한 아이게우스가 신탁을 받아 아이트라를 만난 이야기는 전해 드렸지요. 아이트라를 떠난 아이게우스는 아테네로 가는 길에 코린토스에 들렀지요. 그곳에서 그는 메데이아를 만났습니다. 그때 메데이아는 남편 이아손에게 버림받고 코린토스에서 쫓겨날 판이었지요. 그녀는 아이게우스에게 아들을 낳게 해 줄 테니, 남편을 빼앗으려는 코린토스의 왕과 공주를 죽이고 남편에게 복수한 뒤에 아테네로 도망가면, 자신을 받아달라고 부탁했습니다. 아이게우스는 아들을 낳아 주겠다는 말에 솔깃해서 그렇게 하겠다고 약속했지요. 복수를 완수한 메데이아가 아테네로 오자 아이게우스는 그녀를 아내로 삼았고, 둘 사이에는 메도스(Mēdos)라는 아들이 태어났습니다. 아이게우스는 오매불망 기다리던 아들이 태어난 것에 몹시 기뻐하면서 메도스를 자신의 후계자로 삼았습니다. 하지만 후에 테세우스가 아이게우스를 찾아오자 영악한 메데이아는 모든 것을 눈치챘습니다. 만일 테세우스가 친아들인 것을 아이게우스가 알아차리고 후계자로 삼는다면, 메데이아와 메도스는 아테네에서 쫓겨날 수도 있었죠. 메데이아는 아이게우스에게 테세우스가 아테네를 혼란에 빠뜨릴 위험한 인물이니 없애 버려야 한다고 속삭였습니다. 아이게우스는 메데이아의 말을 듣고 마음이 흔들렸죠. 사람들이 그를 영웅 대접하고 있는 터라 더더욱 그랬습니다. 그는 테세우스를 마라톤에서 설쳐대며 사람을 위협하는 황소에게 보냈지요. 직접 해치우기는 부담스럽지만 손님으로 대접하기는 더 껄끄러웠기 때문에 황소와 싸우다 죽기를 바랐던 겁니다. 그러나 테세우스는 강력했습니다. 마라톤의 황소를 해치웠죠. 시민들은 더욱더 테세우스에게 열광했고, 아이게우스와 메데이아의 불안은 그만큼 더 커졌습니다.

마침내 메데이아는 테세우스를 독살하려고 했습니다. 아이게우스도 처음엔 메데이아의 계획에 동조했죠. 메데이아가 만찬을 벌이고 테세우스의 포도주 잔에 독을 넣었을 때, 아이게우스는 모른 체했으니까요. 그러나 테세우스는 포도주 잔을 받으면서 간직하고 있던 칼을 식탁에 내려 놓았습니다. 칼을 본 아이게우스는 잔을 손으로 쳐서 테세우스의 목숨을 구했지요. 아이게우스는 메데이아의 음모에 경악하며 그녀와 메도스를 내쫓았습니다. 버림받은 메데이아는 메도스와 함께 아테네를 떠났고, 고향 콜키스로 달아났습니다.

그런데 목숨을 구한 테세우스는 아이게우스에게 어떤 마음이었을까요? 어머니와 자신을 남겨 두고 무정하게 떠났고, 아테네에서는 다른 여인과 결혼하여 또 다른 아들을 낳았던 아이게우스를 테세우스가 아버지로 인정했을까요? 목숨을 구해 주었다고는 하지만, 애초에 독살 음모에 가담했던 아이게우스가 정말로 고마웠을까요? 모르긴 몰라도 테세우스는 아이게우스보다는 포세이돈의 아들이라고 믿으면서 언젠가는 아이게우스를 밀어내고 아테네의 왕이 되어 어머니를 편히 모셔야겠다는 생각으로 살았을 것 같습니다. 그래서 에게해로 뛰어든 아이게우스의 죽음이, 그를 죽음으로 몰아넣은 테세우스의 검은 돛이 석연치 않은 겁니다.

나중에 테세우스는 친구인 페이라이토오스(Peiraithoos)와 함께 하데스로 내려가는 모험을 감행하는데, 천신만고 끝에 헤라클레스의 도움으로 다시 이승으로 돌아오지만, 오랫동안 궁궐을 비운 사이 아테네에 반란이 일어나 결국 추방당하고 맙니다. 그는 스퀴로스섬의 뤼코메데스(Lukomēdēs)를 찾아가 도움을 청했지만, 뤼코메데스 왕은 테세우스가 권력을 탈취하기 위해 온 것이라고 의심하고 그를 절벽으로 유인하여 바다로 밀어 떨어뜨리지요. 그렇게 해서 테세우스도 에게해에 빠져 죽고 맙니다. 우연의 일치라고 하기에는 그의 죽음이 너무도 그의 아버지 아이게우스의 죽음과 닮지 않았나요? 우연이 아니라면 신들은 테세우스에게 아버지 죽음에 대한 책임을 물었던 것이라고 봐야 하지 않을까요?

14

힙폴뤼토스,
무고하게 죽다

힙폴뤼토스(Hippolutos)라는 청년이 있었습니다. 사냥과 운동은 좋아했지만, 연애에는 관심이 없었지요. 그는 사냥의 여신 아르테미스에게는 존경을 표했지만, 사랑을 주관하는 아프로디테 여신은 무시하고 제사도 지내지 않아 미의 여신으로부터 미움을 샀죠. 그러다가 젊은 새엄마가 집안에 들어오면서 문제가 생겼습니다. 나중에 아버지의 오해를 받고 쫓겨났고, 부친의 저주로 젊은 나이에 세상을 떠나게 됩니다. 억울하고 안타까운 일이었죠. 하지만 그의 비극적인 결말에도 불구하고, 그리스·로마 신화에서 힙폴뤼토스는 고결하고 깨끗한 정신의 소유자, 순결과 순수의 상징과도 같은 인물로 평가됩니다.

힙폴뤼토스의 이름은 잘 알려져 있지 않지만, 그의 아버지는 아주 유명한 영웅인데요, 바로 아테네의 전설적인 왕 테세우스입니다. 힙폴뤼토스의 어머니는 아마조네스족의 여전사였는데, 여왕이었던 힙폴뤼테(Hippolutē)라는 설도 있고, 그녀의 동생이었던 안티오페(Antiopē)라는 설도 있습니다. 힙폴뤼토스가 사냥과 운동을 좋아하고 연애에 관심이 없었던 것도 아마 어머니에게 물려받은 기질 때문일 겁니다. 그런데 어머니가 전쟁에서 사망하자, 아버지 테세우스는 새로운 아내를 맞이했습니다. 그녀의 이름은 파이드라(Phaidra)였습니다. 새엄마가 들어오고 문제가 생겼다고 했으니, 전처소생을 구박하는 팥쥐 엄마 같았기 때문일까요?

아닙니다. 오히려 정반대였죠. 계모인 파이드라가 힙폴뤼토스를 너무 좋아했던 것이 큰 문제였습니다. 아들로서 좋아한 것이 아니라 남자로서 사랑한 것이죠. 그리스의 비극 작가 에우리피데스는 이렇게 썼습니다. "그녀는 가련하게도 사랑의 가시에 찔려 한숨을 쉬며 시들어 가고 있다. 그러나 그녀가 침묵을 지키니 하인들은 아무도 그녀의 고통을 모르고 있었다."라고요. 계모로서 전처의 아들을 사랑하게 된 파이드라는 심각한 상사병에 걸린 겁니다. 에우리피데스는 또 이렇게 썼습니다. "벌써 사흘째, 입에 음식을 대지 않고 데메테르의 곡식을 멀리하며, 남모르는 고통에 죽음의 불행한 종말을 향하여 배를 몰기로 결심했다." 정말 큰일입니다. 계모와 전처 자식 사이의 일반적인 갈등인 줄 알았는데, 연애 감정의 사랑이라니요!

파이드라 입장에서도 당황스럽고 난처했습니다. 불길처럼 솟아난 사랑을 어쩔 줄 모르고 가슴에 안고 살아야 하니까요. 너무 아픈 거죠. 게다가 이런 일은 누구에게 말할 수도 없잖아요. 사실 테세우스와 결혼만 하지 않았다면, 파이드라가 힙폴뤼토스에게 품는 사랑의 감정은 아무런 문제가 되지 않았을 겁니다. 하지만 지금은 상황이 완전히 다르죠. 파이드라는 아무것도 모르는 유모에게 토로합니다. "불쌍한 내 신세여, 대체 내가 지금 무슨 짓을 하는 것이며, 이성의 길에서 벗어나 어디로 헤매는 것인가? 내가 미쳤어. 어떤 신의 미망에 걸려 넘어졌던 거야. 아아, 가련한 내 신세여! 내 머리를 베일로 가려다오. 이런 말을 하는 것도 부끄럽구나. 덮어다오. 눈에서는 눈물이 흘러내리고, 부끄러워서 시선은 아래로 떨어지는구나." 사랑엔 국경도 없다지만, 이건 아니지요. 계모여도 어머니인데, 어머니가 아들을 사랑하다니요.

사실 테세우스와 파이드라의 결혼에는 문제가 있었던 것 같습니다. 테세우스가 물리친 미노타우로스는 제물로 바쳐진 아테네의 청년들을 잡아먹고 살았는데, 파이드라는 바로 괴물 미노타우로스의 누이였습니다. 테세우스가 괴물의 만행을 멈추고 아테네의 청년들을 구하려고 스스로 제물이 되어 크레타에 왔을 때, 그를 사랑한 건 파이드라가 아니라, 그녀의 언니였던 아리아드네였죠. 아리아드네는 테세우스가 미노타우로스를 물리칠 수 있도록 도와주고 결혼을 약속받았지만, 그는 결국 아리아드네를 버리게 됩니다. 나중에 두 자매의 오빠인 크레타의 왕자는 크레타와 아테네의 화해를 위해 막내 여동생인 파이드라를 테세우스에게 보내 결혼을 시킨 것이었습니다. 정략결혼이었던 것이죠. 그러니까 파이드라는 가문과 나라를 위해 테세우스와 결혼한 셈이죠. 그리고 사랑 없는 결혼이 결국 파국을 몰고 온 겁니다.

어쨌든 어린 나이에 아테네로 시집을 온 파이드라는 테세우스의 사랑을 받았고, 두 명의 아들까지 낳았습니다. 하지만 어느 순간, 파이드라는 힙폴뤼토스에게 불같은 사랑을 느끼게 되고, 누구에게도 말할 수 없는 열병을 앓으면서 시들어 갔던 겁니다. 그녀는 스스로 세 가지 결심을 합니다. "첫째, 나는 이 수치스럽고 불명예스러운 이 일에 대해 침묵하자. 둘째, 마음속 광기를 참아 내고 자제하며 극복하자. 셋째, 사랑의 욕망과 열정을 이겨 낼 수가 없다면 차라리 죽자." 파이드라의 결심을 들으니, 참 훌륭합니다. 욕망이 생기는 것은 어쩔 수 없지만, 그것이 수치스럽고 불명예스럽고 죄라면, 그것을 이겨 내는 게 도리일 테니까요. 무엇보다 그녀는 두 아들 앞에서 떳떳하고 자랑스러운 어머니가 되고 싶었습니다. 또한 남편에게는 의리를 지키는 아내가 되고, 시민들에게는 존경받는 훌륭한 왕비로 기억되고 싶었지요.

하지만 그녀는 사랑의 아픔을 견딜 수가 없어서 결국 유모에게 모든 것을 털어놓았습니다. 그녀의 고민을 듣던 유모는 사랑을 이루지 못해 죽는다는 것은 어리석은 일이다, 차라리 그에게 고백하라고 부추깁니다. "마님은 지금 다른 많은 사람들처럼 사랑을 하고 있는 거예요. 그게 뭐가 이상해요? 사랑 때문에 목숨을 버리시다니요? 그건 어리석은 일입니다." 하지만 파이드라는 유모의 말에 선뜻 동의할 수가 없었습니다. 파이드라를 아끼는 유모의 마음이 이해가 안 되는 것은 아니지만 그럼에도 이성적인 판단을 할 수 있도록 도와줬어야 하는 게 아닌가 싶습니다. 이런 점에서 보면 파이드라가 유모보다 더 이성적이었던 것 같습니다.

파이드라는 유모를 말렸지만, 유모는 힙폴뤼토스에게 그녀의 감정을 솔직하게 알리는 것이 좋다고 생각했습니다. 그러지 않으면, 파이드라가 마음에 병이 생겨 죽을지도 모른다고 생각했던 겁니다. 하지만 결과는 유모의 생각과는 전혀 딴판이었습니다. 유모에게 이야기를 전해 들은 힙폴뤼토스는 버럭 화를 냈습니다. "사악한 여인이여, 그대는 나를 아버지의 범할 수 없는 침상으로 끌어들이려 하는가? 나는 흐르는 물로 내 귀를 깨끗이 씻어 내고 싶소. 그런 말을 듣는 것만으로도 나 자신이 불결하다고 생각하오." 정말 힙폴뤼토스는 단호합니다. 일이 이렇게 되고 나니, 파이드라가 정말 곤란해졌습니다. 특히 힙폴뤼토스는 이 모든 사실을 아버지에게 알리겠다고 소리쳤으니 말입니다.

파이드라는 이 소식을 전해 듣고, 아연실색했습니다. 유모를 원망했죠. "유모의 행동 때문에 이제 나는 명예롭게 죽을 수도 없게 됐어!" 원망도 원망이지만, 파이드라는 힙폴뤼토스의 격한 반응에 큰 충격을 받고 모멸감을 느꼈습니다. 사랑을 받아 주지 않을 거라면 조용히 덮고 넘어가 명예라도 지키게 해 주었어야 하는데, 힙폴뤼토스가 너무나 단호하게 나오니까 파이드라는 절망적이고, 나아가 몹시 불쾌하기까지 했던 겁니다. 사실 직접 고백하고 유혹한 것도 아닌데, 그렇게까지 할 게 있나 싶었을 겁니다. 어쨌든 파이드라는 자신의 명예와 자기 아들들의 자존감을 지키기 위한 마지막 극약 처방을 취했습니다. 스스로 목숨을 끊은 겁니다.

하지만 그냥 조용히 죽은 것은 아닙니다. 그렇게 하면 정말로 부정한 여인이었다는 사실을 인정하는 게 될 테니까요. 그녀는 남편인 테세우스에게 한 통의 편지를 남겼습니다. 그 내용은 자신의 명예를 지키고 힙폴뤼토스를 파멸시키기 위한 것이었습니다. '나는 당신의 곁을 떠납니다. 당신의 아들 힙폴뤼토스가 나를 범하여 당신과 나의 침상을 더럽히려 했으니, 당신을 차마 볼 수가 없습니다. 나는 명예를 지키려고 이렇게 떠납니다.' 이런 내용이었습니다. 테세우스는 파이드라의 편지를 곧이곧대로 믿고 힙폴뤼토스에게 분노했지요. 죽음으로 피력한 내용이니, 믿지 않을 수 없었던 겁니다. 아버지 앞으로 불려온 힙폴뤼토스는 결백을 주장했지만, 테세우스의 귀에 그것은 거짓된 변명으로 들릴 뿐이었습니다. 당장에 왕자의 직위를 빼앗고 아테네에서 추방시켰죠. 그리고 저주를 퍼부었습니다.

힙폴뤼토스는 너무나도 억울했습니다. 파이드라가 죽었으니 대질 심문을 할 수도 없고, 영락없이 모함을 당할 수밖에 없었습니다. 그런데 테세우스는 아들에게 어떤 저주를 내린 걸까요? 테세우스의 아버지는 바다의 신 포세이돈인데, 세 가지 소원을 들어주겠다고 약속한 적이 있었습니다. 테세우스는 그 기회를 쓰려고 한 겁니다. 아들의 죄를 생각하면 직접 죽여서 분을 풀고 싶었지만 차마 그럴 수가 없으니, 대신 아들을 죽여 달라는 것이었습니다. 포세이돈은 안타까운 마음이었지만, 그 약속을 지킬 수밖에 없었습니다. 아테네에서 추방당한 힙폴뤼토스가 이륜마차를 타고 바닷가를 달리고 있는데, 갑자기 거대한 파도가 일어나더니 황소같이 생긴 괴물이 나타나자 마차가 뒤집어졌습니다. 힙폴뤼토스는 마차에서 떨어졌고, 고삐와 채찍에 뒤엉키면서 오랜 시간 말들에 끌려 다니다가 결국 목숨을 잃고 말았습니다. 정말 억울한 죽음이었죠.

이런 비극적 상황이 일어나고 난 후에야 테세우스는 모든 사실을 비로소 알게 되었습니다. 사실 힙폴뤼토스는 아무런 잘못이 없었다는 것, 오히려 애초의 잘못은 파이드라의 그릇된 욕망이었다는 것, 그리고 파이드라의 편지는 완전히 거짓이었다는 것을 말입니다. 그러나 따지고 보면 힙폴뤼토스만 억울하다고 볼 수는 없을 것 같습니다. 파이드라도 유모의 개입만 없었더라면, 명예를 지킬 수 있었을 테니까요. 끝까지 이성으로 욕망을 이겨 내거나, 설령 사랑에 병들어 죽음에 이르렀더라도 그녀는 고결한 여인이라는 평가를 받았겠지요. 그렇다고 유모를 무작정 욕할 수 있을까요? 그녀는 죽어 가는 자신의 주인을 지키려는 살뜰한 마음으로 행동했으니, 그 마음만은 인정해야 할 겁니다.

에우리피데스의 비극 작품에 실린 힙폴뤼토스와 파이드라의 이야기는 인간이 아무리 좋은 마음으로 노력하고 고결하게 행동해도 뜻하지 않게 비극적인 결과를 얻을 수 있다는 인생의 얄궂고도 아픈 단면을 우리 모두에게 보여 줍니다.

15

이카로스,
날개를 잃고 추락하다

『추락하는 것은 날개가 있다』라는 소설이 있습니다. 그리스·로마 신화에는 이 소설의 제목에 꼭 맞는 인물이 있습니다. 이카로스 (Ikaros)라는 청년이지요. 그는 날개를 달고 하늘을 날아다니다가 태양에 가깝게 가는 바람에 추락해 바다에 빠져 죽었지요. 죽는 줄도 모르고 불로 뛰어드는 불나방 같기도 합니다. 지금의 그리스와 터키 사이에 있는 에게해에 가면 이카리아해와 이카리아섬이 있는데, 그 섬이 이카로스가 추락한 사연을 담고 있습니다.

이카로스는 다이달로스의 아들이었습니다. 다이달로스는 천재적인 건축가였지요. 아테네의 왕족 출신이었는데, 조카였던 탈로스(Talōs)가 그의 제자가 되었습니다. 그런데 탈로스의 솜씨가 너무나 뛰어나서, 다이달로스를 능가할 판이었습니다. 그러자 질투를 느낀 다이달로스는 그만 탈로스를 아크로폴리스 꼭대기에서 밀어서 떨어뜨려서 죽였답니다. 재판이 벌어졌지요. 사형 판결이 나야 당연한데, 다이달로스가 "이것은 단순한 사고였다."라고 혐의를 강력하게 부인하자, 살인을 입증하기가 어렵게 되었습니다. 결국 사형이 아닌 추방으로 판결이 났습니다. 그렇게 해서 그가 쫓겨난 곳이 크레타섬이었습니다. 그 섬의 왕은 미노스였는데, 다이달로스는 궁정 목수가 되었지요. 그리고 왕의 하녀 가운데 나우크라테(Naukratē)와 결혼해서 이카로스를 낳았던 겁니다.

당시 크레타섬에는 몸은 인간인데 머리는 황소인 미노타우로스라는 식인 괴물이 있었습니다. '타우로스'가 그리스어로 황소라는 뜻이니까, '미노타우로스' 하면 '미노스의 황소'라는 뜻이죠.

미노스 왕은 이 골칫거리를 가두어 둘 감옥을 만들라고 다이달로스에게 명령했습니다. 그래서 만든 것이 한번 들어가면 여간해서는 나올 수 없는 아주 복잡한 미궁이었죠. 그런데 왜 미노스는 그 괴물을 없애 버리지 않고 살려두고 굳이 미로에 가두어 두었을까요? 아마 미노스는 왕비가 낳은 괴물이 자기 아들이라고 생각했던 것 같습니다. 그래서 괴물한테 자기 이름을 붙여서 '미노타우로스'라고 했겠지요?

이 괴물을 무찌른 이는 앞서 봤듯이 아테네의 왕자 테세우스였고 그를 미노스의 딸 아리아드네가 도왔지요. 그런데 실타래를 이용한 테세우스의 미궁 탈출 방법은 사실 아리아드네가 생각해 낸 게 아니었습니다. 미궁을 만든 다이달로스가 알려 준 거였죠. 이 모든 사실을 알게 된 미노스 왕은 화가 났는데, 테세우스를 놓치자 분노가 폭발했습니다. 그래서 다이달로스와 그의 아들 이카로스를 미궁에 쳐 넣었습니다. 하지만 그곳에서 썩을 다이달로스가 아니었습니다. "미로의 담벼락과 바다가 나를 막고 있지만, 하늘은 활짝 열려 있다. 이 땅은 미노스의 것이지만, 하늘만은 그의 것이 아니지."

그는 하늘로 날아서 미궁을 탈출하는 방법을 열심히 궁리했습니다. 그리고 미궁 속을 돌아다니면서 새의 깃털을 모았습니다. 그것들을 실과 밀랍을 이용해서 붙였고, 커다란 날개를 만들었습니다. 그것을 자신의 양 어깨(날갯죽지)에 붙였죠. 아들인 이카로스에게도 날개를 붙여 주었고요. 그 날개를 새처럼 퍼덕거리니까 두 사람은 공중으로 날아올랐습니다. 처음엔 무서워하던 이카로스는 하늘을 날아다니는 일이 너무나 신기하고 재미있었습니다. 그런데 아버지는 단호하게 경고했습니다. "내 말을 잘 들어라. 공중을 날아갈 때, 중간을 잘 유지해서 날아야 한다. 너무 낮게 날면 날개가 물을 먹어서 무거워지고, 너무 높이 날면 태양열을 받아 불에 타 버린다. 이걸 꼭 명심해라."

날개를 단 두 사람은 미궁의 높은 벽 위로 날아올랐지요. 그들은 크레타섬을 빠져 나와 소아시아 쪽으로 날아갔습니다. 다이달로스가 앞장섰고, 이카로스가 뒤를 따랐지요. 이카로스는 처음에는 아버지 뒤를 조심스럽게 잘 따라왔지만, 점점 익숙해지자 날아다니는 것을 즐기면서 조금씩 무리하기 시작했습니다. 특히 밑에 있는 사람들이 새처럼 날고 있는 그들을 보면서 감탄하자, 그 시선을 즐겼습니다. 이카로스는 좀 더 빨리, 좀 더 높이, 좀 더 멋있게 롤러코스터를 타듯이 날고 싶어졌지요. 그는 새처럼 나는 것에 취한 나머지 아버지의 말을 까맣게 잊고 말았습니다. 아들이 궁금해서 뒤를 돌아보던 다이달로스는 기겁했습니다. "이카로스, 위험하다. 높이를 지켜라!" 그러나 이카로스의 귀에 아버지의 외침은 괜한 잔소리처럼 들렸습니다. '아무렇지도 않은데, 왜 저렇게 겁을 내실까?' 이카로스의 눈에는 조심스럽게 날아가는 아버지가 답답하고 소심한 겁쟁이처럼 보였습니다. 그는 더욱더 높이 솟아올랐습니다. 자신이 마치 신이 된 것만 같았고, 하늘 높이 솟아 있는 태양과 경쟁하고 싶어졌습니다.

그러나 태양에 가까워지자, 작열하는 태양열이 그의 날개를 붙인 밀랍을 녹이기 시작했습니다. 마침내 밀랍이 완전히 녹자, 날개가 떨어져 나갔고 맨몸이 된 그는 곤두박질쳤습니다. 바다 속으로 빠져 버린 겁니다. 그곳은 터키와 그리스 사이에 사모스섬이 있는 바다였는데, 지금도 날개를 잃고 추락한 이카로스를 기념하듯 이카리아해라고 부릅니다. 다이달로스는 바다에 흩어져 있는 깃털들을 보고 아들의 시신을 찾았고, 사모스섬 남서쪽에 있는 섬에 묻어 주려고 했습니다. 그 일은 마침 그곳을 지나던 헤라클레스가 맡았다고 합니다. 그가 묻힌 곳이 바로 이카리아섬이죠. 아들을 땅과 가슴에 묻은 다이달로스는 지금의 시칠리아섬으로 가서 그곳에서 남은 생을 보냈다고 합니다.

　이 신화는 적절한 높이를 지킨다는 것의 중요성을 일깨워 줍니다. 여러분이 갖게 된 부와 권력, 명예는 이카로스의 날개와 같습니다. 이 모든 성취와 소유에 취해 정도 이상으로 우쭐한다면 신화 속의 이카로스처럼 날개가 녹아 내려 추락하고 말 것입니다. 그렇다면 낮게 날면 어떻게 될까요? '많이 가질수록 낮아지고 겸손해야 한다, 분수를 알고 자족해야 한다, 너무 나대지 마라'라는 말을 많이 하고, 많이 듣습니다. 인생의 지침이 될 훌륭한 교훈이겠지요? 그러나 이 신화는 이런 교훈이 갖는 위험성도 함께 경고합니다. 이카로스가 적절한 수준보다 더 낮게 날았다면 어떻게 되었을까요? 겸손하고 분수를 알며 자족하는 사람이라고 칭찬을 받았을까요? 아닙니다. 날개가 습기를 먹어 또 다른 추락의 신화를 만들었을 겁니다. 너무 낮지 않게, 너무 높지 않게, 자신에게 잘 맞는 적절한 수준의 비행이 가장 안전하고 아름답다는 것을 이카로스의 추락은 이야기하고 있는 것입니다.

16

카드모스,
테베를 세우다

아버지를 아버지인 줄 모르고 죽이고, 어머니를 어머니인 줄 모르고 아내로 삼은 그리스 비극의 최고 주인공 오이디푸스, 그는 테베의 왕이었습니다. 테베는 아테네 북서부에 위치한 유서 깊은 도시로 카드모스가 세웠지요. 그러나 그는 원래 그리스 출신이 아니었습니다. 지금의 레바논과 시리아의 해변 지역에 있던 튀로스와 시돈을 다스리던 아게노르 왕의 아들이었습니다. 그런데 어쩌다가 그리스 본토까지 와서 테베를 세우게 된 걸까요?

카드모스에게는 에우로페라는 아름다운 누이가 있었습니다. 지금의 '유럽'이라는 이름이 바로 그녀의 이름에서 왔지요. 제우스가 에우로페를 보고 반해서 황소로 변해 에우로페를 등에 태우고 바다 건너 멀리 크레타섬으로 달아난 이야기 알고 계시죠? 졸지에 딸을 잃은 아게노르는 카드모스와 다른 두 아들을 불러 엄명을 내렸습니다. "너의 누이 에우로페가 사라졌다. 너희들이 나서서 찾아야 하지 않겠느냐? 지금 당장 이곳을 떠나라. 그리고 누이를 찾기 전에는 집으로 돌아올 생각은 아예 하지도 마라." 아버지의 지엄한 명령에 따라 에우로페를 찾아 떠난 카드모스는 사방팔방을 헤매고 다녔습니다. 하지만 어느 곳에서도 찾을 수가 없었습니다.

안 되겠다 싶었던 그는 델피로 가서 아폴론의 신탁을 받기로 합니다. 인간적인 방법을 다 써 봤지만 소용이 없자, 신의 도움을 받기로 한 거죠. 그런데 신탁의 내용은 이런 것이었습니다. "너는 결코 누이를 찾을 수 없다. 그러니 포기하고 네가 살 새로운 도시를 세워라. 지금 이곳을 나가면 암소 한 마리를 만날 것이다. 그 암소를 따라 가라. 암소가 풀밭에 누워 쉬거든, 그곳에 성벽을 쌓고 그곳을 보이오티아(Boiōtia)라고 불러라." 보이오티아란 '암소의 나라'라는 뜻이었죠. 카드모스가 아폴론의 신탁을 받고 나오자, 정말로 암소 한 마리가 느릿느릿 걸어오는 것이 보였습니다. 카드모스는 암소를 따라 갔고, 넓고 기름져 보이는 들판에 이르자 암소가 편안한 자세로 누웠습니다.

그 모습을 보고 카드모스는 신탁이 말한 곳이 바로 여기구나 하고 안도했습니다. 비록 누이를 찾진 못했지만, 새로운 나라를 가꾸어 나갈 생각을 하니 가슴이 벅차올랐죠. 그렇게 해서 세운 나라가 보이오티아냐고요? 신탁에 따라 카드모스는 자신의 도시 이름을 그렇게 붙였지만, 나중에 보이오티아는 도시라기보다는 우리나라의 경기도나 강원도, 또는 호남이나 영남처럼 큰 지역을 가리키는 말이 되었습니다. 그가 세운 나라는 나중에 테베라고 불리게 되는데, 테베는 보이오티아 지역의 중심 도시가 됩니다. 카드모스는 테베라는 도시를 세우고 보이오티아라는 넓은 지역을 지배한 것이라고 볼 수 있습니다. 그런데 그 지역의 생김새가 암소가 누워 있는 모습이어서 보이오티아라는 이름이 붙은 것 같습니다.

카드모스는 이곳까지 자신을 인도한 것은 제우스라고 믿고서 자신을 인도한 암소를 제우스에게 바쳐 감사의 제사를 지내기로 했습니다. 제사에 필요한 성수를 구하려고 부하들을 숲으로 보냈는데, 마침 그곳에는 전쟁의 신 아레스의 샘이 있었습니다. 그 샘은 동굴에서 흘러나왔는데, 동굴 속에는 아레스의 큰 뱀이 살고 있었습니다. 부하들은 동굴에 들어갔다가 뱀의 공격을 받고 죽임을 당하고 말지요.

한참이 지나도 부하들이 돌아오지 않자, 카드모스가 찾아 나섰습니다. 마침내 뱀이 사는 동굴까지 들어갔죠. 거대한 뱀이 모습을 드러냈지만, 카드모스는 겁내지 않고 용감하게 맞섰습니다. "내 충실한 전우들이여, 나는 그대들의 죽음을 복수할 것이다. 그렇지 못한다면 그대들의 동행이 되리라." 카드모스는 뱀과 혈투를 벌였습니다. 그리고 마침내 창을 뱀의 한복판에 찔러 넣는 데 성공했고, 두 번째 창으로 뱀의 입을 찔렀습니다. 그리고 계속 돌진하며 힘으로 밀어 붙여 참나무에 뱀을 박아 놓았습니다.

그때 카드모스를 가호하던 아테나 여신이 나타나 특별한 명령을 내립니다. 뱀의 이빨을 뽑아 땅을 갈고 그곳에 뿌리라는 겁니다. 명령대로 하자, 땅에서 갑자기 싹이 돋아나고 나무가 자라나듯이 완전 무장을 한 수많은 전사들이 자라났습니다. 그렇게 솟아난 전사들은 카드모스가 죽인 뱀의 자식이 아닐까요? 아버지의 원수를 갚겠다고 카드모스에게 덤벼든다면 큰일입니다. 잔뜩 경계한 카드모스는 전사들을 향해 무기를 겨누었습니다. 그러자 아테나는 그들과 싸우지 말고 그들 사이에 돌을 던지라고 명령했습니다. 카드모스가 돌을 던지자 한 전사가 맞았고, 돌에 맞은 전사는 옆의 전사를 공격하였습니다. 그렇게 시작된 싸움은 전사들 전체에게로 번졌고, 순식간에 끔찍한 살육전이 벌어졌습니다. 오랫동안 진행된 싸움 끝에 다섯 명의 전사만 남게 되었는데, 이 전사들을 스파르토이(Spartoi)라고 합니다. '뿌려진 씨에서 태어난 자'라는 뜻이지요. '씨를 뿌리다'라는 뜻의 그리스어 '스페이로(speirō)에서 왔습니다.

카드모스는 그 다섯 명의 전사에게 다가가 서로 싸우지 말라고 말린 뒤에 자신과도 평화롭게 지내자고 제안을 합니다. 마지막 남은 다섯 스파르토이 전사는 카드모스의 제안을 받아들이고, 그와 함께 힘을 합해 성벽을 쌓고 도시를 건설했습니다. 그 도시가 바로 테베였지만, 그것은 나중에 붙여진 이름이고, 처음에는 카드모스의 이름을 따서 '카드메이아(Kadmeia)'라고 불렀습니다.

카드모스는 고향인 포에니키아 지방의 농업 기술과 문화를 테베와 인근 지역으로 전파하며 '암소의 나라' 보이오티아를 발전시킨 훌륭한 군주로서 백성들의 신뢰와 존경을 받았습니다.

암소의 인도를 받아 테베에 도착한 것, 아레스의 뱀과의 싸움, 뱀의 이빨에서 태어난 전사들, 그들 사이에 벌어진 혈투, 생존자들과 카드모스의 화해 등 이 모든 이야기는 고대 그리스인들이 상상력으로 지어낸 신화임에 분명합니다. 글자 그대로 역사적 사실일 리가 없겠죠. 그러나 신화 속에도 역사적 진실이 담겨 있을 겁니다. 신화의 언어를 걷어 내면 역사적 사건을 추정할 수 있지요. 아레스의 뱀이나, 뱀의 이빨에서 생겨난 전사들은 외지인 카드모스가 테베가 될 땅에 도착했을 때, 그곳에 이미 터를 잡고 살던 토착민에 대한 신화적 표현인 것 같습니다. 그들은 암소를 앞세우고 등장한 외지인 카드모스의 무리들을 침략자라고 규정하고 공격했겠죠? 무시무시한 아레스의 뱀은 토착민의 강력한 군대나 군주를 상징합니다. 카드모스는 용기를 내서 물러서지 않고 싸워야 했죠. 그가 무작정 싸움만 한 것은 아닙니다. 아테나 여신의 등장은 놀라운 전략을 자낸 카드모스의 지혜를 상징합니다. 카드모스는 토착민들 사이에 내분을 일으켜 지혜롭게 위기를 돌파해 나갔고, 마침내 토착민들과 평화 협상을 맺고 새로운 나라를 건설했던 겁니다.

우리도 새로운 영역에 도전할 때, 수많은 위험과 장애물에 부딪힐 겁니다. 극복하지 못한다면 실패뿐이겠지요. 이와 같은 순간에 용감하고 지혜로웠던 카드모스의 이야기를 떠올린다면 어떨까요?

17

하르모니아의 목걸이,
테베의 비극이 되다

신탁에 따라 암소의 나라 보이오티아, 그리고 테베를 세운 카드모스는 뱀을 죽인 일 때문에 노여움을 샀고, 8년 동안 아레스 신의 노예로 일하는 명령을 받게 됩니다. 카드모스로서는 좀 억울했을 겁니다. 뱀이 먼저 자기 부하를 죽였으니까 싸운 거였고, 이긴 것이 죄라고 할 수는 없으니까요. 하지만 카드모스는 아레스 신에게 아무런 불평을 하지 않았고, 8년 동안 묵묵히 명령을 수행했습니다. 그런 점을 아레스도 높이 샀는지, 8년 동안의 임무가 끝나자 카드모스에게 특별한 선물을 줍니다. 자기 딸 하르모니아(Harmonia)와 결혼시켜 사위로 삼은 겁니다.

'조화'라는 뜻의 하르모니아는 아레스와 아프로디테 사이에서 태어난 딸로서 여신이었습니다. 인간과 여신의 결혼식에는 모든 신들이 초대되어 축하를 했고, 무사 여신들이 축혼의 노래를 불러 주었답니다. 우아한 카리테스 여신들은 결혼 선물로 아름답고 신비로운 예복을 지었고, 솜씨 좋은 헤파이스토스는 찬란한 황금 목걸이를 만들어 주었지요. 그러나 이 하르모니아의 목걸이는 테베 가문의 저주와 비극의 원천이 되고 맙니다.

사실 헤파이스토스 입장에서는 자신의 아내인 아프로디테가 바람을 피워 낳은 딸의 결혼식에 참석하는 일이 마냥 즐겁지만은 않았을 거고, 오히려 화가 났을 겁니다. 그러나 헤파이스토스는 불쾌한 기색을 보이지 않았습니다. 오히려 진심으로 축하라도 하듯이, 솜씨를 한껏 부려 만든 아름답고 찬란한 목걸이를 결혼 선물로 주기까지 했지요. 그 목걸이를 보자 하르모니아는 두 눈이 휘둥그레졌습니다. 너무나도 아름답고 매혹적이었던 거죠. 게다가 그 목걸이가 영원한 젊음과 아름다움을 지켜준다고 하니, 얼마나 좋았겠습니까?

헤파이스토스는 대인 중에 대인인 것 같습니다. 그런데 정말 그럴까요? 여러분이 헤파이스토스라면 그런 아량으로 하르모니아의 결혼을 진심으로 축복하실 수 있겠습니까? 반대로 여러분이 하르모니아라면, 아프로디테나 아레스라면, 헤파이스토스의 선물을 선의에서 나온 것이라고 믿으실 수 있겠습니까? 천만에 말씀이지요. 모든 정황이 수상하고, 보통의 감정과 어울리지 않습니다. 실제로 그 목걸이에는 헤파이스토스의 음흉한 함정이 숨어 있었습니다.

사람이면 누구나 영원한 젊음을 누리며 아름답고 싶어 합니다. 그럴 수만 있다면 어떤 값이라도 치를 마음이 있는 것 같습니다. 하르모니아의 목걸이가 그런 욕망을 충족시켜 주는 신비한 힘을 가지고 있었습니다. 목에 걸기만 하면 누구나 영원히 젊고 아름다울 수 있다고 하니, 여러분도 갖고 싶지 않으십니까? 그러나 그 비용이 만만치 않다고 합니다.

하르모니아가 그 목걸이를 목에 걸고 아름다움과 젊음을 뽐내며 결혼식에 나타나자, 테베 왕가에는 재앙이 끊이질 않았습니다. 그것이 헤파이스토스가 정교하게 설계한 함정이었습니다. 아무것도 알지 못했던 하르모니아는 그 목걸이를 소중한 가보로 여기며, 가문의 며느리들에게 대대로 물려주었지요. 카드모스는 폴뤼도로스(Poludōros)를 낳았고, 폴뤼도로스는 랍다코스(Labdakos)

를, 랍다코스는 라이오스(Laios)를 낳았습니다. 라이오스는 이오카스테(Iocastē)와 결혼했고, 그녀는 신비로운 '하르모니아의 목걸이'의 달콤한 유혹에 직면해야 했습니다. 이오카스테는 영원한 젊음과 아름다움을 가져다주는 찬란한 하르모니아의 목걸이를 보는 순간, 그 유혹을 도저히 이겨 낼 수가 없었습니다. 떨리는 손으로 목걸이를 향해 손을 뻗었지요. 목걸이를 목에 걸자 그녀는 여신처럼 광채를 뿜어냈고, 자신의 찬란한 모습에 스스로 황홀했습니다. 곁에 있던 라이오스도 그녀를 보고 감탄했습니다. 그러나 곧 목걸이의 저주가 시작되었습니다. 부부에게 끔찍한 신탁이 내려졌던 겁니다. 아이가 태어나면 아버지를 죽이고 어머니와 결혼할 것이라는 예언이었지요. 두 부부는 고심 끝에 아이를 없애기로 했습니다. 그러나 아이는 죽지 않았지요. 그 아이가 바로 오이디푸스였습니다. 오이디푸스와 라이오스는 서로가 누구인지 모르는 상태에서 운명처럼 만났고 피비린내 나는 살육전을 벌였죠. 마침내 오이디푸스는 라이오스를 죽였습니다. 그 후 오이디푸스는 죽은 라이오스를 대신해서 테베의 왕이 되었고, 이오카스테를 보았습니다. 그 순간, 빛나는 목걸이를 건 그녀의 젊음과 아름다움에 취해 그녀의 남편이 되었죠. 끝내 신탁의 나머지 반쪽마저 실현하고 말았습니다.

시간이 지나고 모든 사실이 만천하에 드러나자, 오이디푸스는 자신의 눈을 두 손으로 찔렀고, 이오카스테는 목을 매달아 자살했습니다. 영원히 젊고 아름답고 싶다는 이오카스테의 욕망 때문에 이런 엄청난 사달이 난 것일까요? 그러나 재앙은 여기에서 끝나지 않았습니다. 목걸이는 오이디푸스의 아들 폴뤼네이케스(Poluneikēs)의 손에 들어갔습니다. 그는 형제인 에테오클레스(Eteoklēs)와 1년씩 교대로 테베의 왕이 되기로 했는데, 에테오클레스가 한 번 왕위에 오르자 내려오지 않았습니다. 폴뤼네이케스는 테베를 떠나 아르고스에 이르렀고, 그곳에서 아드라스토스(Adrastos) 왕의 사위가 되었습니다.

폴뤼네이케스는 빼앗긴 테베의 왕권을 찾기 위해 아드라스 토스 왕에게 군사적 지원을 요청했지요. 그런데 갑자기 예언자 암 피아라오스(Amphiaraos)가 나타나서 만약 폴뤼네이케스와 함께 테 베를 공격하면 아르고스군은 전멸할 것이라며 전쟁을 반대했습니 다. 그러자 아드라스토스 왕은 테베 원정을 보류했지요. 고민하던 폴뤼네이케스는 마침내 하르모니아의 목걸이를 들고 몰래 암피 아라오스의 아내인 에리퓔레(Eriphulē)를 찾아갑니다. 목걸이를 본 순간, 그녀는 정신을 차릴 수가 없었습니다. 폴뤼네이케스에게 매 수당한 그녀는 남편을 설득하여 기어이 전쟁에 참여하게 만들었 습니다. 결과는 예언대로였습니다. 장군들은 몰살을 당했고 아르 고스군은 테베에게 대패하였습니다. 젊음과 아름다움에 대한 무 절제한 욕망에 눈이 멀었던 에리퓔레는 자기 남편의 목숨과 아르 고스 군사들의 피를 목걸이의 값으로 치렀던 것입니다.

아버지의 죽음을 알게 된 알크마이온(Alkmaiōn)은 복수를 위 해 어머니를 죽였고, 더 이상의 저주를 피하기 위해 하르모니아의 목걸이를 델피의 아폴론 신전에 바쳤다고 합니다. 그리고 알지 못 하는 사이에 목걸이가 어디론가 사라져 버렸죠. 어디로, 누가 가져 갔을까요? 어쩌면 우리의 마음속에 하나씩 그것이 결과를 헤아리 지 못하고 취하는 무절제한 욕망으로 깊게 자리 잡고 있는지도 모 르겠습니다.

카드모스와 하르모니아의 마지막 이야기는 아주 인상적입니 다. 카드모스는 자기 자손들에게 자꾸 안 좋은 일이 생기는 것은 테베를 세울 때 죽였던 아레스의 뱀 때문이라고 생각하고, 그 저주 의 사슬을 끊으려면 뱀이 되는 것이 좋겠다고 소원을 빌었습니다. 그러자 그는 곧 뱀으로 변했지요. 하르모니아는 그를 다시 인간으로 돌아오게 하려고 했지만 실패했습니다. 그러자 그녀도 남편을 따라 뱀으로 변했습니다. 그리스·로마 신화에서 뱀은 부활과 영생을 상징하는 신성한 짐승으로 여겨지곤 하는데, 그렇게 뱀이 된 채로 그들은 엘레시온(Ēlusion)이라는 낙원으로 들어갔다고 합니다. 그곳은 영생의 장소였죠. 그렇게 둘은 모든 이들의 눈을 피해 그들만의 행복을 찾아갔다고 합니다.

18

카드모스에서
오이디푸스까지

여기서 잠깐 카드모스 이후의 테베 역사를 살펴볼까요? 앞서 말씀
드린 것과 약간 중복되는 부분이 있긴 하지만, 오이디푸스까지의
족보를 이해하기 위해서 필요할 것 같아서요.

카드모스는 살아 있을 때, 왕위를 자신의 손자였던 펜테우스
(Pentheus)에게 물려줍니다. 펜테우스는 카드모스의 첫째 딸 아가
우에(Agauē)의 아들이었는데, 에키온(Ekhiōn)과 결혼해서 펜테우
스를 낳았지요. 에키온은 카드모스가 아레스의 뱀의 이빨을 뽑아
땅에 던졌을 때 태어난 스파르토이 다섯 명 중에서 가장 지혜롭고
용감한 전사였습니다. 카드모스가 도시를 건설할 때, 헌신적으로
그를 도왔지요. 카드모스는 그의 공로를 인정하고 첫째 딸 아가우
에와 결혼시켜 사위로 삼았던 겁니다.

카드모스에게는 폴뤼도로스라는 아들이 있었지만, 너무 어
렸기 때문에 카드모스의 뒤를 이어 왕의 역할을 하기 어려웠습니
다. 게다가 자기 아들을 왕의 자리에 앉히고 싶었던 아가우에가 욕
심을 부렸지요. 어린 동생 폴뤼도로스를 멀리 쫓아냈던 겁니다. 어
린 삼촌을 쫓아내고 왕이 된 펜테우스는 왕권을 빼앗길까 봐 언제
나 불안하고 두려웠겠지요? 왕이 된 펜테우스는 이모인 세멜레의
아들 디오뉘소스가 거슬렸습니다. 분명 자신의 사촌 동생인데, 자

신이 제우스의 아들이라는 둥, 자신은 한갓 인간이 아니라 제우스의 혈통을 가진 신이라는 둥 주장하며, 다른 사람들에게 추앙받는 것이 못마땅하고 두려웠죠. 심지어 그의 어머니 아가우에조차도 디오뉘소스의 열렬한 신도였지요. 질투심도 났고, 행여 디오뉘소스가 백성들의 지지를 등에 업고 자신의 권력을 빼앗을까 봐 겁도 났을 겁니다. 한편으로는 디오뉘소스가 터무니없는 주장을 하면서 백성들을 현혹하고 나라를 어지럽힌다고 걱정하며 경계한 점도 있지요. 펜테우스는 디오뉘소스를 기리는 축제와 제사를 막고 디오뉘소스를 제거하려고 했지만, 오히려 디오뉘소스에 의해 광기에 휩싸인 어머니와 이모에게 찢겨 죽임을 당했습니다.

펜테우스가 죽고 난 다음, 누이에 의해 쫓겨났던 폴뤼도로스가 장성하여 돌아와 마침내 테베의 세 번째 왕이 되었고요, 그의 아들 랍다코스(Labdakos)가 네 번째 왕이 되었습니다. 랍다코스에게는 라이오스(Laios)라는 아들이 있었지만, 랍다코스가 전쟁에 나가 죽었을 때, 라이오스는 왕 노릇을 하기에는 너무 어렸습니다. 갓 돌이 지난 상태였기 때문이지요. 그러자 랍다코스의 외할아버지였던 뤼코스(Lukos)가 20년 동안 라이오스의 섭정을 했죠. 그러다가 암피온(Amphiōn)과 제토스(Zēthos)라는 쌍둥이 형제가 뤼코스를 제거하고 테베의 왕권을 차지했습니다. 이들은 외적의 침입을 막기 위해 튼튼한 성벽을 쌓았습니다. 전설에 따르면, 제토스가 지휘하는 건설 현장에서 암피온이 뤼라를 연주했는데, 그의 음악을 들은 인부들은 피곤한 줄 모르고 일을 했고, 돌들이 음악에 맞춰 저절로 움직이기까지 했답니다.

테베의 성벽을 쌓은 제토스는 테베와 결혼을 했는데, 테베는 강의 신 아소포스와 강의 뉨페 메토페(Metōpē)의 딸이었습니다. 테베라는 도시의 이름은 바로 제토스의 아내 테베의 이름에서 온 것입니다. 테베라고 불리기 전까지는 카드모스의 이름을 딴 카드메이아라는 이름이 사용되었다는 건 이미 앞에서도 말을 했지요.

폭력으로 정권을 쟁취한 두 형제는 스스로 목숨을 끊는 비극적인 종말을 맞이했습니다. 제토스는 아내 테베의 실수로 하나뿐인 아들이 죽자 스스로 목숨을 끊었고, 암피온은 아내인 니오베(Niobē)의 오만함 때문에 자살을 했답니다. 아폴론 신을 다룰 때 말씀드린 것처럼 암피온과 니오베 사이에는 일곱 명의 딸과 일곱 명의 아들이 있었지만, 니오베가 아폴론과 아르테미스의 어머니 레토 여신에게 자식이 적다고 비웃으며 모욕하자, 분노한 아폴론과 아르테미스가 자식들을 모두 화살을 쏴 죽였지요. 자식들의 죽음에 슬퍼하던 니오베는 눈물을 샘처럼 흘리는 바위가 되었고, 절망한 암피온은 스스로 목숨을 끊었던 겁니다.

암피온과 제토스 형제가 죽고 나자, 이들에게 쫓겨났던 라이오스는 펠로폰네소스 반도에서 테베로 돌아와 왕이 되었고, 메노이케우스(Menoikeus)의 딸 이오카스테와 결혼했지요. 아폴론은 두 사람에게 아들을 낳지 말라는 신탁을 내렸지만 그들은 결국 아들을 낳았는데, 그 아들이 바로 테베의 일곱 번째 왕 오이디푸스입니다.

19

오이디푸스,
운명에 맞서 싸우다

오이디푸스는 테베의 왕이었습니다. 그러나 아버지에게 왕위를 세습한 것은 아니었죠. 그는 원래 코린토스의 왕자로 자랐는데, 우여곡절 끝에 테베의 왕이 되었던 겁니다. 코린토스에서 지낼 때, 그의 부모는 폴뤼보스(Polubos) 왕과 멜로페(Meropē)였죠. 어느 날, 그와 시비를 벌이던 상대는 충격적인 폭로를 했습니다. "그대가 왕자라고 기고만장인가 본데, 사실 그대는 폴뤼보스 왕과 멜로페 왕비의 친자식이 아니요. 제발 그대가 누군지 똑바로 알고 처신하시오." 충격에 빠진 오이디푸스는 폴뤼보스와 멜로페를 찾아가 물었습니다. "제가 두 분의 친자식이 맞습니까?" 왕과 왕비는 펄쩍 뛰며 오이디푸스를 안심시켰지만, 그의 의심은 걷히지 않았습니다. 점점 그 소문은 코린토스에 퍼져 나갔고, 오이디푸스의 마음은 그럴수록 점점 더 괴로워졌습니다. 그는 진실을 알기 위해 아폴론 신전이 있는 델피로 떠났습니다.

델피에 도착한 오이디푸스는 묻습니다. "저는 누구의 아들입니까?" 그런데 아폴론의 신탁은 더욱더 충격적이었습니다. "그대는 아버지를 죽이고 어머니와 몸을 섞을 운명이다." 여러분이 오이디푸스라면 어떻게 하시겠습니까? 신탁을 무시하고 코린토스로 돌아가 아무 일도 없다는 듯이 지내시겠습니까? 아니면, 코린토스를 떠나시겠습니까? 설마, 신탁을 운명으로 받아들이고 코린토스로 돌아가, 아버지를 죽이고 왕위를 찬탈한 다음 어머니와 결혼하겠다는 결심을 하지는 않으시겠지요?

오이디푸스는 신탁을 믿을 수 없었지만 무시할 수도 없었습니다. 그런 끔찍한 운명대로 살 수는 없다고 다짐하며, 코린토스를 떠나기로 결심했죠. 신탁을 피하고 싶었던 겁니다. 인간으로서 인륜을 어겨 가며 살 수는 없다는 고귀한 결심은 코린토스 왕자로서의 기득권을 포기하고 연고도 없이 떠도는 방랑자가 되는 것을 의미했습니다. 그래도 오이디푸스는 그것이 옳다고 생각했고 곧바로 실천에 옮겼습니다. 운명에 맞선 싸움이 시작된 겁니다.

그는 테베로 향했습니다. 고단하고 힘든 여정에 무례한 왕족의 무리를 만나 몰매를 맞아 죽을 뻔했지만, 그들을 처치하고 목숨을 구했습니다. 또한 테베의 길목에서 지나가는 사람들에게 수수께끼를 내고 답하지 못하면 잡아먹는 괴물 스핑크스를 만났지만 지혜롭게 물리쳤죠. 그 수수께끼는 "아침에는 네 발로, 점심때는 두 발로, 저녁에는 세 발로 걷는 동물은 무엇인가?"였습니다. 오이디푸스는 "그것은 사람이다"고 답했고, 분노한 스핑크스는 미쳐 날뛰다가 절벽에서 떨어져 죽었습니다.

지혜롭고 용감하며 도덕적으로 고결한 오이디푸스에게 고난의 길이 끝나고 출세와 영광의 길이 열렸죠. 스핑크스에게 고통을 당하던 테베 사람들은 괴물을 물리친 오이디푸스를 영웅으로 환영하며, 때마침 공석이던 왕의 자리에 그를 앉혔습니다. 백성들의 존경을 받으며 테베의 왕이 된 오이디푸스는 전왕의 미망인이었던 아름다운 이오카스테를 아내로 맞이했고, 네 명의 자녀를 낳아 다복한 가정도 이루었습니다. 코린토스의 왕자로서 모든 기득권을 포기하고, 고난의 길을 걷더라도 인륜을 깰 수 없다는 고귀한 결단을 했던 오이디푸스에게는 정당한 보상처럼 여겨졌습니다.

그런데 테베에 갑자기 역병이 돌면서 수많은 사람들이 죽어 갔습니다. 오이디푸스는 처남 크레온(Kreōn)을 델피 신전으로 보내 아폴론의 신탁을 청했습니다. 크레온은 말했죠. "아폴론 신께서 말씀하시기를, 전왕 라이오스의 살해자가 지금 테베에 숨어 있답니다. 그래서 도시가 더럽혀졌고 역병이 도는 것이죠. 범인을 잡아 처단해야 도시는 정화되고 재앙에서 벗어날 수 있습니다." 오이디푸스는 시민들에게 선언합니다. "반드시 범인을 잡아내 처벌하고 추방하겠소." 그는 스핑크스를 물리칠 때처럼 자신만만했고, 도시를 구원할 새로운 수수께끼를 풀기 위해 전력을 다했습니다.

그는 예언자 테이레시아스(Teiresias)를 불러 살인자를 찾을 단서를 요청했습니다. 침묵을 지키던 테이레시아스는 오이디푸스의 강압에 못 이겨 입을 열었죠. "그대가 찾는 라이오스의 살인범은 바로 당신이오. 그대는 지금 누구와 살고 있는지, 그대가 진정 누구인지 알지 못하고 있소." 오이디푸스는 테이레시아스의 폭로에 노발대발했고, 진짜 살인범을 찾아내 결백을 밝히고, 도탄에 빠진 백성을 구하겠다고 더욱더 분발했습니다.

그런데 수사가 진행될수록 테이레시아스의 폭로가 사실로 드러나는 것 같았습니다. 그가 테베로 오기 전에 죽였던 왕족의 무리가 다름 아닌 라이오스 왕일 가능성이 높아진 것입니다. 곁에서 지켜보던 왕비 이오카스테는 불행을 직감하며 제발 수사를 멈추라고 외칩니다. 오이디푸스도 자신이 범인일지도 모른다는 불길한 예감에 휩싸이죠. 어떻게 해야 할까요? 수사를 계속하다가 행여 자신이 라이오스의 살해자라고 밝혀진다면, 그는 약속대로 자신을 처벌하고 추방해야 합니다. 그것보다는 수사를 멈추고 라이오스의 살인 사건을 미결로 처리한 뒤, 왕권을 지키면서 다른 방도를 찾는 것이 좋다고 생각할 법도 합니다.

여러분이 오이디푸스라면 어떻게 하시겠습니까? 백성들과 약속한 대로, 설령 라이오스의 살인범이 바로 자신이라는 것이 밝혀진다고 해도 끝까지 수사를 진행하겠습니까? 그것이 자기 파멸의 길이라는 것을 알고도 그 길을 계속 가시겠습니까? 아니면 그 불길한 길을 그쯤에서 멈추고, 자신과 나라를 구할 새로운 길을 모색하시겠습니까?

오이디푸스는 그렇게 멈추는 것은 옳지 않고 비겁한 일이라고 생각했는지, 라이오스의 살해 현장에서 살아남은 유일한 목격자를 소환했고, 끝까지 범인을 찾으려고 노력했습니다. 때마침 코린토스에서 전령이 와서 폴뤼보스의 부고와 오이디푸스가 왕위를 이어받아야 한다는 소식을 전했는데, 그 과정에서 오이디푸스가 라이오스와 이오카스테스의 아들임이 밝혀졌습니다. 두 부부는 오이디푸스가 태어날 때, 아버지를 죽이고 어머니와 몸을 섞을 운명이라는 신탁을 듣고, 아이를 산에 버리라고 목동에게 명령했죠. 그런데 목동은 아이를 버리는 대신 코린토스의 전령에게 주었고, 전령은 그 아이를 코린토스의 왕 폴뤼보스에게 주었던 겁니다. 그리고 아이를 버리려던 목동은 바로 라이오스의 살해 현장에서 살아남은 유일한 목격자였고, 이로 인해 오이디푸스가 라이오스의 살해범이라는 것도 명백해졌습니다.

모든 사실이 드러나자 이오카스테는 스스로 목숨을 끊었고, 오이디푸스는 자신의 눈을 도려냈습니다. 그렇게 오이디푸스는 백성들과의 약속대로 라이오스의 살해자를 찾아냈고, 그 범인이 자신이기에 스스로를 응징했던 겁니다. 눈을 도려낸 오이디푸스는 자신을 추방하며 테베를 구했습니다. 운명에 짓밟혀 불행한 삶을 산 오이디푸스였지만, 우리가 그를 영웅으로 존중하는 것은 고귀한 도덕적 결단과 스스로를 응징하면서까지 백성들과의 약속을 지켜 낸 행동 때문일 것입니다. 그리고 운명을 피하지는 못했지만 운명에 무력하게 순응하는 대신 모든 것을 걸고 그가 결국 도전하며 보여 준 고귀한 도덕적 결단과 용기, 지혜 때문에 우리를 감동시키는 것입니다.

20

오이디푸스의 두 아들,
전쟁을 벌이다

테베의 왕이었던 오이디푸스는 아버지를 죽인 죄가 만천하에 드러나자, 장님이 되어 테베를 떠났습니다. 그것은 백성과의 약속을 이행하는 살신성인의 자기 응징이었지요. 통치자로서 자신이 공표한 규칙 앞에서 그 어떤 예외도 있을 수 없다는 것을 이보다 더 철저하게 보여 줄 수는 없을 겁니다. 그러나 문제는 그다음입니다. 이제 또다시 테베의 왕좌가 빈 것입니다. 누가 그 자리에 오를까요?

이오카스테의 동생이며, 오이디푸스의 처남이자 삼촌이었던 크레온이 다시 왕권을 행사합니다. 그는 예전에 라이오스가 죽었을 때에도 왕권을 행사했던 적이 있지요. 그때 갑자기 스핑크스가 나타나 테베인들을 죽음의 공포로 몰아넣자 해결책을 찾지 못한 그는 스핑크스를 물리치는 자를 테베의 왕으로 삼겠다고 공표했지요. 그 때문에 스핑크스를 물리친 오이디푸스는 테베의 왕이 될 수 있었습니다. 그런데 이제 오이디푸스가 왕위에서 물러나자, 다시 크레온이 왕의 역할을 합니다.

그러나 지금은 라이오스가 죽었을 때와는 상황이 달랐지요. 오이디푸스의 두 아들이 있었기 때문입니다. 왕위의 적통 계승자였으니까요. 앞서 소개한 폴뤼네이케스와 에테오클레스였습니다. 그들은 비참한 운명을 짊어진 채로 왕위에서 물러난 아버지는 나

몰라라 하면서, 누가 왕권의 계승자가 되는가에만 촉각을 곤두세 웠습니다. 큰 아들인 폴뤼네이케스는 장자권의 세습을 요구했고, 에테오클레스는 국민의 지지를 받는 유능한 사람이 왕이 되어야 한다고 주장했습니다. 이들의 다툼은 소포클레스의 비극『콜로노스의 오이디푸스(Oedipous epi kolōnō)』에서 읽을 수 있습니다.

　여러분이 그 둘 중 하나라면, 역시 그들처럼 왕권 경쟁에 적극 임하시겠습니까? 아니면 형제에게 양보하고 물러나서, 격려와 응원을 보내시겠습니까? 형제의 다툼 소식을 전해 들은 오이디푸스는 어떤 심정이었을까요? 자신의 비참한 처지에는 아무 관심도 보이지 않고, 왕권을 두고 다투는 두 아들에게 섭섭하다 못해 괘씸해 분노했을지도 모릅니다. 아니면 둘의 다툼을 안타까워하며 한껏 걱정을 했을 수도 있고요. 그들의 싸움 때문에 고통받을 테베 백성들을 헤아리며 가슴 아파하지 않았을까요.

　오이디푸스는 분노와 걱정이 섞인 저주 같은 예언으로 심정을 표현했습니다. "이 녀석들, 어째 그 모양이냐! 이 아비를 봐라. 불쌍하지도 않느냐? 권력이 뭐라고 형제끼리 싸우느냐? 그렇게 한 치의 양보도 없이 싸우다간, 서로가 겨눈 칼에 죽겠구나!" 오이디푸스의 울분에 형제들은 잠시 주춤거렸습니다.

　두 형제는 싸움을 멈추고 해결책을 찾고자 했습니다. 아버지의 저주스러운 예언을 피하고 싶었던 거지요. 크레온의 중재로 만난 두 사람은 숙의와 고심 끝에 결론을 내렸습니다. 둘이 1년씩 번갈아 가며 왕권을 행사하자는 것이었지요. 왕권을 차지하고 싶은 욕망을 충족시키면서, 아버지의 저주를 피할 묘안이었지요. 그런데 누가 먼저 왕이 될까요? 이 문제를 놓고 논쟁이 있었는데, 백성의 신임을 얻는 쪽이 먼저 왕권을 잡는 것이 좋지 않겠느냐는 에테오클레스의 주장에 폴뤼네이케스가 설득되었죠. 백성 또한 설득하는 데 성공해 먼저 왕위에 올랐습니다. 폴뤼네이케스는 1년 뒤를 기약하며 테베를 떠나 아르고스로 갔습니다. 그곳에서 결혼도 하였지요.

에테오클레스가 약속대로 1년 뒤에 왕권을 폴뤼네이케스에게 넘겨주었다면 아무런 문제가 없었을 겁니다. 하지만 에테오클레스는 1년이 다 되어 가는데도 도무지 왕위에서 내려올 낌새를 전혀 보이지 않았습니다. 폴뤼네이케스는 모든 일이 잘못되고 있음을 느꼈지요. 직접 대화를 요청했지만, 그가 들을 수 있는 대답은 "형에게 왕위를 넘길 수 없다"는 것이었습니다. "내가 지금 형에게 왕위를 넘겨줄 수는 있지만, 형은 1년이 지난 후 나에게 다시 왕권을 넘겨줄 사람이 아니다. 나는 형을 믿을 수 없기 때문에 형에게 왕위를 넘겨줄 수가 없는 것이다."라고 했죠.

폴뤼네이케스는 어이가 없었습니다. "약속대로 왕위에서 내려와라. 나는 1년 후에 반드시 너에게 다시 왕권을 넘겨주겠다"고 맹세했지만, 에테오클레스는 마음을 바꾸지 않았습니다. 폴뤼네이케스는 억울하고 답답해서 미칠 지경이었지요. 그렇게 날뛰는 모습을 본 에테오클레스는 더욱더 형을 믿을 수가 없었고요. 상호 신뢰를 바탕으로 평화롭게 1년씩 돌아가며 왕권을 행사하는 것이 그렇게 어려운 일이었을까요? 결과적으로 그들의 합의 자체가 너무도 순진했던 것이었지요. 자, 그러면 이제 어떻게 해야 할까요? 여러분이 폴뤼네이케스라면 깨끗이 포기하고 물러나시겠습니까, 아니면 무력을 행사해서라도 동생을 밀어내고 왕위에 오르시겠습니까? 반대로 에테오클레스라면 형을 믿고 왕위에서 물러서시겠습니까, 아니면 계속 왕권을 지키시겠습니까?

폴뤼네이케스는 약속을 지키지 않고 버티고 있는 동생이 먼저 잘못을 저지른 것이니, 당연히 응징해야 한다고 생각했습니다. 그래서 자기가 머물던 아르고스로 돌아가 테베를 침공할 계획을 세웁니다. 동생에게 빼앗긴 자신의 정당한 몫을 되찾을 계획이었지요. 가만히 있는 것은 바보 같은 짓이며, 동생의 부당함을 묵인하는 비겁하고 정의롭지 못한 행동이라고 생각했습니다. 그는 동생 에테오클레스를 도저히 용서할 수가 없었지요. 무력으로라도 동생을 밀어내고 자기가 왕위에 오르는 것이 모든 것을 바로잡는 일이라고 굳게 믿었습니다. 그는 아르고스로 돌아가 장인의 도움을 받아 대규모 용병을 모았고, 마침내 테베를 공격했습니다. 왕위를 놓고 형제 사이에 전쟁이 일어난 것입니다. 이 전쟁의 구체적인 양상은 아이스퀼로스의 비극 『테베를 공격한 일곱 장수들』과 에우리피데스의 비극 『포이니케의 여인들』에서 상세하게 이야기되고 있습니다. 물론 두 작가는 아주 다른 관점과 이야기 구조를 취하고 있죠. 여기에선 두 작품을 적절하게 섞어 보겠습니다.

크레온은 에테오클레스와 함께 아르고스의 공격에 맞서 전력을 배치한 후, 아들 메노이케오스을 데리고 예언자 테이레시아스를 만납니다. 어떻게 하면 아르고스와의 전쟁을 승리로 이끌 수 있는지를 물었죠. 그런데 테이레시아스는 망설입니다. "그것을 말한다면 나는 곤란한 처지에 몰리고 안전하지 못할 것이오. 당신도 테베를 구원할 방책을 듣지 않는 편이 더 낫소." 크레온은 말하지 않겠다며 황급하게 자리를 뜨려는 테이레시아스를 잡고 질책하며 다그쳤습니다. 참다못한 테이레시아스는 결국 승리의 비법을 이야기합니다. "테베를 구하려면, 그대의 아들인 메노이케오스를 신들에게 제물로 바쳐야 합니다." 청천벽력과도 같은 말이었습니다. 크레온은 테이레시아스의 말을 못들은 것으로 하겠다며, 입단속시켰죠. 그리고 아들 메노이케오스에게 예언 따위는 무시하라며 "사람들이 이 사실을 알기 전에 빨리 테베를 빠져나가라"고 지시합니다.

사실 예언자의 신탁이라는 것이 합리적 근거도 없는 막연한 것이잖아요. 하지만 테베에 있던 크레온의 반대파들이 신탁을 빌미로 크레온과 메노이케오스를 궁지에 밀어붙일지도 모를 일이었죠. 희생을 피할 수 없는 상황이라면 신들에게 바쳐진 제물로 목숨을 바치느니, 차라리 무장을 하고 나가 테베를 위해 싸우는 것이 더 낫지 않을까요?

깊이 고민하던 메노이케오스는 마침내 결심합니다. 성곽 꼭대기에 올라 모든 사람들이 보는 앞에서 신의 제물로 희생을 하겠다는 것이었습니다. 다른 테베의 남자들은 목숨을 걸고 전쟁에 나가 싸우는데, 자신은 제물이 되어야 한다는 신탁을 받고도 이를 거부하려고 발버둥 친다면 그것은 추하고 수치스러운 일이라고 생각했던 것입니다. 테베인들 모두가 예언자의 말을 믿고 있는 터에 그것이 비합리적인 방법이라고 설득하는 일도 목숨을 연명하려는 치졸한 변명처럼 느껴졌겠죠.

그는 전투가 시작되기 직전에 성곽 꼭대기에 올라 모든 사람들이 지켜보는 가운데 테베의 구원을 기원하며 기꺼이 신들에게 바치는 제물이 되었습니다. 그가 땅을 향해 몸을 던지며 추락하자 테베인들의 사기는 하늘을 찌를 듯 치솟아 올랐고, 병력의 수적 열세에도 불구하고 아르고스인들을 물리치고 전쟁에서 승리를 거두었습니다. 신이 메노이케오스의 행동에 만족하며 테베에 승리를 선물로 내린 것일까요? 그럴지도 모르겠습니다. 하지만 중요한 것은 메노이케오스의 희생이 테베를 위한 고귀한 행동이었고, 테베인들의 마음에 불타는 충성심과 전투 의지를 일으켰음이 분명하다는 것입니다. 그 누구도 그의 희생을 비합리적이고 어리석은 행동이라고 비난하거나 조롱하지는 않았을 겁니다.

테베에는 모두 일곱 개의 성문이 있었습니다. 메노이케오스의 고귀한 희생과 격렬한 전쟁 끝에 테베의 시민들은 일곱 개의 성문을 모두 지켜 냈지요. 마지막 성문에서는 에테오클레스가 직접 나가 폴뤼네이케스와 정면 대결을 벌였습니다. 그리고 둘은 오이디푸스의 저주대로 서로의 칼에 찔려 함께 쓰러졌습니다. 이를 본 테베인들은 탄식했지요. "오이디푸스의 두 아들은 테베 왕국을 차지하기 위해 싸웠지만, 결국 자기 시신을 눕게 할 만큼의 땅만 얻었구나." 권력을 향한 욕망의 양보 없는 충돌은 두 사람은 물론 수많은 테베인들과 이방인들의 피를 불렀습니다. 오이디푸스의 두 아들을 보면서 권력을 향한 야심이 얼마나 위험한지, 상호 신뢰와 약속이 얼마나 중요한지를 다시 한 번 생각해 봅니다.

21

안티고네,
목숨을 걸고 권위에 도전하다

테베의 왕좌가 주인을 잃자, 또다시 크레온이 왕의 자리에 오릅니다. 그는 테베의 질서를 바로잡기 위한 칙령을 공표하죠. 테베를 지키던 에테오클레스는 명예로운 장례식을 치르되, 권력을 탐해 테베를 공격한 폴뤼네이케스는 들판에 버려 개와 새가 뜯어 먹도록 하라는 것이었죠.

백성들은 크레온의 명령을 인정합니다. 그들은 명분이 무엇이든, 왕이 되겠다고 외국 군대까지 끌고 와 전쟁을 벌인 폴뤼네이케스에게 깊은 반감을 품고 있었죠. 그러나 안티고네(Antigonē)는 달랐습니다. 그녀는 오이디푸스와 이오카스테 사이에서 태어난 딸이었습니다. 그녀는 누가 뭐래도 친오빠 폴뤼네이케스의 장례식을 치르리라 결심하죠. 오빠가 아무리 큰 죄를 지었다고 해도 이미 죽음으로 그 죗값을 다 치른 셈인데, 그렇게 들판에 버려두고 개와 새의 먹이가 되게 할 수는 없었던 겁니다. 그건 가족으로서, 인간으로서 도리가 아니라고 굳게 믿었습니다. 크레온의 명령이 두렵지 않았던 안티고네는 이렇게 외칩니다. "나는 오빠를 묻어 줄 거야. 그러다가 죽으면 얼마나 아름다운가!"

그런 안티고네를 곁에서 보던 여동생 이스메네(Ismēnē)는 안타까워 어쩔 줄 몰랐습니다. 안티고네는 이스메네에게 함께 행동하자고 하지만, 그녀는 언니의 무모한 행동에 선뜻 가담할 수가 없었습니다. 생각해 보면, 두 자매의 가문은 불행의 연속이었죠. 할아버지인 라이오스는 아버지 오이디푸스의 손에 죽고, 어머니이자 할머니인 이오카스테는 자살을 했지요. 눈을 뽑은 아버지도 얼마 전에 세상을 떠났습니다. 그리고 얼마 후에 그들의 두 오빠는 싸우다가 함께 쓰러져 테베 땅을 피로 물들였죠. 이제 두 자매마저 크레온의 명령을 거역하다 죽는다면, 집안은 완전히 끝장납니다. 이스메네는 이렇게 덧붙입니다. "언니, 여자는 남자랑 싸우도록 태어나지 않았어. 우린 고분고분해야 해. 그리고 우린 통치자가 불합리해도 복종해야 해. 오빠에겐 미안하지만, 난 언니와 함께할 수 없어."

입장이 극과 극인 두 자매, 여러분이라면 어떤 선택을 하시겠습니까? 누가 더 지혜롭고 정의로우며 아름다워 보이시나요? '죽은 사람은 죽은 사람이고, 산 사람은 살아야 하지 않는가?'라는 말이 있습니다. 반면, 부당한 명령에 굴복하며 사느니 하루를 살더라도 자유롭고 소신 있게 사는 것이 옳다는 말도 있죠.

이스메네는 언니를 설득하지 못하고, 안티고네 역시 동생 설득에 실패합니다. 결국 각자의 길을 가기로 하죠. 두 오빠가 한 치의 양보도 없었던 것처럼 두 자매 역시 소신을 굽히지 않았습니다. 결국 안티고네는 오빠의 장례를 거행했고, 체포되어 크레온 앞에 섰습니다. 그러나 안티고네는 두려움이 없었습니다. 거침없이 저항합니다. "내게 그런 명령을 내린 분이 누구신가요? 제우스인가요? 저승의 신 하데스와 함께 사시는 정의의 여신인가요? 아니요. 그분들은 당신이 내린 그런 명령을 하지 않습니다. 죽은 자를 장례 지내라는 것이 신들의 법입니다. 삼촌의 명령은 그것과 완전히 배치됩니다. 잠깐 살다가 언젠간 죽는 인생, 당신의 명령에 굴복하여 영원한 신들의 법을 어길 수는 없습니다. 난 죽음이 두렵지

안티고네는 시각 장애인이 된 오이디푸스의 동반자가 되어 아버지가 최후를 맞이할 땅까지 함께 갑니다. 이후 죽은 오빠의 시신도 홀로 수습하죠.

않습니다." 그 누구도 안티고네의 고집을 꺾을 수 없었죠.

여러분이 크레온이라면 어떻게 하시겠습니까? 자신이 선포한대로 엄벌에 처해야 할까요, 아니면 오이디푸스의 딸인 안티고네를 불쌍히 여겨 봐주는 게 옳을까요?

안티고네의 말에도 일리는 있지만, 왕위에 오른 크레온은 물러서지 않기로 합니다. 백성들이 보고 있는데, 혈연에 흔들려 자신이 내린 칙령을 철회한다면 자칫 정치적인 권위에 큰 타격을 입을 수 있다고 생각한 겁니다. 우유부단하고 변덕스러운 왕이라고 비판을 받을 수 있지 않겠습니까? 사실, 자신의 권력욕 때문에 백성들을 전쟁으로 몰아넣은 자를 엄히 다스려 일벌백계하지 않는다면, 앞으로도 또 그런 자가 나와 국가를 위태롭게 할 수도 있었습니다. 국가의 질서를 위해서도 크레온은 물러설 수 없었던 겁니다. 크레온은 자기 명령의 정당성을 의심하지 않았고, 사사로운 감정에 흔들려 조카라고 봐줄 순 없다고 결론을 내립니다. 그는 꼿꼿하게 대드는 안티고네를 동굴 감옥에 가두고, 끝내 사형을 집행하겠다고 선포합니다.

사건은 충격적인 불행으로 끝이 납니다. 안티고네를 사형시키겠다고 서슬이 퍼렇던 크레온은 마지막 순간에 예언자의 조언에 따라 마음을 고쳐먹고 조카를 용서하기로 합니다. 그러나 풀어주기 위해 감옥에 갔을 때, 그는 황망한 광경을 목격합니다. 안티고네가 스스로 목숨을 끊은 겁니다. 크레온의 아들 하이몬은 약혼녀였던 안티고네를 죽음으로 몰아넣은 아버지를 원망하며 스스로 목숨을 끊습니다. 그것이 끝이 아니었습니다. 아들의 죽음 소식을 듣고 충격에 빠진 크레온은 그 충격이 가시기도 전에 자기 아내 에우뤼디케(Eurudikē)의 자살 소식을 접하고 오열하게 되죠. 도대체 뭐가, 어디에서부터 잘못된 것일까요?

국가의 질서를 고심하던 크레온은 인간의 기본적인 도리를 헤아리지 못한 채 정치적인 셈법만으로 행동하다가 전혀 뜻하지 않은 비극적 결말에 봉착했던 것은 아닐까요? 안티고네는 너무 자기 소신만 내세우며 상대를 끝까지 설득하지 않고 극단적인 선택을 한 것은 아닐까요? 쉽게 답할 수 없는 많은 문제를 제기하는 비극적인 이야기임에는 분명합니다.

22

이아손,
황금 양털을 찾다

영미권에는 제이슨(Jason)이라는 이름이 있습니다. 그리스어에 뿌리를 두고 있는데, '치유자'라는 뜻입니다. 그리스식으로 발음하면 이아손(Iasōn)인데, 황금 양털을 찾으러 떠난 영웅입니다. 그는 이올코스의 왕자로 태어났지만, 아버지 아이손(Aisōn)이 펠리아스(Pelias)에게 쫓겨나면서 고생이 시작되었습니다. 펠리아스는 아이손과 어머니가 같았지만 아버지는 다른 형제였는데, 바다의 신 포세이돈이 그의 아버지였습니다. 권력욕이 강했던 펠리아스는 다른 형제들을 쫓아내고 아이손을 지하 감옥에 가둔 뒤, 이올코스의 왕이 되었습니다.

아이손은 펠리아스가 이아손을 죽일까 봐 두려워 몰래 빼돌려 반인반마 켄타우로스족의 현자인 케이론에게 보냈습니다. 이아손의 가슴속에는 복수심이 불타올랐습니다. 빨리 성인이 되어 지하 감옥에 갇힌 아버지를 구하고, 빼앗긴 왕권을 되찾아 가문과 왕국을 바로 세우려는 마음뿐이었습니다. 그것이 그의 전부였습니다.

마침내 그에게 기회가 왔습니다. 펠리아스가 포세이돈을 위해 올림픽과 같은 성대한 축제를 열었던 겁니다. 성인이 된 이아손은 이올코스로 돌아가기로 마음먹었습니다. 한데 그곳으로 들어

가려면 강을 건너야 했죠. 그때 한 노파가 나타나서 자기를 업고 건너라고 했습니다. 갈 길이 바쁜데도 이아손은 귀찮아하지 않고, 노파를 업고 강을 건넜지요. 그러다가 신발 한 짝을 잃어버립니다. 강을 다 건넌 후에 노파를 내려놓고 인사를 하려는데, 아무도 없었습니다. 알고 보니 그녀는 헤라 여신이었습니다. 그때부터 헤라는 자신을 배려했던 이아손을 돕게 됩니다.

마침내 이올코스의 궁전에 들어간 이아손은 삼촌 펠리아스 앞에 설 수 있었습니다. 펠리아스는 일찍이 신발 한 짝만 신고 오는 자를 조심하라는 신탁을 들었던 터였습니다. 그러다 보니 한 짝 신발만 신고 온 이아손을 보자 두려운 마음이 들었습니다. 아니나 다를까, 이아손은 당당하게 아버지의 석방과 왕위의 양도를 요구했습니다. 물론 펠리아스는 왕좌를 내려올 생각이 없었죠. 그는 왕위를 계승할 만한 자격이 있는지를 보겠다는 요량으로 황금 양털을 가져오라고 명령했습니다. 황금 양털은 나라를 지키는 신비한 힘을 가진 수호 성물이었는데, 흑해 동쪽 콜키스에 있었습니다. 그러나 이올코스에서 그곳까지는 험하기 이를 데 없는 죽음의 항로였습니다. 설사 그 항로를 무사히 지나 콜키스에 도착한다 해도, 황금 양털을 얻는 일은 극히 어려웠죠. 펠리아스는 이아손의 자질을 시험하려는 것이 아니라, 그를 죽음으로 몰아넣으려는 속셈이었습니다.

어떻게 해야 할까요? 펠리아스의 명령에 복종하여 콜키스로 떠나야 할까요, 아니면 펠리아스를 처치하고 왕권을 되찾는 게 좋을까요? 이러나저러나 목숨을 거는 것이 마찬가지라면, 그 자리에서 결판을 내는 것도 좋은 수가 아닐까요? 사실, 펠리아스의 명령에 따르는 것은 죽음의 함정에 뛰어드는 어리석은 행동처럼 보입니다. 그런데 지혜로운 이아손은 펠리아스의 간악한 속셈을 간파하고서도, 명령에 따르기로 합니다. 당장 덤벼드는 것이 승산이 없다고 판단한 걸까요? 아니면, 펠리아스와 똑같은 방법으로 왕좌에 오르는 것이 싫었던 걸까요? 모든 역경을 이겨 내고 황금 양털을 가져와 당당하게 왕권을 요구하는 것이 좋다고 생각한 것 같습니다. 그만큼 그는 해낼 수 있다는 자신감이 있었던 거겠죠.

이아손은 콜키스로 항해할 배를 짓고, 함께 모험을 떠날 용사들을 구했습니다. 수많은 영웅이 이아손을 찾아왔습니다. 헤라클레스를 비롯해서, 트로이아 전쟁의 영웅 아킬레우스의 아버지 펠레우스, 지혜와 예지력이 뛰어난 예언자 이드몬(Idmōn), 악기로 산과 들도 움직인다는 오르페우스까지 50여 명의 영웅이 이아손의 모험에 동참했습니다. 한마디로 '어벤져스' 같은 드림팀을 구성한 겁니다. 이런 인재들을 섭외할 수 있다는 것은 인성과 친화력이 탁월하다는 증거겠지요? 하지만 그는 착하고 순진한 인물만은 아니었습니다. 아주 영리했습니다. 예를 들면, 그는 삼촌 펠리아스의 아들인 아스카토스(Askatos)도 몰래 데려갑니다. 사실 그 먼 곳까지 가서 황금 양털을 가져오라는 건, 가다가 죽으라는 얘기지요. 콜키스에서 황금 양털 구하는 것도 목숨을 건 위험한 일이었고, 돌아오는 길도 만만치 않았습니다. 이아손은 펠리아스의 아들을 데려감으로써 일종의 보험 같은 걸 든 겁니다. 펠리아스도 아들이 배에 탄 것을 나중에 알게 되면 어떤 방식으로든 지원을 할 테고, 하다못해 적어도 아들을 걱정하면서 이아손이 무사히 귀환하기를 빌었을 테니까요.

그리고 뛰어난 영웅들이 모였을 때, 이아손이 대장이 되는 건 쉽지 않았을 겁니다. 그때 이아손은 막 스무 살이 된 청년에 불과했습니다. 각 지방에서 내로라하는 영웅들이 모여들었는데, 이아손보다 나이나 경험도 많고, 힘도 세고, 혈통이나 가문도 좋은 사람들이 많았지요. 그곳에 모인 영웅들 대부분은 헤라클레스를 대장으로 추대했습니다. 제우스의 아들이었고 힘도 제일 셌으니까요. 하지만 헤라클레스는 어쩐 일인지, 이아손에게 대장 자리를 양보합니다. 그러자 다른 사람들도 이아손을 대장으로 받아들일 수밖에 없었습니다. 아마도 이아손이 헤라클레스를 몰래 찾아가서 자신을 대장으로 추대해 달라고 부탁하지 않았을까 싶습니다.

정말 흥미로운 건, 중간에 헤라클레스가 빠진다는 겁니다. 이아손이 의도적으로 헤라클레스를 배제했다는 의심도 들지요. 이올코스를 출발해서 콜키스로 가는, 길고 긴 여정 동안 여러 지역을 들르게 되는데, 이아손은 같이 가는 영웅들이 요구하는 것에 휘둘리면서 여러 가지 실수를 저지릅니다. 배려심이 많고 융화를 잘하는 것이 이아손의 장점이었지만, 그게 큰 단점이기도 했습니다. 가장 대표적인 것이 렘노스섬에 도착했을 때입니다. 그곳은 여자들만 사는 섬이었습니다. 생각해 보세요, 어느 날 갑자기 여자들만 사는 곳에 체격도 외모도 뛰어난 영웅들로 가득한 배가 도착했다는 겁니다. 섬의 여자들은 남자들을 두려워하거나 경계하지 않았습니다. 오히려 환영했죠.

아르고호의 영웅들도 신이 났습니다. 사실 이아손은 황금 양털을 찾으러 가는 거였지만, 다른 영웅들이야 그렇게 절실한 건 아니었으니, 그 기회를 즐기고 싶었는지도 모릅니다. 출발 이후 그동안에 고생을 많이 했던 영웅들은 모험의 목적을 잊고 여인들과 즐기기 시작했습니다. 이아손은 그들의 욕망을 막을 수 없었습니다. 그도 섬의 여왕과 일단 달콤한 사랑을 즐겼습니다. 다른 영웅들의 비위를 맞춰 줘야 했던 걸까요? 그런데 오직 헤라클레스만이 여인들과 어울리지 않고 배에 남아 있었습니다. 시간이 많이 지났는데도 움직일 생각을 하지 않자, 마침내 그는 이아손을 찾아가 호통을 칩니다. 모험의 목적에 충실하라고 직언을 했지요. 실제로 누가 모험의 지도자인가를 알게 해 주는 사건이었습니다. 이아손은 그 쓴소리를 받아들였고, 다른 영웅들을 설득해서 모두 배로 돌아오게 했습니다. 영웅들은 새로운 마음으로 콜키스를 향해 다시 노를 저었습니다. 하지만 이아손은 리더십에 타격을 입었지요. 그래도 자기 잘못을 깨닫고 충고를 받아들인 것은 좋은 태도이긴 합니다.

이런 상황에서 카리스마 넘치는 헤라클레스는 이아손이 대장 노릇을 하는 데에 부담이 되었을 겁니다. 얼마 후에 이아손 일행은 뮈시아 사람들의 나라에 도착했습니다. 헤라클레스는 자신의 노가 부러지자 새로운 노를 구하려고 산속으로 들어갔지요. 그 사이에 친구가 사라졌습니다. 친구를 찾으려고 헤라클레스가 온 산을 헤매고 다니는 동안, 이아손은 아무 일 없다는 듯이 배를 다시 출발시켰습니다. 한참을 가서야 헤라클레스 일행이 배에 타지 않은 것을 알게 된 사람들은 둘로 나뉘었습니다. 헤라클레스를 찾으러 돌아가자는 사람들과, 그렇게 시간을 지체할 수는 없으니 그냥 떠나자는 사람들로 나뉜 겁니다. 이아손은 그냥 가자는 쪽에 섰습니다. 천하의 헤라클레스가 빠진 걸 알고도 돌아가지 않겠다니, 좀 수상하지 않나요?

실제로 반대파의 사람들은 이아손을 비난하며 몰아붙였습니다. "헤라클레스가 있으면 네가 제대로 대장 노릇을 못하니까 그냥 가자는 거지? 모든 영광과 권력을 혼자 다 차지하려고 그렇게 하는 거 아니냐?" 독하게 쏘아붙였지요. 하지만 이아손은 물러서지 않고 적절히 여론을 조성했습니다. "어차피 헤라클레스는 자식을 죽인 죄를 씻기 위한 정화의 노역을 수행하러 가야 해서 이 모험을 끝까지 할 수는 없다. 그것이 제우스의 뜻이다. 그들을 찾으러 돌아가는 건 어리석은 일이다." 놀랍게도 그의 말에 모두 설득이 되었고, 헤라클레스가 빠진 상태로 황금 양털을 찾으러 콜키스로 가는 여행을 계속하게 된 겁니다.

이올코스에서 출발해서 에게해를 건너 아시아와 유럽을 가르는 보스포루스해협을 지나 흑해의 동쪽 끝 콜키스까지 가는 길은 험난했습니다. 거센 폭풍과 바닷길을 이겨 내야 했고, 적대적인 야만족들과 대결을 벌여야 했으며, 심지어 무시무시한 괴물들까지도 조우했습니다. 이아손과 친구들은 지혜와 용기, 친화력을 발휘하여 모든 위기를 극복하고 마침내 콜키스에 도착했습니다. 그러나 콜키스의 왕 아이에테스(Aiētēs)는 황금 양털을 내줄 생각이 없었습니다. 황금 양털은 콜키스를 지켜 주는 수호 성물, 국방의 핵심 전력이었던 겁니다. 그런데 과연 이아손은 황금 양털을 손에 넣을 수 있을까요?

황금 양털은 왜
콜키스에 있었나?

그런데 도대체 이 신비로운 힘을 가진 황금 양털은 왜 콜키스에 있었던 걸까요? 사실 이것은 콜키스로 오기 오래전에 이아손과 펠리아스 집안의 가보 같은 것이었습니다. 이아손의 할아버지에게 여러 형제들이 있었는데, 그중에 아타마스가 문제였습니다. 이올코스 가까이에 있는 '암소의 나라' 보이오티아의 왕이었지요. 네펠레(Nephelē)라는 님페와 결혼해서 남매를 낳았습니다. 프릭소스(Phrixos)와 헬레(Hellē)였지요. 이 남매는 이아손에게는 오촌 당숙과 당고모였습니다. 그런데 아타마스는 이노라는 여인에게 반해 조강지처인 네펠레를 버렸습니다. 이렇게 해서 프릭소스와 헬레는 졸지에 어머니를 잃고, 계모를 맞이하게 되었습니다. 계모는 두 남매를 미워했지요. 자기도 자식을 낳자 두 남매를 죽이려고 했습니다. 그들을 구한 게 바로 황금 털을 가진 숫양이었습니다. 하늘에서 갑자기 그놈이 툭하고 떨어져서 위험에 빠진 남매를 구해 등에 태워 하늘로 훨훨 날아간 겁니다. 두 남매를 불쌍하게 여긴 제우스가 보낸 것이었지요.

　　사정은 이렇습니다. 계모였던 이노가 보이오티아 여인들을 속였는데, 밀의 씨를 볶아서 뿌려야만 풍년을 맞이할 수 있다고 말한 겁니다. 아무것도 모르는 남자들은 열심히 씨를 뿌렸지요. 하지만 싹이 나질 않았습니다. 이를 이상하게 생각한 아타마스는 델피에 있는 아폴론 신전으로 사신을 보냈습니다. 원인과 해결책을 알아내려는 거였죠. 하지만 이노는 그 사신들을 매수했습니다. 거짓 신탁을 꾸며서 아타마스에게 전하게 했죠. 극심한 기근을 피하고 나라를 구하려면 프릭소스와 헬레를 죽여서 제우스에게 제물로 바쳐야 한다, 이렇게 말하도록 시킨 겁니다. 참 못된 계모네요. 거기다 대면 팥쥐 엄마는 착한 편입니다. 장화홍련의 계모인 허씨가 그나마 비슷한 것 같습니다.

제우스는 못된 계모의 계략 때문에 아무 죄도 없는 두 남매를 죽여 자신의 제단을 더럽히게 할 수는 없다고 생각하고는 황금 털을 가진, 날개 달린 숫양을 내려 보냈던 겁니다. 프릭소스와 헬레를 태운 황금 양은 동쪽으로 날아갔습니다. 그런데 일이 생겼습니다. 황금 양이 지금의 터키 북서쪽 유럽과 아시아 대륙 사이의 좁은 해협 위를 날아가다가 그만 헬레를 떨어뜨린 겁니다. 그래서 그 해협은 고대 그리스어로는 '헬레가 빠진 바다'라는 뜻으로 '헬레스폰토스(Hellēspontos)'가 되었습니다. 지금은 다르다넬스해협이라고 부르고, 터키어로는 차나칼레해협이라고 합니다. 여동생을 잃은 프릭소스는 큰 슬픔에 빠졌고 동생을 따라 같이 죽고 싶었습니다. 하지만 그것은 참아야 했죠. 다행히 양에서 떨어진 헬레는 포세이돈이 바다에서 구했다고 합니다. 그녀의 착한 심성과 아름다운 미모에 반했던 거지요. 포세이돈은 헬레를 아내로 맞이했고, 둘 사이에서 여러 명의 아들이 태어났습니다. 물론 프릭소스는 그 사실을 몰랐습니다.

프릭소스는 황금 양을 타고 계속 날아가서 콜키스에 도착했습니다. 아이에테스 왕이 다스리고, 그의 딸 메데이아가 있던 곳이었습니다. 그가 콜키스에 도착하자 그곳의 왕이었던 아이에테스는 황금 양을 타고 하늘에서 내려온 프릭소스가 예사롭지 않은 인

일평생 황금 양털처럼 빛나는 권력을 좇던 이아손은 결국 그처럼 집착이 심했던 메데이아를 만나 파국을 맞이하게 됩니다.

물이라는 걸 알고 두렵기는 했지만, 일단 반갑게 맞이해 주었습니다. 자기 딸 중에 칼키오페(Khalkiopē)를 줘서 사위로 삼기까지 했지요. 그런데 이 칼키오페는 바로 메데이아의 동생이었습니다.

모든 것이 다 감사했던 프릭소스는 먼저 자신을 구해 준 제우스에게 황금 양을 잡아서 제사를 드렸습니다. 그리고 황금 양털은 벗겨서 아이에테스에게 선물로 줬습니다. 아이에테스 왕은 황금 양털을 받고 너무나 기뻐했고, 전쟁의 신인 아레스에게 봉헌했지요. 아레스 신의 신성한 숲에 있는 떡갈나무에다가 황금 양털을 걸고, 탕탕 못을 박았습니다. 그러자 아레스 신은 황금 양털을 받은 걸 기뻐하면서, 그 주위에다 사나운 용들을 풀어 놓았습니다. 아무도 접근할 수 없게 한 겁니다. 이렇게 해서 황금 양털은 콜키스 왕국을 전쟁과 적들로부터 지켜 주는 신비로운 수호 성물이 되었던 겁니다.

프릭소스는 아이에테스의 딸인 칼키오페와 결혼해서 여러 명의 아들을 낳았습니다. 그중에 막내인 프레스본(Presbōn)은 아버지 프릭소스가 죽자, 형들을 다 모아서 고향으로 돌아갔습니다. 아버지를 버렸던 할아버지 아타마스를 찾아갔던 겁니다. 그리고 자기들이 프릭소스의 자식들이라고 밝혔습니다. 지난날, 조강지처를 버리고 자식들을 사지로 몰아넣었던 걸 후회하고 뼈저리게 기억하고 있던 아타마스는 손자들을 반갑게 맞이해 주었고, 그중에 프레스본에게 왕위를 물려주었습니다. 길고 긴 길을 돌고 돌아 사필귀정의 결론이 난 셈입니다. 비록 프릭소스는 아들이 자기를 대신해서 왕위에 오르는 것을 보진 못했지만, 저승에서라도 기뻐했을 겁니다.

또 다른 아들도 주목해야 하는데, 장남인 아르고스입니다. 그는 목수였는데, 나중에 이아손에게 배를 만들어 주지요. 아르고스와 이아손의 할아버지들이 서로 형제였으니까, 이아손과 아르고스는 육촌 형제였죠. 아르고스는 이아손을 위해 만든 배에다가 자기 이름을 떡하니 붙여서 '아르고호'라고 했습니다. 이아손이 황금 양털을 찾으러 콜키스로 갈 때, 여기저기서 모은 영웅들과 함께 탔던 배가 바로 이 '아르고호'입니다. 그래서 이아손의 모험을 '아르고호의 모험'이라고 부르는 겁니다.

그런데 콜키스에 정말로 황금 양털이 있었을까요? 글쎄요, 그런 신비로운 물건이 진짜로 있었다고 믿을 사람은 많지 않을 것 같습니다. 하지만 완전히 허구라고 할 수도 없는 노릇입니다. 지난 2009년의 일인데요, 감바시즈와 시카루리즈라는 고고학자는 여러 명의 독일과 그루지야 고고학자들를 데리고 그루지야 남서쪽에서 발굴 작업을 하였습니다. 지금의 그루지야가 옛날의 콜키스였는데, 바로 그곳에서 약 3,000년 전의 것으로 추정되는 금광이 발견됐습니다. 고고학자들은 그것이 세계에서 가장 오래된 금광이라고 주장했지요. 그리고 그곳을 흐르는 강에서 사금을 채취할 때, 주로 양털을 이용했다고 합니다. 그래서 황금 양털의 신화가 생긴 것이 아닌가 생각됩니다. 황금 양털과 이아손의 이야기는 대략 3,300년 전의 시대를 배경으로 하니까, 대충 시대가 비슷합니다. 아마도 이 지역에서 황금이 많이 난다는 소문이 퍼지면서, 황금 양털이 있다는 신화로 부풀려지고 신비화된 것 같습니다.

이아손과 메데이아,
사랑·배신·복수의 아이콘이 되다

자, 다시 이아손의 이야기로 돌아오겠습니다. 콜키스에 도착한 이
아손이 아이에테스 왕에게 황금 양털을 달라고 하자, 그는 이아손
에게 두 마리의 황소에 멍에를 지우고 밭을 갈아 용의 이빨들을 씨
뿌리고, 그로부터 태어나는 전사들을 제압한다면 황금 양털을 주
겠다고 했습니다. 그러나 그것은 거의 불가능한 일이었습니다. 왜
냐하면 그 황소들은 엄청난 덩치에 거칠고 사나웠는데, 발굽은 청
동이었고, 입에서는 불을 뿜어 내는 괴물이었기 때문입니다.

그런 절망적인 상황에서 이아손에게 아이에테스 왕의 딸, 메
데이아 공주가 다가왔습니다. 이아손이 도착한 순간부터 메데이
아는 그에게 반했던 겁니다. 그녀는 약을 잘 다루는 마법과도 같은
특출한 재주가 있었는데, 그 능력으로 이아손을 돕겠다고 제안했
죠. "제가 황금 양털을 차지할 수 있도록 돕겠어요. 제가 드리는 약
을 창과 방패, 그리고 온몸에 바른다면, 당신은 황소의 불길을 견
딜 수 있고, 그놈들에게 멍에를 지울 수 있을 거예요. 한 가지 조건
이 있어요. 저를 아내로 맞이하겠다고 신께 맹세하세요. 그리고 저
를 당신의 조국 이올코스로 데려가 주세요."

긴가 민가 싶었지만, 이아손에게는 그나마 한 가닥 구원의 불
빛과도 같은 제안이었습니다. 물론 냉큼 받아들이기도 쉽지 않았

죠. 메데이아에게 특별한 애정도 없는데 결혼을 한다는 것은 여자를 이용하는 비겁한 행동 같지 않습니까? 정중히 거절해야 마땅했죠. 하지만 달리 생각해 보면, 그 제안을 못 받아들일 것도 없습니다. 자신을 돕겠다고 나선 메데이아가 정말 사무치게 고마웠을 테고, 제안을 받아들여 임무를 완수한다면 사랑하는 마음도 생기고 결혼도 할 수 있는 것 아니겠습니까? 사랑하는 마음은 없더라도 고마운 마음에 부부의 도를 지키며 살아갈 수도 있고요.

여러분이 이아손이라면 어떤 선택을 하시겠습니까? 꿈을 이루기 위해 여자의 도움을 받을 수도 있고, 보답으로 부부의 연을 맺어 잘 살아 간다면 아무 문제가 없다고 생각하십니까? 아니면 결혼은 사랑을 전제로 하는 것이며, 일은 일대로 그 방식에 따라 풀어 나가야지 결혼을 수단으로 이용할 수는 없다고 생각하십니까?

이아손은 고심 끝에 메데이아의 제안을 수락합니다. 사실 그는 지금 다른 선택을 할 수가 없습니다. 펠리아스에게 쫓겨난 어린 시절부터 그 순간까지, 권력을 되찾아 가문을 일으키고 명예를 회복하겠다는 일념으로 살아왔기 때문이죠. 그것이 그의 삶의 목적이자 존재 이유였고, 그의 전부였습니다. 지금 황금 양털을 얻지 못한다면, 그는 아무것도 아닙니다. 그의 선택을 비난할 수 있을까요? 그는 메데이아의 도움을 받아 임무를 충실히 수행하고 그녀에게도 최선을 다할 작정이었겠죠? 그 누구도 이아손의 선택을 쉽게 비난할 순 없을 것 같습니다. 그런데 과연 그의 선택은 어떤 결과를 낳게 될까요?

약속대로 메데이아는 자신의 모든 능력을 다해 이아손을 도왔고, 우여곡절 끝에 그는 황금 양털을 차지했습니다. 이아손은 약속대로 메데이아를 데리고 아르고호에 올라 고향으로 떠나지요. 이 사실을 뒤늦게 알게 된 아이에테스 왕은 군사를 이끌고 이아손을 추격합니다. 두려움에 사로잡힌 이아손을 메데이아가 나서서 다시 돕습니다. 주도면밀한 메데이아는 이럴 때를 대비해서 데려온 남동생 압쉬르토스(Apsurtos)를 죽여 토막을 낸 뒤 내던져서 아버지 아이에테스의 추격을 따돌렸지요. 이제 메데이아는 사랑하는 이아손을 위해서라면, 아니 그의 마음을 사로잡기 위해서라면 못할 일이 없는 여자가 되었죠. 이아손은 그런 메데이아를 견뎌 내고 그녀의 능력을 적절히 이용하면서, 잃어버린 권력을 되찾기 위해 더욱더 독해져야만 했습니다.

수많은 죽음의 고비를 넘긴 이아손과 메데이아는 마침내 이올코스에 도착합니다. 그리고 펠리아스 왕 앞에 섰죠. "말씀대로 황금 양털을 가져왔으니 왕위에서 내려오세요. 이젠 제가 왕이 되어 이올코스를 잘 다스리겠습니다." 하지만 사악한 펠리아스는 이아손에게 왕위를 넘겨주지 않았고 그를 제거할 방법을 궁리합니다. 이아손은 낙심하고 절망했죠. 그러자 메데이아가 또다시 나서서 약속을 어긴 사악한 펠리아스를 죽이고자 합니다. 메데이아는 펠리아스의 딸들에게 희한한 쇼를 보여 줍니다. 큰 솥에 물을 펄펄 끓인 다음 늙고 병든 양을 토막 내서 넣고, 마법의 약을 뿌렸죠. 잠시 후 솥뚜껑을 열자, 어리고 튼튼한 양이 나왔지요. "당신들의 아버지도 이렇게 젊게 만들어 드리겠습니다." 메데이아의 말에 펠리아스의 딸들은 아버지를 토막 내서 가져왔습니다. 그러나 이번에는 솥에다 마법의 약을 넣지 않았죠. 딸들의 어리석음 때문에 펠리아스는 비명횡사하고 말았습니다. 하지만 그렇게 하고도 이아손은 왕위에 오를 수 없었습니다. 이올코스의 시민들은 펠리아스를 끔찍한 방법으로 죽인 메데이아와 이아손 부부를 이올코스에서 내쫓았던 겁니다.

권력을 되찾기 위해 메데이아의 사랑을 이용한 남자 이아손, 그리고 이아손의 권력욕을 이용해서 사랑의 욕망을 채우려고 했던 여자 메데이아, 그들의 결합은 행복이 아니라 불행을 향해 몰락하고 있었습니다. 이올코스에서 추방당한 두 사람은 두 아들을 데리고 이리저리 떠돌다가 코린토스에 도착했습니다. 그런데 그곳의 왕 크레온은 메데이아를 내쫓고 이아손을 사위로 삼으려고 했습니다. 이아손은 권력을 차지할 마지막 기회를 놓치고 싶지 않았죠. 지금껏 자신을 위해 모든 것을 해 왔던 메데이아를 버리고, 자신에게 권력을 줄 수 있는 크레온 왕의 딸 글라우케(Glaukē) 공주와 재혼하기로 결심합니다. 이아손은 공주와 결혼하는 것은 어쩔 수 없는 선택이었다고 메데이아에게 변명합니다. "청혼을 거절하면 왕이 노여워하고 우리를 다 쫓아낼 거요. 하지만 내가 공주와 결혼하면 당신과 아이들이 잘살 수 있도록 도와줄 수가 있소. 우리 가족 모두가 사는 길은 이것뿐이오. 여색을 탐해서가 아니라, 당신과 자식들을 구하려는 것이오." 위기에 몰린 사람들이 찾을 수 있는 합리적인 방안처럼 보이지만, 뭐라 해도 그것은 배신임에 틀림없었습니다.

　이런 상황에서 메데이아는 어떻게 해야 할까요? 사랑하는 이아손이 소원을 이룰 수 있도록 축복을 빌며 조용히 물러서야 할까요? 아니면 배신한 이아손에게 처절한 복수를 해야 할까요? 그러나 메데이아의 사랑이란 이아손에 대한 절대적 헌신이었다기보다는 사실 그를 차지하고, 그와 함께 즐거운 삶을 살겠다는 욕망에서 이어져 온 것이었기에, 자신을 떠나겠다는 이아손을 그냥 보낼 수는 없었습니다.

　일단 메데이아는 이아손을 다시 불러서 이렇게 말합니다. "여보, 제가 이 나라를 떠날게요. 대신 이 아이들은 당신이 새로운 신부와 함께 잘 길러 주세요. 공주에게 아이들을 부탁하는 의미에서 선물을 준비했어요. 아이들이 이것을 직접 공주에게 전달하게 해 주세요. 그러면 공주도 기뻐하며 아이들을 받아 줄 거예요." 이렇게 말하자, 이아손도 기뻐했습니다. 메데이아가 자식을 위해서는 희생하고, 남편에 대한 복수를 포기하는 것처럼 보였죠. 하지만 그것은 복수를 위한 작전이었습니다. 아이들이 공주에게 선물을 주자, 공주는 매우 기뻤습니다. 화려한 머리띠를 둘렀고, 아름다운 옷을 입었지요. 그러나 메데이아는 거기에 마법의 약을 발라 놓았죠. 잠시 후 머리띠에서는 불길이 솟아올랐고, 옷은 조여 들어 살을 파고들었습니다. 공주를 구하려고 왕이 왔지만, 둘 다 불길에 휩싸여 까맣게 재가 되고 하얀 뼈만 남았습니다. 이루 말할 수 없이 무서운 여인, 희대의 팜므 파탈 메데이아가 순순히 물러날 리가 없었던 겁니다. 정말 끔찍한 복수였습니다.

남의 가정을 파괴하고 행복을 꿈꾸었던 왕과 공주를 죽였으니, 이제 당연히 이아손에게 복수의 칼날을 돌릴 차례였습니다. 그러나 메데이아의 복수는 보통 사람들이 생각할 수 있는 수준을 넘어섰죠. 그녀가 복수의 칼을 꽂은 것은 이아손이 아니라 두 아들이었습니다. 메데이아는 할아버지인 태양의 신이 보내 준 마차를 타고 두 아들의 시신을 안은 채, 하늘로 올라갔습니다. 그 모습을 본 이아손은 아이들의 시신을 달라고 외쳤지만, 메데이아는 거절했습니다. 그녀를 배신한 것은 이아손인데, 왜 아무 죄도 없는 아이들을 죽였을까요? 그것은 아이들을 낳은 친모로서 자기 자신에게도 크나큰 고통이며, 복수의 명분도 약해질 텐데 말입니다.

이아손도 이상했는지, 메데이아가 두 아이의 시신을 안고 하늘로 올라가자 물었습니다. "그런데 아이들은 왜 죽인 거요?" "그건 당신에게 가장 큰 고통을 주기 위해서였죠." 이아손을 죽이면 고통은 그것으로 끝나지만, 이아손이 살아 있으면 두고두고 괴로울 것이 무엇인지를 생각한 겁니다. 이아손에게서 사랑하는 모든 자들을 제거하고, 사랑할 수 있는 사람이 곁에 하나도 없이 살아가는 고통이 무엇인지를 뼈저리게 느끼게 하려는 것이었습니다. 메데이아는 아이들이 죽으면 자기도 고통스럽겠지만 완전한 복수를 위해 그것마저도 이를 악물고 참았던 겁니다.

또 다른 한편으로는 메데이아가 어쩌면, 사랑을 얻기 위해 아버지와 조국을 배신하고 동생까지 죽였던 자기 자신을 징벌하려는 마음에서 자식까지 죽였던 것은 아닐까 생각해 봅니다. 그녀는 신의를 저버리고 배신을 한 사람은 그 누구든 신의 차원에서 벌을 받아야 한다고 생각했고, 따라서 남편을 벌하면서 동시에 자신도 벌했던 것은 아닌가 싶습니다. 하지만 왜 죄 없는 아이들이 권력을 추구하던 아버지의 배신과 사랑을 추구하던 어머니의 집착 때문에 희생되어야 했는지는 여전히 의문으로 남는 것 같습니다. 파국으로 끝난 두 사람의 이야기, 그러나 그것은 어쩌면 우리 자신들의 일면일지도 모릅니다. 우리도 그들처럼 그렇게 극단적이지는 않지만, 삶 속에서 나와 너의 문제로 아무 잘못이 없는 아이들을 죽고 싶을 만큼 힘들게 하는 것은 아닌지 되돌아보게 합니다.

이아손과 메데이아의 참혹한 비극적인 이야기를 듣고 여러분은 어떤 생각을 하십니까? 권력과 사랑, 이아손과 메데이아는 각자의 욕망을 위해 모든 것을 바쳤지만 무엇이, 어디에서 잘못된 것일까요? 그들을 통해 우리를 비춰 봅니다. 우리는 무엇을 추구하고 있으며 그것을 얻으려 어떻게 하고 있나요? 진정한 사랑과 행복한 삶을 위해 가장 중요한 것은 무엇일까요? 어쩌면 이아손과 메데이아는 우리 자신과 다르지 않다는 생각을 하면서, 그들의 선택을 곰곰이 되새겨 봅니다.

4부

불멸과 필멸

1

헤라클레스,
열두 과업을 완수하다

헤라클레스는 그리스·로마 신화의 최고 영웅입니다. 세계를 지배하는 최고신 제우스와 인간 알크메네(Alkmēnē) 사이에서 난 아들이기에 반신반인의 영웅이었습니다. 제우스의 피가 흘렀으니, 그 힘과 용기는 다른 인간들이 감히 따라올 수 없을 만큼 탁월했지요. 뛰어난 재능을 타고났다는 것은 참으로 부러운 축복이지요?

하지만 헤라클레스에게는 잉태의 순간부터 엄청난 불행이 예고되어 있었습니다. 신적인 능력을 가졌기에 신의 영역에 도전하려는 욕망에 불끈거렸지만, 인간이라는 한계도 함께 가지고 있었기 때문에 번번이 좌절하였고, 고통에 몸부림쳐야만 했습니다. 이상과 꿈이 큰 사람들이 현실의 한계에 부딪힐 때 느끼는 고통과 비슷했지요. 한계에 부딪힐 때의 좌절감을 다스리지 못했기 때문에 거친 성격과 광기 어린 행동, 조절할 수 없는 분노도 나타났습니다. 그 불행의 가장 큰 원인은 제우스의 아내 헤라가 그를 미워했다는 데에 있었습니다.

헤라클레스의 탄생 이야기를 잠깐 해 볼까요? 헤라클레스의 어릴 때 이름은 알케이데스(Alkeidēs)입니다. 알카이오스(Alkaios)의 손자라는 뜻이죠. 알크메네는 알카이오스의 아들 암피트뤼온(Amphitruōn)의 아내였고 이미 그의 아이를 배 속에 가지고 있었습니다. 제우스는 암피트뤼온이 원정을 나간 사이 그의 모습으로 변신해 알크메네와 동침하였고, 결국 그녀는 암피트뤼온의 아들과 제우스의 아들을 쌍둥이 형제로 갖게 되었지요. 헤라는 다른 여인에 마음을 빼앗긴 제우스에게 화가 났고, 알크메네를 질투했죠. 그녀가 낳은 헤라클레스도 미워했습니다.

태어난 두 아들은 판이하게 달랐지요. 알케이데스는 제우스의 핏줄이었지만, 이피클레스(Iphiklēs)는 인간 암피트뤼온의 자식이었기 때문이죠. 그러니 엄밀히 따진다면 알케이데스라는 이름은 헤라클레스가 아니라 이피클레스에게 제격인 이름이었습니다. 우리 상식으로는 그런 식으로 쌍둥이가 태어난다는 것은 이해할 수 없는 일이지만, 고대 그리스인들은 그럴 수 있다고 믿었습니다. 더군다나 쌍둥이로 태어난 두 형제가 힘이나 용기, 능력에서 엄청난 격차를 보였다면, 부모든 이웃이든 저 두 형제가 한 배에서 태어났지만 씨가 다른 게 아닌가 의심했을 겁니다. 헤라는 알케이데스를 죽이고 싶었지요. 그래서 갓난 두 아이의 요람에 맹독을 품은 독사를 보냈습니다. 혀를 날름거리며 다가오는 뱀을 보고 이피클레스는 큰 소리로 울었지만, 알케이데스는 눈을 번득이며 작은 손으로 뱀의 목을 쥐더니 꽉 조여 죽여 버렸답니다. 제우스의 아들임을 여실히 증명한 셈이지요.

성인이 된 알케이데스는 테베의 왕 크레온의 사위가 되었습니다. 기억나시죠? 오이디푸스의 외삼촌이자 처남이라는 기구한 운명의 사나이 크레온 말입니다. 알케이데스는 메가라(Megara) 공주와 결혼하여 자식들을 여럿 낳았지요. 그렇게 유복하게 사는 모습을 헤라는 도저히 견딜 수가 없었습니다. 그녀는 알케이데스에게 광기를 보냈고, 판단력을 잃은 그는 자식들이 자신을 해하려는 적들이라 오인하고 활을 쏴 죽였습니다. 미친 짓이었지요. 안도감과 승리감에 취해 미소를 짓던 순간, 마음에 평온이 찾아오면서 모든 것이 제대로 보였습니다. 자신이 무슨 짓을 저질렀는지를 비로소 깨달은 겁니다.

알케이데스는 가족을 죽였다는 죄책감, 그리고 분별력을 잃고 망나니처럼 행동했다는 수치심을 견딜 수가 없었습니다. 모든 과오를 씻는 방법은 자살이라고 생각했지요. 하지만 자살을 감행하려는 순간, 아테네의 영웅 테세우스가 나타나 자살을 만류했습니다. 대안이 있다는 겁니다. 신탁에 따라 튀린스의 왕 에우뤼스테우스를 찾아가 그 명령에 따른 과업을 수행하면 정화될 수 있다는 거였죠. 에우뤼스테우스는 심술궂고 고약한 인물이었습니다. 알케이데스의 정화를 위해 진지하게 나서는 인물이라기보다는 그를 골탕 먹이려고 했지요. 그의 밑으로 가 명령을 수행하려고 한다면 고통스럽고 굴욕적인 일이 될 게 불을 본 듯 뻔했지요. 알케이데스는 그것이 죽기보다 싫었습니다.

여러분이라면 어떤 선택을 하시겠습니까? 스스로 목숨을 끊음으로써 지난날의 과오를 깨끗이 씻어 내시겠습니까, 아니면 끝까지 살아남아서 굴욕적인 일이라 하더라도 꿋꿋이 수행하면서 지난날의 과오에 대한 책임을 갚아 내는 방법으로 정화를 받으시겠습니까?

깊이 고민하고 있던 알케이데스에게 테세우스는 자살은 과오에 대해 책임을 지는 방법이 아니라, 책임을 회피하는 비겁한 짓이라고 말합니다. 마침내 알케이데스는 테세우스의 조언을 받아들였지요. 단 한 번뿐인 삶, 살다 보면 실수하는 일이 얼마나 많습니까? 실수를 만회하는 방법은 실수를 통렬하게 반성하고 삶을 통해 되갚는 것이지, 죽음으로써 이를 지우는 것은 아니라고 생각했던 겁니다. "내가 왜 살아야 하나? 내 인생은 쓸모없고 저주받은 마당에 산다고 해서 무슨 이득이 있겠는가?" 하고 외치던 그는 마침내 "나는 주어진 삶을 참고 견딜 것이다."라고 결단을 내립니다.

알케이데스는 에우뤼스테우스의 밑으로 들어가 온갖 굴욕과 위험을 다 견뎌 냅니다. 그리고 마침내 그가 부과한 열두 가지 과업을 모두 완수하고 죄를 용서받습니다. 정화의 노력은 그의 업적으로 재평가되었고, 그를 최고의 영웅으로 빛나게 만들었지요. 그리고 이제 그는 새로운 이름을 갖게 됩니다. '헤라클레스!' 헤라의 영광이라는 뜻입니다. 그는 더 이상 인간의 아들 '알케이데스'가 아니었습니다. 비록 헤라로 인해 모진 시련을 당했지만 그 시련을 모두 이겨 내고, 오히려 그로부터 영광을 얻게 된 것입니다. 시련이 없었다면 영광도 없고, 그리스·로마 신화 최고의 영웅 '헤라클레스'도 없었을 테지요. 아마 우리 앞에 놓인 시련도 마찬가지일 겁니다. 회피하고 싶을 만큼 어려운 것일수록, 완수했을 때 따라오는 영광은 더 크고 값진 법이라는 걸 헤라클레스의 이야기를 통해 다시 한 번 기억해 보시길 바랍니다.

자, 그런데 헤라클레스의 열두 과업은 무엇이었을까요? 간략하게 살펴보도록 하겠습니다. 별자리 이야기로 시작해 볼까요? 수많은 별자리 가운데 가장 중요한 별자리로 꼽히는 것이 황도 12궁인데요, 황도는 태양이 지나는 길입니다. 그 길에 자리 잡고 있는 별자리들을 황도 12궁이라고 하는데, 옛날 사람들은 그것을 개인들의 운명과 연결시키곤 했습니다. 그 가운데 뜨거운 한여름의 별자리, 사자자리가 첫 번째 과업과 관련이 있습니다. 이 별자리는 7월 23일부터 8월 22일까지의 생일 별자리입니다. 사자자리의 주인공은 네메이아의 식인 사자였습니다. 그놈의 금빛 가죽은 인간의 무기로는 뚫을 수가 없었고, 발톱은 어떤 것이든 찢고 자를 수가 있을 만큼 날카로웠습니다.

헤라클레스는 이놈에게 화살을 쐈습니다. 하지만 화살이 사자 가죽을 뚫지 못하고 튕겨져 나갔죠. 활은 아폴론에게서 받은 것이었지만, 화살만은 인간이 만든 것이라 소용이 없었습니다. 헤라클레스는 안 되겠다 싶어 곤봉을 들고 사자를 쫓아갔습니다. 돌진 하는 헤라클레스에게 겁을 먹은 사자는 입구가 두 개인 동굴로 도 망갔습니다. 헤라클레스는 한쪽 입구를 커다란 바위를 굴려 막고 다른 한쪽 구멍으로 들어갔습니다. 일대일로 맞붙자 헤라클레스 는 사자의 날카로운 발톱 공격을 피해 가슴을 파고들더니, 두 팔로 사자의 목을 감싸고 있는 힘껏 조이기 시작했습니다. 사자는 빠져 나오려고 발버둥을 쳤지만, 소용이 없었습니다. 요즘 격투기 용어 로 초크 승을 거둔 셈이죠. 사자는 질식한 채 죽었습니다. 헤라클 레스는 사자의 황금 빛깔 가죽을 벗겨야 했는데, 문제는 사자 가죽 이 인간의 칼로는 뚫을 수가 없다는 것이었죠.

어떻게 해야 가죽을 벗길 수 있을까 고심하던 헤라클레스는 섬뜩하게 번쩍거리는 사자 발톱을 보았습니다. 그건 모든 걸 끊을 수 있는 날카로운 것이었습니다. 발톱으로 가죽을 그어 대자, 정말 로 잘라졌죠. 그렇게 해서 사자 가죽을 모두 벗겨 냈습니다. 헤라 클레스는 그것을 갑옷처럼 입고 다녔답니다. 화살이나 창칼도 막 아 내는 튼튼한 방탄조끼 역할을 한 겁니다. 그리고 사자 머리는 헤라클레스의 투구가 되었죠. 이 모습을 본 제우스는 아들을 자랑 스럽게 생각해서 죽은 사자를 하늘의 별자리에 심어 놓았던 겁니 다. 그게 바로 사자자리입니다. 사자자리는 7~8월의 탄생 별자리 지만, 봄철에 가장 잘 볼 수 있습니다. 사자자리의 동쪽에는 곤봉 을 들고 있는 위풍당당한 헤라클레스자리가 있습니다.

두 번째 과업은 7월의 별자리, 정확하게 말하자면 6월 22일부 터 7월 22일까지의 탄생 별자리인 게자리와 관련이 있습니다. 메 소포타미아 문명의 수메르 사람들은 이 별자리를 처음에는 거북 이 모양으로 그렸고, 바빌로니아 신화에서는 가재나 당나귀로 상 상했다고 합니다. 하지만 그리스·로마 신화에서는 이 별자리를 게 자리로 그렸는데, 이에 따라 지금은 모든 사람들이 게자리라고 부릅니다. 헤라클레스의 두 번째 과업이 게를 죽이는 것이었냐고요? 아닙니다. 게와 아무런 상관이 없는 히드라라는 괴물을 처치하는 것이었습니다.

아르고스 지방의 네르나라는 늪에 살던 히드라는 머리가 아홉 개 달린 뱀처럼 생긴 괴물이었습니다. 이 괴물은 네메이아의 사자와 마찬가지로 튀폰과 에키드나의 자식이었습니다. 이놈은 사람들이 애써 가꾼 농작물을 짓밟고, 가축을 잡아먹는 등, 사람들에게 큰 피해를 입혔습니다. 실제로 하천이나 늪지대에 사는 히드라라는 동물이 있는데, 바로 이 신화의 괴물 이름에서 나온 겁니다. 우리가 지금 볼 수 있는 히드라는 1센티미터 정도 되는 작은 동물이지만, 헤라클레스가 상대했던 히드라는 집채만 한 괴물이었습니다. 헤라클레스가 칼로 히드라의 목을 치니까, 그 자리에서 새로운 머리가 돋아났지요. 아무리 머리를 잘라 내도 괴물의 머리가 새로 나오니, 처치할 수가 없었습니다.

헤라클레스는 자신을 수행하던 조카 이올라오스의 도움을 청합니다. 조카에게 숲에 불을 지르게 했고, 이올라오스가 나무에 불을 붙여 던져 주자 헤라클레스는 히드라의 목을 베고 난 다음에, 그 불로 새로운 머리가 다시 자라나지 못하게 지져 버렸습니다. 그러자 히드라의 목은 더 이상 자라나지 않았지요. 그렇게 아홉 개의 목을 하나씩 잘라 내고 지져서 마침내 히드라를 죽였습니다.

그 와중에 헤라 여신은 헤라클레스가 힘을 못 쓰게 하려고 거대한 게를 한 마리 보내서 뒤꿈치를 물게 했지요. 하지만 큰 위협은 되지 못했습니다. 헤라클레스가 발로 짓밟자, 게는 으스러져서 더 이상 힘을 못 쓰고 죽어 버렸습니다. 이를 본 헤라는 자신의 명령을 수행하다가 죽은 게를 불쌍하게 여겨서 별자리로 만들어 주었다고 합니다. 그게 아니라, 게에게 물린 헤라클레스가 화가 나서 있는 힘껏 게를 발로 차 버렸는데, 하늘 끝까지 날아가 천장에 박혀 별자리가 되었다는 이야기도 있습니다.

히드라도 그렇고, 열두 가지 과업 중에 아홉 개의 과업이 괴물을 처리하는 것이었습니다. 옛날에 사람들은 자연재해나 맹수들로부터 피해를 많이 입었기 때문에 그런 괴물을 상상했고, 동시에 그것들을 처치하는 영웅 이야기를 만들었던 것 같습니다. 세 번째 과업은 케뤼네이아에 사는 아르테미스의 황금 뿔이 달린 암사슴을 잡아오는 것이었고, 네 번째는 에뤼만토스산에 사는 멧돼지 괴물을 생포하는 것이었으며, 여섯 번째는 스튐팔로스 호수에 사는 괴물 새 떼를 처치하는 것이었습니다. 이놈들은 들판에서 자라는 모든 과일을 모조리 먹어치웠지요. 멧돼지나 사슴도 모두 농작물을 망쳐 사람들을 괴롭히는 괴물이었던 겁니다. 그 밖에도 크레타 섬에서 날뛰는 황소 포획(일곱 번째), 사람을 잡아먹는 네 마리의 식인 말 가져오기(여덟 번째), 세 몸이 하나로 묶인 게뤼온의 소 떼를 몰고 오는 일(열 번째)을 해냈습니다.

나머지 세 개의 과업은 괴물을 처치하는 일이 아니었습니다. 하나는 청소하는 일이었죠. 아우게이아스(Augeias) 왕은 수많은 가축을 기르고 있었는데, 배설물을 치우지 않아서 외양간에 가득 쌓였습니다. 거기에서 흘러나오는 오물 때문에 주변 토양이 온통 황폐해졌습니다. 이 외양간을 청소하는 것이 다섯 번째로 부과된 과제였습니다. 아우게이아스는 하루 만에 외양간 청소를 끝내면 왕국의 10분의 1을 주겠다고 약속했습니다. 헤라클레스는 인근에 흐르는 강의 물길을 바꿔 외양간으로 흐르게 하여 하루 만에 청소를 완벽하게 끝냈습니다. 요즘 말로 하면 인류의 삶을 위협하는 환경오염 문제를 해결하는 과제였다고 할 수 있습니다.

또 하나는 아마조네스 왕국의 여왕 힙폴뤼테(Hippolutē)의 허리띠를 가져오는 것이었습니다(아홉 번째). 에우뤼스테우스의 딸 아드메테(Admētē)가 당돌하게 그것을 요구한 겁니다. 헤라클레스는 내키지 않았지만, 요구를 거절할 수가 없었습니다. 그녀와 싸우고 싶지는 않았거든요. 그런데 다행히도 힙폴뤼테는 권력의 상징인 허리띠를 기꺼이 내어주었습니다. 그녀도 헤라클레스와 싸우고 싶지 않았던 겁니다. 하지만 둘이 싸우길 원했던 헤라 여신은 분노했고, 아마조네스 중 하나로 변신한 뒤에 헤라클레스 일행을 공격했습니다. 헤라클레스와 힙폴뤼테 사이에는 뜻하지 않게 오해로 인해 싸움이 일어났고, 그는 힙폴뤼테를 죽이게 됩니다.

과업을 완수하고 돌아오는 길에 헤라클레스는 트로이아를 들릅니다. 당시 트로이아는 라오메돈 왕이 다스리고 있었습니다. 여러분이 잘 아시는 트로이아 전쟁이 벌어지기 대략 한 세대 전의 일이었습니다.

그 당시 올륌포스 신들의 세계에서는 제우스에 대한 반란이 있었습니다. 더 이상 제우스의 행동을 참을 수 없다고 헤라가 나섰고, 여기에 아폴론과 포세이돈이 동조했던 겁니다. 제우스는 아내와 형제, 자식들의 반란에 진노했고, 아폴론과 포세이돈에게 트로이아로 가서 라오메돈을 위해 종살이를 하라는 벌을 내렸습니다. 두 신은 인간의 모습을 하고 트로이아로 갔지요. 아폴론은 라오메돈의 소 떼를 돌보았고, 포세이돈은 라오메돈의 지시에 따라 트로이아의 성벽을 쌓았습니다. 두 신이 종처럼 일하면서 맡겨진 일을 끝내자 라오메돈은 그들에게 고마움의 보상을 하기는커녕 모질게 대하며 트로이아에서 내쫓았습니다.

제우스의 형벌이 끝나고 본래 모습으로 돌아온 아폴론은 트로이아에 역병을 보냈고, 포세이돈은 바다 괴물을 보내 트로이아인들을 해치게 만들었습니다. 재앙에서 벗어나려면 라오메돈 왕은 자신의 딸 헤시오네(Hēsionē)를 바쳐야 했습니다. 헤라클레스가 트로이아에 도착했을 때, 그의 눈에는 바다 괴물에 잡혀 있는 헤시오네가 보였습니다. 헤라클레스는 라오메돈에게 헤시오네를 구해 주겠다고 했고, 라오메돈은 트로이아에 있던 신성한 말을 주겠다고 약속했습니다. 그러나 라오메돈 왕은 신들에게 그랬듯이, 헤시오네를 구한 헤라클레스에게도 약속을 지키지 않았습니다.

헤라클레스는 불같이 화가 났습니다. 약속을 어긴 라오메돈을 절단 내지 않으면 화병이 나서 죽을 것만 같았지요. 당장에 복수의 칼을 뽑고 싶었습니다. 여러분이 헤라클레스라도 그런 마음이겠지요? 하지만 헤라클레스는 고민이 되었습니다. 당장 라오메돈에게 복수하고 싶은 마음은 굴뚝 같지만, 헤라클레스는 반드시 해야만 할 일이 있었던 겁니다. 아내와 자식들을 죽인 친족 살해의 죄를 씻어 내는 정화의 과업 말입니다.

만약 헤라클레스가 당장의 분노를 풀기 위해 복수를 하려면 트로이아에 머물면서 라오메돈과 싸워야 합니다. 그렇게 되면 남은 과업을 완수하는 일은 뒤로 밀리게 되고 약속된 12년의 기한을 넘길 수도 있었습니다. 만에 하나 라오메돈의 군대와 싸우다가 죽기라도 한다면, 아내와 자식들을 죽인 죄를 영영 씻을 수가 없게 됩니다. 그래도 괜찮을까요? 하지만 복수를 나중으로 미루고 죄를 정화하기 위한 과업으로 돌아간다면 어떻게 될까요? 만에 하나 남은 과업을 완수하던 중에 사고라도 당한다면, 복수의 길은 영영 막히고 말 것입니다. 자신의 죄를 씻는 것이 중요한지, 아니면 나에게 죄를 지은 자를 응징하는 것이 더 중요한지, 헤라클레스는 심각하게 고민할 수밖에 없었습니다.

헤라클레스는 복수와 응징의 강렬한 욕망을 누르고 자신이 해야 할 일을 하기로 결심했습니다. 이 결심 또한 자신의 죄를 씻고 싶은 욕망에서 나온 것이라고 말할 수도 있겠지요. 복수가 가져다줄 달콤한 만족이 욕망이라면, 죄를 씻어 내고 얻을 후련함도 욕망일 수 있으니까요. 어쨌든 헤라클레스는 복수의 욕망을 누르고 정화를 위한 길을 가기로 결심합니다.

헤라클레스의 열한번 째 과제는 헤스페리데스(Hesperides)의 황금 사과를 가져오는 것이었습니다. 우여곡절이 있었지만, 지혜와 용기를 발휘해서 헤라클레스는 황금 사과를 가져왔지요. 사실 원래 정화를 위한 과제는 모두 10개였는데, 에우뤼스테우스는 히드라를 물리친 일은 조카의 도움을 받았다는 이유로, 아우게이아스 왕의 외양간 청소는 대가를 받았다는 이유로 무효화시켰기 때문에 모두 12개의 과제로 늘어났던 겁니다. 처음 아홉 가지 과업은 그리스 본토 안에서 해결할 수 있는 일이었지만, 너무 쉽게 해결하자 에우뤼스테우스는 주어진 시간 안에 과업을 수행할 수 없도록 방해하기 위해 나머지 세 가지 과제는 그리스의 동쪽과 서쪽 끝, 심지어 지하의 하데스 세계로 가게 하였지요. 마지막 열두 번째 과제는 하데스의 문지기였던 케르베로스를 데려오는 것이었습니다. 그놈은 튀폰과 에키드나의 자식으로 머리가 셋이나 달린 괴물 맹견이었습니다. 하지만 헤라클레스는 모든 과제를 완수하고 마침내 자식들을 죽인 죄를 씻게 됩니다.

헤라클레스의 이야기는 분명 옛날이야기지만, 우리가 즐길 수 있는 것은 단순히 재미있기 때문만은 아닌 것 같습니다. 오늘날에도 수많은 문제들이 사람들을 고통스럽게 하는데, 그것을 해결하려고 노력하는 사람이 바로 오늘날의 헤라클레스라고 할 수 있을 겁니다. 자신의 실수 때문에 자살을 하려고 했던 헤라클레스가 위대한 영웅으로 거듭날 수 있었던 것은 바로 그 실수를 만회하려는 필사적인 노력 덕택이었다고 할 수 있습니다. 살아 있는 한, 희망도 살아 있지만 죽음을 택하는 순간 모든 것이 끝난다는 것을 헤라클레스의 신화가 잘 보여 줍니다.

2

죽음을 이겨 내고 신이 된
헤라클레스

헤라클레스는 초인적인 힘을 보여 주었을 뿐만 아니라, 신들이 하지 못하는 일도 척척 해내는 '초신'적인 인물이기도 합니다. 그는 죽음과 싸워 이기고, 죽어서도 죽음을 이겨 내고 부활하여 마침내 신이 되었지요. 죽은 자를 살려 내고 죽음을 이겨 낸 이야기는 의학의 신 아스클레피오스의 일화와도 비슷하고, 기독교의 예수 부활과도 어느 정도 비슷한 점이 있습니다.

먼저 그가 죽음과 싸워 이긴 이야기는 아드메토스와 관련이 있습니다. 그는 그리스의 테살리아 지방, 페라이의 왕이었습니다. 이아손이 황금 양털을 찾으려고, 아르고호라는 배를 만들어 영웅들을 모으는데, 오르페우스, 헤라클레스와 함께 아드메토스도 참여합니다. 그가 헤라클레스의 절친한 친구인 이유도 있었겠지만, 이아손과는 사촌이었으니, 황금 양털 원정에 참여할 만하지요? 아드메토스의 부인은 알케스티스였는데, 이아손에게 모질게 굴던 펠리아스의 딸이었습니다. 그러니 그녀의 아버지 펠리아스는 아드메토스의 삼촌이고, 알케스티스와 아드메토스도 사촌이었던 겁니다. 아드메토스는 알케스티스에게 첫눈에 반했고, 청혼을 했습니다. 그러자 펠리아스는 사자와 멧돼지가 함께 끄는 전차를 몰아 보라고 말합니다. 그때 아폴론 신이 나타나 아드메토스를 도와주었고, 알케스티스을 아내로 맞이할 수 있게 됩니다.

아폴론이 아드메토스를 도와준 데는 다 이유가 있었습니다. 앞서 제우스가 아폴론의 아들 아스클레피오스를 벼락으로 쳐 죽인 이야기를 해 드렸죠. 화가 난 아폴론은 제우스에게 벼락을 만들어 주던 외눈박이 거신 퀴클롭스를 죽였습니다. 이 사실을 안 제우스는 아폴론에게 "아드메토스의 소를 쳐라" 하고 벌을 내렸습니다. 아드메토스는 목동으로 찾아온 아폴론을 정중하게 대해 주었죠. 아폴론은 아드메토스의 행동에 감동했고, 징계가 끝난 후에는 그에게 여러 가지 도움을 주었는데, 알케스티스와 결혼하게 도왔던 것도 그 중 하나입니다.

아폴론이 아드메토스에게 내린 가장 큰 선물은 생명을 연장시켜 준 겁니다. 아폴론은 아드메토스가 운명이 다해 죽게 되는 날에 식구들 중 누군가가 그를 대신해서 죽겠다고 나선다면 죽음을 피할 수 있게 해 줬습니다. 그리고 마침내 그날이 찾아왔지요. 죽음의 신 타나토스가 찾아오자 아폴론은 아드메토스에게 그 사실을 알려줬죠. 아드메토스는 죽음을 피하기 위해 '죽음 면피용 카드'를 써야 했습니다. 그런데 아폴론이 준 그 '카드'를 쓰려면 아드메토스 대신에 누군가가 죽어야 하는데, 과연 누가 선뜻 나설까요?

아드메토스는 먼저 연로하신 부모님을 찾아갑니다. 살 만큼 사셨으니, 자식을 위해 희생하겠다는 결단을 해 주시리라 내심 기대했던 거지요. 하지만 아드메토스의 부모는 그런 감동스러운 장면을 만들지 않았습니다. 딱 잘라 거절했지요. "내가 왜 너 대신 죽어야 하느냐? 네 운명은 너의 것, 그냥 네가 죽어라." 아드메토스가 잔뜩 불만을 토로하자, 아버지 페레스는 이렇게 대꾸합니다. "내가 너에게 무슨 부당한 짓을 했느냐? 너에게서 무엇을 빼앗았느냐? 나는 너를 위해 죽지 않을 테니, 너도 나를 위해 죽지 말거라. 지하의 삶은 길고 이곳의 삶은 짧지만 얼마나 감미로우냐! 명심해라.

네가 네 목숨을 사랑한다면, 남들도 모두 자기 목숨을 사랑한다는 것을!"

냉정하지만, 말은 맞지요? 사실 자기가 살겠다고 부모에게 대신 죽어 달라고 하는 아들도 잘한 건 없습니다. 아드메토스는 난감했습니다. 어린 자식들에게 자기 대신 죽어 달라고 할 수도 없고……. 아폴론이 준 카드, 정작 쓰려고 보니 별 쓸모가 없어 보입니다. 이제 꼼짝없이 죽어야 하나 좌절하고 절망하고 있을 때, 알케스티스가 남편 대신 죽겠다며 나섭니다. 아름답고 감동적이지요. 하지만 알케스티스에게는 다른 선택이 없었습니다. 남편이 죽으면 자식들을 데리고 과부로 살아가야 하는데 만만치 않았겠지요. 시부모도 깐깐하고, 왕이 죽으면 권력을 놓고 암투가 벌어질 수도 있는데 그 와중에 끔찍한 변을 당할 수도 있고, 이럴 바에는 차라리 내가 죽는 게 낫겠다, 이런 판단에서 희생을 선택했을지도 모르겠습니다. 하지만 그렇다고 해도, 알케스티스의 결단과 행동을 폄하할 수는 없지요.

이렇게 해서 알케스티스는 죽고 마는 걸까요? 하지만 반전이 있습니다. 아드메토스는 아내의 장례식을 치르면서 슬퍼하지만, 뼈저리게 후회도 합니다. 자기 목숨을 살리겠다고 예쁘고 착한 아내를 죽게 만들다니, 자괴감이 들었던 겁니다. 그러는 사이에 갑자기 그의 절친한 친구인 헤라클레스가 찾아왔습니다. 아드메토스는 헤라클레스에게 아내의 장례식을 숨기고, 이방인 하녀의 장례라고 거짓말을 합니다. 먼 곳에서 자기 집을 찾아온 친구의 마음을 불편하게 만들까 봐 걱정이 되었던 겁니다. 훌륭한가요? 가만 생각해 보면, 자기 아내를 죽게 만들어 놓은 사람이 친구에게는 배려심이 지극한 모습이 좀 그렇습니다.

친구의 배려로 헤라클레스는 신나게 먹고 마시고 가무를 즐겼습니다. 그런 헤라클레스의 모습을 보고 하인 하나가 한심하다는 듯 인상을 찌푸리자, 그는 이렇게 말합니다. "인간은 누구나 죽는다. 내일도 살아 있을지 아는 사람은 아무도 없다. 운명이 어디로 향할지 누구도 알 수가 없다. 그러니 너도 그러지 말고, 마시고 즐기면서 오늘의 인생은 너의 것으로 여기고, 나머지는 운명에 맡겨라." 그러자 참다못한 하인이 모든 진실을 말해 줬고, 헤라클레스는 깜짝 놀랍니다. 아드메토스가 자신을 속였기 때문에 의도하지 않은 무례를 범했으니 친구가 괘씸하기도 했고, 미안하고, 고맙기도 했던 거지요. 그러면 모든 사실을 다 알고 난 헤라클레스는 어떻게 했을까요?

그는 황급히 어딘가를 다녀오더니, 아드메토스에게 말했습니다. "그대는 고귀한 아내를 잃었다. 누가 부인할 수 있겠는가? 지금은 불행이 몹시 아프게 느껴지겠지만, 세월이 가면 누그러질 것이다. 되도록 빨리 슬픔에서 벗어나고 삶을 새롭게 시작하라. 자, 여기 내가 데려온 이 여인을 그대의 침실에 받아들여라. 그녀는 그대의 그리움을 끝내 줄 것이다." 헤라클레스가 죽은 아내의 장례식을 치르는 친구에게 새로운 여자를 데려온 걸까요? 당연히 아드메토스는 거절했습니다. 적어도 처음에는 말입니다. "지금 그대 뭐라고 했는가? 닥쳐라. 그대가 그런 말을 할 줄 정말 몰랐다. 비록 알케스티스가 살아 있지는 않지만, 그녀를 배신하느니 차라리 내가 죽어 버리겠다. 여기 이 여인을 집에 받아들이다니, 그대의 아버지 제우스의 이름으로 맹세하건데, 그건 안 될 말이다." 이렇게 단호하게 거절했습니다. 그러나 헤라클레스는 아랑곳하지 않고 계속해서 밀어붙입니다. "내 말대로 하지 않으면 그대는 큰 실수를 저지르게 될 것이다." 결국 아드메토스는 헤라클레스가 데려온 여인을 자신의 침실로 받아들이게 됩니다.

어떤가요? 자기 대신 죽은 아내의 장례식을 막 끝낸 아드메토스가 곧바로 다른 여자를 침대로 들이다니요. 어떻게 그럴 수가 있는 걸까요? 정말 실망이 크지요? 그런데 바로 여기에 반전이 있었습니다. 왜냐하면 헤라클레스가 데려온 여인은 다름 아닌 알케스티스였던 겁니다. 하인으로부터 모든 사실을 알게 된 헤라클레스는 곧바로 정신을 차리고 저승인 하데스 쪽으로 달려갔습니다. 다행히 아직 죽음의 신 타나토스는 알케스티스의 혼백을 하데스로 완전히 데려가지는 않은 상태였지요. 헤라클레스는 죽음의 신 타나토스와 싸웠고, 결국 이겨서 알케스티스의 혼백을 다시 아드메토스의 궁전으로 데려올 수 있었던 겁니다.

죽은 아내가 다시 살아난 것에 아드메토스가 기뻐하며 깨우려고 하자, 헤라클레스는 온전히 생명을 회복하여 부활을 하려면 3일을 기다려야 한다고 말해 줍니다. 이렇게 알케스티스는 죽겠다는 각오로 남편을 살리기 위해 희생을 결행했고, 결국 남편도 살리고 자신도 살게 되는 부활의 기적을 보여 주었습니다. 이렇듯이 남을 위한 희생은 그 자체로도 아름답고, 더 나아가 너와 나, 우리 모두를 살리는 기적을 낳는 법이지요. 그리고 그 기적의 중심에 헤라클레스가 있었습니다. 그는 죽음의 신 타나토스와 싸워 이겼던 겁니다.

자, 그러면 이번에는 헤라클레스가 자신의 죽음을 이겨 내는 장면으로 가 볼까요? 그의 죽음은 그리스 3대 비극 작가의 한 사람인 소포클레스의 비극 작품 『트라키스의 여인들(Trakhiniai)』에 잘 나와 있습니다. 트라키스는 헤라클레스가 말년에 머물던 곳입니다. 비극의 제목으로 나온 '트라키스의 여인들'은 헤라클레스의 아내였던 데이아네이라(Dēïaneira)를 곁에서 돌보던 여인들을 가리킵니다. 그리스 비극은 배우들이 연기를 하는 사이사이에 합창단이 노래를 하는데, 이 비극에서는 합창단이 트라키스의 여인들 역할을 하고 있습니다. 제목과는 달리 실제 주인공은 데이아네이라입니다. 헤라클레스에게는 62명의 아내가 있었다고 하는데, 데이아네이라는 그중에 마지막 아내였습니다. 아내가 62명이라고 하니, 과연 제우스의 아들답지요?

그런데 62명의 아내 가운데 50명은 테스피오스 왕의 딸이었습니다. 어느 날 헤라클레스는 테스피오스의 왕국에 가게 됩니다. 그곳에서는 무서운 사자가 왕의 가축들을 잡아먹었습니다. 왕은 헤라클레스에게 사자를 잡아 달라고 부탁했죠. 그래서 헤라클레스는 50일 동안 그곳에 머물면서 사자 사냥을 다녔고, 마침내 사자를 잡아 죽였습니다. 이때 왕은 헤라클레스의 체격과 용기에 반해서, 그를 닮은 손자를 얻고 싶었습니다. 그래서 밤마다 50명의 딸을 하나씩 50일 동안 헤라클레스의 침실에 들여보냈습니다. 헤라클레스는 밤마다 들어오는 여인이 한 사람인 줄로만 알았는데, 그게 아니었습니다. 왕의 계획은 성공했습니다. 50명의 딸이 모두 임신했고, 헤라클레스를 닮은 건장한 아들을 낳았으니까요. 그때 헤라클레스는 겨우 열여덟 살이었다고 합니다.

데이아네이라와는 어떻게 결혼하게 되었을까요? 헤라클레스가 열두 가지 과업 중에 마지막 과업을 수행하던 중에, 저승 세계 하데스로 내려가 머리가 셋 달린 개 케르베로스를 잡아오는 것이 있었지요. 그때 저승에서 멜레아그로스(Meleagros)라는 영웅의 혼백을 만납니다. 그는 헤라클레스에게 자기 누이와 결혼해 달라고 부탁했습니다. 헤라클레스는 멜레아그로스의 부탁에 따라 데이아네이라와 결혼을 했던 겁니다. 그들은 데이아네이라의 고향에 머물면서 휠로스(Hyllos)라는 아들도 낳았죠. 하지만 그곳에서 문제가 생겨 그들은 떠나야 했고, 새로운 정착지를 찾아갔습니다. 그렇게 떠돌다 큰 강을 만나게 되었는데, 그때 켄타우로스족 가운데 네소스(Nessos)라는 자가 나타났습니다.

네소스는 큰 강을 앞에 두고 쩔쩔매는 헤라클레스 부부에게 다가가 도와주겠다며, 먼저 헤라클레스를 등에 태우고 강을 건넜습니다. 다시 돌아온 네소스는 데이아네이라를 등에 태우고 강으로 들어가더니, "당신을 보는 순간 사랑하게 되었소. 내 사랑을 받아 주세요"라며 데이아네이라를 범하려고 했습니다. 그녀는 강력하게 거부했고, 도움을 요청했습니다. 분노한 헤라클레스는 활을 쏴서 네소스를 맞혔습니다. 그런데 네소스가 죽어 가면서 데이아네이라에게 말했죠. "내가 당신을 사랑한 건 진심이었소. 나는 죽지만, 당신을 사랑하는 마음만은 그대로 간직하고 죽으니 행복합니다. 당신에게 선물을 하나 주겠소. 내 상처에서 흐르는 피를 여기에 담으세요. 사랑의 묘약이 될 겁니다. 당신의 남편이 다른 여자를 사랑하게 되면, 이것을 그의 옷에 바르세요. 그러면 사랑을 되찾을 수 있습니다." 데이아네이라는 네소스에게 연민을 느끼고 그의 말을 진심으로 받아들였습니다. 그래서 그의 피를 작은 병에 담아 간직했죠. 그 후 그녀와 헤라클레스는 트라키스에 정착하게 됩니다.

헤라클레스 가족이 트라키스에 도착하자, 그곳의 왕은 그들을 환영했습니다. 얼마 후, 헤라클레스는 전쟁에 참전했죠. 1년하고도 3개월이 지났는데 헤라클레스가 트라키스로 돌아오지 않는 거예요. 그러자 데이아네이라의 걱정은 깊어 갔습니다. 그녀는 아들 휠로스를 불러서 아버지 소식을 알아오라고 하지요. 얼마 후, 전쟁터에서 전령이 도착합니다. "헤라클레스께서 승리를 거두고 돌아오고 계십니다." 데이아네이라는 걱정에서 벗어나 기쁨에 들뜨지요.

하지만 불길한 소식도 있었습니다. 전쟁에서 승리한 헤라클레스가 수많은 전리품과 함께 노예로 쓸 포로들을 끌고 오는데, 그 중에 아름다운 소녀가 있는 겁니다. 전령은 이렇게 말했지요. "마님, 다른 것은 무엇이든 주먹과 힘으로 제압하시던 나리께서 저 소녀에 대한 사랑에는 완패하셨습니다." 이 말을 들은 데이아네이라

그리스 신화에서 가장 유명한 영웅 헤라클레스는 죽은 자를 살려 내고 자신의 죽음마저 이겨 냈습니다. 우리가 가진 생의 의지를 이보다 더 잘 대표하는 존재도 없을 듯합니다.

는 분노와 질투에 휩싸였습니다. 그러나 그녀는 그 소녀에게 해코지하거나 헤라클레스에게 앙심을 품기보다는 어떻게 해서든 다시 헤라클레스의 마음을 돌려놓으려고 했습니다. 데이아네이라는 예전에 네소스가 줬던 '사랑의 묘약'을 쓰기로 결심하지요. 헤라클레스가 입을 옷을 준비한 후에, 거기에 사랑의 묘약을 발랐습니다. 과연 '사랑의 묘약'이 효과를 발휘했을까요?

아주 큰 효과가 있었습니다. 하지만 그것은 데이아네이라가 기대하던 효과가 아니었습니다. 반대로 헤라클레스에게 죽임을 당했던 네소스가 원하던 효과를 낸 겁니다. 그 약은 사랑의 묘약이 아니라, 복수의 마약이었던 겁니다. 얼마 후, 전쟁터에 갔던 아들 휠로스가 데이아네이라에게 자기가 보았던 끔찍한 장면을 전해 주며 분노했습니다. 데이아네이라가 보내 준 옷을 헤라클레스가 입자, 갑자기 옷이 조여 들면서 헤라클레스의 피부로 파고들었다는 겁니다. 고통에 몸부림치던 헤라클레스가 옷을 뜯어 내자, 살갗까지 뜯겨져 나갔고, 그렇게 아버지가 죽었다는 거였습니다. 그녀는 이름값을 한 셈입니다. '데이(Dēi-)'는 '파괴하다'는 뜻이고, '아네르(anēr)'는 남자라는 뜻이니, 그녀의 이름은 '남자의 파괴자'가 됩니다. 그 이름 그대로 결국 남자 중의 남자 헤라클레스를 파멸시켰던 겁니다. 화가 난 아들은 어머니에게 아버지의 죽음에 대해 책임을 져야 한다고 다그쳤고, 그 말에 충격을 받은 데이아네이라는 침실로 들어가 스스로 목숨을 끊었습니다.

그런데 반전이 하나 숨어 있었습니다. 휠로스는 자기가 지나친 분노를 터뜨려서 어머니가 자살을 한 거라고 자책하며 슬퍼하고 있는데, 잠시 후 죽은 줄로만 알았던 헤라클레스가 아직 죽지 않고 트라키스로 실려 온 겁니다. 그걸 본 휠로스는 경악하죠. 자기가 조금만 더 침착했더라면 아버지가 살아 있다는 걸 확인했을 테고, 그랬다면 어머니를 죽게 만들지 않았을 거라는 자책이 더욱

439

더 커진 겁니다. 고통에 신음하던 헤라클레스는 휠로스에게 아주 끔찍한 부탁을 하죠. "아들아, 이 아비를 불쌍히 여겨 주저 없이 칼을 빼어 들고 내 가슴을 찔러 네 어머니가 내게 준 이 고통에서 벗어나게 해다오."

아들로서 아버지의 부탁을 거절할 수도 없고, 복종할 수도 없고, 참 난처했습니다. 이 와중에 헤라클레스가 데리고 온 노예 소녀는 어떻게 되나 궁금하기도 하고요. 헤라클레스는 아들에게 자기를 빨리 죽여 달라고 부탁하면서, 또 한 가지 난감한 부탁을 덧붙입니다. "그리고 저기 저 소녀, 이올레(Iolē)를 네 아내로 삼아 결혼하거라." 소포클레스의 비극 마지막 장면을 보면, 헤라클레스는 그 소녀를 자기 첩으로 데려온 게 아니라, 며느리로 삼으려고 데려온 것 같기도 합니다. 만약 그렇다면, 헤라클레스에게 사랑을 빼앗겼다는 전령의 보고와 데이아네이라의 분노는 모두 오해인 셈이죠. 오해가 오해를 낳고, 모든 것이 엉킨 가운데 헤라클레스가 어이없이 죽은 겁니다.

전설에 따르면, 헤라클레스는 죽기 전에 장작을 쌓고 그 위에 올라가 누웠고, 불을 붙이게 했답니다. 그리스인들은 불이 모든 불결한 것을 태워 버리는 신비로운 정화의 힘이 있다고 믿었습니다. 그렇게 인간의 몸에서 벗어난 헤라클레스는 올림포스 정상으로 올라가 제우스와 만나 신이 되었고, 헤라와도 화해하고 그녀의 딸이자 청춘의 여신 헤베와 결혼을 했다고 합니다. 그리고 별자리로 남아 찬란하게 밤하늘에 빛나고 있습니다.

3

오르페우스,
하데스로 내려가다

음악과 시, 비극과 희극, 나아가 웅변, 역사, 천문학까지 예술과 학문을 가호하는 신이 있습니다. 아름답고 매혹적인 아홉 명의 무사 여신입니다. 그중 가장 뛰어난 이는 장엄한 서사시와 유창한 웅변을 지배하는 칼리오페지요. 칼리오페는 트라케의 오이아그로스 왕과 사랑하여 반신반인의 영웅을 낳았습니다. 바로 오르페우스 입니다. 그는 어머니를 닮아 음악적 재능이 뛰어났습니다.

그래서 그런지, 오르페우스의 아버지도 인간 오이아그로스가 아니라 음악의 신 아폴론이라는 이야기도 전해집니다. 그렇다면 오르페우스는 한낱 인간 영웅이 아니라 하나의 신이라는 말이 됩니다. 하지만 오르페우스를 신이라고 말하기가 좀 부담스러워서인지 아폴론이 오르페우스의 아버지가 아니라 스승이었다는 이야기도 있지요. 원래 무사 여신들과 아폴론은 파르나소스산에서 함께 지내며 음악과 춤을 즐기곤 했는데, 이때 아폴론은 칼리오페의 아들 오르페우스를 보고 특별히 귀여워하면서 음악을 가르쳐 주고 나중에는 자신의 뤼라를 선물로 주었다고 합니다.

오르페우스는 황금 양털을 찾는 아르고호의 모험에 이아손과 함께 참여하기도 했습니다. 다른 영웅들은 힘과 용기, 지혜에서 뛰어난 능력을 보이는 반면에 그는 유약해 보였죠. 그러나 그는 다

441

른 누구도 할 수 없는 일을 해냈습니다. 황금 양털을 찾아가는 머나먼 항해에 지칠 때마다, 오르페우스는 리라를 켜고 노래를 불러 지친 전사들의 몸과 마음에 활력을 불어 넣어 주었던 겁니다. 그의 음악을 들은 영웅들은 언제 그랬냐는 듯이 새로운 힘을 얻고 씩씩하게 노를 저을 수 있었지요.

오르페우스와 관련해서 가장 유명한 이야기는 그의 아내 에우리디케와의 사랑입니다. 결혼식이 열리던 날, 에우리디케는 물의 님페들과 함께 풀밭을 거닐다가 독사에게 복사뼈를 물려 쓰러졌고, 그 즉시 세상을 떠나고 말았습니다. 슬픔을 이기지 못한 오르페우스는 비탄의 노래를 불렀고, 그 애절한 노래에 이끌려 수많은 님페들과 신들이 몰려들어 그를 위로했지요. 그리고 그렇게 슬퍼만 하지 말고 지하의 저승 세계로 내려가 보라고 했습니다. 깜짝 놀랄 만한 제안이었지요. 산 사람이 저승으로 내려가기도 어렵겠지만, 저승으로 내려간들 무슨 수가 있겠습니까?

오르페우스는 슬픔을 목 놓아 노래할 수는 있어도, 아내를 따라 죽음의 세계로 내려갈 생각은 감히 할 수 없었습니다. 그러나 시간이 지나도 슬픔이 잦아들지 않고 오히려 더욱더 커져만 갔고, 상실과 고독의 고통은 깊이 곪아 갔습니다. 사람은 죽음이 두려울 땐 살려고 발버둥치지만, 삶의 고통을 견딜 수 없을 때는 죽고 싶은 법이죠. 오르페우스도 그런 극단적인 결심을 하게 되었습니다. 그렇다고 그냥 자살을 한 것은 아닙니다. 산 채로 저승으로 내려가 죽은 아내를 만나려고 했죠. 그리고 할 수만 있다면, 죽은 아내를 되살려 내고 싶었습니다. 그는 슬픔으로 흐트러졌던 마음을 추스르고 이승과 저승을 가르는 스튁스강으로 갔습니다.

그곳에는 죽음의 뱃사공 카론이 있었지요. 오르페우스는 자신의 슬픔을 애절한 가사와 곡조에 실어 노래를 불러 카론을 감동시켰습니다. 오직 망자의 혼백만을 저승으로 실어다 주던 카론은 살아 있는 오르페우스를 저승의 문까지 실어다 주었습니다. 저승을 지키던 머리 셋 달린 맹견 케르베로스도 오르페우스의 음악에 취해 온순해졌고, 그가 저승의 문을 통과하는 데에 아무런 제지도 가하지 않았습니다. 마침내 오르페우스는 저승의 신 하데스와 페르세포네 앞에 섰고, 죽은 아내를 돌려 달라 애원하며 영혼을 다 바쳐 노래를 불렀지요. 그의 노래를 들은 하데스와 페르세포네는 오르페우스의 간청을 거절할 수가 없었습니다. 마침내 하데스는 입을 열었습니다. "너의 애절한 노래에 내 마음이 감동하여 네 아내를 돌려주겠다. 네 아내의 혼백은 너를 따라갈 것이다. 그러나 너는 저승의 문턱을 다 넘어갈 때까지 절대로 뒤를 돌아보아서는 안 된다."

소원을 이룬 오르페우스는 기뻐하며 하데스와 페르세포네에게 감사의 인사를 올리고 아내의 혼백을 이끌고 저승 세계를 나가기 시작했습니다. 소리 없는 적막을 지나며 가파른 오르막길을 오르고, 짙은 안개의 어두운 동굴을 뚫고 가야만 했습니다. 올 때보다 더 길고 멀고 험하게 느껴졌지요. 아내의 발자국 소리라도 들리면 안심이 될 텐데, 숨소리조차 느껴지지 않았습니다. 처음엔 죽은 혼백이라 그런가 보다 했지만, 저승의 심연에서 멀어지고 이승에 가까워질수록 기대보다는 불안이 깊어 갔습니다. '아내가 잘 따라오고 있는 것일까? 혹시 중간에 나를 놓치고 길을 잃고 헤매는 것은 아닐까?' 걱정하던 대로라면 자기 혼자 저승을 나가게 되고, 길 잃은 아내는 영영 다시 만나지 못할 것입니다. 그렇게 생각하는 순간 아찔했습니다. 딱 한 번만 확인해 보고 싶었지요. 여러분도 그 심정을 이해하시겠지요? 여러분이 오르페우스라면 그런 걱정을 완전히 떨쳐 내고 약속대로 그대로 가실 수 있겠습니까?

꾹 참았던 오르페우스는 더 불길한 생각에 휩싸였습니다. '혹시 하데스가 나를 속인 것은 아닐까? 나보고 뒤를 돌아보지 말고 걸으라고 해 놓고, 나 혼자 걷게 만든 것은 아닐까? 에우리디케는 애초부터 한 발짝도 움직이지 않았던 것은 아닐까?' 걱정보다 의심은 더 강했습니다. 결국 오르페우스는 뒤를 돌아보고 말았지요. 어떻게 되었을까요? 그러나 그의 걱정과 불안, 의심은 모두 근거 없는 망상이었습니다. 그의 뒤에는 사랑하는 에우리디케가 있었으니까요. 후회가 파도처럼 밀려왔지만 늦었습니다. 사태를 돌이킬 수는 없었지요. 손을 뻗어 아내를 잡으려고 했지만, 아내는 바람처럼 미끄러져 갔습니다. 간절하고 안타까운 눈빛으로 그녀는 오르페우스를 바라보았지만, 아무런 불평도 하지 않았습니다. 대신 옅은 미소를 지으며 "여보 고마워, 안녕"이라고 말하는 것 같았습니다. 비록 약속을 끝까지 지키지 못해 실패했지만, 자신을 구하려고 죽음의 세계까지 와 준 남편이 진심으로 고마웠던 겁니다.

　뒤돌아 보지 말라는 경고를 끝까지 지키지 못한 오르페우스를 보면서, 우리가 열망하는 것을 얻는 일이 얼마나 어려운가를 새삼 느끼게 됩니다. 오르페우스가 조금도 의심하지 않고 끝까지 믿었다면 아내를 다시 만날 수 있었을 텐데, 그는 실패하고 말았지요. 이를 통해 우리는 의심보다는 믿음과 희망이 더 중요하다는 것을 깨닫게 됩니다. 보이지 않는 것에 대한 믿음이 보이는 현실보다 더 중요할 때가 있는 것이 우리 인생이니까요. 우리는 누군가와 약속을 하고 일을 할 때, 상대에 대한 믿음을 잃을 때가 있습니다. 상황이 잘 돌아가는지 걱정이 되어 약속한 길을 따라가는 것이 바보 같은 짓은 아닐까 의심하는 때도 있지요. 그것은 나 자신과의 약속에서도 마찬가지입니다. 오르페우스의 이야기는 지금 우리의 삶의 방식에 관해 의미심장한 시사점을 던져 줍니다. 앞만 보고 앞으로 가야 할 때가 있다는 것, 걱정과 의심에 휩싸여 뒤돌아보다가는 일을 그르칠 수 있다는 것, 그리고 자신과 다른 사람을 믿어 주는 뚝심이 필요하다는 것 말입니다.

아내가 죽은 이후로 오르페우스는 오직 에우리디케만을 생각하며 살았답니다. 많은 여인들이 그의 음악에 매료되고, 슬픔에 연민을 느껴 접근했지만, 오르페우스는 다른 여인을 마음에 담을 수가 없었습니다. 일부 여인들은 오르페우스의 냉담한 태도에 모욕을 느끼기까지 했지요. 여자라면 아내에 대한 순정을 지키는 남자를 존중해 줘야 할 것 같은데, 그렇지 않았던 겁니다. 특히 트라키아 여인들은 호의를 가지고 오르페우스를 위로해 주었는데도 그가 유별나게 외면하니까 자존심이 많이 상했습니다. 게다가 오르페우스가 여인들은 멀리하면서도 소년들과는 아주 가깝게 지냈는데요, 그 수준이 거의 동성애에 가까웠다고 하니, 여인들이 더 기분이 나빴던 겁니다. 오르페우스의 죽음에 관해서는 여러 가지 설이 있는데, 그중 하나가 바로 화가 난 트라키아 여인들이 오르페우스를 찢어서 죽였다는 겁니다. 이를 불쌍하게 여긴 신들은 그들이 사랑했던 오르페우스의 음악이 영원하도록 그의 뤼라를 하늘의 별자리로 만들어 주었다고 합니다. 그리고 오르페우스가 죽음의 세계에서 살아났던 경험을 통해 죽지 않고 천상에 이르는 비결을 사람들에게 알려 주었다는 전설이 있는데, 이에 따라 고대 그리스에서는 오르페우스를 섬기는 종교도 생겨났습니다. 오르페우스가 신으로 거듭났다는 것이지요.

고대 그리스·로마인들은 인간의 삶에서 음악이 얼마나 중요한가를 오르페우스의 이야기로 보여 준 것이죠. 에우리디케를 저승에서 구해 낼 뻔한 일은 음악이 죽음을 이겨 낼 수 있는 힘을 갖고 있다는 메시지를 담고 있지요. 실제로 누군가의 노래를 듣거나, 한 곡의 음악을 듣고 절망을 이겨 내기도 하고, 새롭게 살아갈 힘과 희망을 되찾고, 아침에 하루를 일할 수 있는 활력을 얻는 일들이 신화적으로는 오르페우스가 에우리디케를 저승에서 데려오는 것과 같다고 할 수 있지요. 철학자 니체는 "음악이 없다면 세상은 오류다"라는 말도 했습니다. 그런 점에서 아름다운 음악과 힘을 주는 노래를 들려주는 음악가들에게 이루 말할 수 없이 감사한 마음입니다.

4

카스토르와 폴뤼데우케스,
쌍둥이자리가 되다

서양인들은 하늘의 별자리를 보면서 그리스·로마 신화와 연결시켰습니다. 별자리를 가지고 사람들의 운명을 점치기도 했지요. 그 이유는 별이 하늘에서 빛나기 때문이겠지요? 별뿐만이 아니라, 해와 달까지 높은 하늘에서 빛나는 것들을 신으로 생각했던 겁니다. 태양도 그냥 태양이 아니라, 태양의 신이 있다고 생각했고요. 사람들은 까만 밤하늘을 수놓는 수많은 별들을 가지고 신들과 관련된 황소나 백조, 전갈 등 동물 모양이나 조상들이 전해 준 전설적인 영웅들의 모습을 그려 냈죠. 별들에다 신들의 이야기를 갖다 붙이고, 사람들의 운명과 운세를 연결시킨 겁니다. 서양인들은 1년 열두 달에 맞춰 열두 개의 별자리를 가지고 사람들의 성격과 운세를 말하기도 했습니다.

　모두 아시다시피, 지구는 태양의 주위를 돕니다. 한 바퀴를 돌면 1년이 되지요. 그런데 옛날 사람들은 우리가 사는 지구가 세계의 가운데에 있고 태양이 지구를 돈다고 생각했습니다. 이때 동쪽에서 떠서 서쪽으로 지는 태양이 지나가는 자리를 하늘에 그려 보았습니다. 그 궤적을 황도라고 합니다. 그리고 태양이 지나가는 자리에 나타나는 별자리 12개를 황도 12궁이라고 하죠. 기원전 2세기에 활동하던 그리스의 천문학자 히파르코스(Hipparkhos)는 해마다

12개의 별자리가 계절에 따라 규칙적으로 나타났다가 사라지는 것을 발견하고 정리했습니다. 염소, 물병, 물고기, 양, 황소, 쌍둥이, 게, 사자, 처녀, 천칭, 전갈, 사수자리입니다.

그 가운데 5월 21일부터 6월 21일 사이에 생일인 사람들은 '쌍둥이자리'에 해당합니다. 이 별자리는 두 사람이 어깨동무를 한 듯한 모양을 하고 있습니다. 서양 점성술에서는 쌍둥이자리의 사람들이 머리가 좋고 계획성 있게 사는 걸 좋아한다고 합니다. 성격이 아주 쾌활하며 사교성이 뛰어나지만 감정의 기복이 심한 편이라고도 하고요. 감성이 풍부하면서도, 지적 욕구가 아주 강하고 호기심이 많다고 합니다. 한마디로 말하면, 감성과 이성이 쌍둥이처럼 함께 있다는 거지요. 12개의 별자리에는 그 별자리를 수호하는 행성이 있는데, 쌍둥이자리의 수호 행성은 수성입니다. 수성은 신화로 말하면 헤르메스죠. 그래서 그런지, 쌍둥이자리의 사람들은 말을 잘하고 수완이 좋다고도 합니다. 또 그만큼 거짓말에도 능하기 때문에 조심하지 않는 경우에는 큰 낭패를 볼 수도 있다고 경고합니다. 이런 식의 껴 맞추기는 그 자체가 진리는 아니겠지만, 그 말을 들은 사람에게는 강력한 암시로 작용하게 되어 실제로 그런 양상을 띠기도 하니, 별자리의 마법이라 할 만하겠지요?

쌍둥이자리의 주인공은 카스토르(Kastōr)와 폴뤼데우케스(Poludeukēs)입니다. 폴뤼데우케스는 로마에서는 폴룩스(Pollux)라고 합니다. 이들의 아버지는 제우스이고, 어머니는 레다(Lēda)라는 여인이었습니다. 레다는 아이톨리아의 공주였는데, 참 아름다웠지요. 스파르타의 왕이었던 튄다레오스(Tundareos)와 결혼했지만, 제우스가 그녀의 아름다움에 취해 사랑의 열정에 사로잡혔습니다. 제우스는 아름다운 백조로 변해 호숫가를 거닐던 레다에게 접근했습니다. 아무것도 모르는 레다는 자신을 따라 헤엄쳐 오던 백조에게 손을 내밀었습니다. 그때 백조는 레다 위로 날아올랐고,

둘은 마치 남녀처럼 사랑을 나누었습니다. 그리고 그날 밤, 레다는 튄다레오스와도 잠자리를 같이 했지요. 그날 이후 레다는 커다란 알을 두 개나 낳았습니다.

두 개의 알에서 아이들이 나왔는데, 한쪽 알에서 형제 쌍둥이가 태어난 겁니다. 그 형제 쌍둥이가 카스토르와 폴뤼데우케스였습니다. 그중에 카스토르는 인간인 튄다레오스의 피를 받은 자식이고, 폴뤼데우케스는 제우스의 피를 받은 자식이라고 합니다. 그리고 다른 하나의 알에서는 자매 쌍둥이가 태어났지요. 트로이아 전쟁의 원인이 되었던 헬레네(Helenē)와 클뤼타임네스트라(Klutaimnēstra)입니다. 헬레네는 제우스의 딸이고 클뤼타임네스트라는 튄다레오스의 딸이었습니다. 헬레네가 제우스의 딸이라서 그랬는지, 그리스 전체에서뿐만 아니라 서양 전체에서 가장 아름다운 여인으로 꼽힙니다. 동양의 양귀비에 비교될 수 있는 대표 미녀인 셈이죠.

헬레네는 미모 때문에 고생을 많이 했다는데, 쌍둥이 형제도 누이를 지키느라 힘들었습니다. 아테네의 영웅 테세우스도 헬레네를 납치했던 일이 있었습니다. 테세우스에게는 페이리토오스(Peirithoos)라는 친구가 있었는데, 둘은 제우스의 딸과 결혼을 하자고 호기를 부렸지요. 테세우스는 스파르타의 공주 헬레네를 선택했던 반면, 페이리토오스는 대담하게도 하데스의 아내 페르세포네를 찍었지요. 둘은 먼저 스파르타로 가서 헬레네를 데려오는 데에 성공했습니다. 테세우스는 헬레네를 어머니 아이트라에게 맡기고 페이리토오스와 함께 하데스의 왕국으로 내려갔습니다. 하지만 페르세포네를 데려오기는커녕, 하데스에게 붙잡혀 의자에 꽁꽁 묶였지요. 다행히 테세우스는 하데스에 내려온 헤라클레스의 도움으로 탈출할 수 있었지만, 페이리토오스는 영원히 하데스 왕국의 의자에 묶여 지내는 신세가 되었습니다.

이때 납치된 누이를 찾기 위해 이 쌍둥이 형제가 출격했습니다. 트로이젠으로 가서 헬레네를 구하고 아테네로 쳐들어가 테세우스를 혼내 주려고 했죠. 그러나 마침 그때 테세우스는 페이리토오스와 함께 하데스로 떠났던 중이라, 쌍둥이 형제와 충돌하지는 않았습니다. 그러나 나중에 헬레네가 트로이아의 왕자 파리스에게 납치되었을 때, 카스토르와 폴뤼데우케스는 누이를 지켜 주지 못했습니다. 트로이아 평원에 그리스 연합군이 결집해 있는 모습을 보고, 트로이아 성벽에 올랐던 헬레네는 자기 오라버니들이 보이지 않자 걱정하는 장면이 나오는데, 그때 그들은 이미 죽었던 겁니다. 사정은 이렇습니다.

쌍둥이 형제의 아버지 튄다레오스 왕에게는 레우키포스(Leukippos)라는 동생이 있었습니다. 레우키포스에게는 아름다운 두 딸이 있었는데, 쌍둥이 형제는 사촌 여동생들을 사랑하게 되었지요. 그러나 삼촌은 그런 조카들의 마음을 헤아리지 못하고 자기 딸들을 다른 남자들에게 결혼을 시켰습니다. 함께 결혼했는데, 합동 결혼식에 초대된 쌍둥이 형제는 사랑하는 여인들을 다른 남자에게 빼앗기고 싶지 않았습니다. 사랑은 남자를 용감하게 만든다고 합니다. 그리고 용감한 자가 미인을 차지한다고 하고요. 첫날밤이 깊어 가기 전, 쌍둥이 형제는 사랑을 쟁취하기 위한 거사를 용감하게 거행했습니다. 사랑하는 여인들을 납치해서 야반도주를 한 겁니다. 사촌 누이들도 예전부터 그들에게 호감이 있었던지라, 쌍둥이 형제의 용감한 행동에 감동해서 자신들을 맡겼습니다. 그렇게 그들은 원하던 짝을 찾았고, 결혼해서 아이들을 낳고 잘 살았다고 합니다. 그러는 사이에 자기 쌍둥이 여동생 헬레네는 트로이아의 왕자 파리스에게 납치를 당했고요.

그러나 다른 이야기도 전해집니다. 그 전설에 따르면, 쌍둥이 형제가 사촌 누이들을 납치하려다가 들켜서 신랑들과 결투가 벌어졌고, 그 와중에 카스토르가 죽었다고 합니다. 또 다른 전설도 있습니다. 쌍둥이 형제는 사촌 누이들을 납치하는 데에 성공해서 잘 살고 있었는데, 그러던 중에 다른 사촌 형제들과 함께 아르카디아 지역으로 원정을 떠났다고 합니다. 스파르타 지역에 기근이 들어 먹을 것이 없자, 아르카디아로 가축을 약탈하러 갔던 겁니다. 원정은 대성공이었지만 사촌들과 전리품을 나누는데 합의가 잘되질 않았습니다. 결국 사촌 형제들끼리 싸움이 벌어졌고, 이 과정에서 카스토르는 사촌 형제의 칼에 찔려 죽었으며, 폴뤼데우케스도 치명적인 상처를 입었습니다. 이 모습을 보던 제우스는 자신의 피가 흐르는 폴뤼데우케스를 하늘로 들어 올렸습니다. 완전히 죽기 전에 불사의 몸이 되게 하려는 것이었죠. 그러나 폴뤼데우케스는 자기 쌍둥이 형제인 카스토르가 처참하게 죽어서 지하의 하데스 세계로 내려갔는데, 자기만 살아남아 불사의 몸이 될 수는 없다고 제우스의 뜻을 거부했습니다.

　　제우스는 폴뤼데우케스가 카스토르를 생각하는 그런 애틋한 형제애에 감동한 나머지, 카스토르도 하데스에서 꺼내서 하늘로 데려왔습니다. 그렇게 해서 우애가 넘치는 쌍둥이 형제는 어깨동무를 하는 다정한 모습으로 영원히 하늘을 밝게 빛나는 별자리가 되었던 겁니다. 그리스·로마의 선원들은 봄에서 여름철에 이들의 별자리를 보면서 멀고 험한 항해에서 길잡이로 삼았고, 길을 잃고 헤매다가 쌍둥이자리를 발견하면 길조로 여기며 기뻐했다고 합니다. 또 이들은 '제우스의(Dios-) 아이들(Kouroi)'라는 뜻으로 디오스쿠로이(Dioskouroi)라고 불리기도 합니다.

5

헬레네의
남자들

헬레네는 그리스 신화에서도 최고의 미녀로 꼽힙니다. 그녀를 본
남자들은 누구나 반했다고 합니다. 그녀는 모두 다섯 명의 남편이
있었다고 전해지죠. 헬레네의 첫 번째 남자는 바로 테세우스였습
니다. 헬레네가 처녀의 여신인 아르테미스에게 제물을 바칠 때,
테세우스가 그녀를 납치했지요. 하지만 쌍둥이 형제 카스토르와
폴뤼데우케스가 그녀를 구해 줬습니다. 테세우스의 납치 사건 이
후로 헬레네의 아름다움은 그리스 전체로 소문이 퍼졌습니다. 수
많은 왕자가 그녀를 보려고 스파르타로 몰려왔습니다. 헬레네를
보는 순간 그들은 사랑의 열정으로 불타올랐죠. 튄다레오스에게
몰려가 헬레네와 결혼을 허락해 달라고 애원했는데, 구혼자들의
이름을 소개한 헤시오도스(12명)와 아폴로도로스(31명), 휘기누스
(36명)의 명단을 정리하면 모두 45명으로 계산됩니다. 이 숫자는
호메로스의 『일리아스』 제2권에 열거된 그리스 연합군의 지휘
관 수 44명과 거의 일치하지요. 건강한 사내들이 몰려오자 튄다레
오스는 덜컥 겁이 났습니다. 헬레네를 한 사람에게 준다면, 나머지
구혼자들이 무슨 짓을 할지 두려웠던 겁니다.

　　이 사태를 해결한 이는 오뒷세우스였습니다. 사실 오뒷세우
스도 헬레네를 보러 왔는데, 정작 그의 마음을 사로잡은 사람은 헬

레네가 아니라 헬레네의 사촌이었던 페넬로페(Pēnelopē)였습니다. 오뒷세우스는 튄다레오스에게 헬레네 사태를 해결해 줄 테니 페넬로페와 결혼할 수 있도록 도와달라고 했습니다. 튄다레오스가 승낙하자, 오뒷세우스는 이렇게 말했습니다. "튄다레오스 왕이여, 헬레네와 결혼하고 싶은 사람은 신랑이 누구로 뽑히든 결과에 무조건 승복할 것을 맹세하라고 하십시오. 그래야 헬레네에게 구혼할 수 있는 자격을 주겠다고 하십시오. 헬레네 부부가 위험에 처한다면 언제든지 도와주겠다는 맹세도 하라고 하십시오. 그러면 누가 헬레네의 신랑으로 뽑히든 나머지 탈락자들은 결과에 승복할 것이며, 위험하게 될 때에도 도움을 얻을 수 있습니다." 튄다레오스는 감탄했고, 오뒷세우스가 시키는 대로 했습니다. 이렇게 하면 누가 신랑감으로 뽑혀도 싸움이 일어나지 않겠지요? 정말 기가 막힌 묘책입니다. 구혼자들은 모두 자기가 선택될 것이라는 자신감 때문에 모두 그 맹세를 받아들였습니다.

맹세 후에 벌어진 경쟁에서 최종적으로는 뮈케네 출신의 메넬라오스(Menelaos)가 선택되었습니다. 이렇게 해서 메넬라오스는 헬레네의 두 번째 남자가 되었고, 튄다레오스 왕의 뒤를 이어 스파르타의 왕이 되었습니다. 그의 형인 아가멤논(Agamemnōn)은 헬레네의 쌍둥이 자매인 클뤼타임네스트라와 결혼했는데요, 아가멤논과 메넬라오스 형제가 레다의 쌍둥이 자매와 서로 짝이 된 겁니다. 평화롭게 결혼식을 마친 튄다레오스는 약속한 대로 오뒷세우스와 조카딸 페넬로페가 결혼할 수 있게 도와주었습니다.

헬레네의 세 번째 남자는 아주 큰 사고를 쳤습니다. 아니 큰 사고를 쳐서 헬레네의 세 번째 남자가 되었다고 해야겠군요. 주인공은 트로이아의 젊고 매력적인 왕자인 파리스였습니다. 어느 날, 그가 스파르타를 찾아왔는데, 메넬라오스는 그를 국빈으로 대접했습니다. 그런데 그것이 화근이었습니다. 파리스가 헬레네를 보자마자 반해 버렸거든요. 파리스는 달콤한 말로 헬레네를 사로잡았습니다. 때마침 메넬라오스가 외할아버지의 장례식에 참석하려고 크레타섬에 갔는데, 그동안 헬레네와 파리스가 트로이아로 도망간 겁니다. 파리스가 강제로 그녀를 납치했다는 전설도 있습니다. 어쨌든 이렇게 해서 파리스는 헬레네의 세 번째 남자가 되었습니다.

이런 일이 벌어지자 두 번째 남편 메넬라오스가 가만있을 리없지요. 장례식을 마치고 돌아온 메넬라오스는 아내가 파리스와도망간 것을 알고 크게 분노했습니다. 그는 헬레네와 결혼하기 위해 맹세한 적이 있던 구혼자들에게 도와달라고 했습니다. 그래서대규모 연합군이 만들어졌고, 그 선봉에 메넬라오스와 그의 형 아가멤논이 섰습니다. 10만이 넘는 군사들이 트로이아로 향했습니다. 납치된 헬레네를 되찾고, 파리스와 트로이아를 응징하려는 것이었습니다. 그리스·로마 신화 최대의 전쟁인 트로이아 전쟁은 바로 이렇게 해서 시작된 겁니다.

이 전쟁에는 그리스 최고의 전사였던 아킬레우스도 참가했습니다. 그는 수십 명의 사내가 헬레네에게 몰려들었을 때, 나이가어려서 끼지 못했지만 전쟁엔 참가했습니다. 그가 참전해야만 승리를 거둘 수 있다는 신탁이 있었기 때문입니다. 그를 전쟁에 끌어들인 사람도 오뒷세우스였습니다. 전쟁이 10년째 되는 해에 아킬레우스는 성벽에 있던 헬레네를 처음 보게 되었다고 합니다. 그 순간, 아킬레우스도 사랑에 빠졌고 몰래 그녀와 사랑을 나누었다는이야기도 전해지지요. 그렇게 해서 아킬레우스는 헬레네의 네 번째 남자가 되었습니다. 하지만 이 이야기는 잘 알려져 있지 않고,개연성도 많이 떨어집니다. 아킬레우스가 헬레네를 몰래 만난다는 것은 상상하기 어렵기 때문이지요. 아마도 헬레네의 신비로운매력을 전해 주고 싶었던 사람들이 아킬레우스와 헬레네의 사랑

그리스·로마 신화에서 가장 유명한 전쟁을 일으키고 수많은 영웅의 이야기를 낳게 한 헬레네는
미를 숭상한 고대 그리스인들의 신화적 상상력이 빚어낸 여인입니다.

을 상상했던 것 같습니다. 어쨌든 파리스는 자기 여자의 마음을 빼앗아 간 아킬레우스에게 깊은 원한을 가졌고, 마침내 성벽 위에서 아킬레우스의 뒤꿈치에 화살을 쏘아 죽여 버렸답니다. 그렇지 않아도 아킬레우스가 자기 형인 헥토르(Hektōr)를 죽였는데, 형에 대한 복수도 한 셈입니다. 물론 형에 대한 복수심과 관련된 이야기가 더 설득력이 있긴 하지요.

네 번째 남자였던 아킬레우스가 죽고, 그를 죽인 파리스도 그리스의 명사수였던 필록테테스(Philoktētēs)의 화살에 맞아 죽자, 헬레네에게는 다섯 번째 남자가 생깁니다. 데이포보스(Deiphobos)라는 트로이아의 왕자였습니다. 헥토르와 파리스의 동생이었는데, 파리스가 죽자 데이포보스가 형수를 아내로 맞이한 겁니다. 하지만 트로이아가 함락되었을 때, 헬레네를 되찾은 메넬라오스는 이글거리는 분노를 폭발시키면서 그녀의 마지막 남자였던 데이포보스를 죽여 토막을 냈다고 합니다.

이렇게 질투와 분노로 이글거리는 메넬라오스와 대면한 헬레네는 어땠을까요? 무사할 수 있었을까요? 메넬라오스가 헬레네에게 화가 난 것도, 복수심과 살의에 불타오르는 것도 당연했습니다. 남편과 자식, 조국까지 버리고 사랑에 빠져 젊은 남자랑 도망갔으니까요. 그것 때문에 전쟁도 벌어지고 수많은 사람이 목숨을 잃었지요. 메넬라오스는 칼을 뽑아서 헬레네의 목을 치려고 했습니다. 그러나 죽이려는 순간, 눈물에 젖은 헬레네의 눈을 보게 되었습니다. 그러자 메넬라오스의 가슴에서 분노는 눈처럼 녹아 버렸고, 그녀의 모든 과거를 용서하게 되었다고 합니다. 속된 말로 "예쁘면 모든 것이 용서된다"더니, 헬레네가 그 전형입니다. 메넬라오스는 그녀를 데리고 스파르타로 돌아와 여생을 함께 잘 살았다고 합니다. 나중에 불멸의 영생을 누렸다고도 하죠.

또 다른 전설도 있는데요, 아킬레우스와 헬레네가 영원히 죽지 않는 섬으로 가서 신과 같은 삶을 누렸다는 겁니다. 어쨌든, 그리스 사람들은 헬레네를 매우 좋아했습니다. 고르기아스(Gorgias)라는 소피스트는 헬레네가 남편과 자식을 버리고 트로이아로 도망갔지만 그녀에게는 아무 잘못이 없다는 변론을 폈는데, 놀라운 말솜씨에 사람들로부터 감탄의 박수를 받았다고 합니다. 고리기아스의 제자로 알려진 이소크라테스(Isokratēs)는 헬레네의 아름다움 덕분에 그리스가 한마음 한뜻이 되어 동방 원정을 떠날 수 있었고 10년의 전쟁 끝에 승리를 거두었으니 헬레네는 찬사를 받아 마땅하다고 한껏 추켜세우며 찬양의 글을 짓기도 했지요. 그녀의 행적을 글자 그대로 본다면 이해하기 힘든 부분이 있지만, 그리스인들이 아름다움을 사랑했다는 사실을 신화적인 상상력으로 펼쳤다고 해석할 수 있을 것 같습니다. 아름다움, 그것의 진정한 의미는 무엇인지에 대해 철학자들과 예술가들이 끊임없이 물었던 질문은 신화적으로 볼 때, 헬레네의 아름다움과 연결될 것 같습니다.

비극 작가 에우리피데스는 『헬레네(Helenē)』에서 더 환상적인 이야기를 전해 줍니다. 헬레네는 실제로는 트로이아로 가지 않았다는 겁니다. 그곳으로 간 것은 그녀의 환영일 뿐이며, 사실은 이집트로 피신해 있었다는 것이죠. 그러면서 헬레네의 무죄와 정조를 주장하기도 했습니다. 플라톤은 『파이드로스』에서 호메로스와 스테시코로스(Stēsikhoros)가 시를 써서 헬레네를 비난했기 때문에 눈이 멀었다고 적었습니다. 그런데 스테시코로스는 곧바로 취소하는 시를 썼고, 다시 시력을 회복할 수 있었다고 합니다. 그러나 호메로스는 그 사실을 모르고 계속 헬레네가 파리스와 눈이 맞아 트로이아로 갔다고 노래했기 때문에 죽을 때까지 앞을 보지 못했다고 합니다.

6

아가멤논,
딸을 제물로 바치다

한 사람은 여러 가지 이름으로 살아갑니다. 집에서는 아버지, 어머니 또는 자식으로, 일터에 나가면 직책에 따라 특정한 이름으로 불리죠. 동창회 모임에선 친구나 선후배 관계 속에 위치하고 시민으로서 행동하며 국민으로서 한 표를 행사하기도 합니다. 그 각각의 역할이 서로 충돌하지 않는 경우도 있지만, 상황이 꼬이면 역할 사이에 갈등이 생기고, 우리는 고민에 빠지곤 하죠. 그럴 때, 어떤 선택을 해야만 할까요? 트로이아 전쟁의 총사령관 아가멤논의 사례를 통해 살펴보겠습니다.

트로이아의 왕자 파리스가 스파르타의 왕비 헬레네를 유혹하고 납치하여 트로이아로 달아나면서 전쟁이 터졌죠. 헬레네의 남편 메넬라오스는 아내를 빼앗긴 것에 분노하고 복수를 다짐했습니다. 그래서 형이면서 뮈케네의 왕인 아가멤논에게 도움을 청했습니다. 아가멤논은 억울한 동생의 요청을 거절할 수가 없었습니다. 그렇다고 무작정 백성들을 전쟁터로 이끌기도 어려웠죠. 형으로서의 의리와 왕으로서의 역할 사이에 충돌이 일어난 것입니다.

아가멤논은 결국 참전을 선택했습니다. 그런데 아우의 원한을 풀어 준다는 이유를 내세워서는 백성들을 설득하기 어려웠죠. 그래서 공적인 명분을 내세웁니다. "이방인의 무례한 왕자가 감히 그리스의 왕비를 납치했다. 이를 보고만 있다면 저들은 우리를 우습게 여기고, 언젠가는 또다시 그리스 땅을 유린할 것이다. 그리스 남자 그 누구라도 헬레네를 빼앗긴 메넬라오스가 될 수 있다. 트로이아를 치는 것은 단지 메넬라오스의 원한을 갚는 것일 뿐만 아니라, 여러분 자신을 위해 싸우는 것이다." 이런 말로 아가멤논은 뮈케네뿐만 아니라, 그리스 전역에서 수많은 왕과 전사들을 모을 수 있었습니다. 물론 헬레네를 두고 구혼자들 사이에서 했던 맹약 때문에 40여 명의 전사는 모여야 했지만, 다른 모든 전사들에게는 아가멤논이 내세운 명분이 크게 먹혔을 겁니다.

그렇게 모인 그리스 연합군의 지휘봉을 아가멤논이 쥐었습니다. 호메로스의 『일리아스』에 따르면, 트로이아로 떠나기 위해 그리스 땅의 아울리스 항구에 집결한 배는 모두 1,186척이나 됩니다. 병사의 수는 어림잡아 계산해도 십만이 넘고요. 그런데 문제가 생겼습니다. 바람이 전혀 불지 않는 겁니다. 전쟁에서 승리할 수 있다고 믿던 그리스 연합군의 사기는 하늘을 찌를 듯했지만, 도무지 움직일 수조차 없었습니다. 하루, 이틀, 시간은 하염없이 흘러가고 전사들의 긴장이 풀리면서 전의 또한 꺾여 갔습니다. 동요와 반란의 조짐도 보였죠. "여기에서 하릴없이 뭐하는 거냐?" 하고 원성이 높아 갔습니다.

속이 바싹 타들어 가던 아가멤논은 칼카스(Kalkhas)를 불렀죠. 칼카스는 신의 뜻을 헤아려 시의적절한 의견을 제시하는 지혜로운 예언자였습니다. 그는 아르테미스 여신에게 제사를 지내야 한다고 했습니다. 성대한 제사는 아르테미스 여신을 달랠 뿐만 아니라, 출항이 더뎌지면서 연합군 사이에서 일던 동요와 반란을 잠재울 수 있다는 거였죠. 제사야 어렵지 않았지만, 제물이 문제였습니다. 아가멤논의 딸 이피게네이아(Iphigeneia)를 바쳐야 했거든요. 아가멤논은 깜짝 놀라 깊은 고민에 빠지고 말았습니다.

딸을 희생시켜야만 흔들리는 전사들의 군기를 다잡고 여신의 노여움을 풀어 전쟁터로 출항할 수 있다는 것이었는데, 아가멤논은 난감했습니다. '딸을 제물로 바쳐야 하나? 그럴 순 없다. 그 아이는 아무 죄도 없잖아. 이 아이를 희생시켜 가면서까지 이 전쟁을 꼭 해야 하나? 설령, 내가 총사령관에서 물러나는 한이 있더라도 소중한 딸아이를 지키는 것이 맞아. 그것이 아버지 된 자의 도리지.'

하지만 칼카스의 말을 거부한다면 어떻게 될까요? '여기 모인 사람들이 가만히 있지 않을 거야. 이 사람들은 전쟁을 위해 자신의 소중한 목숨을 걸었는데, 내가 딸의 목숨을 아까워한다면 거칠게 대들겠지? 더군다나 이 전쟁은 내 동생의 아내를 되찾기 위해 내가 소집한 거잖아!' 아가멤논이 아버지로서의 본분에 충실하겠다고 제사를 거부하고 그리스 연합군을 해산시킨다면, 그의 권위는 회복할 수 없을 정도로 치명적인 타격을 입을 수도 있었죠. 뮈케네 백성들에게는 물론이고, 그리스 전역의 모든 왕국에서 아가멤논은 비웃음거리가 될 수도 있었습니다. 최악의 경우 반란이라도 일어난다면 그리스 연합군은 적과 싸워 보지도 못하고 내분으로 파탄이 날지도 몰랐습니다. 이런 상황에서 아가멤논은 어떤 선택을 해야 할까요? 여러분이라면 어떤 선택을 하시겠습니까?

마침내 아가멤논은 결단을 내립니다. 가슴이 찢어지는 일이지만 마음을 굳게 먹고 딸을 희생시키기로 한 겁니다. 한 나라의 왕이자 전쟁 수행을 위한 연합군의 총사령관으로서 행동하는 것이 옳다고 생각했던 것입니다. 공인으로서의 역할이 아버지로서의 역할을 이긴 거죠. 하지만 계산은 단순하지 않았을 겁니다. 딸의 목숨을 지키겠다고 제사를 거부하다가 자칫 격한 반대에 부딪히고 반란의 무리와 무력으로 충돌하게 된다면 딸은 물론 자신의 목숨이 위태로워질 수도 있고, 집안 전체가 무너지고 국가가 몰락할 수 있다는 위기감도 있었을 겁니다.

여기서 중요한 점은 이피게네이아로서는 선택권이 없었다는 사실입니다. 고대 그리스에서는 여성에게 정치적 권한이 없었습니다. 여성은 심지어 결혼도 자유롭게 결정할 수 없었습니다. 뮈케네의 공주 이피게네이아의 경우는 최악이었지요. 아버지를 위해 신에게 바치는 제물이 되어야 했으니까요. 비교하자면 우리의 심청이 같은 인물이고, 성경에 나오는 아브라함의 아들인 이삭과 비슷하다고 할 수 있죠.

마침내 아가멤논은 행동을 개시합니다. 이 이야기는 그리스의 비극 작가 에우리피데스의 『아울리스의 이피게네이아(*Iphigeneia en Aulidi*)』라는 작품에 근거한 겁니다. 아가멤논은 먼저 고향 땅 뮈케네에서 아울리스 항구까지 이피게네이아를 오게 하는 문제를 풀어야 했습니다. 아무리 아버지이고 한 나라의 왕이지만, "너를 제물로 바쳐야만 하니, 이곳으로 와라" 할 수는 없는 노릇이었죠. 이피게네이아가 순순히 올 리가 만무했고, 아가멤논의 아내 클뤼타임네스트라가 절대로 딸을 보내지 않을 것이 뻔했습니다. 고민하던 아가멤논은 딸을 불러들이기 위해 아내에게 편지를 보냅니다. "아울리스에 모인 전사들 가운데 돋보이는 청년이 있소. 이름이 아킬레우스인데, 그에게 우리의 사랑스러운 이피게네이아를 시집보내기로 했소. 이 결혼은 그 아이에게도, 우리 가문에도 영광이 될 것이오. 아이를 이곳으로 보내시오."

아가멤논의 편지를 받은 클뤼타임네스트라는 기뻐하며 이피게네이아와 함께 아울리스로 왔습니다. 아킬레우스가 테살리아 땅 프티아의 왕자이며, 바다의 여신 테티스의 아들이라는 말을 듣고 더욱 기뻐하며 안심하였지요. 아가멤논은 그렇게 아내를 안심시킨 후, 딸의 미래를 위해 먼저 여신에게 제사를 드려야 하니, 클뤼타임네스트라에게 집으로 돌아가라고 했습니다. 하지만 클뤼타임네스트라는 이피게네이아를 위한 제사는 물론, 딸의 결혼식까지 모두 챙기고 돌아가겠노라고 대답했죠. 아가멤논은 난감했습니다. 왜냐하면 이피게네이아를 아킬레우스에게 시집보내겠다는 편지는 거짓말이었기 때문이었죠. 지금이라도 솔직하게 모든 사실을 고백하고 이해를 구해야 할지 아가멤논이 고민하는 동안 예기치 못한 중대한 사건이 터집니다. 클뤼타임네스트라와 이피게네이아가 우연히 아킬레우스를 만난 겁니다.

체구도 당당하고 훤칠하게 잘생긴 아킬레우스를 직접 만나자, 클뤼타임네스트라는 기뻐하며 인사했죠. 하지만 아킬레우스는 금시초문의 환대에 어안이 벙벙했습니다. "결혼이라고요? 제가 댁의 따님과요? 어처구니가 없군요. 부인, 지금 제정신으로 그런 이상한 말씀을 하시는 건가요? 나는 댁의 따님에게 구혼한 적도 없고, 결혼에 관해 아가멤논과 상의한 적도 없습니다." 모든 사실을 알게 된 클뤼타임네스트라는 수치심에 몸 둘 바를 몰랐고, 남편에 대한 분노로 치가 떨렸습니다. 놀라고 화가 난 것은 천하의 아킬레우스도 마찬가지였죠. 그러나 가장 황당하고 창피하고, 그 누구보다도 슬픈 사람은 바로 이피게네이아였습니다. 아버지가 자신을 제물로 바치려고 거짓말로 속여 불러냈다는 사실에 원망과 배신감으로 가슴이 찢어지는 것만 같았습니다.

이피게네이아는 그렇게 죽고 싶진 않았죠. 그녀는 아가멤논에게 절규했습니다. "아버지, 이렇게 저를 죽이지 마세요. 저는 햇빛을 보는 것이 달콤해요. 땅 밑을 보도록 강요하지 마세요." 아가멤논의 가슴도 찢어질 것만 같았습니다. 결국 아가멤논은 두 사람 앞에서 모든 것을 털어놓았습니다.

"나도 이렇게 하고 싶진 않았다. 그러나 피할 수 없는 상황이다. 여기 모인 그리스인들은 너의 희생을 통해 트로이아로 가려고 한다. 이것을 내가 거부한다면 폭동이 일어날 것이며, 내가 너를 죽이지 않아도 우리 모두는 이들의 손에 죽게 된다. 나는 원하든 원하지 않든, 너를 제물로 바쳐야 한다. 나는 이에 맞설 힘도 없고, 다른 방법도 생각이 나질 않는구나." 그러자 클뤼타임네스트라는 절대 그럴 수 없다고 맞섭니다. 본의 아니게 사건에 연루된 아킬레우스도 끼어들어 끝까지 이피게네이아를 지켜 주겠다고 합니다. 주변 사람들의 의견이 갈린 상황에서 모든 사태를 좀 더 객관적으로 파악한 이피게네이아의 고민은 더욱더 깊어졌습니다. 그녀는 어떻게 해야 할까요? 여러분이라면 어떻게 하시겠습니까?

이때 이피게네이아가 입을 엽니다. "어머니, 아버지의 명예가 실추되지 않도록 해야 해요. 우리 가문이 몰락해서도 안 돼요. 어머니도 저와 함께 곰곰이 생각해 보시면, 제 말이 옳다는 걸 알게 될 거예요. 가장 위대한 그리스가 지금 전부 저를 보고 있어요. 그리스 연합군의 운명이 제 손에 달렸어요. 지금 제가 목숨에 집착하는 것은 옳지 않아요. 여기 모인 모든 사람들이 그리스를 위해 죽으려는 마당에 이 한 목숨이 방해가 되어서는 안 돼요. 어머니, 저는 죽기로 결심했어요. 아킬레우스, 그대는 나 때문에 죽지 마세요, 누굴 죽이지도 마시고요. 제가 그리스를 구할 수 있도록 허락해 주세요."

이피게네이아는 비겁하게 도망가거나, 억지로 끌려가 제물이 되는 수치를 피하고 영광스럽게 죽기를 결심합니다. 그가 모두를 위한 비장한 제물이 되자, 그리스군의 사기는 다시 치솟았고, 아가멤논의 권위와 위상은 회복되었습니다. 마침내 그리스의 함대는 출항했죠. 그리고 10년의 전쟁 끝에 그리스는 승리를 거두었습니다. 아가멤논은 최고의 영광을 안고 다시 집으로 향할 수 있었습니다. 이피게네이아의 숭고한 희생으로 모든 것이 잘된 것 같았죠.

하지만 아가멤논의 선택을 전적으로 칭찬할 수만은 없습니다. 총사령관으로서의 권력, 전쟁에서의 승리, 위대한 지도자라는 명예, 그 모든 것이 아버지의 뜻을 위해 희생된 이피게네이아의 피보다 더 소중한 것일까요? 생각해 보면 마음이 무겁고 먹먹합니다. 아가멤논을 보면서, 우리는 혹시 사업을 하고 정치를 하며 공적으로 중요한 일을 한다면서 정작 내 곁에 있는 소중한 가족을 희생시키고 있는 것은 아닌지 되돌아보게 됩니다.

7

클뤼타임네스트라,
자식들의 손에 죽다

클뤼타임네스트라에게 아가멤논은 분명 좋은 남자, 훌륭한 남편
이 아니었습니다. 그녀는 남편에게 복수를 결심하죠. 사실 그녀는
만만한 여자는 아니었습니다. 물론 처음에는 스파르타의 왕 튄다
레오스의 공주로 곱게 자랐고, 청순가련한 여자였는지도 모릅니
다. 하지만 삶의 굴곡이 많았습니다. 첫 번째 남편이었던 탄탈로스
와 갓난아이를 아가멤논에게 잃었고, 첫사랑의 가족을 망가뜨린
자와 결혼을 했지만 다시 그자에게 사랑하는 딸 이피게네이아도
잃었으니까요. 그리고 남편이라는 자는 큰일을 하겠다며 전쟁터
로 떠나 10년 동안 집을 비우고요. 이런 과정에서 클뤼타임네스트
라는 아주 독해졌습니다. 그녀는 전쟁에서 살아 돌아온 남편을 노
리며 복수의 칼을 갈고 있었던 겁니다.

　때마침 클뤼타임네스트라에게 복수를 도울 조력자가 다가왔
습니다. 아이기스토스(Aigisthos)라는 남자였죠. 이 남자는 아가멤
논의 사촌 형제였는데, 클뤼타임네스트라와 마찬가지로 아가멤논
에게 깊은 원한이 있었습니다. 아가멤논이 예전에 아이기스토스
의 아버지를 죽였기 때문이죠. 아이기스토스는 아버지의 원수를
갚을 기회를 호시탐탐 노리고 있다가, 아가멤논이 트로이아로 떠
났다는 사실을 알고 의도적으로 클뤼타임네스트라에게 접근했습

니다. 맏딸인 이피게네이아를 잃고 실의에 빠져 있던 클뤼타임네스트라를 위로하면서 그녀의 가슴에 복수심을 불러일으켰죠. 둘은 공동의 적을 가진 동지로 마음을 같이했고, 그 이상의 관계가 되었습니다.

호메로스의 『오뒷세이아(Odusseia)』에 보면 이런 이야기가 나옵니다. "다른 그리스인들이 전쟁을 치르며 트로이아에 있을 때, 아이기스토스는 아르고스의 맨 안쪽에 편안하게 앉아서 아가멤논의 아내를 누차 감언이설로 유혹하려고 했다. 처음에 고귀한 클뤼타임네스트라는 그런 수치스러운 일을 거절했다. 그녀는 마음씨가 착했기 때문이다." 그러나 아이기스토스는 집요했습니다. 클뤼타임네스트라를 지켜 주던 보디가드를 제거한 후, 마침내 그녀를 자신의 여자로 만들었던 겁니다. 둘의 관계는 불륜이 맞지만, 더 중요한 것은 두 사람이 아가멤논을 공동의 적으로, 복수의 대상으로 생각하고 있다는 거였죠.

아가멤논이 전쟁에서 승리를 거두고 돌아오자, 클뤼타임네스트라는 아무 일도 없었다는 듯이 그를 환영하며 성대한 만찬을 준비했습니다. 그리고 그의 무장을 벗긴 후에 목욕탕으로 인도합니다. 승리감에 도취되어 있던 아가멤논은 아내의 환대에 10년의 피로가 씻어 내리는 듯했지요. 따뜻한 물에 몸을 담그고 노곤하게 졸음이 쏟아져 내리자, 클뤼타임네스트라는 준비한 도끼를 들고 들어가 벌거벗은 채로 목욕을 즐기던 아가멤논에게 그물을 던져 꼼짝 못하게 만든 다음 그의 머리를 가격했습니다. 아가멤논은 저항 한 번 제대로 못하고 그 자리에서 숨을 거두고 말았습니다.

다른 이야기도 있습니다. 클뤼타임네스트라가 아가멤논을 무장 해제 상태로 만들고 목욕탕으로 인도했지만, 아가멤논을 죽인 것은 그녀가 아니라 그녀의 정부였던 아이기스토스라는 겁니다. 『일리아스』와 『오뒷세이아』를 쓴 호메로스가 그렇게 전하고 있습니다. 하지만 그리스 3대 비극 작가들은 모두 클뤼타임네스트라가 직접 아가멤논을 죽인 것으로 이야기를 새롭게 지어냈습니다. 어쨌든 클뤼타임네스트라와 아이기스토스는 자신들의 원수였던 아가멤논을 처단하는 데에 성공합니다.

자, 그러면 이 끔찍한 사실을 알게 된 자식들은 어땠을까요? 아가멤논의 아들과 딸들은 아버지가 억울하게 죽었다고 생각하면서 어머니에게 적대감을 갖습니다. 특히 둘째 딸인 엘렉트라(Ēlektra)는 어머니가 다른 남자와 짜고서 아버지를 죽인 것에 대해 강한 원한을 품고, 어머니를 원수라고 생각하게 됩니다. 그녀는 복수를 결심하며 말하죠. "내가 죽이려고 하는 사람은 나의 어머니가 아니라, 나의 아버지를 죽인 여자일 뿐이다." 하지만 복수를 실행하기엔 나이가 너무 어렸고, 힘도 없어서 일단은 꾹 참고 때를 기다려야만 했습니다.

클뤼타임네스트라는 자신의 행동을 정당한 응징이라고 생각하고 있었지만, 그럼에도 자신에 대해 원한을 갖게 된 자식들이 큰 부담이 되었습니다. 자기가 낳은 자식이지만, 방심할 수는 없었습니다. 특히 아버지를 유난히 좋아했던 둘째 딸 엘렉트라가 마음에 걸렸죠. 그래서 그녀를 노예처럼, 여종처럼 대하면서 거리를 두고 행여 복수할 힘을 갖지 못하도록 경계했다고 합니다. 하찮은 신분의 농부와 결혼시켜 멀리 시골로 내쫓았다는 이야기도 있죠. 반면 아이기스토스는 아들인 오레스테스(Orestēs)가 마음에 가시 같았습니다. 나중에 나이가 들면 오레스테스는 분명 왕자의 권리를 내세우며 아버지의 원수를 갚겠다고 자신과 싸우려 할 테니까요. 오레스테스만 제거하면 아이기스토스가 권력을 잡는 게 수월해질 거고요.

이런 상황을 재빨리 눈치챈 엘렉트라는 남동생 오레스테스를 포키스로 피신시켰습니다. 일단은 친동생을 구하기 위해서였지만, 그녀는 더 멀리 봤습니다. 복수를 계획한 겁니다. 남동생이 훌륭하게 자라서 힘을 키워 돌아와 복수할 수 있도록 한 겁니다. 포키스로 피신한 오레스테스는 누나의 기대를 저버리지 않고 훌륭하게 장성했고, 마침내 복수를 위해 고향으로 돌아왔습니다. 그리고 누이와 함께 복수를 감행합니다. 먼저 아이기스토스를 죽이고, 마침내 어머니도 죽이죠. 엘렉트라는 외쳤습니다. "우린 어머니를 죽인 것이 아니다. 아버지를 죽인 사악한 여인을 제거한 것뿐이다."

그러나 아무리 그래도 어머니인데, 두 남매는 복수의 성공을 무작정 기뻐할 수만은 없었습니다. 오레스테스도 아버지와 가문의 명예를 지킨다는 사명감으로 복수를 감행하긴 했지만, 누가 뭐라고 해도 엄연히 친모 살해의 중죄를 범했다는 사실을 지울 수는 없었으니까요. 얼마 후 오레스테스는 양심의 가책으로 미쳐 버린 것처럼 헤매고 다니며 괴로워합니다. 그는 복수의 여신 에리뉘스(Erinus)로부터 줄기차게 괴롭힘을 당했습니다. 참 기구한 운명입니다. 실성을 했다는 말이 전혀 이상하지 않을 정도입니다. 과연 오레스테스는 어떻게 될까요?

오레스테스는 일단 델피 신전으로 아폴론을 찾아갔습니다. 애초에 복수를 해야 한다고 명령한 것이 바로 아폴론 신이었거든요. 아폴론은 명령대로 복수를 감행한 오레스테스의 죄를 씻어 주었습니다. 하지만 복수의 여신들은 여전히 오레스테스를 용서하지 않았고, 아테네에 있는 아레오파고스 법정에 세웠다고 합니다. 마침내 아테네를 수호하는 지혜의 여신 아테나가 재판장이 되었고 배심원들 앞에서 오레스테스에 대한 재판이 벌어졌습니다. 결과가 어떻게 나왔을까요?

투표 결과는 유죄와 무죄 동수가 나왔다고 합니다. 여기에서 아테나 여신이 캐스팅 보트를 행사하는데, 고심하던 그녀는 오레

오레스테스와 엘렉트라는 마침내 아버지의 복수에 성공하죠. 하지만 이로 인해 오레스테스는 복수의
여신들로부터 괴롭힘을 당하고 미치게 됩니다. 엘렉트라는 그런 남동생을 끝까지 돌봐준 당찬 여성이
었습니다.

스테스에게 무죄의 표를 던졌습니다. 오레스테스가 유죄라고 확신하며 소송을 걸었던 복수의 여신들은 자존심이 많이 상했겠지요? 아테나는 복수의 여신들에게 자비를 구하면서 마음을 달랩니다. 이 말을 듣고 마음이 풀어진 복수의 여신은 이제 복수가 아니라 자비의 여신이 되겠다고 선언하게 됩니다. 아이스퀼로스의 비극 작품 『자비로운 여신들(*Eumenides*)』의 끝에는 이런 노래가 울려 퍼집니다. "자비롭게, 이 나라와 한마음 한뜻이 되어 이 길로 가소서, 존엄한 여신들이여." 복수는 복수를 낳고, 앙심은 앙심을 낳는 법인데, 그 고리를 끊는 것은 복수가 아니라 자비와 용서라는 사실을 선언한 셈입니다. 자비와 용서만이 세상에서 반목과 복수를 사라지게 하고 모든 사람들이 화해하며 한마음 한뜻이 될 수 있도록 해 준다는 거죠.

8

아킬레우스,
불멸의 명성을 선택하다

트로이아 전쟁의 최고 영웅은 단연 아킬레우스입니다. 그는 바다
의 여신 테티스와 프티아의 왕 펠레우스 사이에서 태어난 반신반
인의 고귀한 영웅입니다. 태어나면서부터 신의 혈통을 가졌지만
인간의 피가 섞인 채로 태어났기 때문에 언젠가는 죽을 수밖에 없
는 운명이었습니다. 그의 어머니 테티스 여신은 그것이 마음에 내
내 걸렸습니다. 그래서 그녀는 이승과 저승을 가르며 흐르는 스틱
스강으로 가서 갓 태어난 아킬레우스를 물에 담갔죠. 그 강물이 묻
으면 인간도 불사신처럼 될 수 있기 때문이었습니다. 하지만 아이
를 물에 담그면서 발뒤꿈치를 잡을 수밖에 없었고, 그 때문에 그
곳엔 강물이 묻지 못했습니다. 그래서 '아킬레스건'은 그의 유일한
약점이 되었죠. 요즘도 누군가의 치명적인 약점을 건드릴 때, '아
킬레스건을 건드렸다.'라고 말하는데, 그 이유가 바로 여기에 있습
니다.

또 다른 이야기도 전해집니다. 테티스가 아킬레우스를 불멸
의 몸으로 만들기 위해 스틱스강을 이용한 것이 아니라, 신들만이
마시는 암브로시아를 아킬레우스의 몸에 발라 불에 집어넣었다는
겁니다. 그 모습에 깜짝 놀란 펠레우스가 아이를 불에서 꺼냈는데,
그때 잡은 곳이 바로 발뒤꿈치였답니다. 그래서 몸의 다른 부분은

모두 불사의 신과 같은데, 펠레우스가 잡은 부분은 암브로시아가 떨어져 나가고 그 대신 인간의 때가 묻어서 약점이 되었다고 합니다. 펠레우스가 일을 망친 것에 화가 난 테티스는 펠레우스와 아킬레우스를 버리고 바다로 들어갔고, 부부는 더 이상 함께 지내지 못하고 영원한 별거 상태가 되었다고 합니다.

그런데 아킬레우스가 장성한 시점에, 파리스가 헬레네를 납치하는 사건이 터지고 트로이아 전쟁이 일어나게 되었습니다. 테티스 여신은 아킬레우스가 트로이아 전쟁에 참가하면 죽게 될 운명임을 꿰뚫어 보았습니다. 그래서 아들의 참전을 막으려고 했죠. 고심 끝에 그녀는 아킬레우스를 여장시켜 공주를 많이 낳은 스퀴로스의 왕 뤼코메데스(Lukomēdēs)의 궁전에 숨겼습니다. 하지만 지혜로운 오뒷세우스의 눈을 피할 수는 없었죠. 아킬레우스가 없으면 트로이아 전쟁에서 승리할 수 없다는 것을 안 오뒷세우스는 꾀를 냈지요. 박물 장수로 변장해서 뤼코메데스의 궁전을 찾아간 오뒷세우스는 여자들이 좋아할 장신구들 사이에 멋진 칼을 하나 놓았습니다. 다른 공주들은 모두 반지며, 목걸이 같은 예쁜 장신구들에 관심을 두는데, 한 여자만이 번쩍이는 칼을 만지작거리며 감탄을 했던 겁니다. 그게 바로 아킬레우스라는 것을 알아차린 오뒷세우스는 그를 설득해서 전쟁터로 데려갑니다.

발각된 아킬레우스는 전쟁에 참여할지, 말지를 결정해야 했습니다. 이 사실을 안 테티스 여신은 아킬레우스에게 모든 사실을 알려 줍니다. "사랑하는 아들아, 너에게는 두 가지 운명의 길이 놓여 있단다. 네가 트로이아 전쟁에 참가한다면, 너는 전쟁터에서 일찍 죽을 운명이다. 그 대신 너는 불멸의 명성을 얻게 될 것이다. 반대로 네가 전쟁에 참여하지 않는다면, 너는 건강하게 오래 편안히 살 것이다. 하지만 너는 불멸의 명성을 얻지 못하고 사람들의 기억에서 지워질 것이다." 이 말을 들은 아킬레우스는 고심했습니다.

그는 어떤 선택을 했을까요? 전쟁터에 나가 일찍 죽는 것을 선택하기는 쉽지 않을 것 같습니다. "호랑이는 죽어서 가죽을 남기고, 사람은 죽어서 이름을 남긴다"고는 하지만, 명성이 불멸한다고 해도 사람 목숨보다 더 귀하진 않으니까요.

그러나 아킬레우스는 첫 번째 길을 선택합니다. 모든 전사들이 참가하는 전쟁에서 겁쟁이처럼 비겁하게 빠지는 것은 여신의 아들인 영웅이 할 일은 아니라고 본 겁니다. 멋지게 싸우다가 장렬하게 전사하여 명예를 드높이고 찬란한 이름으로 영원히 남는 길을 선택한 겁니다. 올바른 선택이었을까요? "멋 내다 얼어 죽는다"는 말이 있는데, 아킬레우스는 언뜻 그런 말처럼 무모하고 어리석어 보입니다. 하지만 정말 그럴까요?

여기에서 잠깐 그리스인의 가치관을 정리해 보겠습니다. 아리스토텔레스는 한 사람의 선택은 그의 사상과 품성에서 나와 행동으로 연결된다고 했습니다. 그리고 『수사학(Rhētorikē)』에서 세 가지 연설의 종류를 나누면서, 각 연설이 추구하는 가치관을 소개했습니다. 첫째는 과거의 행적에 대한 법정 연설과 관련된 것인데, 정의로운가 부정의한가의 법적이고 도덕적인 기준으로 판단하게 됩니다. 둘째는 미래의 정책과 법안을 결정하는 의회 연설인데, 주로 이익이 되는가, 손해가 되는가의 실용적이고 실리적인 기준으로 판단합니다. 셋째는 어떤 인물이나 공동체를 찬양하거나 비방하는 연설인데, 그 기준이 아름다운가, 멋진가, 아니면 추하고 수치스러운 일인가라는 일종의 미학적 기준으로 판단합니다. 이 마지막 기준은 명예로운 삶과 치욕스러운 삶을 가르는 기준이 되기도 하죠.

아킬레우스는 어떤 기준으로 자신의 인생을 선택을 했을까요? 그는 전쟁을 피하지 않고 당당하게 나가 용감하게 싸우는 길을 선택했는데, 무엇보다도 아름다움과 멋짐, 명예로움의 기준, 미학적 가치를 기준으로 선택한 겁니다. 사실 어느 사회든 부끄러운 줄 모르

최고의 전사인 아킬레우스에게도 치명적인 약점인 '아킬레스건'이 있었습니다. 아무리 힘센 상대라도 운명적으로 갖고 있는 아킬레스건은 강자에겐 겸손함을, 약자에겐 용기를 불어넣어 주지요.

고 사리사욕을 챙기는 사람들 때문에 타락하기 마련이죠. 그런 점에서 보면 아킬레우스의 선택은 그 자체로 멋있고 명예로운 선택이면서, 동시에 공동체 전체에게는 이익을 가져다주니까, 실리와 실용주의적 가치를 기준으로도 손색이 없어 보이죠. 또한 피하지 않고 대의에 맞게 명분을 찾아 전쟁에 나가는 모습은 법과 정의의 원칙에도, 도덕과 법치의 관점에서도 나무랄 데가 없습니다.

적어도 10년째 되는 해에 총사령관 아가멤논과 다투기 전까지는 그랬습니다. 그러나 공개 석상에서 아가멤논에게 모욕을 당하자, 아킬레우스는 자존심과 명예에 깊은 상처를 입고 전쟁에서 빠지겠다고 선언했죠. 그가 전투에서 빠지자 전세가 급격하게 적에게 유리하게 돌아가고 그리스 연합군은 패배를 거듭했습니다. 아킬레우스가 자신의 명예만을 생각하고 공동체의 이익을 돌보지 않았기 때문에 벌어진 일이었습니다.

물론 원천적인 잘못은 아가멤논에게 있었습니다. 하지만 명예에만 집착하던 아킬레우스의 선택은 큰 화를 불러왔던 겁니다. 그리고 그 재앙의 정점에서 그가 가장 사랑하던 친구 파트로클로스(Patroklos)가 아킬레우스의 무장을 하고 전쟁터로 나가 위기에 빠진 그리스군을 구했지만, 트로이아의 최고 전사인 헥토르에게 죽습니다. 친구가 죽자, 극심한 슬픔과 분노에 휩싸인 아킬레우스는 다시 일어서서 전쟁터로 나갑니다. 원래 무장은 파트로클로스가 가지고 나갔다가 헥토르에게 빼앗겼기 때문에, 어머니 테티스가 올림포스에서 새로운 무장을 가져오지요. 그것을 입고 나간 아킬레우스는 헥토르와 일대일 대결을 벌이게 되는데요, 승리는 아킬레우스의 것이었습니다. 그 순간 아킬레우스는 최고의 전사로 찬란하게 빛났지만 파트로클로스를 되살릴 순 없었죠. 그가 빠지는 바람에 죽어 갔던 수많은 동료의 생명도 마찬가지였습니다. 그리고 마침내 그 자신도 헥토르의 동생 파리스의 화살에 유일한 약점인 뒤꿈치, '아킬레스건'을 맞아 죽고 말았습니다. 예고된 운명처럼 단명하고 불멸의 명성을 남겼으니, 그는 올바른 선택을 한 것일까요? 하지만 그가 분노를 억누르고 자존심과 명예를 지키되, 친구와 동료의 생명과 공동체의 운명도 돌볼 수 있었다면, 그의 이름은 더욱더 빛나지 않았을까요? 트로이아 전쟁의 영웅, 가장 찬란하게 빛나는 전사, 아킬레우스를 보면서 그를 위대한 영웅이라 기리면서도 마음 한편으로는 내내 안타까움이 감도는 것은 저만은 아닐 듯싶습니다.

덧붙여 말씀드리자면, 아무리 강한 아킬레우스에게도 치명적인 약점이 있었다는 사실을 잊어서는 안 됩니다. 아킬레우스처럼, 모든 사람은 자신만의 '아킬레스건'이 있습니다. 절대적인 권력을 휘두르는 막강한 권력자에게도 건드리면 한순간에 무너지고 마는 아킬레스건이 있지요. 그렇기 때문에 아무리 약한 사람도 상대의 아킬레스건을 정확하게 노린다면 막강해 보이는 사람을 무너뜨릴 수 있습니다. 그러니까 내가 강하다고 너무 오만하지 않아야 하고, 다른 사람들이 약하다고 함부로 대하거나 모욕감을 주지 않도록 신중하고 신사적으로 행동해야 합니다. 약한 사람들도 불의하고 부정한 일을 부당하게 당했을 때, 쉽게 좌절하거나 절망할 필요는 없습니다. 실력을 키우고 상대의 아킬레스건을 정확하게 노리면 충분히 역전의 기회를 잡을 수 있으니까요. 그리스·로마 사람들은 아킬레우스의 신화를 통해 이와 같은 삶의 지혜를 가르쳐 주었던 겁니다. 강자에게는 약자를 억울하게 만들지 말고 항상 신중하고 점잖으며 올바르게 행동할 것을, 약자에게는 결코 좌절하거나 끝까지 포기하지 말고 용기와 희망, 집념을 가져야 한다는 것을 일깨워 준 것입니다.

9

아이아스의
딜레마

트로이아 전쟁의 최고 영웅으로 아킬레우스와 오뒷세우스가 꼽히지만 그 외에도 양 진영에는 탁월한 전사들이 많았습니다. 그중에서도 아킬레우스의 사촌인 아이아스(Aias)는 강력한 전투력으로 손꼽힙니다. 그는 큰 덩치와 괴력, 그리고 용감하고 우직한 성격으로 선봉에서 적을 압도하며 전우들의 신임과 존경을 받았습니다.

호메로스의 『일리아스』에는 트로이아의 최고 전사 헥토르와 아이아스의 맞대결이 생생하게 그려집니다. 헥토르가 던진 창은 아이아스의 방패에 튕겨져 나가지만, 아이아스의 창은 헥토르의 방패를 뚫고 그의 목을 스칩니다. 헥토르가 던진 돌은 아이아스의 방패에 튕겨져 나가지만, 아이아스가 던진 바위는 헥토르를 뒤로 나자빠지게 만듭니다. 양쪽 전령들이 싸움을 말리지 않았다면, 헥토르는 아이아스에게 목숨을 잃었을 것이며, 트로이아 전쟁의 최고 영웅이라는 명예는 아이아스의 몫이 되었을 겁니다.

결국 헥토르를 끝장낸 영웅은 아킬레우스였습니다. 그의 친구 파트로클로스가 헥토르에게 목숨을 잃자, 아킬레우스는 헥토르와 일대일 맞대결을 벌여 그의 목에 창을 꽂았습니다. 그러나 며칠 후, 아킬레우스는 파리스의 화살에 뒤꿈치를 맞아 목숨을 잃었고, 그리스와 트로이아는 아킬레우스의 시신을 놓고 격전을 벌입니다. 이때 아이아스는 전장으로 뛰어들어 시신을 구해 왔고, 그덕에 아킬레우스의 장례식을 치를 수 있었지요.

이제 문제는 아킬레우스의 무구를 누가 차지할 것인가 하는 것이었죠. 그 무구는 대장장이의 신 헤파이스토스가 만든 불멸의 무구였습니다. 모든 전사들이 그것을 탐냈죠. 아이아스는 무구의 주인은 자신이라고 주장했습니다. 아킬레우스의 사촌이니 혈통으로도 가깝고, 목숨을 걸고 그의 주검을 구해 왔으니 그 무구가 여기에 있는 것이라며 소리를 높였지요. 또한 헥토르가 그리스 진영 깊숙이 침투하여 함선에 불을 지를 때, 이를 저지한 사람이 바로 자신임을 강조했습니다. 그러자 오뒷세우스가 나서, 아이아스의 주장을 조목조목 반박했지요. 혈통이 문제라면 아킬레우스의 아들 네오프톨레모스(Neoptolemos)가 무구를 가져야 한다고 주장했습니다. 한편, 아킬레우스를 전쟁에 끌어들이고 위기의 순간마다 묘책을 내놓은 자신이 아이아스보다 공헌이 더 크다고 주장했지요. 또한 아이아스가 아킬레우스의 시신을 구하기 위해 전장으로 뛰어들었을 때, 오뒷세우스는 화살을 쏘며 엄호해 주었으니, 아킬레우스의 무장이 그리스인들의 손에 들어오는 데에 그의 역할도 상당했음을 뚜렷이 부각시켰습니다. 과연 무구는 누구에게로 돌아갔을까요? 총사령관 아가멤논을 비롯한 지휘관들과 병사들은 오뒷세우스의 마법 같은 언변에 설득되었고, 아킬레우스의 무구를 그에게 주었습니다.

아이아스는 현란한 말솜씨로 전우들을 현혹한 오뒷세우스에게 적개심이 일었고, 그의 말에 놀아난 지휘관과 전우들에게 배신감을 느꼈죠. 모두가 자신을 모욕했다는 극단적인 감정에 사로잡혔습니다. 이제 전우들은 전우가 아니며, 적보다 더한 적이었습니다. 분노한 아이아스는 마침내 복수를 결심했고 밤이 깊어지자 실행합니다. 칼을 뽑아 제일 먼저 오뒷세우스를 칩니다. 그리고 아가멤논과 지휘관들을 차례로 베어 버립니다. 피범벅이 된 아이아스는 승리의 희열을 느끼며 막사로 돌아갔지요.

　다음 날 아침, 웅성거리는 소리에 잠을 깬 아이아스는 깜짝 놀랐습니다. 간밤에 자신이 칼로 쓰러뜨렸던 오뒷세우스와 다른 지휘관들이 모두 멀쩡하게 살아 있는 겁니다. 대신 양 떼들이 피범벅이 된 채 쓰러져 있었지요. 아테나 여신이 아이아스에게 광기를 불어넣어 양 떼를 동료들로 착각하게 만들었던 겁니다. 밤새 미친 듯이 양들을 도륙하고 자신을 무시한 놈들을 모두 해치웠다고 승리감에 잔뜩 도취된 꼴이라니. 아이아스는 자신의 모습이 부끄러워 견딜 수 없었습니다. 사람들이 그에게 보내는 멸시의 눈길과 쑥덕이는 소리를 참을 수 없었죠. 그는 결국 양 떼를 난도질한 그 칼로 스스로 목숨을 끊고 말았습니다. 한때 트로이아의 영웅이 될 뻔했던 훌륭한 전사의 허망한 죽음이었습니다. 고대 그리스인들은 아이아스의 죽음을 명예를 존중하는 영웅적인 행동으로 기리기도 했지만, 많은 안타까움을 느끼게 합니다.

　아이아스는 공로에 적절한 보상을 받지 못했다고 생각하고 자신이 속한 조직이 정의롭지 않다고 판단하여 파괴적인 분노를 느꼈던 겁니다. 그렇다면 최고 사령관 아가멤논과 그리스 사람들은 아이아스에게 아킬레우스의 무구를 주어야 했을까요? 그렇다면 아마도 오뒷세우스가 분노했겠지요. 이런 딜레마 상황을 미국의 고전학자 폴 우드러프(Paul Woodruff)는 '아이아스의 딜레마'라고 불렀습니다. 조직 안에서 성과를 공정하게 나누는 일이 얼마나 어려운가를 신화에 빗대어 표현한 겁니다.

　우리들도 종종 이 비슷한 상황을 겪곤 합니다. 특히 한 조직을 이끄는 리더들에겐 언제나 '아이아스의 딜레마'가 찾아오지요. 적절한 보상의 방법을 최대한 찾으면서도, 어쩔 수 없이 보상에서 소외되는 이들의 마음도 지혜롭게 헤아리면 중요한 인재를 잃지 않을 수 있지 않을까요? 아이아스의 이야기를 기억하시며 함께 일을 해나가는 데에 꼭 필요한 훌륭한 인재를 잃지 않는 지혜를 갖추시기 바랍니다.

10

트로이아의 목마,
전쟁을 끝내다

트로이아의 왕자 파리스가 스파르타의 왕비 헬레네를 유혹하여 트로이로 데려왔고, 이에 분노한 스파르타의 왕 메넬라오스가 친형이며 뮈케네의 왕인 아가멤논과 함께 대규모 연합군을 구성해서 트로이를 쳐들어 갔죠. 근데 이렇게 전쟁이 일어났다니, 사실일까요? 어딘가 좀 비현실적이고 낭만적인 데가 있지요? 그래서 트로이아 전쟁은 실제로 벌어진 전쟁이 아니라 신화와 전설에 불과하다고 생각하는 사람들이 적지 않습니다. 그런 생각을 하는 사람들은 설령 트로이아 전쟁이 있었다고 해도 그 이유는 다른 것이었다고 추정합니다. 가장 중요한 이유는 경제적인 것이라고 하죠. 실제로 기원전 5세기에 활동하던 아테네의 장군이자 역사가인 투키디데스(Thukydides)는 트로이아 전쟁이 일련의 해적 활동이었을 가능성을 내놓았습니다.

사실 트로이아는 아시아와 유럽의 길목에 위치해서 중계 무역으로 막대한 부를 쌓아 오던 풍요로운 도시였습니다. 게다가 일찍이 4대 문명의 하나로 꼽히는 메소포타미아 문명과 철기 문명을 대표하는 히타이트 문명의 영향을 받아서 높은 수준의 문명을 이루고 있었던 것으로 보입니다. 그에 반해 그리스는 산악 지역이 많고 땅도 척박해서 농산물이나 기타 생활에 필요한 자원이 넉넉하지 않았습니다. 대신 그들은 배를 잘 탔는데요, 외지로 나가 자신들에게 필요한 것을 공수해 왔던 겁니다. 정상적인 무역도 있었겠지만, 그것보다는 약탈이 더 쉽고 수지맞는 일이었지요. 그들은 노력을 덜 들이고 이익을 두둑하게 챙길 수 있는 해적 활동을 자신들의 중요한 경제 활동으로 선택했던 겁니다.

고대 세계에서 풍요로운 도시는 늘 약탈의 대상이 되곤 했습니다. 투키디데스의 한 구절입니다. "옛날에 연안이나 섬에 살던 그리스인이나 이방인들은 배를 이용한 왕래가 활발해지자 해적이 되었다. 가장 강한 용사의 지휘에 따라 자신들의 이익을 위해, 그리고 연약한 식솔들을 부양하기 위해 방벽이 없고 옹기종기 마을이 모여 사는 도시들을 골라 침략하고 약탈하였으며, 이것을 삶의 가장 중요한 방편으로 삼았다. 이런 행동에 대해 그들은 부끄러워하지 않았고 오히려 영광으로 삼았다(『펠로폰네소스 전쟁사』 제1권 제5장)."

그렇다면 트로이아 전쟁에 등장하는 영웅들은 우리가 알고 있던 영웅이라기보다는 탐욕스럽고 난폭한 해적이었을 가능성이 있습니다. 이런 추정에 따른다면, 트로이아 전쟁의 총사령관 아가멤논이나 스파르타의 왕 메넬라오스는 해적질과 인근 지역의 침략을 통해 힘과 부를 축적했을 겁니다. 아킬레우스나 오뒷세우스를 비롯해 트로이아 전쟁에서 활약한 대부분의 영웅도 결국 해적의 왕초들과 크게 다를 바 없었을 겁니다. 탁월한 시인 호메로스가 나타나 트로이아 전쟁에 관한 이야기를 뻥 튀겨서 근사하게 과장했던 것인지도 모릅니다. 사실은 그 전쟁의 실제적인 규모는 해적들의 원정 활동보다 조금 더 큰 정도였을 것이라고 추정해 볼 수 있고, 어쩌면 전쟁이 10년 동안 지속되었다는 것도 그리스인들이 소아시아에서 수십 년에 걸쳐 간헐적으로 저지른 일련의 해적 활동을 상징적으로 표현한 것일지도 모릅니다. 해적질에 참여했던 남자들이 집으로 돌아와 식구들과 친구들에게 무슨 말을 했겠습니까? 자신의 행동을 그럴듯하게 꾸미려고 허풍을 떨지는 않았을까요?

그러면 파리스가 헬레네를 납치했기 때문에 전쟁이 일어났고, 그런 못된 짓을 응징하기 위해 그리스 연합군이 트로이아를 침공했다는 것도 사실은 자기들의 해적 활동과 약탈을 정당화하기 위한 거짓말이었을까요? 그럴 가능성이 적지 않습니다. 특히 트로이아 전쟁을 노래한 호메로스가 그리스 사람이었으니까, 자기네 쪽에게 유리하게 역사를 왜곡하고 이야기를 만들어 낸 거라고 할 수 있지 않을까요? 원래는 해적 두목과도 같은 사람들이었지만, 영웅으로 만들어야 자기네들의 약탈을 미화시키고, 자신들의 침략을 왕비를 납치한 것에 대한 정의로운 응징이었다고 정당화시킬 수 있었을 테니까요. 그리고 보면, 문학이 역사의 치부를 가린 셈이겠네요.

그런데 트로이아 전쟁하면 가장 유명한 것이 '트로이아 목마'인데, 어쩌면 그것도 진짜 있었던 일이 아닐 수도 있겠지요? 그저 문학적 상상력이 빚어낸 흥미로운 전설에 불과할지도 모릅니다. 하지만 중요한 것은 그 목마 자체가 사실이냐 아니냐가 아니라, 목마에 관한 이야기가 사람들 사이에서 끊임없이 전해지고 있다는 점입니다. 그리고 지금 우리의 삶 속에서 여전히 '트로이아 목마'가 살아 있다는 것이죠. 아주 오래전, 한 번쯤은 '트로이 목마'라는 컴퓨터 악성 코드 때문에 고생을 했던 경험이 있으실 겁니다. 꼭 필요하고 좋은 프로그램인 것 같아서 열어 보면, 악성 코드가 쫙 깔리면서 신용카드 번호나 게임 비밀번호도 빼내 가고, 중요한 파일을 지우거나 컴퓨터 성능을 마비시키기도 했지요. 그런 점에서 트로이아 목마는 우리에게 전설이 아니라 구체적인 현실이라고 할 수 있겠지요?

다시 원래 이야기로 돌아가 볼까요? 트로이아 목마는 10년 동안 지루하게 지속되던 전쟁을 끝내는 결정타였습니다. 그리스는 10년 동안이나 트로이아를 공격을 했지만 정복하기가 쉽지 않았습니다. 게다가 그리스 최고의 전사였던 아킬레우스가 파리스의 화살에 뒤꿈치를 맞고 죽자, 그리스군의 사기가 급격히 떨어졌지요. 만약 전설대로 헬레네의 납치 때문에 전쟁을 하는 거라면, 도대체 누구를 위해, 누구 좋으라고 이렇게 10년 동안이나 싸워야 하나 하는 회의가 그리스 병사들 사이에서 일어났던 겁니다. 이런 와중에 오뒷세우스가 꾀를 냈습니다. 거대한 목마를 만들어서 그 속에 최고의 정예 용사들만 골라 넣고 트로이아 성안으로 들여보내자는 작전을 짠 겁니다.

거대한 트로이아 목마를 만드는 것도 쉽지 않았을 텐데, 그것을 어떻게 트로이아 성안으로 집어넣을 수가 있었을까요? 사실 그 내용이 이 작전의 핵심입니다. 그리스인들은 거대한 목마를 해안가에 세워 두고 전쟁을 포기한 채, 타고 왔던 배를 다시 타고 집으로 돌아간 것처럼 꾸몄습니다. 아침에 일어나 보니 그리스군과 함선들은 온데간데없고 뜬금없이 거대한 목마만 덩그러니 있었던 겁니다. 어리둥절한 트로이아인들 사이에서는 격렬한 논쟁이 일어났지요. 그때 트로이아의 사제였던 라오콘(Laokoōn)과 예언자 카산드라(Kassandra)가 입을 열었습니다. "이건 함정이다. 그리스인들이 갑자기 집으로 돌아갔을 리가 없다. 이 목마 속에는 그리스 군인들이 숨어 있을 테니 불태워 버리거나 바다에 빠뜨려야 한다" 하고 말하죠.

만약 트로이아인들이 이들의 말을 들었더라면 트로이아는 멸망하지 않았을 겁니다. 그런데 왜 트로이아인들은 이들의 말을 듣지 않았을까요? 전설에 따르면, 포세이돈이 보낸 뱀에 라오콘과 그 자식들이 물려 죽었다고 합니다. 그 모습을 본 트로이아 사람들은 그가 거짓말을 했기 때문에 신에게 벌을 받은 것이라고 생각했습니다. 한편 카산드라는 미래를 예언할 수 있는 능력은 있었지만, 사람들이 그녀의 말을 믿어 주지 않는 벌을 받은 사람이었습니다. 아폴론이 그 원인이었는데요, 아폴론이 카산드라를 보고 반하여 구애하자 카산드라는 아폴론에게 예언의 능력을 요구했지요. 그러나 정작 예언의 능력을 얻은 카산드라가 아폴론의 구애를 거부하자 분노한 아폴론은 아무도 그녀의 예언을 믿지 않게 만들어 벌을 내렸습니다. 그래서 트로이아 사람들은 카산드라의 말을 믿지 않았던 겁니다.

이렇게 진실을 이야기하던 두 사람의 말을 믿지 않은 트로이아인들은 오히려 시논(Sinōn)이라는 그리스 사람의 말을 들었습니다. 그는 이렇게 말했죠. "살려 주십시오. 그리스 사람들은 나만 이곳에 버려두고 전쟁을 포기한 채로 모두 집으로 돌아갔습니다. 이 목마는 무사히 귀향할 것을 바라며 아테나 여신에게 바친 제물입니다. 이 목마를 트로이아 도성으로 가져간다면, 당신들은 아테나 여신의 가호를 받을 것입니다." 트로이아 사람들은 이 말을 듣고 목마를 성안으로 끌고 갔던 겁니다. 사실 시논은 오뒷세우스가 그런 말을 하도록 남겨 놓은 사람이었지요. 이 사람이야말로 또 하나의 '트로이아 목마'라고 할 수 있겠네요.

트로이아인들의 입장에서 본다면, 참으로 안타까운 일입니다. 진실을 말하는 사람의 말은 묵살되고, 거짓말에 현혹되어 위험한 목마를 성안으로 끌어들였으니 말입니다. 트로이아 사람들은 드디어 전쟁이 끝났구나 생각하며 축제를 벌였습니다. 어쩌면 그들은 전쟁이 빨리 끝났으면 좋겠다는 간절한 마음 때문에 듣고 싶은 말만 들었던 것 같습니다. 진실을 말했던 라오콘이 죽은 것도 어쩌면 바다에서 나타난 뱀에 물려서가 아니라, 전쟁이 끝나길 바라는 반대파들의 칼에 찔려 암살을 당한 것일 수도 있는데요. 어쨌든 승리감에 도취된 트로이아 사람들은 밤새 축제를 벌이며 퍼마시고 널브러졌습니다. 밤이 깊어지자 목마에 숨어 있던 용사들이 쏟아져 나왔고 굳게 닫혀 있던 거대한 성문을 열었습니다. 도망간 척하고 인근 섬에 숨어 있던 그리스인들이 다시 트로이아 해안으로 상륙해 도성으로 몰려들었지요. 처참한 살육전이 벌어졌습니다. 트로이아 사람들은 속수무책이었고 순식간에 전멸했습니다. 이로써 10년 동안 벌어졌던 전쟁에 대단원의 마침표가 찍힌 겁니다.

이 이야기는 지금 우리에게 무엇을 말하고 있을까요? '트로이아 목마'란 걸 보면 근사하고 나에게 도움이 될 것 같은데, 사실은 나를 해하고 파멸시킬 수 있는 위험한 대상을 가리킵니다. 앞에서 잠깐 언급했지만, 컴퓨터를 사용할 때, 조심해야 할 대상이지요. 하지만 어디 컴퓨터뿐이겠습니까? 잘 살펴보면, 우리의 생활 속에도 수많은 트로이아 목마들이 도사리고 있습니다. 겉만 보고 현혹되어 쉽게 믿고 방심하다가 낭패를 보는 일이 한둘이 아닌데, 그런 것들이 모두 우리 일상 속의 트로이아 목마라 할 수 있습니다.

11

오뒷세우스가
10년 동안 방랑한 까닭은?

2011년 3월 유엔 다국적군이 리비아를 공격할 때, '오디세이 새벽'이라는 작전명을 사용하였습니다. '오디세이(Odyssey)'는 그리스어로는 '오뒷세이아(Odusseia)'인데, 여기서 '-이아(-ia)'는 '노래' 또는 '이야기'라는 뜻이니까, '오뒷세이아'라고 하면 '오뒷세우스에 관한 노래'가 됩니다. 호메로스의 작품을 가리키는데, 트로이아 전쟁을 끝내고 오뒷세우스가 집으로 돌아가는 모험의 이야기이지요. 집으로 돌아가는 데만 자그마치 10년이나 걸렸습니다. 온갖 모험과 숱한 일들을 겪어 가면서요. 그리고 마침내 집에 도착해서는 자기 아내를 괴롭히던 사람들을 다 죽여 버리는 처절한 복수극을 벌이게 됩니다.

2010년에 튀니지에서 '재스민 혁명'이 일어났습니다. 23년 동안이나 독재하던 벤 알리(Ben Ali) 정권을 몰아내려는 민중들의 혁명이었지요. 그 뜨거운 민주화의 열기가 주변의 여러 나라로 불길처럼 번졌습니다. 그 가운데 리비아에는 카다피(Muammar Gaddafi)라는 독재자가 있었는데, 민중들은 그의 하야를 요구했습니다. 하지만 카다피는 그 요구를 무시하고 총칼로 잔혹하게 폭력 진압을 했고, 이에 맞서는 민중들도 총을 들고 싸우면서 격렬한 내전이 벌어졌습니다. 이때 유엔의 결의에 따라서 미국, 영국, 프랑스 등의 다국적군이 리비아를 공격했는데, 바로 그 작전이 '오디세이 새벽'이었습니다. 독재에 대한 철저한 응징이 오뒷세우스의 처절한 복수극과 비슷하기 때문에, '오디세이 작전'이라고 한 것 같습니다.

『오뒷세이아』로 돌아와 볼까요? 오뒷세우스가 자기 고향에 도착했을 때 카다피와 같은 독재자가 있었던 것은 아니지만, 대신 뻔뻔하기 그지없는 불한당들이 있었습니다. 거슬러 올라가 보죠. 오뒷세우스가 트로이아 전쟁에 참가했을 때, 그는 페넬로페라는 여인과 결혼해서 갓난 아들을 두고 알콩달콩 행복하게 살아가고 있었습니다. 그러니 사랑하는 아내와 어린 아들을 두고 전쟁터로 떠나고 싶었겠습니까? 하지만 어쩔 수가 없었지요. 그런데 금방 끝날 줄 알았던 전쟁은 10년 동안이나 계속되었고, 집으로 돌아오는 데도 다시 10년이 걸렸습니다. 무려 20년 동안 집을 비운 셈인데, 오뒷세우스가 돌아오지 않자 주변에 있던 수많은 남자들이 페넬로페에게 하나둘씩 다가왔습니다. "오뒷세우스는 이미 죽었다. 살아 있다면 아직 안 올 리가 없다. 우리 중에 하나를 골라 재혼해라." 이렇게 무례한 요구를 하면서 오뒷세우스의 궁전에 눌러앉아 밥 내놔라 술 내놔라 농성을 벌였지요. 호메로스의 『오뒷세이아』와 아폴로도로스가 썼다는 『신화집』에 따르면 그 수가 무려 108명이나 됩니다. 그렇게 많은 장정들이 버티고 있으니까, 페넬로페는 고통스러웠고, 그의 아들도 두려웠습니다. 그리고 오뒷세우스도 문제였지요. 혼자서 섣불리 집으로 들어갔다가는 그 구혼자들에게 맞아 죽을 판이었습니다. 자기 집인데도 맘대로 들어갈 수가 없었던 겁니다.

전쟁에 참가할 때, 휘하에 병사들이 있지 않았냐고요? 물론 있었습니다. 호메로스의 『일리아스』에 따르면, 오뒷세우스가 트로이아로 떠날 때 12척의 함선을 이끌고 있었는데요, 한 척에 50명쯤 탄다고 계산하면 약 600명, 100명쯤 탄다면 약 1,200명쯤의 부하가 있었던 겁니다. 10년 동안 전쟁을 했으니 전사자들이 있었겠지만, 그래도 전쟁터에서 다 죽은 것은 아니까, 집으로 돌아올 때는 수백 명의 부하가 있었겠지요? 그들이 무사히 집으로 돌아왔다면, 한번 해 볼 만한 싸움이었을 겁니다. 하지만 집으로 돌아올 때, 오뒷세우스는 완전히 혼자였습니다. 수많은 곳을 돌아다니며 여러 차례 죽을 고비를 맞이했는데 그때마다 부하들이 하나씩 죽어 갔고, 집으로 돌아올 때는 달랑 오뒷세우스 혼자만 남았던 겁니다. 그렇게 혼자서 집에 왔는데, 108명이나 되는 불한당 같은 놈들이 버티고 앉아 가산을 탕진하면서 아내를 노리고 있었으니까 참 기가 막힐 노릇이었습니다.

도대체 어디에서 무슨 일이 있었기에 수백 명의 부하가 하나도 남지 않고 다 죽었을까요? 오뒷세우스는 어떻게 혼자 살아남았을까요?『오뒷세이아』라는 책이 바로 그 이야기를 담고 있습니다. 10년 동안의 이야기니까, 얼마나 많은 이야기가 있겠습니까? 오뒷세우스가 누굽니까? 트로이아 목마를 만들고, 직접 그 속에 들어가 트로이아를 멸망시켰던 용감하고 지혜로운 지휘관인데, 그런 사람을 따르던 부하들이 하나도 집에 돌아오지 못한 겁니다. 그런데 그 책임은 오뒷세우스에게도 있지만 부하들 탓도 큽니다. 사실 오뒷세우스 일행은 전쟁이 끝나고, 두 달만에 집으로 돌아올 수 있었지요. 그런데 절대 열어서는 안 될 '바람의 부대 자루'를 열었고, 그것 때문에 10년을 고생하게 된 겁니다.

오뒷세우스는 바람의 신 아이올로스(Aiolos)에게 그것을 받았는데요, 그 이야기를 하기 전에 잠깐 외눈박이 거인 이야기를 하겠습니다. 전쟁이 끝나고 집으로 돌아오던 오뒷세우스 일행은 외눈박이 거인이 사는 시칠리아섬에 도착하게 됩니다. 외눈박이 거인인 퀴클롭스는 식인종이었습니다. 우라노스와 가이아 사이에서도 세 명의 퀴클롭스가 태어나지만, 그들과는 다른 퀴클롭스였습니다. 오뒷세우스도 그 무시무시한 퀴클롭스에게 잡아먹힐 뻔했는데요, 술을 먹여서 잠들게 한 다음에 하나뿐인 눈을 찌르고 달아났지요. 그런데 알고 보니까, 그 외눈박이 거인이 바로 바다의 신 포세이돈의 아들이었던 겁니다. 포세이돈은 아들의 눈을 멀게 한 오뒷세우스에게 단단히 화가 났습니다. 어쨌든 그곳을 간신히 빠져나온 오뒷세우스 일행은 바람의 신 아이올로스가 살고 있는 섬나라에 도착합니다.

바람의 신 아이올로스는 친절한 신이었습니다. 오뒷세우스 일행이 자기 섬나라에 오자, 두 팔을 벌려 환영했습니다. 전쟁과 외눈박이 거인 때문에 지쳐 있던 오뒷세우스 일행을 따뜻하게 맞이해 주었지요. 아이올로스 신의 배려로 오뒷세우스 일행은 그곳에서 한 달 동안 몸과 마음을 회복한 다음, 다시 집으로 돌아가려고 했습니다. 아이올로스 신은 오뒷세우스에게 무사히 집으로 돌아갈 수 있도록 선물도 주었지요. 그게 바로 '바람의 부대'였습니다. 그 부대 속에다 배를 난파시킬 수 있는 위험한 폭풍들을 다 집어넣고, 오직 순풍만을 남겨 뒀습니다. 순풍에 돛을 달고, 오뒷세우스 일행이 집으로 무사히 돌아갈 수 있게 해 준겁니다. 그러나 만약 그 부대를 풀어 본다면, 거친 폭풍들이 튀어나와 배를 난파시킬 수도 있는 겁니다. 그런데 왜 오뒷세우스의 부하들은 그 부대를 열었던 걸까요?

그것이 오뒷세우스의 최대 실수였습니다. 부하들에게 그 부대가 뭔지 말을 하지 않았던 겁니다. 그저 그것만 잘 지키면 무사히 집으로 돌아갈 수 있다고 생각하고, 애지중지 품고만 있었지요. 아이올로스섬을 떠난 지 열흘째 되는 날, 드디어 고향 땅이 눈에 들어왔습니다. 모두들 환호성을 질렀고, 오뒷세우스도 기뻤습니다. 이제 '모든 고생은 끝, 행복 시작!' 이런 생각이 들자 오뒷세우스는 긴장이 풀린 나머지 잠이 들고 말았지요. 바로 그때 부하들의

490

눈에 바람의 부대가 들어온 겁니다. '이게 뭔데 우리 대장이 그렇게 애지중지 품고 있었을까? 혹시 이 속에 금은보화가 잔뜩 들어 있는 것 아닐까? 혼자 다 가지려고 우리에게 말을 안 한 건지도 몰라.' 이런 의심이 들자 부하들은 오뒷세우스가 잠자고 있는 사이에 몰래 부대를 열어 보았습니다.

소통이 없었던 것이 문제였죠. 오뒷세우스가 부하들에게 '바람의 부대'에 대해 솔직하게 진실을 말하고, 서로 소통만 원활하게 했다면 그런 일이 일어나지 않았을 텐데요, '바람의 부대'를 혼자서만 잘 지키려던 행동이 부하들의 오해를 샀고, 마지막 순간에 일을 그르쳤던 겁니다. 부대에서 쏟아져 나온 거친 폭풍들은 오뒷세우스의 배를 집어삼킬 듯이 휘몰아쳤고, 배는 고향 땅으로부터 멀리멀리 밀려나 다시 아이올로스섬까지 갔지요. 아이올로스는 오뒷세우스가 다시 나타나자 깜짝 놀랐습니다. '당신이 이곳으로 다시 온 걸 보니, 신들의 미움을 산 게 분명하다.' 이렇게 생각하고 처음과는 달리 매정하게 문전박대를 했습니다. 그때부터 오뒷세우스의 본격적인 고생이 시작되었습니다. 10년 동안 이리저리 떠돌면서, 화가 나 있던 포세이돈 신에게 시달리게 된 겁니다.

12

필멸의 세계로
돌아온 오뒷세우스

아이올로스 신에게 쫓겨난 오뒷세우스가 그다음에 도착한 곳은 라이스트뤼고네스(Laistrugones)족의 나라였습니다. 그 종족은 거인들이었는데, 오뒷세우스의 함대로 달려들어 사냥을 시작했습니다. 그들은 바위를 던져 11척의 배들을 부쉈고, 오뒷세우스의 배만 간신히 빠져나왔습니다. 나중에 오뒷세우스는 이렇게 말합니다. "그놈들은 나의 전우들을 마치 물고기처럼 작살로 꿰어서 끔찍한 식사를 위해 가져가 버렸소." 바람의 부대를 열었던 부하들 실수가 곧바로 큰 재앙이 되었던 겁니다. 전부 12척의 배 가운데 이제 단 한 대만 남았으니 정말 최악의 재앙이었습니다.

간신히 목숨을 구한 오뒷세우스 일행은 그다음에 키르케(Kirkē)라는 마녀가 살던 아이아이아섬에 도착합니다. 그녀는 태양의 신 헬리오스의 딸이었고 미노타우로스를 낳았던 파시파에의 자매였습니다. 키르케는 오뒷세우스의 부하들을 돼지로 만들었지요. 그러자 오뒷세우스는 칼을 뽑아 달려들어서 키르케를 제압했습니다. 결국 부하들은 다시 사람이 되었고, 오뒷세우스는 키르케와 화해한 뒤에 그녀의 신랑 노릇을 하며 그곳에서 지내게 됩니다. 나중에 오뒷세우스는 이렇게 회상합니다. "우리는 1년 동안 날마다 키르케의 궁전에서 말할 수 없이 많은 고기와 달콤한 술로 잔치를 벌였소." 외눈박이 거인 퀴클롭스에게 공격받고, 라이스트뤼고 네스족에게도 잡아먹힐 뻔했으니 이 두 사건만으로도 하루가 십년 같았을 겁니다. 게다가 집을 바로 눈앞에 두고 폭풍에 휩쓸려 표류하면서 고생도 했지요. 키르케의 궁전에서 잘 지냈다고는 하지만, 사실 마법의 약을 먹여서 부하들을 돼지로 만들어 버린 그녀가 항상 무서웠을 겁니다. 어쨌든 오뒷세우스는 일 년 동안 키르케의 왕궁에서 그녀의 남편처럼 지냈습니다. 그러나 그는 키르케에게 집으로 돌아가게 해 달라고 간절하게 요청했고, 그녀는 아쉽긴 했지만 오뒷세우스의 부탁을 들어주었습니다.

키르케는 떠나는 오뒷세우스에게 안전한 귀향의 방법을 알려 주었습니다만, 사실 그것은 오히려 오뒷세우스가 겪어야 할 기나긴 고통의 전조요, 암시였습니다. 그녀는 오뒷세우스가 먼저 하데스의 세계로 가서 예언자 테이레시아스에게 조언을 들어야 한다는 것, 감미로운 노래로 뱃사람들을 유혹해 죽여 버리는 세이렌(Seirēn) 자매를 피하는 법, 여섯 개의 머리가 달린 괴물 스퀼라(Skulla)의 해협과 칼륍디스(Kharubdis)의 소용돌이를 건너는 법, 트리나키아섬에 도착하면 주의할 점 등 무사히 고향 이타카섬에 가는 법을 알려 주었지만, 오뒷세우스는 그 모든 위험을 피하지 못했습니다. 그럼에도 불구하고 그녀의 조언대로 했다면 2년이 채 안되어서 집으로 돌아갈 수 있었을 겁니다.

어쨌든 오뒷세우스는 죽은 자들만이 가는 하데스로 내려가 테이레시아스의 혼백을 만났고, 그로부터 귀향에 관한 조언을 들었지요. "당신은 포세이돈의 아들, 외눈박이 거인의 눈을 멀게 했으니 고초를 당할 것이다. 하지만 한 가지만 조심한다면 집으로 돌아갈 수가 있다. 트리나키아섬에 도착했을 때, 태양의 신 헬리오스의 소 떼와 가축 떼를 건드리지 마라. 그러면 고생은 해도 고향으로 돌아갈 수 있다. 하지만 만약 그것들에 손을 댄다면, 파멸할 것이다." 키르케와 테이레시아스의 조언에 따라 오뒷세우스는 무시무시한 괴물들의 유혹과 위협을 어렵사리 이겨 내고, 마침내 문제의 트리나키아섬으로 향하게 되었습니다. 그러나 거기서 테이레시아스가 경고한 문제가 생기게 됩니다. 아예 불행의 씨앗을 자르는 의미에서 그곳을 그냥 지나치면 좋았으련만, 기어이 그곳에 들르고 말았죠.

불행을 예감한 오뒷세우스는 부하들에게 이렇게 말합니다. "차라리 이 섬에 발을 들여놓지 말고 그냥 지나치자." 하지만 부하들이 반대했습니다. 절대 소나 양에게는 손을 대지 않을 테니, 좀 쉬었다 가자는 거였습니다. 그런데 그 섬에 도착하자 폭풍이 불어 출항이 늦어졌고 그곳에서 한 달을 지체하게 됩니다. 그 사이에 키르케가 챙겨 준 식량이 바닥 났지요. 오뒷세우스가 잠시 한눈을 판 사이에 부하들이 테이레시아스의 경고를 어기고 헬리오스의 소를 잡아먹게 됩니다. 일주일 후, 마침내 폭풍이 잦아들어 출항을 시도했지만 곧 몰아친 폭풍에 휩쓸렸고 다시 스퀼라와 칼륍디스가 있는 곳으로 떠밀려 갔습니다. 배는 박살이 났고 부하들은 모두 칼륍디스의 아가리 속으로 빨려 들어갔지요. 소고기와 목숨을 바꾼 셈입니다.

그렇게 해서 오뒷세우스는 모든 동료들을 잃고 혼자만 살아남아 9일 동안 표류하게 되었고, 파도에 떠밀려 아름다운 님페인 칼륍소(Kalupsō)가 살고 있는 오귀기아섬에 도착했습니다. 칼륍소는 그를 환대하고, 남편처럼 데리고 살았죠. 오뒷세우스는 풍족하게 먹고 마시고 축제와도 같은 나날을 보냈습니다. 하지만 그는 그 생활에 만족하지 못하고 집으로 돌아가고 싶어 했습니다. 칼륍소는 오뒷세우스에게 마지막 선택을 강요했습니다. "오뒷세우스 이제 결정하세요. 고향을 잊고 이곳에서 나와 함께 산다면, 당신에게 신들이 먹고 마시는 넥타르와 암브로시아를 주겠어요. 그러면 당

오뒷세우스의 모험은 활발히 해상 활동을 벌인 고대 그리스인의 모습을 연상시킵니다. 그는 고향으로 돌아온 뒤에도 다시 집을 떠나죠.

신은 나처럼 영원히 죽지 않는 신과 같이 될 거예요. 나를 보세요. 고향에 있는 당신의 아내와는 비교도 되지 않아요. 나는 이 젊음과 아름다움을 영원히 간직하겠지만, 당신의 아내는 늙고 병들어 언젠가 죽게 될 운명이죠. 이곳을 떠난다면 당신도 그렇게 늙고 죽게 됩니다. 자, 선택하세요. 나와 함께 영원히 이곳에서 즐겁게 살 것인지, 아니면 고통과 죽음이 기다리는 집으로 돌아갈 것인지. 이곳을 떠나자마자 당신이 거친 바다와 험한 땅에서 겪게 될 고통을 생각한다면 선택은 그리 어렵지 않을 겁니다."

존재하는 모든 것은 자기 존재를 지속시키려는 관성이 있습니다. 한번 태어나 살아가는 우리도 최대한 오래 살려고 노력하죠. 모든 짐승들이 생존을 위해 투쟁하며, 심지어 물방울 하나도 흩어지지 않으려고 단단히 뭉쳐 표면장력을 유지합니다. 그래서 우리는 마침내 불멸, 불사를 열망합니다. 하지만 생성과 소멸은 엄연한 자연의 원리이죠. 그래서 그리스의 영웅들은 죽을 수밖에 없는 운명임을 깨닫고, 불멸하는 존재를 꿈꾸며 영원히 지속될 명성을 추구했던 겁니다. 내가 죽더라도 내 이름이 남는다면, 나의 후손들의 기억 속에 나는 영원히 살아 있는 것과 마찬가지라고 믿었던 겁니다.

하지만 생성과 소멸의 법칙을 넘어서 정말로 불멸의 존재가 된다면, 영원한 명성 따위는 필요 없겠죠. 그래서 오뒷세우스의 선택은 어려워 보이지 않습니다. 아름다운 여신과 낙원에서 영원히 살 수 있다면, 무엇을 망설이겠습니까? 아내와 자식, 조국, 왕권, 명예를 다 포기해도 좋을 만큼 값진 것처럼 보이지 않습니까?

그런데 오뒷세우스의 이야기에는 흥미로운 비밀이 감춰져 있습니다. 칼립소라는 여신의 이름은 '감추는 자'라는 뜻이기 때문이죠. 따라서 그녀의 치마폭에 안겨 살아간다는 것은, 비록 그 삶이 영원하고 안락한 것이라 하더라도, 그가 살던 세상에서 완전히 감춰져 망각된다는 뜻입니다. 반대로 그곳을 박차고 나온다는 것은 설령 곧바로 고통 속으로, 죽을 수밖에 없는 인간의 조건 안으로 뛰어드는 일이지만 위기에 처한 아내와 아들을 구하고 자신의 왕국을 노리던 무뢰한들을 처치해서 실추된 명예를 회복하고 존재감을 빛낼 수 있게 된다는 것을 의미합니다. 여러분이라면 어떤 선택을 하시겠습니까?

오뒷세우스는 여신의 섬을 떠나 집으로 돌아가는 것을 선택했습니다. 불멸의 세계를 떠나 필멸하는 세계로 돌아온 겁니다. 그렇게 해서 칼립소의 섬을 떠나 다시 집을 향해 바다에 들어서자마자, 그를 노리던 포세이돈은 곧바로 거센 폭풍우를 보냅니다. 오뒷세우스의 배는 산산조각이 났고, 죽을 고비를 넘기며 표류하다가 마침내 파이아케스인들이 사는 섬에 도착하죠. 그곳을 다스리는 알키노오스(Alkinoos) 왕은 오뒷세우스를 보자 맘에 들어 사위로 삼고 싶어 했습니다. 하지만 그는 그것도 거부합니다. "저로서는 고향보다 더 달콤한 것이 없습니다. 사실 칼립소가 나를 남편으로 삼으려고 동굴에 가두려고 했고, 아이아이아섬의 키르케도 나를 남편으로 삼기를 열망하며 자신의 궁전에 붙들어 두고자 했지만, 저를 설득할 수 없었습니다."

오뒷세우스는 남자다운 매력이 넘쳤나 봅니다. 고향에 두고 온 아내를 생각하는 마음이 애틋한 건 사실이지만, 따지고 보면 다른 여자들과 지낸 시간이 깁니다. 대충 계산을 해 봐도, 십 년 가운데 키르케와 일 년, 칼립소와 칠 년이면, 실제 고생한 시간은 얼마 안 되는 것 같습니다. 바람을 핀 걸까요? 그러나 이야기를 자세하게 읽어 보면, 오뒷세우스도 어쩔 수 없었던 겁니다. 키르케나 칼립소나 인간을 뛰어넘는 엄청난 힘을 가진 존재들이다 보니, 인간인 오뒷세우스가 쉽게 저항할 수는 없었던 겁니다. 하지만 마지막 알키노오스왕의 제안은 일언지하에 거절했고, 마침내 집으로 돌아오게 됩니다. 집에 오니, 수많은 사내들이 페넬로페에게 재혼을 강요하며 괴롭히고 있었습니다. 마치 이도령이 한양으로 떠나니, 변학도가 춘향이에게 수청을 들라 했던 것처럼 말이지요. 그리고 이도령이 암행어사가 되어 변학도에게 벌을 주고 춘향이를 구했던 것처럼 오뒷세우스도 구혼자들을 모두 죽이고 페넬로페와 감격스러운 재회를 하게 됩니다.

　　그렇게 해서 오뒷세우스의 모험과 복수의 이야기가 끝나고 그는 페넬로페와 행복하게 오래오래 살게 되었습니다, 이렇게 이야기가 끝나는 것일까요? 일단 오뒷세우스의 모험과 복수의 이야기를 담은 호메로스의 『오뒷세이아』는 그렇게 막을 내립니다. 여기까지 본다면 불멸의 기회를 버리고 필멸의 세계로 돌아오는 그의 선택은 바람직한 것이었다고 평가될 수 있을 겁니다. 하지만 그 이후에 오뒷세우스와 페넬로페가 행복하게 오래오래 살지는 못합니다. 얼마 후에 오뒷세우스가 다시 집을 떠나게 되거든요. 외지로 떠나 그곳에서 다른 여성을 만나고, 자식을 낳은 뒤에 다시 집으로 돌아오고요. 그의 말년은 어땠을까요? 고향으로 돌아온 그는 왕궁으로 복귀하지 않고 이타카 해변에서 양을 치고 있다가 한 청년과 시비가 붙어 결투를 벌였습니다. 청년의 칼에 찔린 오뒷세우스는 객사에 가깝게 목숨을 잃고 세상을 떠났답니다. 영웅의 최후가 좋지 않지요? 그런데 더욱 놀라운 것은 그를 죽인 청년이 그의 아들이었다는 겁니다. 키르케와 1년을 지내는 동안 아들이 생겼는데, 오뒷세우스는 그 사실을 몰랐던 겁니다. 그렇게 태어난 아들인 텔레고노스(Tēlegonos)는 청년이 되어 아버지를 찾아 이타카로 왔으나, 아버지인 줄도 모르고 오뒷세우스와 싸우다가 죽이는 끔찍한 일을 저질렀던 겁니다. 친부 살해의 신화로 끝을 맺은 것이지요. 여기까지 이야기를 끌고 간다면 오뒷세우스의 선택에 대해 의문이 들지 않을 수 없습니다.

13

아이네아스,
트로이아를 탈출하다

10년 동안 지속되던 전쟁에서 트로이아가 멸망한 것은 극적인 사건이었습니다. 잘 아시다시피, 오뒷세우스가 짠 '트로이아 목마 작전'으로 전쟁의 결판이 났죠. 불의의 공격에 트로이아인들은 속절없이 쓰러져 갔습니다. 이때 깨어나 그리스군과 전투를 벌인 트로이아의 영웅이 있었습니다. 그의 이름은 아이네아스, 아프로디테의 아들이었죠. 트로이아가 멸망하고 아이네아스가 주인공이 되어 벌이는 모험 이야기는 로마의 시인 베르길리우스의 『아이네이스(Aeneis)』에 잘 남아 있습니다.

아이네아스도 다른 트로이아 사람들처럼 오뒷세우스의 작전에 속았습니다. 승리감에 도취되어 동료들과 즐기다 잠들었지요. 그런데 그의 꿈에 트로이아의 최고 전사였으나 아킬레우스에게 죽임을 당한 헥토르의 혼령이 나타났습니다. 그리고 이렇게 말했답니다. "베누스 여신의 아들 아이네아스, 얼른 일어나 도망치시오. 지금 트로이아의 성벽은 적의 손에 넘어갔소. 당신은 조국 트로이아를 위해 이미 할 만큼 했소. 그러나 이젠 소용이 없소. 여기서 지체하지 말고 페나테스(Penātēs) 여신상을 들고 바다로 가시오. 당신은 트로이아를 이을 새로운 도시를 건설할 것이오."

꿈속에서 헥토르를 본 아이네아스가 깜짝 놀라 일어나 보니,

도성이 불타고 동료들이 그리스인들의 칼날에 쓰러지고 있었습니다. '어떻게 해야 할까? 도망쳐야 할까? 아니면 칼을 들고 싸워야 할까?' 그러나 그의 힘만으로는 트로이아를 구할 수 없었습니다. 그래도 그는 달아나려고 하지 않았죠. 트로이아를 떠난 줄로만 알았던 그리스인들이 성안으로까지 들어와 트로이아인들을 학살하고 도시를 파괴하는 걸 보자, 꿈에서 헥토르가 당부한 것을 모두 잊고 무기를 들고 적들을 향해 뛰어들어 싸웠습니다. 자신의 최후를 예감했지만 트로이아의 전사이자 신의 아들, 그리고 왕족으로서 용감하게 싸우다 명예롭게 죽는 것이 최선이라고 생각한 거죠. 그래서 그는 칼을 빼들고 죽음을 각오하고 그리스군과 싸웠습니다.

아이네아스는 죽기를 각오하고 싸우면서 그리스인들을 밀어 내려고 했고 부분적으로 잠시 성공을 거두긴 했지만, 수적으로 워낙 상대가 되지 않았습니다. 애초부터 그리스군이 훨씬 더 많았는데, 야간 기습으로 이미 트로이아인들은 많은 수가 죽임을 당했기 때문에 수적 열세는 심각했습니다. 용기만으로는 객관적인 전력의 부족을 극복할 수가 없었던 겁니다. 그래도 아이네아스는 '무장한 채로 싸우다 죽는 것이 아름답다. 싸움에 패한 자들의 유일한 구원은 어떤 구원도 바라지 않는 것이다'고 생각하면서 죽기를 각오하고 용감하게 싸웠습니다. 살아남은 전우들과 열심히 싸우면서 두려움에 사로잡히기도 하고, 분노에 휩싸이기도 했지요. 특히 헬레네를 보자 울화가 치밀어 올랐습니다. 그녀를 당장에 죽여 버리고 싶었지요.

그러나 그때 베누스가 아이네아스에게 나타납니다. 아이네아스가 태어나서 처음으로 어머니의 모습을 뚜렷하게 본 겁니다. 베누스 여신은 이렇게 말했죠. "내 아들아, 너는 왜 그렇게 고통스러워하고 분노하느냐? 그게 무슨 소용이 있느냐? 내 가족을 생각해라. 너의 노쇠한 아버지는 지금 어디에 있느냐? 네 아들 아스카니우스(Ascanius), 그리고 네 아내 크레우사(Creūsa)는 아직 살아 있느냐? 넵투누스와 유노, 미네르바 여신이 트로이아를 무너뜨리고 있다. 네 힘으로 될 일이 아니다. 어서 이곳을 떠나라. 네 곁에 내가 항상 있겠다." 그 말에 아이네아스는 정신이 번쩍 들었습니다. 가족들을 구하려고 집으로 달려갔죠. 그는 가족들과 함께 트로이아를 빠져나가려 했습니다.

그러나 그의 아버지인 앙키세스(Anchīsēs)가 말했습니다. "나는 이제 늙었고, 제우스의 저주를 받아 거동이 불편하니, 너희들에게 짐이 될 것이다. 나는 내버려 두고 너희들끼리 얼른 떠나거라." 앙키세스는 베누스 여신과 사랑을 나누고 아이네아스를 아들로 얻지만, 여신과의 사랑을 떠벌리고 다니다가 유피테르(=제우스)의 번개를 맞아 불구가 되었던 겁니다. 그러나 아이네아스는 아버지를 두고 떠날 수 없었습니다. 거동이 불편한 아버지를 어깨에 얹고, 조상 대대로 모시던 페나테스 신상을 아버지에게 들게 한 후, 아들 아스카니우스의 손을 잡았습니다. 그리고 아내 크레우사는 뒤에 따라오게 하고 다른 식솔들과 함께 성을 빠져나간 겁니다.

로마에 가면, 관공서나 광장에서 간혹 세 남자가 엉킨 모양의 동상을 볼 수 있습니다. 한 남자가 노인을 어깨에 무동을 태우고, 한 손으로는 아이의 손을 잡고 있는 모습입니다. 노인의 손에는 가정을 수호하는 페나테스 여신상이 들려 있는데, 옛날에 로마인들이 집집마다 모셔 두는 가정과 국가의 수호신이었습니다. 바로 트로이아 멸망 직후 아이네아스가 가족들을 데리고 트로이아를 탈출하는 모습입니다. 그가 손을 잡고 있는 아스카니우스는 이울루스(Iūlus)라고도 하는데, 나중에 로마의 '율리우스 가문(Gēns Iūlia)'의 시조가 됩니다. 율리우스 카이사르(Iūlius Caesar)와 그의 양아들이자 후계자인 아우구스투스(Augustus) 황제의 조상인 셈이지요. 아버지를 어깨에 얹은 아이네아스와 그의 손을 잡은 아들, 3대로

아버지를 어깨에 얹은 아이네아스와 그의 손을 잡은 아들, 3대로 이어지는 부자의 모습은 로마의
가부장적인 전통을 잘 보여 줍니다.

이어지는 부자의 모습은 로마의 가부장적인 전통을 잘 보여 줍니다. 그리고 아버지의 손에 있는 가정을 지키는 여신상은 경건함을 존중하는 로마의 종교적 전통도 함께 보여 주고 있습니다.

다시 이야기로 돌아와 볼까요. 아이네아스는 아버지와 아들과 함께 마침내 안전한 곳에 도착했습니다. 그곳에는 도성을 빠져나온 트로이아인들이 모여 있었습니다. 아이네아스는 그들의 지도자가 되었지요. 현재의 트로이아를 구할 수 없다면 새로운 도시, 제2의 트로이아를 건설하는 것이 최선이라고 생각했습니다. 그런데 문제가 생겼습니다. 뒤에 쫓아오던 아내가 보이지 않는 겁니다. 어떻게 해야 할까요? 아내를 구하러 트로이아로 다시 돌아가야 할까요? 그러나 그곳에 갔다간 아내를 찾기는커녕 목숨을 잃을 수도 있습니다. 그러면 새로운 트로이아의 꿈은 완전히 사라집니다. 그렇다면 아내를 포기하고 최대한 빨리 트로이아를 떠나야 할까요?

아이네아스는 아내를 버리는 것은 비겁한 일이고, 부부의 의리와 사랑을 저버리는 배신이라고 생각했습니다. 그는 아내를 구하기 위해 다른 모든 사람들을 기다리게 하고 길을 되짚어 불타고 있는 트로이아 성을 향해서 혈혈단신으로 뛰어갔습니다. 그는 집안을 샅샅이 뒤졌지만, 어디에서도 아내를 찾을 수가 없었습니다. "크레우사, 크레우사, 어디에 있소?" 고함쳐 부르며 그녀를 찾았지만 대답이 없었습니다. 골목을 헤매며 미친 듯이 달리고 있는데, 마침내 크레우사를 만났습니다. 그러나 크레우사 자신은 아니었고 그녀의 혼령이었습니다. 그녀는 이미 이 세상 사람이 아니었던 겁니다.

그녀가 아이네아스에게 말했습니다. "사랑하는 나의 낭군, 아이네아스, 슬퍼하지 마세요. 제가 이곳을 살아서 빠져나가는 것은 신들의 뜻이 아니었나 봐요. 유피테르 신께서 허락하지 않으셨어요. 이제 당신은 유민들과 함께 배를 타고 서쪽으로 떠나세요. 그것이 당신의 운명이에요. 그곳에서는 즐거운 일들과 새로운 왕국과 왕족 출신의 새 아내가 당신을 맞이할 거예요. 당신이 사랑하는 크레우사를 위해서라면 더 이상 눈물을 흘리지 마세요. 저는 베누스 여신의 며느리예요. 그리스인들의 노예가 되지 않았어요. 저는 이곳에 머물 거예요. 어서 가세요, 잘 가세요. 그리고 우리 두 사람의 아들 아스카니우스를 언제까지나 사랑해 주세요." 이 말을 들은 아이네아스는 미칠 것만 같아서 아내를 껴안으려고 했지만, 그녀는 가벼운 바람결처럼 사라져 버렸습니다.

자신을 희생할 줄 알고 가문과 조국의 안위를 걱정하는 크레우사의 모습은 우리나라의 열녀나 현모양처를 떠오르게 합니다. 어쩌면 로마인들은 크레우사 이야기를 여인들에게 어려서부터 해주면서 그렇게 자라도록 교육을 했을 겁니다. 어쨌든 아이네아스는 아내를 구하지는 못했지만, 가족을 구했고 크레우사는 남편이 새로운 운명을 개척해 나갈 수 있도록 힘을 불어넣고 비전을 제시해 주었죠. 이제 아이네아스는 불타는 트로이아를 빠져나온 유민들의 지도자가 되어 배를 타고 새로운 땅을 향해 갑니다. 새로운 트로이아를 건설하라는 유피테르 신의 지엄한 명령을 받고 험난한 모험의 길을 떠난 겁니다.

14

아이네아스의 선택,
사랑인가 조국인가?

아이네아스는 동료들과 배에 올라 새로운 트로이아를 건설하러 항해를 시작합니다. 하지만 항해는 만만치 않았습니다. 바다는 거칠었고, 거센 폭풍에 휩쓸려 죽을 고비를 여러 차례 넘기며 이리저리 헤매고 돌아다녔습니다. '우리가 새로운 땅에 제2의 트로이아를 세울 수 있을까?' 수시로 찾아오는 회의와 절망이 아이네아스와 그의 동료들을 괴롭혔습니다. 그렇게 기약도 희망도 없이 7년 동안 바다를 떠돌아다녀야 했죠. 그리고 마침내 북아프리카에 있는 카르타고라는 도시에 도착했습니다.

　카르타고는 도시국가였는데, 지금의 튀니지에 있었고, 고대 로마의 역사에서 아주 중요한 도시였습니다. 그곳은 예로부터 제우스의 아내 헤라, 로마 신화에 따르면 유피테르의 아내 유노 여신의 도시로 알려져 있었습니다. 그곳을 대표하는 인물로는 한니발 장군을 들 수 있죠. 기원전 3세기 말에 코끼리 부대를 이끌고 알프스산을 넘어서 로마로 진군했지요. 그의 전략과 용맹함 앞에 로마는 멸망할 뻔했는데, 그를 막아 내고 로마를 구한 인물이 스키피오(Publius Cornelius Scipio) 장군입니다. 그는 카르타고를 공격해서 한니발(Hannibal)이 카르타고로 돌아오게 만들었고, 맞대결에서 한니발 군대를 꺾었지요. 그게 제2차 포에니 전쟁이었습니다. 로마와 카르타고는 약 100여 년에 걸쳐 세 차례나 포에니 전쟁을 치르게 되는데, 결국 로마가 승리를 거둠으로써 지중해 세계의 패권을 차지하게 됩니다. 바로 그런 역사가 펼쳐질 곳에 아이네아스가 도착한 겁니다.

7년 동안이나 바다를 헤매고 다녔으니, 얼마나 지치고 피곤했겠습니까? 게다가 스무 척의 배 가운데 한 척은 난파를 당했고, 나머지 배들은 폭풍우에 휩싸여 흩어지게 되었지요. 그 가운데 아이네아스는 일곱 척의 배만 이끌고 카르타고에 도착한 겁니다. 그가 그곳에 도착했을 때, 카르타고는 막 건설되고 있었습니다. 새로운 도시를 건설하는 사람들을 보고 아이네아스는 무척 부러웠겠지요? 커다란 신전을 건설하는 곳으로 다가가 보니, 그곳 사람들은 벽에 트로이아 전쟁 이야기를 그려 넣고 있었습니다. 그 그림을 본 아이네아스의 가슴은 찢어질 것 같았습니다.

그런데 그 새로운 도시 카르타고를 건설하는 총 지휘관은 디도(Dīdō)라는 여왕이었습니다. 디도 여왕도 아주 기구한 운명을 지닌 사람이었습니다. 원래는 아프리카 사람이 아니었고, 페니키아 출신이었죠. 페니키아는 지금의 레바논과 시리아 일대에 있던 해상 왕국이었는데, 서양 사람들이 쓰는 알파벳의 원형을 만든 나라였습니다. 디도는 페니키아의 벨루스(Bēlus) 왕의 딸이었는데, 그곳의 큰 부자였던 쉬카이우스(Sychaeus)와 결혼을 했습니다. 하지만 디도의 오빠였던 퓌그말리온(Pygmaliōn)은 왕이 되자, 쉬카이우스의 황금을 탐내고 결국 아무도 몰래 죽여 버립니다. 억울하게 죽은 쉬카이우스는 디도의 꿈에 나타났지요. "여보, 여기에서 이렇게 자고 있으면 안 됩니다. 어서 일어나 달아나세요. 나는 당신의 오빠 퓌그말리온의 칼에 찔려 이렇게 피투성이가 되어 죽었습니다. 그리고 당신을 노리고 있어요. 우리의 재산을 모두 가로채려고 말이죠." 정말 사악한 인간이지요? 황금에 눈이 멀어 매제를 죽이고 자기 동생까지 죽이려고 하다니. 디도는 남편을 잃고 큰 상실감과 슬픔에 휩싸였는데, 설상가상 오빠가 재산을 노리고 자기까지 죽이려고 한다는 데서 큰 배신과 공포를 느꼈습니다. 그녀는 오빠 퓌그말리온의 폭정과 탐욕에 피해를 보고 불만을 가졌던 사람들을 모아 페니키아를 떠났고, 아프리카에 도착해서 새로운 도시를 건설했는데, 그게 바로 카르타고였습니다.

그런데 그곳에 이미 터를 잡고 살고 있던 사람들은 디도의 일행에게 말했습니다. "우리는 황소 한 마리 가죽으로 둘러싸는 만큼의 땅만 당신들에게 허용할 것이오." 황소 한 마리 가죽으로 둘러쌀 수 있는 땅이 얼마나 되겠습니까? 언감생심, 결국 발붙이지 말고 떠나라는 얘기였습니다. 하지만 디도는 그렇게 물러설 수 없었습니다. 게다가 그녀는 아주 지혜로운 여인이었습니다. 원주민들의 비웃음에 발끈하지 않고 차분하게 대응했지요. 그녀는 황소의 가죽을 가늘게 오려 아주 긴 끈을 만들었습니다. 보고 있던 사람들은 깜짝 놀랐습니다. 그렇게 만든 긴 끈으로 땅을 둘러싸고 보니, 거대한 도시를 만들 정도가 되었습니다. 원주민들은 아름답고 지혜로운 여왕을 기꺼이 이웃으로 인정했고 정착을 허락했다고 합니다. 소문을 듣고 이웃 나라의 이아르바스(Iarbās) 왕은 디도에게 청혼까지 합니다. 하지만 디도는 전 남편인 쉬카이우스를 잊을 수가 없다며 거절했죠. 그리고 도시를 건설하고 있던 와중에 아이네아스 일행을 맞이하게 된 겁니다.

디도 여왕이 도시를 건설하고 유노 여신을 위해 큰 신전을 지으면서 트로이아 전쟁을 그려 넣고 있었는데, 그 그림 중에는 아이네아스가 용감하게 싸우던 장면도 있었습니다. 디도는 소문으로만 듣던 주인공을 직접 만나자 무척 반가웠습니다. 환영의 잔치를 베푼 다음 어떻게 하다가 여기까지 오게 되었으며 트로이아는 어떻게 멸망하게 되었는지 전부 얘기해 달라고 부탁했죠. 아이네아스는 디도의 요청을 거절할 수가 없었고, 고통스러운 기억이었지만 이야기를 펼쳤습니다. 이야기를 듣던 디도의 마음은 점점 흔들리기 시작했지요. 그러고 보니 아이네아스도 아내를 잃었고, 디도도 남편을 잃어 둘 다 홀몸이 되었으니 눈이 맞아도 너무 자연스럽고, 누가 뭐라 할 이도 없을 것 같습니다.

게다가 자기 아들이 7년 동안이나 바다를 헤매며 고생하던 모습을 안타깝게 지켜보던 베누스 여신이 적극적으로 개입하였습니다. 디도가 행여나 아이네아스를 문전박대하면 또다시 바다로 나가 떠돌아야 하잖아요. 그래서 베누스 여신은 자신의 또 다른 아들 쿠피도에게 명령을 내립니다. "내 아들 쿠피도, 저기 너의 동생 아이네아스를 봐라. 얼마나 고생을 했는지 얼굴도 몸도 많이 상했구나. 7년 동안 바다를 헤매다가 지금 카르타고에 도착했다. 네 동생이 저곳에서 쉴 수 있도록 디도의 마음에 사랑의 불을 질러라."

자, 이렇게 쿠피도가 사랑의 불씨를 일으킨다면, 둘이 서로를 좋아하게 되겠지요? 베르길리우스는 그 장면을 이렇게 표현했습니다.

그(=쿠피도)는 아키달리아 샘의 여신인
어머니(=베누스)를 염두에 두고 조금씩 쉬카이우스를 지우기
시작했다. 그리고 기습을 시도했다, 살아 있는 사랑으로
이미 오래전에 쉬고 있던 정염과 사랑을 잊은 그 심장을:

at memor ille

matris Acidaliae paulatim abolere Sychaeum

• 『아이네이스』 제1권 719~722행

incipit et uiuo temptat praeuertere amore

iam pridem resides animos desuetaque corda.

결국 디도는 아이네아스와 사랑에 빠져 즐거운 나날을 보내게 됩니다. 그리고 아이네아스는 그녀가 카르타고를 건설하는 것을 열심히 도와주지요. 이렇게 새로운 트로이아를 건설하는 것인가, 이런 생각도 했겠지요?

그러나 그것은 유피테르의 뜻이 아니었습니다. 이 사실을 알게 된 유피테르는 노발대발합니다. 전령의 신 메르쿠리우스를 아이네아스에 보내 질책하지요. "네 이놈. 어쩌자고 여기에서 빈둥거리고 있느냐? 너의 아들과 후손을 생각해라. 빨리 이곳을 떠나 이탈리아로 가라. 거기에 너의 도시, 너의 후손들이 살아갈 도시를 건설해야 한다. 로마는 그들의 것이다." 유피테르의 명령을 듣고 정신이 번쩍 든 아이네아스는 유민들을 모아 카르타고를 떠날 준비를 합니다. 이곳이 아닌 다른 곳을 찾아 제2의 트로이아를 건설해야 한다는 자신의 사명을 되새긴 겁니다.

그런데 그렇게 떠나면 디도는 어떻게 되는 건가요? 아이네아스가 몰래 카르타고를 떠나려고 한다는 것을 알게 된 디도는 아이네아스를 잡으려고 애원했습니다. 아이네아스는 선택을 해야만 했습니다. 사랑이냐, 조국이냐. 여기에서 디도와 사랑을 나누며 한평생 편안하게 살 것인가, 아니면 다시 거친 바다를 향해 돛을 올리고 고단한 항해를 시작할 것인가?

아이네아스는 디도를 떠나기로 합니다. 현재의 안락함 대신 미래의 꿈을 선택했죠. 자신에게 운명처럼 주어진 사명을 저버릴 수가 없었던 겁니다. '가슴은 아프지만 사랑하는 디도를 떠나야 한다.' 그는 파리스를 기억했습니다. 예전에 파리스는 사랑을 선택하여 '존재하던 트로이아'를 망하게 했는데, 지금 자신이 또다시 파리스처럼 사랑을 선택한다면 '앞으로 존재하게 될 트로이아'를 망하게 하는 것이었죠. 아이네아스는 파리스와는 다른 길을 걸어야 했고, 그것이 왕족으로서 마땅하다고 생각했습니다. 사랑 대신 사명을 선택한 아이네아스는 이탈리아 중부에 도착해 새로운 도시를 건설합니다. 그로부터 약 500년 후인 기원전 753년, 그가 세운 나라는 로물루스에 의해 로마로 거듭납니다. 아이네아스의 선택은 로마의 건국으로 이어졌습니다.

그렇게 아이네아스가 떠나자, 두 번째 사랑을 잃은 디도는 배신감에 치를 떨고 자살을 선택합니다. 죽으면서 아이네아스를 저주하지요. 카르타고의 후손들이 아이네아스의 후손들에게 반드시 복수할 것이라고 말입니다. 이런 저주 때문에 이로부터 약 천 년이 지난 후, 카르타고인들 그러니까 디도의 후손들이 한니발을 선봉에 내세우고 로마로 쳐들어갔던 거라고 합니다. 포에니 전쟁은 디도를 배신한 아이네아스에 대한 자손들의 보복이었던 셈이죠. 한니발과 스키피오의 대결에는 디도와 아이네아스의 사랑이라는 신화가 배경에 있었던 겁니다.

15

로물루스,
레무스를 죽이고 로마를 세우다

모든 길은 로마로 통한다는 말이 있습니다. 서양 역사에서 가장 크고 오랫동안 유지되었던 제국이 바로 로마였지요. 지금도 제국의 흔적이 세계적인 유적지로 많이 남아 있어서, 유럽 여행을 하려면 로마를 가장 마지막에 가야 한다고 할 정도로 대단한 위용과 영광을 자랑했지요. 로마의 크기를 잘 보여 주는 말이 있습니다. '마레 노스트룸(Mare Nostrum)', 우리들의 바다라는 뜻인데요, 지중해를 가리키는 말입니다. 지중해를 '우리들의 바다'라고 부를 수 있는 유일한 나라가 바로 로마였습니다. 실제로 그들의 영토가 지중해 전체를 둘러쌌던 적이 있었기 때문입니다. 로마 이전에도 로마 이후 지금까지도 역사상 그런 나라는 없었습니다. 이런 로마의 영광을 재현하려는 마음에서인지, 지금도 유럽의 여러 나라는 자신들이 로마를 계승하고 있다며 자랑하곤 합니다.

바로 그 로마를 세운 사람이 로물루스였고, 레무스와 쌍둥이 형제였습니다. 그리고 이 두 형제의 아버지가 전쟁의 신이면서 농업의 신이었던 마르스였습니다. 그런데 이 쌍둥이 형제는 태어나자마자 죽을 뻔했습니다. 로마가 세워지기 전에 알바 롱가(Alba Longa)라는 나라가 있었지요. 이 나라는 거슬러 올라가면 트로이아의 왕족 아이네아스에 이릅니다. 트로이아 전쟁에서 패한 그는 유민들을 이끌고 새로운 트로이아를 건설하기 위해 모험을 떠났는데, 그가 최종적으로 도착한 곳이 바로 지금의 로마 근처였으며, 그의 혈통이 세우고 이어 나간 나라가 바로 알바 롱가였습니다. 앞서 보았던 아이네아스는 디도의 카르타고를 떠나 이탈리아 반도 한가운데 서쪽 해안으로 왔던 겁니다.

로물루스와 레무스 형제 당시 알바 롱가의 왕은 누미토르(Numitor)였는데, 권력욕이 강했던 동생인 아물리우스(Amūlius)가 형을 쫓아내고 왕의 자리를 차지합니다. 이로 인해 피바람이 불지요. 마치 조선 초기 왕자의 난을 연상시킵니다. 자기 자리를 위협할 것 같은 남자 조카들을 다 죽인 겁니다. 그리고 여자 조카는 살려두었는데, 그녀가 레아 실비아(Rhea Silvia)였습니다. 아물리우스는 레아 실비아가 결혼하지 못하도록 베스타 신전의 여사제로 만들었습니다. 자식을 못 갖게 하려는 거였죠. 하지만 그녀는 임신을 했고, 아이들의 아버지가 마르스 신이라고 주장했습니다. 아물리우스는 그녀가 아이를 못 낳게 하려고 옥에 가두었습니다. 그러나 그녀는 험한 환경을 이겨 내고 마침내 쌍둥이 형제를 낳았습니다. 그러자 아물리우스는 그녀와 쌍둥이 갓난아이를 모두 티베리누스 강물에 던져 버렸습니다.

그녀와 갓 태어난 쌍둥이는 강물에 빠졌지만, 다행히도 티베리누스강의 신이 그들을 받아들여 목숨을 구할 수 있었습니다. 티베리누스강의 신은 레아 실비아를 아내를 삼았고, 그녀는 나중에 인간의 몸을 벗고 영원히 불멸하는 신이 되었다고 합니다. 지금도 티베리누스강(테베강)은 로마의 젖줄처럼 흐르고 있는데, 그녀는 강물의 신의 아내가 되어서 자기 자식이 로마를 건설하고, 그 후손들이 로마를 세계적인 제국으로 키워 나가는 걸 곁에서 지켜보았던 겁니다. 로마인들은 바로 이런 신화를 자신들의 도시와 강물에 입혀서 전설과 역사를 만들어 나갔지요. 특히 전쟁의 신 마르스의 아들 로물루스가 로마를 세웠다는 이 신화는, 로마인들이 전쟁터에 나갈 때마다 힘을 불어넣어 주었습니다. 전쟁의 신의 자손들이니까, 어떤 전쟁에서도 이길 수밖에 없다는 자신감을 신화로부터 얻었던 겁니다.

한편 강물에 던져진 쌍둥이는 어떻게 되었을까요? 티베리누스강의 신은 그들을 안전하게 강가로 인도하였고, 마침 그곳을 지나던 늑대가 아이들을 발견하고 동굴로 데려가 키웠습니다. 그리고 얼마 후, 왕의 목동이었던 파우스툴루스(Faustulus)가 늑대 굴에 있는 아이들을 발견하고는 자기 집으로 데려왔습니다. 그 이후로 로물루스와 레무스는 파우스툴루스가 친아버지라고 생각하며 자랐지요. 형제는 우애가 매우 깊었습니다. 둘은 젊은이가 되었을 때, 산적 노릇을 하며 지냈다고 합니다.

그러던 어느 날, 레무스가 아물리우스 왕의 목장을 습격했다가 잡혀 투옥되었죠. 로물루스는 레무스를 구하기 위해 왕궁을 향해 떠났습니다. 이때 파우스툴루스는 로물루스에게 출생과 성장의 모든 비밀을 알려 줬습니다. "난 너희들의 친아버지가 아니다. 진짜 아버지는 전쟁의 신 마르스 님이시다. 가서 레무스를 구하고 빼앗겼던 할아버지의 왕권을 되찾아라."라고 격려했지요. 로물루스는 친구들과 함께 왕궁으로 쳐들어갔고, 아물리우스를 죽이고 레무스를 구했습니다. 그리고 할아버지인 누미토르에게 왕위를 되돌려 줬습니다. 마침내 복수에 성공하고 모든 것을 제자리로 돌려놓은 것입니다. 여기까지 보면 로물루스와 레무스의 우애가 참 좋았던 것 같습니다.

할아버지에게 왕좌를 되찾아 준 로물루스와 레무스는 알바 롱가 왕국 가까운 곳에 새로운 도시를 세우기로 했습니다. 티베리누스 강변에는 일곱 개의 언덕이 있었는데, 그곳은 자신들이 늑대 젖을 먹고 자란 곳이었지요. 그곳 가운데 하나를 터전으로 삼기로 했습니다. 로물루스는 팔라티누스 언덕(지금의 팔라티노 언덕)을 선택했고, 레무스는 아벤티누스 언덕(지금의 아벤티노 언덕)에 도시를 세우자고 주장했습니다. 그들의 논쟁에 결말이 나지 않자, 누미토르 왕은 제안했죠. "신의 뜻을 물어보는 게 좋지 않겠느냐?" 그래서 쌍둥이 형제는 새점을 보기로 했습니다. 그런데 레무스 쪽으로는 6마리의 독수리가 날아들었던 반면, 로물루스 쪽으로는 12마리의 독수리가 날아들었습니다. 로물루스가 이긴 것입니다. 이제 로물루스의 말대로 팔라티누스 언덕을 중심지로 두고 둘이 함께 나라를 다스렸겠지요? 둘이 우애가 좋다고 했으니까 그럴 것 같습니다.

실제로 그런 전설도 전해집니다. 로물루스가 선택한 대로 일단 팔라티누스 언덕에 도시를 건설하고 나라를 세운 다음에 함께 힘을 합하여 로마를 다스렸다고 합니다. 이때 두 사람은 왕으로서 로마를 다스렸는데, 로마는 그 이후로는 쭉 왕이 다스리는 왕국이었습니다. 물론 두 사람 이후에는 왕은 하나였습니다. 그러나 기원전 509년에 브루투스가 왕정의 독재적인 폐단을 청산하고 공화정 체제를 도입했는데, 그때 최고 결정권을 가진 원로원에서 두 명의 집정관을 임명했습니다. 이렇게 한 이유는 두 명의 집정관이 서로 견제하며 왕과 같은 독재적인 권력으로 함부로 전횡을 일삼지 못하게 막으려고 했기 때문이었죠. 그런데 이런 정치적 시스템이 바로 로물루스와 레무스가 맨 처음에 함께 왕이 되어서 힘을 합해 정치했던 것을 모델로 삼은 것이라고 설명하는 학자들도 있습니다. 하지만 이것은 소수의 의견인 것 같고, 그것과는 정반대의 비극적인 결말이 정설로 통합니다.

둘 사이에 우애가 좋았다고는 하지만 하늘 아래 두 개의 태양은 없다는 말이 있듯이 권력을 두고 둘 사이의 갈등과 경쟁이 점점 고조되어 갔습니다. 처음에 새점으로 결정하자고 했을 때는 결과에 승복하기로 약속이 되어 있었던 건데, 레무스는 독수리가 날아든 것을 가지고 신의 뜻을 찾는다는 것은 어리석은 일이라고 받아들이지 않고 몽니를 부렸던 겁니다. 로물루스는 도시의 영역을 표시하기 위해 황소 두 마리가 끄는 쟁기로 고랑을 파고 경계선을 그었고 흙벽까지 쌓았습니다. 레무스는 마음의 앙금을 씻어내고 로물루스를 돕는 대신, 계속 구시렁대며 빈정거렸지요. 공사 중이던 흙벽을 넘나들면서 이래 가지고 어떻게 도시를 지키겠느냐며 조롱했습니다. 로물루스는 레무스가 새점의 약속을 어기고 제멋대로 행동한 것에도 불만이 있었지만, 성벽을 아무렇지도 않게 넘어오며 조롱하자 더 이상 참을 수가 없었습니다. 모욕감을 느낀 거지요. 조금씩 쌓여 왔던 갈등과 불신은 결국 유혈 충돌로 비화되었습니다. 마침내 로물루스는 레무스를 칼로 찔러 죽였습니다. 순식간에 일어난 일이었습니다. "그 누구도 나의 성벽을 뛰어넘을 수 없다. 그런 자는 누구든 이렇게 되리라" 하고 외쳤지요.

얼마 후 격분이 걷힌 로물루스는 이성을 되찾았고, 자신이 한 일을 깊이 후회하게 되었습니다. 레무스를 죽인 칼로 자살하려고 했죠. 하지만 자살한다고 해서 죽은 레무스가 돌아오는 것도 아니고, 무슨 소용이 있겠습니까? 로물루스는 레무스를 아벤티누스 언덕에 묻어 주고 장례식을 거행해 고인의 넋을 위로했다고 합니다. 그 후 로물루스는 팔라티누스 언덕에 세운 도시에 자기 이름을 따서 '로마'라고 불렀죠. 아우구스투스 황제도 바로 여기에 자신의 왕궁을 세웠고, 41년간 다스렸습니다.

이렇게 탄생부터 우여곡절을 함께한 로물루스와 레무스 형제의 이야기는 결국 비극으로 끝나고 맙니다. 예전에 『로마인 이야기』라는 방대한 책이 베스트셀러가 되었던 적이 있는데, 로물로스 이후의 로마 역사는 웬만한 소설보다도 더 흥미롭게 펼쳐집니다. 사실 서양의 역사나 문화를 알려면 무엇보다도 로마의 역사를 알아야 한다는 이야기가 있을 정도로 로마는 중요한 도시이며 국가이고 문명이었죠. "모든 길은 로마로 통한다"라는 말이 있듯이, 아시아에서부터 아프리카를 포함한 라인강 남쪽 유럽 대부분과 영국까지 지배했던 로마 제국을 건설했을 때, 그 거대한 곳이 모두 로마로 통한다고 자신만만했던 겁니다. 하지만 이런 어마어마한 제국이 하루아침에 이루어진 건 아니죠. 그 옛날, 로물루스가 작은 도시를 건설한 것이 씨가 되어서 그런 거대한 제국이 되었던 겁니다.

아우구스투스부터 시작해서 로마가 주변의 경쟁국들을 모두 정복하고 거대한 제국을 건설한 후에 한동안 평화로운 시대를 만들었습니다. 이것을 '팍스 로마나'라고 합니다. 서양의 역사에서 많은 정치 지도자들이나 사업가, 대기업의 CEO들이 로마가 거대한 제국을 건설하고 오랜 시간 동안 성공적으로 운영해 온 비결을 찾으려고 했습니다. 여러 가지 비결이 있지만, 가장 중요한 것으로 꼽는 두 가지가 있습니다. 하나는 영토를 확장하면서 유연한 태도로 정복한 국가의 국민을 포용했다는 것이고요, 또 하나는 지도자들이 어려운 일에 솔선수범해서 나섰다는 겁니다.

전쟁의 신인 마르스의 자손이자 늑대의 젖을 먹고 자란 로물루스와 레무스는 처음부터 거대한 제국을 쌓을 만한 자질을 갖고 태어난 형제였죠.

16

바우키스와 필레몬,
한 그루 나무가 되다

그리스 신화에서 제우스는 세상을 다스리는 최고의 신입니다. 그는 아버지인 크로노스의 폭정을 몰아내고 권좌에 오른 뒤에 함께 싸운 형과 누이들에게 적절한 권력을 나눠 주었습니다. 그리고 똑똑한 자식들에게 저마다의 역할을 맡긴 후에 자신은 전체를 관리하는 안정적인 통치 체제를 만들었지요. 그렇게 제우스는 영원한 패권자로 군림합니다.

그런 제우스에게 마지막 골칫거리는 인간이었습니다. 인간은 이기적이고 난폭한 욕망으로 자연을 황폐하게 만들고, 전쟁의 피로 땅을 더럽혔지요. 견디다 못한 대지의 여신 가이아는 제우스에게 호소했습니다. "제우스, 나의 손자여, 나를 괴롭히는 인간들을 깨끗이 쓸어다오." 제우스는 인간을 없애 버려야 할지 직접 확인하고 싶었습니다. 헤르메스와 함께 인간의 모습으로 땅에 내려와 아르카디아 왕궁을 찾았지요. 그곳의 뤼카온 왕은 낯선 두 손님이 심상치 않음을 직감했습니다. 그렇지 않아도 시중에는 신들이 내려왔다는 소문이 돌고 있었지요. 이들의 정체를 아직 모르는 상태에서 여러분이라면 어떻게 하시겠습니까? 따뜻하게 영접하시겠습니까? 아니면, 쫓아내겠습니까?

뤼카온은 행여 그들이 신인지, 아니면 어수선한 소문을 이용하려는 사기꾼인지, 반역과 암살을 기도하는 불순 세력인지를 알고 싶었습니다. 그렇게 의심하는 것은 이해할 만한데, 왜 그랬는지 뤼카온은 끔찍하게도 인육으로 음식을 만들어 두 손님에게 내놓았지요. 천하의 제우스가 그 사실을 모를 리 없었습니다. '인간 따위가 감히 신을 시험하려 들다니, 게다가 낯선 손님에게 몹쓸 짓을 서슴지 않다니' 하며 진노했지요. 원래 제우스는 나그네들을 수호하는 신이었던 것입니다.

실제로 그에겐 '크세니오스 제우스(Xenios Zeus)'라는 별명이 있습니다. '크세노스(Xenos)'는 손님을 가리킵니다. 누구나 자기 집을 나서서 먼 길을 떠나면 나그네가 되어 다른 사람의 대문을 두드리는 '크세노스'가 될 수 있지요. 이런 삶의 순리를 깨달은 그리스인들은 나를 찾아온 크세노스를 따뜻하게 맞이하면, 나중에 내가 누군가의 크세노스가 될 때, 똑같은 대접을 받을 수 있다고 믿었습니다. 제우스가 그렇게 해 준다고 믿은 거죠. 반대로 나를 박대하는 사람은 나중에 제우스가 반드시 벌할 것이라고 여겼죠. 그래서 손님을 지키는 신이라는 뜻으로 '크세니오스'라는 별명이 제우스에게 붙은 겁니다.

손님으로 찾아온 제우스에게 흉악한 시험을 한 뤼카온은 늑대가 되는 벌을 받았습니다. 그리고 제우스는 모든 인간을 쓸어 없애 버리겠다고 결심했고, 마침내 세상을 삼켜 버릴 홍수를 일으켰지요.

그렇게 한 번 사악한 인간들이 멸망하고 난 뒤, 수많은 세월이 흘러 새롭게 태어나고 번성한 인간들로 땅은 다시 무거워지고 오염되었습니다. 제우스는 또다시 헤르메스와 함께 인간들의 땅을 찾았지요. 허름한 나그네로 변신한 둘은 첫 번째 집의 문을 두드렸습니다. 하지만 문은 열리지 않았지요. 두 번째, 세 번째 집도 모두 그들을 문전 박대했습니다. 그러나 그들이 마지막으로 찾은 오두

막은 달랐습니다. 집주인 바우키스와 필레몬 부부는 선뜻 문을 열어 주었고, 따뜻한 물을 가져와 손님들의 피로한 손발을 씻게 했으며, 정성껏 음식을 지어 대접했습니다.

부부는 참으로 훌륭한 사람들이었습니다. 가난했지만 부끄러워하지 않았고, 정직한 마음으로 성실하게 일했지요. 탐욕이 없이 평온함으로 가난을 견뎌 왔고, 가난 때문에 행복과 사랑이 흔들리지 않도록 자족하며 살아왔습니다. 게다가 그들은 낯선 손님에게도 자신들이 가진 것을 아낌없이 나눠 주었으니, 그 마음은 한없이 넉넉했던 것입니다.

이 부부의 삶, 어떻습니까? 여러분도 이런 삶을 살고 싶지 않으신가요? 하지만 선뜻 그렇다고 대답하실 수는 없을 겁니다. 부부를 아낌없이 칭찬할 수는 있지만, 그런 삶을 몸소 살겠다고 결심하긴 쉽지 않지요. 그리고 의문이 일지요. "왜 그렇게 훌륭한 사람들이 가난할까? 삶의 태도는 옳으나, 효율성이 부족한 것 아닐까?" 이런 결론을 내릴지도 모릅니다. "나 살기도 바쁜 세상에 다른 사람들에게 저렇게 퍼주니 재산을 모을 수가 없지." 타인에 대한 배려는 결국 내 몫을 양보한다는 뜻이고, 그런 점에서 손해라면 손해일 수 있다는 것이 우리의 상식적인 셈법임을 부인할 수 없을 겁니다. 그런 점에서 우리 마음은 뤼카온에 가까울지 모르겠습니다.

하지만 모든 사람들이 그런 셈법으로 산다면 내가 어떤 어려움에 처했을 때, 다른 사람들의 도움을 기대할 수 없을 것이며, 모두가 그런 셈법으로 사는 공동체에선 약자는 버텨 낼 재간이 없게 되지요. 그렇다면 "억울하면 출세하고, 경쟁에서 밀려나면 불이익을 감수해라!" 이런 태도로 살면 되는 건가요? 그러나 다른 삶의 방식도 생각해 볼 수 있습니다. 바우키스와 필레몬처럼 내가 가진 것에 만족하면서도 나보다 적게 가진 사람들을 배려할 수 있는 마음이 우리의 상식적인 셈법에 더해진다면, 그것은 내가 낙오한 약자가 되고 남의 집에 가난한 손님이 될 때를 대비하는 합리적인 측면이 있지요.

자, 그런데 그 부부는 어떻게 되었을까요? 부부의 환대에 감동한 제우스는 다른 인간은 없애 버리더라도 이 부부만은 살려 두기로 결심했습니다. 곧 엄청난 홍수가 일어났고, 손님을 박대했던 사람들은 모두 물에 잠겼지요. 하지만 부부의 오두막만은 온전했고 홍수가 끝난 후에는 거룩한 신전이 되었답니다. 부부는 신전지기가 되어 여생을 평온하게 살 수 있기만을 바랐지요. 그리고 한날한시에 세상을 떠나, 한 사람이 다른 한 사람의 죽음을 보고 애통하는 일이 없기를 소망했습니다. 그렇게 부부는 서로 사랑하고 아껴 주며 신을 섬기며 살다가 어느 따뜻한 봄날, 상대가 나무가 되는 것을 보면서 "잘가요, 여보"라 인사했고, 한몸을 이룬 밑동에서 자란 두 줄기의 나무가 되었다고 합니다.

늑대가 된 뤼카온과 따뜻한 양지의 나무가 된 부부 사이에서 여러분은 어떤 길을 가시렵니까?

17

아라크네,
거미가 되다

기가 막힌 솜씨로 허공에 베를 짜는 벌레가 있습니다. 거미입니다. 그리스어로는 아라크네(Arakhnē)라고 하는데, 원래는 벌레의 이름이 아니라 재주 많던 한 여인의 이름이었답니다. 보잘것없는 집안에서 태어났지만, 베를 짜는 솜씨만큼은 타의 추종을 불허했지요. 그녀가 베를 짜면 사람들이 모여들어 구경했고, 너나 할 것 없이 감탄을 터트렸습니다. 아라크네에 관한 소문을 들은 아테나 여신도 호기심이 일었습니다. 참다못한 그녀는 마침내 노파의 모습으로 변장하고 그녀의 집을 찾았습니다.

그날도 수많은 사람들이 모여들어 그녀의 솜씨를 구경하고 있었습니다. 넋을 잃고 쳐다보던 한 사람이 탄성을 질렀지요. "정말 아라크네의 솜씨는 놀라워. 아테나 여신에게서 배운 게 틀림없어. 그렇지 않고서야 어떻게 저럴 수가 있겠어?" 그것은 최고의 찬사였습니다. 인간의 수준을 뛰어넘어 신의 경지에 이른 솜씨를 예찬한 것이니까요. 하지만 아라크네는 반박했지요. "아테나 여신에게 배웠다고요? 천만에요. 전 배운 적이 없어요. 이건 순전히 제 솜씨에요. 아마 제가 아테나 여신보다 솜씨가 더 좋을 걸요?"

아테나 여신은 깜짝 놀랐습니다. 모욕감을 느꼈지요. 만약 여러분이 아테나 여신이라면, 어떻게 하시겠습니까? '이런 건방진 것!' 하면서 당장에라도 천벌을 내리시겠습니까? 보통 사람이라면 그랬을 겁니다. 하지만 아테나 여신은 지혜의 여신답게 일단 분노를 억누르며, 차분하게 아라크네에게 충고했지요. "아가씨, 노인의 말이라고 무시하지 말고 들어 봐요. 그대의 솜씨는 정말 나무랄 데가 없어요. 그대보다 베를 더 잘 짜는 사람은 없을 거예요. 하지만 아테나 여신까지 이기겠다는 건 너무 심하지 않나요? 아까 한 말에 대해 용서를 구하는 게 어때요? 아테나 여신께서는 너그러이 용서해 주실 거예요."

곁에 있던 사람들도 노파의 말에 수긍하는 듯, 고개를 끄덕였습니다. 하지만 아라크네는 베를 짜는 일을 중단하고, 매섭게 노파를 노려보았지요. "할머니, 그런 말씀은 집에 가셔서 손자 손녀들에게나 하세요. 제 일은 제가 알아서 해요. 저는 언제든 자신 있어요. 아테나 여신이 지금 이 자리에 와서 대결을 해도 전 이길 수 있어요." 아라크네의 태도에 아테나 여신은 더 이상 참을 수가 없었습니다. "그래, 내가 왔다. 어디 한 번 해 볼까!"라고 외치며, 노파의 모습을 벗어 던지고 빛나는 여신의 자태를 드러냈습니다.

아라크네 곁에 모여들었던 사람들은 모두 기겁하며 땅바닥에 납작 엎드려 벌벌 떨었지요. 분노를 터뜨리며 모습을 드러낸 아테나 여신의 모습은 위풍당당한 위엄을 뿜어내고 있었던 겁니다. 여러분이 아라크네였다면, 다른 사람들과 마찬가지로 깜짝 놀라셨을 겁니다. '내가 너무 심했어.'라고 후회하며, '이제 정말 큰일 났구나!'라며 겁을 먹는 게 인지상정이지요. 어땠을까요, 아라크네는? 역시 아라크네는 당차고 자신만만한 여성이었습니다. 눈 하나 깜짝하지 않고 침착하게 대꾸했지요. "아테나 여신님, 잘 오셨습니다. 그렇지 않아도 여신님과 베 짜는 솜씨를 겨루고 싶었습니다."

어떠신가요? 아라크네 말입니다. 건방진 태도에 재수 없다고 느끼실지도 모르겠습니다. 어쨌든 아테나 여신과 아라크네는 수많은 사람들이 보는 앞에서 베 짜기 시합을 벌이게 되었습니다. 아테나는 거침없는 손놀림으로 베를 짜기 시작했고, 씨실과 날실을 교차시키며 촘촘하고 아름다운 옷감을 만들어 냈는데, 화려한 색채와 생생한 형태의 그림까지 짜 넣고 있었습니다. 직조물의 한 가운데에는 제우스와 올림포스의 신들이 지켜보는 가운데 아테나가 포세이돈과 겨루어 승리를 거두는 장면을 넣었고, 네 귀퉁이에는 신들에게 도전하다가 비참한 운명을 맞이한 어리석은 인간들의 모습을 배치했죠. "함부로 까불지 마라, 감히 신에게 덤비면 재앙을 면할 수 없다"는 서슬 푸른 경고의 메시지였습니다. 사람들은 아테나 여신의 솜씨에 경탄했고, 그림에 경악하며 다시 한 번 두려움에 사로잡혀 벌벌 떨었습니다.

　하지만 아라크네는 두려운 기색이 없었습니다. 그녀는 조금도 동요하지 않고 베를 짜면서 제우스와 포세이돈, 아폴론 같은 신들이 연약한 여인들을 겁탈하는 장면을 생생하게 그려 넣었습니다. "신이면 다냐! 힘 있다고 소위 '갑질'하면서 약한 인간들을 짓밟아도 되는 거냐?" 이렇게 항의하는 것만 같았습니다. 이를 본 아테나는 피가 거꾸로 솟구치는 것만 같았습니다. 감히 인간 따위가 신들을 능멸하고 권위에 도전하다니, 괘씸해 미칠 것만 같았지요. 더욱더 화가 나는 것은 자기가 봐도 아라크네의 베 짜는 솜씨가 자기보다 더 뛰어나다는 것을 인정하지 않을 수 없었다는 겁니다.

　이런 상황에서 여러분이 아테나 여신이라면 어떻게 하시겠습니까? 깨끗하게 패배를 인정하고 대인의 아량으로 아라크네의 실력을 칭찬해 주시겠습니까? 만약 그랬다면 이를 지켜보던 많은 사람들은 아테나 여신의 너그러움에 경의를 표했을 겁니다. 그러나 상황이 완전히 달라질 수도 있었겠지요. 어쩌면 사람들은 패배한 아테나 여신을 조롱하고, 승리를 거둔 아라크네를 찬양했을지도 모릅니다. 또한 승리의 기쁨에 들뜬 아라크네는 더욱더 기고

만장하고 아테나 여신을 무시했을지도 모릅니다. 이런 생각을 하다 보니, 아테나 여신은 도저히 참을 수가 없었습니다. 벌떡 일어나 아라크네가 짜던 베를 찢어 버리고, 들고 있던 북으로 아라크네의 머리를 때리고, 급기야 아라크네를 흉측한 모습의 거미로 만들어 버렸던 것입니다.

아테나 여신의 행동에도, 아라크네의 태도에도 많은 아쉬움이 남습니다. 아라크네가 뛰어난 솜씨에 겸손함을 겸비했더라면 어땠을까, 정중한 태도로 아테나의 권위를 인정하고 그로부터 실력을 인정받았다면 얼마나 아름다웠을까, 생각합니다. 그리고 아테나도 아라크네의 당돌한 태도를 귀엽게 봐 주면서, 오직 실력만으로 승부를 보려고 하는 아라크네의 자신감과 용기와 결기를 격려하고 그 실력을 화끈하게 인정하면서 신이라는 자리에 어울리는 통 큰 관대함을 보여 주었으면 어땠을까, 생각합니다. 우리의 아쉬움의 끝에 그려지는 것은 실력 있는 사람과 권력을 누리는 사람이 갖추어야 할 품격이 아닐까요?

18

나르키소스,
사랑에 빠지다

"나르시시즘에 빠졌다"는 말이 있습니다. 거울에 비친 자신의 모습을 지나치게 오랫동안 들여다보면서 흐뭇해하거나, 셀카를 찍는 데 과도하게 몰입하는 사람들에게 그런 말을 하곤 하지요. '자기애'라고도 번역되는 나르시시즘은 영국의 심리학자 하브록 엘리스(Havelock Elis)가 1898년에 처음 사용한 후, 오스트리아의 정신분석학자 지그문트 프로이트가 1914년에 「나르시시즘에 관하여(On Narcissism)」라는 논문을 쓰면서 유명해졌습니다. 이 말의 뿌리는 그리스 신화에 있습니다.

주인공은 나르키소스(Narkissos)입니다. 아테네 북쪽 보이오티아 지방의 테스피아에 살던 사냥꾼이었지요. 태생은 남달랐습니다. 보이오티아를 흐르는 강물의 신 케피소스(Kēphisos)와 샘의 님페 릴리오페(Liriopē) 사이에서 태어났으니까요. 불멸의 신은 아니었지만, 반신반인의 영웅이었습니다. 그의 외모는 사람을 사로잡는 신비로운 매력이 있었지요. 수많은 소녀들과 청년들, 심지어 님페들까지 그에게 다가와 구애했지만, 그는 거부했습니다. 그의 외모는 우아하고 부드러웠지만, 그 속엔 강한 자존심과 오만함이 깃들어 있었던 겁니다.

나르키소스의 냉정한 태도는 수많은 이들에게 상처를 입혔지요. 우아한 외모만큼 친절과 배려심이 있었다면, 그는 많은 이들의 사랑을 받았을 테지만 그에게는 앙심을 품은 자들의 저주만이 있었습니다. "그도 우리처럼 사랑에 빠지고, 사랑을 얻지 못하게 되기를." 원성은 복수의 여신의 마음을 움직였고, 마침내 그 저주가 실현되고 말았지요.

어느 날, 사냥을 하던 나르키소스는 은빛으로 반짝이는 맑은 샘을 찾았습니다. 그 순간, 그는 깜짝 놀랐습니다. 그를 단숨에 반하게 만든 매력적인 사내를 본 겁니다. 그 사내는 샘물에 비친 자신의 모습이었습니다. 갈증을 식히려고 다가갔다가 그보다도 더 강한 갈증에 휩싸이게 된 거죠. 그는 샘물 속에서 자신을 바라보는 그 사내가 바로 자기 자신임을 알지 못한 채, 그 모습에 반해 감탄하며 하염없이 바라보았습니다.

그는 샘을 향해 손을 뻗어 그 사내를 만지려 했습니다. 샘물 속 사내도 기뻐하는 얼굴로 그에게 손을 뻗고 있었지요. 손과 손이 마주치는 순간, 사내의 모습은 파동 속으로 사라져 버렸습니다. 다시 사내의 모습이 나타나자, 그는 조심스럽게 입술을 대었습니다. 샘물 속의 사내도 그를 향해 입을 내밀었지요. 하지만 입술이 닿는 순간, 샘물 속의 사내는 일렁이는 파동 속에 다시 흩어지고 말았습니다. 서로가 서로를 갈망하지만 만질 수도, 이야기를 건넬 수도 없었습니다.

한참이 지나서야, 그는 샘물 속 사내의 실체를 깨닫게 되었습니다. "아, 그는 바로 나구나. 이제야 알겠어. 난 나에 대한 사랑에 불타고 있어. 내가 불을 지피고 그 불에 내가 타는구나!" 이제 나르키소스는 어떻게 해야 할까요? 여러분이라면 아마도 자신의 어이 없는 행동에 한 번 크게 웃고, 흙먼지를 털고 일어나 샘을 떠났을 겁니다.

그러나 나르키소스는 그곳을 떠나지 못했습니다. 자신의 매력에 푹 빠졌던 겁니다. 자신과의 사랑을 이루지 못해 괴로워했지요. 샘물에 비친 자신의 모습에서 눈을 떼지 못하고 안타까운 마음으로 여위어 갔고, 온몸이 녹아 내렸습니다. 결국 그는 사라지고 오직 수선화 한 송이만 피어올라 여전히 샘물에 비친 자신의 모습을 바라보고 있었답니다.

참으로 어리석지요? 하지만 그의 어리석음은 우리 모두에게도 있습니다. 그렇기에 프로이트가 인간의 내면에서 나르시시즘을 발견했던 거지요. 우리가 타인의 평가와 상관없이 자신에 대해 지나친 자신감과 자기애를 갖는다면, 그것은 나르키소스의 자기 도취와 크게 다르지 않습니다. 물론 스스로를 사랑하고 긍정적으로 평가해 자부심을 갖는 것은 매우 중요합니다. 건강한 마음은 자신을 사랑하는 마음에서 시작하기 때문입니다. 하지만 그 평가가 객관적이지 않고 자신 안에만 매몰되어 있다면, 그것은 매우 위험하지요. 오만과 아집으로 가득 찬 사람은 발전할 수 없고 친구도 둘 수 없기 때문입니다.

혹시 이런 나르키소스의 이야기를 듣고도 나에게는 해당되지 않는다고 생각하신다면, 이런 것은 어떤가요? 나르키소스의 자기애는 병적인 나르시시즘으로만 나타나는 것은 아닙니다. 나르키소스의 신화는 우리의 또 다른 속성을 비춰 주지요. 여러분은 다른 사람을 대할 때 내 기준만으로 바라보고 평가하지는 않으신가요? 대부분의 사람들은 상대가 자신의 기준에 맞으면 친밀감과 애정을 느끼고, 그렇지 않으면 불만을 갖곤 하는데요. 상대를 그 자체로 존중하지 못하고 나와 다름을 인정하지 못하기도 하지요. 그런데 그것은 상대의 모습 속에서 내 모습을 발견하고 그것만을 사랑하고 인정하는 것이니, 결국 다른 사람을 거부한 채 샘물 속에 비친 자신을 사랑했던 나르키소스와 다를 바 없습니다.

어떠신가요? 다른 그 누구도 사랑하지 못한 채, 샘물 곁에서 자기 자신만을 바라보다가 말라 비틀어져 죽은 나르키소스, 오늘 여러분 안에 나르키소스와 같은 모습이 없는지 한번 생각해 보시기 바랍니다.

아, 그리고 나르키소스 이야기에 함께 등장하는 비극적인 인물이 있지요. 바로 에코입니다. '에코(Echo)'는 '메아리'를 뜻하는 영어 단어인데, 사실은 그리스·로마 신화에 나오는 아름다운 뉨페의 이름입니다. 옛날 그리스·로마인들은 '메아리'를 비극적인 뉨페로 상상했던 겁니다. 에코에 관해서는 몇 가지 이야기가 전해집니다. 그중 하나는 숲속에 사는 판 신이 에코에게 반해서 사랑을 고백했지만 그녀가 거절을 했다는 이야기입니다. 에코는 나르키소스를 보고 난 후에는 오직 그만 생각했던 겁니다. 나르키소스가 모든 여인들과 뉨페에 대해서 그러했듯이, 에코에 대해서도 나르키소스는 아무런 관심을 보이지 않았습니다. 그러나 그녀는 끝까지 포기하지 않고 따라다녔지요. 서로 엇갈린 사랑입니다. 판은 에코를 좋아했지만, 에코는 판을 거들떠보지도 않고 나르키소스만 쫓아다니고, 나르키소스는 그런 에코의 순정을 무시하고요. 에코의 태도에 화가 난 판이 목동들을 시켜 그녀를 죽였답니다. 그런데 죽은 에코의 몸은 없어졌지만 목소리만은 산속에 숨어 살게 되었고, 그때부터 다른 사람들이 "야호" 하고 소리 지르면 "야호" 하고 메아리치듯이, 다른 사람들이 하는 말의 끝을 따라하게 되었다고 합니다. 그야말로 '메아리', 즉 '에코'가 된 거지요.

에코가 메아리가 된 사연에 관한 다른 이야기도 전해집니다. 로마의 시인 오비디우스의 『변신 이야기』에서는 에코는 유노 여신의 저주를 받았다고 합니다. 유노는 유피테르의 아내이고, 유피테르는 세상천지를 돌아다니며 바람을 피우지 않았습니까? 유노는 유피테르가 바람을 피울까 봐 항상 감시했죠. 그런데 유노가 불륜의 현장을 덮치려고만 하면 에코가 와서 방해를 했답니다. "유노님, 어디 가세요? 잠깐 제 이야기 좀 들어 보세요. 어쩌고저쩌고……." 이런 식으로 유노를 붙잡고 수다를 떨면, 그 틈에 유피테르가 도망쳐 버린 거죠. 참다못한 유노는 화가 나서 에코에게 저주를 내렸습니다. "요망한 것, 나를 속인 너의 혀는 오직 다른 사람의 말만 따라하게 될 것이다." 그때부터 에코는 자기 말은 못하고, 다른 사람들이 한 말만 따라하게 되었다고 합니다. 그렇게 해서 에코가 메아리가 된 거랍니다.

에코는 자기 목소리를 잃고 난 다음에 나르키소스를 보게 됩니다. 어느 날 나르키소스가 들판에 홀로 서성이는데, 에코가 그 모습을 보고는 곧바로 사랑에 불타올랐습니다. 그때는 에코가 몸은 있고 말만 못하는 상태였기 때문에 먼발치에서 몰래 나르키소스의 뒤를 쫓아다닐 뿐, 먼저 말을 할 수가 없었습니다. 기척을 느낀 나르키소스가 "누구 있니?" 하자, 마침내 에코도 입을 열 수 있었습니다. 하지만 에코가 할 수 있는 말은 "누구 있니?"라고 나르키소스의 말을 따라하는 것뿐이었습니다. 나르키소스가 다시 "누가 있으면, 이리 와 봐" 하니까, 에코는 "이리 와 봐"라고 했지요. 에코의 목소리가 나는 곳으로 나르키소스가 다가가자, 숨어 있던 에코가 불쑥 튀어 나와 그를 와락 껴안았답니다.

나르키소스는 갑자기 나타나 들이대는 에코 때문에 기겁을 했지요. 에코가 아무리 아름다워도 나르키소스는 에코를 받아들일 사람이 아니었습니다. 거칠게 뿌리치며 소리쳤습니다. "넌 뭐야, 이 손 치우지 못해, 저리 꺼져!" 에코는 자신의 마음을 표현하고 용서를 빌고 싶었지만 입을 열자 "저리 꺼져"라는 말만 나왔습니다. 도망가는 나르키소스를 보고 에코는 슬펐고, 또 자존심도 상하고 창피했습니다. 그 후로는 산속 동굴에 처박혀 나오지 않았고, 실연의 아픔으로 나날이 여위어 가더니 몸뚱이가 완전히 말라 비틀어져 허공으로 사라졌고, 오직 그녀의 목소리만 남아 산사람들의 외침에 메아리로 답하게 되었다고 합니다.

에코를 뿌리치고 달려가던 나르키소스는 에코가 더 이상 따라오지 않는다는 것을 확인하고 안도의 숨을 내쉬었습니다. 하도 열심히 달렸더니 목이 탔겠지요. 마침 곁에는 맑은 샘물이 있었습니다. 샘에 다가가서 얼굴을 대고 물을 마시려는 순간, 나르키소스는 자신의 얼굴을 보고 말았던 겁니다. 그리고 자기 자신과 사랑에 빠진 것이고요. 그는 사랑하는 사람에게 거절당하는 고통이 무엇인지를 비로소 깨달았던 겁니다.

19

귀게스의 반지,
정의를 묻다

먼 옛날, 지금의 터키 서부에는 리디아 왕국이 있었습니다. 왕궁
에 소속되어 일하던 귀게스(Gugēs)라는 목동이 들판에서 양을 치
고 있는데, 갑자기 천둥 번개가 치면서 그 서슬에 땅이 쩍 갈라졌
습니다. 정신을 차리고 둘러보니, 번개에 맞아 갈라진 땅바닥 틈이
보였습니다. 그 안으로 들어가 보니, 땅속에는 놀라운 광경이 숨어
있었습니다. 청동으로 만든 말 한 필이 있었거든요. '톡톡' 두드려
보니 '텅텅' 하고 속이 비어 있는 것 같았죠. 잘 살펴보니까, 옆구리
와 배 쪽에 문이 여러 개 달려 있었습니다. 그 문들 중에 하나를 열
고 문 안으로 몸을 집어넣어 살펴보기 시작했죠. 이리저리 더듬으
면서 살펴보다가 깜짝 놀랐습니다. 송장 때문이었습니다. 아직 다
썩지 않아서 고약한 냄새가 풀풀 나고 물컹거렸죠. 비명을 지르며
뛰쳐나올 법한데, 귀게스 눈을 사로잡는 것이 있었습니다. 시체의
손에 끼워져 있던 반지가 반짝거린 겁니다. 금반지였죠. 귀게스는
시체의 손에서 조심스럽게 그 금반지를 빼 가지고 밖으로 나왔습
니다.

며칠 후, 리디아의 왕은 휘하에 부리던 목동들을 모두 모아 보
고를 받는 모임을 크게 열었습니다. 문제의 목동도 반지를 끼고 그
모임에 참석했지요. 보고할 차례를 초조하게 기다리던 그가 무심

코 반지를 만지작거렸는데, 놀라운 일이 일어났습니다. 손가락에 낀 반지의 거미발을 자기 안쪽으로 돌리자, 곁에 있던 사람들이 그를 볼 수 없게 된 겁니다. 동료들 사이에 작은 소동이 일어났지요. '아니 이 사람, 갑자기 어디 갔지?' 어안이 벙벙한 그가 다시 거미발을 자기 바깥쪽으로 돌리자, 그의 모습이 다시 사람들의 눈에 보였습니다. 동료들은 또 깜짝 놀랐지요. "아니, 자네 어디 갔다가 온 거야? 방금 전까지 보이지 않더니." 그는 자신을 두고 사람들이 벌인 소동에 어리둥절했지만, 반지의 신비한 능력을 깨닫자 곧 싱글벙글 이를 어떻게 써먹을까 행복한 고민에 빠졌습니다.

만약 여러분에게도 반지의 제왕에서 나오는 흡사 '절대 반지'와 비슷한 '귀게스의 반지'가 생긴다면, 어떤 일을 가장 먼저 해 보시겠습니까? 여러분이 정의로운 마음으로 공정을 희망하신다면, 우리 사회를 병들게 하는 못된 사람들을 혼내 줄 생각을 하실 겁니다. 천인공노할 짓을 저지르고도, 권력과 교묘한 수단을 이용해서 벌을 받지 않은 채 떵떵거리며 잘 살고 있는 사람들, 그러면서도 뻔뻔하게 약한 자들을 괴롭히는 사람들에게 적절한 벌을 내리고 싶으실 겁니다. 다른 사람들의 눈에 피눈물 나게 하면서 부정한 방법으로 부를 축적한 사람들의 재산을 빼내어 사회적 약자들에게 나눠 주고 싶은 분도 계실 것 같습니다.

그런데 정말 우리가 그렇게 정의로운 생각대로만 행동하게 될까요? 아니, 그런 정의로운 생각을 하긴 할까요? 설령 올바른 마음을 먹고 행동한다고 해도 고민은 있을 겁니다. 그런 일을 실천하려면 굉장히 피곤하고 힘들 테니까요. 물론 정의로운 일을 했다는 것만으로 뿌듯한 만족과 행복을 느낄 수 있는 분도 계실 겁니다. 영화 속 슈퍼맨, 배트맨, 스파이더맨은 자신의 신분을 숨기고 정의로운 일을 하며 아무런 보상도 원하지 않으니까요.

하지만 정의로운 행동을 하고 그에 대한 보상을 기대하는 것은 인지상정이니, 그런 마음을 탓할 수는 없을 겁니다. 그런데 귀게스의 반지를 끼면 아무에게도 보이지 않아 누구도 우리의 선행을 모를 텐데, 어떻게 인정을 받을 수가 있을까요? 그런 마음에 어쩌면 우리는 정의로운 행동에 보상을 받는 것은 정당하다며, 어떻게 해서든 마음에 찰 만큼의 보상을 취하려고 할지도 모르겠습니다. 아니, 애초부터 우리 마음은 오직 이기적 욕망을 채우는 데로 마음이 잔뜩 쏠릴지도 모르겠죠. 생각보다 사람들은 선하지 않고 악하다는 성악설이 여전히 강력하니까요.

리디아의 목동은 그런 우리 마음의 불량한 구석을 비추는 거울인 것 같습니다. 그는 거미발을 안쪽으로 돌려서 자신의 모습을 보이지 않게 만든 후에 즉시 왕궁으로 들어가 아름다운 왕비의 침실을 범했습니다. 그렇게 왕비를 자기편으로 만든 후에는 신속하게 칸다울레스(Kandaulēs) 왕을 암살하고 마침내 왕국을 차지하여 스스로 리디아의 왕의 되었답니다. 그 이후에는 어떻게 되었을까요? 그는 나라를 잘 다스렸을까요?

이 이야기는 그리스의 철학자 플라톤의 『국가』에 나온 신화입니다. '정의란 무엇인가?'라는 문제를 진지하게 파고드는 철학적 드라마지요. 플라톤은 귀게스의 반지 이야기를 통해 아무도 보지 않는다면 마음껏 악을 행할 것인지, 아무도 알아주지 않아도 기꺼이 선을 행할 것인지를 우리에게 묻습니다.

플라톤이 말하는 귀게스의 반지는 다른 사람들의 방해 없이 일을 해낼 수 있는 권력, 특권이나 돈을 가리키는 것이기도 합니다. 그것을 가진 사람들은 법을 어겨도 아무 일도 없다는 듯 들키지 않거나 처벌받지 않고, 처벌을 선고받더라도 쉽게 빠져나가지요. 마치 귀게스의 반지를 끼고 하고 싶은 일을 제멋대로 다 하는 것처럼 말이지요. 자기 자식들을 원하는 학교나 직장에 집어넣기도 하고, 국민들의 세금이나 기업의 자산을, 교인들의 헌금이나 불전(佛錢)을 마치 제 것인 양 손을 대고도 아무렇지도 않는 사람은 일종의 '귀게스 반지'를 끼고 있는 셈이며, 그것을 귀게스처럼 악하게 사용하는 것입니다.

그러나 우리는 다른 사람에게 그런 귀게스의 반지를 주어야 할 때, 그 사람이 부디 공정하고 정직하며 선하게 행동하길 간절히 바랄 것입니다. 그 사람이 자칫 못된 마음을 먹는다면, 우리 모두가 피해를 보고 사회는 병들 테니까요. 모르긴 몰라도 여러분에게는 각자의 위치와 능력에 맞는 반지가 있을 겁니다. 그것을 어떻게 사용해야 옳은 것인지를 진지하고 깊게 생각해야만 한다는 걸, 잊지 않으시길 바랍니다.

20

미다스,
황금 손과 당나귀 귀

우리는 '미다스의 손'을 가졌다는 말을 하곤 합니다. 주식을 샀다 하면 대박이 나고, 기획한 사업마다 성공을 거두는 사람의 놀라운 재능을 일컫는 말이지요. 영어 발음으로 하면 '마이다스의 손'이라고 하는데, 그 반대의 경우를 농담 삼아 '마이너스의 손'이라고 하더군요. 여러분도 미다스의 손을 갖고 싶으시지요?

미다스(Midas)는 프뤼기아의 왕이었습니다. 어느 날, 그가 다스리는 프뤼기아 왕국에 낯선 손님이 찾아왔습니다. 세일레노스(Seilēnos)였는데, 포도주의 신 디오뉘소스의 양아버지였습니다. 항상 술에 취해 있던 세일레노스가 길을 잃고 숲속을 헤매자 프뤼기아의 농부들이 그를 미다스 왕에게 데리고 간 거죠. 미다스 왕은 그를 한눈에 알아보고 정중하게 모셨습니다. 열흘 동안 잔치를 벌이고는 세일레노스를 찾던 디오뉘소스 신에게 데려갔죠. 양아버지를 만난 디오뉘소스는 기뻐하며 미다스에게 원하는 것을 한 가지 해 주겠다고 했는데요. 여러분이라면 어떤 소원을 말씀하시겠습니까? 미다스는 대답했습니다. "제 몸에 닿는 것은 모두 황금이 되게 해 주십시오." 그는 세상에서 가장 큰 부자가 되고 싶었던 겁니다.

신과 헤어져 돌아오는 길에 미다스는 떡갈나무 가지를 꺾어 보았습니다. 가지는 눈부신 황금 가지가 되었지요. 돌과 흙덩이를 만지자 누런 금괴가 되었고요. 궁전에 도착해 기둥과 벽과 문에 손을 대 보자 궁전은 거대한 황금 궁전이 되었지요. 손만 대면 모든 것이 황금이 된다니, 얼마나 부러운 일일까요? 그래서 뭐든 성공을 거둔 사람에게 미다스의 손을 가졌다고 하는 모양입니다.

그러나 곧 큰 문제가 생깁니다. 배가 고파진 그는 진수성찬을 차리게 했지만, 그의 입안에 들어간 빵은 황금이 되었고, 그가 마신 포도주도 녹아 내리는 황금이 되었지요. 눈앞의 진수성찬이 그야말로 '그림의 떡'이나 마찬가지였습니다. 그는 모든 것을 황금으로 만들 수는 있었지만, 아무것도 먹을 수가 없었습니다. 거기서 끝이겠습니까? 그가 곁에 있는 하인의 손을 잡자, 하인은 생명을 잃고 황금 기둥이 되었죠. 사람들은 비명을 지르며 달아났고 아무도 그의 곁으로 갈 수가 없었습니다. 황금의 궁전 안에 그는 홀로 남아 굶주림과 목마름에 말라 갔지요. 그는 그제야 자신의 소원이 얼마나 어리석은 것이었는지 깨달았습니다. 그리고 하늘을 향해 두 팔을 벌려 구원을 요청했지요. "신이시여! 저를 불쌍히 여기소서!" 그의 간절한 기도에 신은 팍톨로스강에 머리와 몸을 담그고 죄를 씻으라고 명했습니다. 미다스는 강에서 그의 능력을 씻어 버렸고, 팍톨로스강은 그 후 금빛 모래와 사금이 많이 나기로 유명해졌다고 하지요.

어떠신가요? 여러분도 미다스의 손을 갖고 싶으신가요? 그래도 한번쯤은 가져 봤으면 좋겠다고요? 어쩌면 우리의 마음에는 미다스가 있는지 모르겠습니다. 모든 것을 돈벌이로 생각하고 돈을 최고의 가치로 여기는 한, 그래서 사원과 동료들을 대할 때도, 고객을 대할 때도, 모두 돈으로 보인다면 우리는 미다스와 다를 바가 없습니다. 결혼을 할 때도 사랑보다는 이익인가 손해인가를 따진다면, 자식이나 부모를 대할 때도 그런 마음이라면, 우리는 미다스와 똑같습니다. 그러면 우리 곁에 돈이 남을 수는 있어도, 나를 진정으로 사랑해 주는 사람은 하나도 없을 겁니다.

그의 어리석은 선택은 구약성서에 나오는 솔로몬의 선택과 비교될 수 있을 것입니다. 솔로몬은 왕위에 올라 신께 정성껏 제사를 드렸고, 감동한 신이 소원을 말하라고 하자, 돈이나 군사적인 힘, 무병장수를 요구하지 않고 왕으로서 백성들을 잘 다스릴 수 있는 지혜를 달라고 했지요. 그 덕에 이스라엘은 태평성대를 누릴 수 있었다고 합니다.

오늘날 마이더스의 손이라고 하면, 이런 미다스의 어리석음과 탐욕보다는 일종의 만능 손이나 재주, 성공을 의미하잖아요? 돌이켜 보니, 저도 그런 해석 때문에 피해를 본 적이 있습니다. 대학원 입학 영어 시험 문제에 "Midas Touch"의 의미를 묻는 문제였지요. 저는 4개의 보기 중에서 "모든 것을 망치는 손"이라는 것을 답으로 선택했습니다. 정답이었을까요? 아니요, 저는 틀렸습니다. 정답은 "모든 일에 성공을 거두는 손"이었지요. 제가 뭘 잘못 안 것일까요? 곰곰이 생각해 보았습니다. 무엇이든 황금으로 만들 수 있는 미다스의 손을 성공의 상징으로 보는가, 아니면 파멸의 상징으로 보는가에 따라 한 사람, 한 사회의 가치관과 건강함을 읽을 수 있지 않을까 싶습니다. 현대 자본주의 사회에서 흔히 이야기되는 황금만능주의는 사람을 사람으로 대하지 않고 만지면 돈이 될 대상으로만 보기 때문에 불행이 생기는 것 같습니다. 승객의 안전을 생각하지 않고 몇 명이라도 더 태워 몇 푼이라도 더 벌고자 하는 마음은 미다스의 탐욕과 다르지 않을 것입니다. 우리는 그것의 엄청난 결과를 세월호의 비극으로 경험했고, 그 아픔은 지금까지도 계속되고 있습니다. 가습기 살균제 문제나, 유통 기한이 지난 식재료를 부당하게 판매하고 공급하는 것이 모두 사람을 황금 덩어리로 만들어 버렸던 미다스의 재앙과 다를 바가 없습니다. 이런 점에서 미다스의 이야기는 재미있고 신기하고 황당한 옛날이야기가 아니라 우리의 현실과 민낯을 비춰 주는 진실의 거울이라고 할 수 있지요.

투자회사를 경영하던 친구와 미다스 이야기를 한 적이 있는데, 그 친구는 이렇게 말하더군요. "나 같으면 몸에 닿는 모든 것이 금이 되게 해 달라고 부탁하지 않고 왼손으로 만지는 것만 황금이 되게 해 달라고 했을 텐데." 그렇다면 오른손은? "그것으로 나도 먹고살고, 다른 사람을 도우면 좋겠어!" 영리한 대답이고 지혜로운 선택이라고 생각합니다. 돈을 벌고 경제적인 능력을 갖춘다는 것은 자신의 생계는 물론, 가족을 돌보며 이웃을 위해 좋은 일을 할 수 있는 기반이 되니까요. "곳간에서 인심이 난다"라는 우리 속담도 있지 않습니까? 한 손은 '미다스의 손'을, 다른 손은 병들고 가난한 사람들, 핍박을 당하고 소외된 사람들을 위해 손을 내밀었던 예수나 부처의 손을 갖는다면, 우리 사회는 따뜻하면서도 풍요로운 사회, 서로 믿고 배려하는 아름다운 사회가 될 것입니다.

여기서 한 가지 이야기를 더 해 보겠습니다. 신화 속 미다스의 이야기는 여기서 끝나지 않습니다. 미다스 왕은 그 일이 있은 후 부귀영화를 멀리하고 자연을 가까이 하며 살았습니다. 그는 목신 판을 좋아했지요. 판은 늘 피리를 들고 다니며 춤과 음악을 즐기기로 유명하지요? 어느 날 판은 자신의 피리 소리에 도취되어 감히 음악의 신 아폴론에게 도전장을 내밀었고, 트몰로스 산신을 심판으로 삼아 대결을 하게 되었습니다. 연주가 끝나자 심판은 아폴론의 승리를 선언했습니다. 하지만 그때 미다스가 나서서 판을 옹호했지요. "제가 듣기에는 판의 피리 소리가 더 훌륭했습니다!"

이 얘기를 들은 아폴론은 미다스의 귀를 쭉 늘려 당나귀 귀로 만들어 버렸죠. 미다스 왕으로서는 억울한 일이었겠지요? 그의 귀에는 정말로 판의 음악이 더 좋게 들렸을 수도 있으니까요. 하지만 심판도 아닌 주제에 나설 일은 아니었지요. 게다가 판에 대한 호감이 편견으로 작용했을 가능성도 있으니, 공감을 얻을 수는 없었던 겁니다. 미다스의 사려 깊지 못한 어리석음이 또 한 번 드러난 일이었습니다. 미다스 왕은 늘어난 귀를 감추려고 모자를 쓰고 다녔지만 이발사에게는 이를 숨길 수 없었는데요, 비밀을 참을 수 없었던 이발사는 들판에 구덩이를 파고 비밀을 외쳤고, 그 자리에서 자란 갈대는 바람에 흔들릴 때마다 "임금님 귀는 당나귀 귀!"라고 외쳤다고 합니다. 우리나라의 설화에서 많이 들어 본 이야기죠? 미다스 왕의 이야기는 전 세계적인 '임금님 귀는 당나귀 귀' 설화의 원조격이라고 할 수 있습니다.

미다스 왕의 두 가지 실수는 우리에게 많은 교훈을 줍니다. 돈을 최우선으로 생각하고 이를 위해 모든 것을 수단으로 삼고 있지는 않은지, 또 공정해야 하는 순간, 개인적인 친분을 이유로 객관적인 평가를 하지 못하고 있지는 않은지, 주제넘게 나서는 일은 없는지, 미다스 왕의 이야기를 되새겨 보시기 바랍니다.

21

퓌그말리온의
기적

1968년 하바드대학의 로젠탈(Robert Rosenthal) 교수는 심리학 역사에서 길이 남을 중요한 실험 결과를 발표했습니다. 그는 한 학교에서 특별한 반을 구성하여 새로 부임한 선생님에게 맡겼는데요, 이반 학생들이 현재 성적이 좋지는 않지만 IQ가 높고 잠재력이 많은 아이들로 구성했으니 각별히 지도해 달라고 당부했지요. 추후 이반의 성적은 어떻게 되었을까요?

학생들은 예전보다 훨씬 더 높은 성적을 거두었습니다. 당연한 결과겠지요? 그런데 이 실험에는 숨겨진 비밀이 있었습니다. 로젠탈 교수가 뽑은 특별반 학생들은 지적 능력과 잠재력이 특별한 학생들이 아니었던 것입니다. 그렇다면 놀라운 성취의 비결은 뭘까요? 로젠탈 교수는 선생님이 학생들에게 보여 주었던 애정과 관심 덕택이었다고 설명했습니다. 선생님은 교수의 설명에 따라 학생들이 특별하다고 믿고 끝까지 포기하지 않고 정성을 다해 돌보았던 겁니다. 그리고 학생들은 선생님이 말씀한 자신의 잠재력에 대해 믿음을 가지고 믿음과 사랑, 격려에 보답하듯 정말 열심히 공부했고요. 평범하거나 열등한 학생들도 선생님이 믿어주고 정성을 다하면 우등생이 될 수 있다는 것. 로젠탈 교수는 이를 '피그말리온 효과(Pygmalion effect)' 또는 '로젠탈 효과(Rosenthal effect)'라 불렀습니다.

　그런데 퓌그말리온(Pugmaliōn)이 누굴까요? 퓌그말리온은 그리스 신화에 나오는 키프로스의 조각가였습니다. 그는 세상의 여자들에게 실망해서 그 누구도 사랑하지 못한 채, 혼자 살고 있었지요. 그러나 그의 가슴에서 사랑의 불꽃만은 살아 있었지요. 그는 눈처럼 하얀 상아를 구해 놀라운 솜씨로 이 세상에 태어난 그 어떤 여인과도 비교할 수 없을 만큼 아름다운 여인을 조각했습니다. 그리고 그 조각상의 아름다움에 빠져 사랑을 쏟아부었습니다. 그녀에게 말을 걸고 사랑의 입맞춤을 보내기도 했고요. 아름다운 장식이나 꽃들을 발견하면 가져와 그녀에게 선물을 했고, 밤이 되면 침대에 눕히고 부드러운 솜털 베개를 받쳐 주었습니다.

　아름다움과 사랑의 여신 아프로디테의 축제가 열리자, 퓌그말리온은 여신에게 제물을 바치면서 소원을 빌었습니다. 자신이 사랑하는 그녀, 자신이 만든 아름다운 조각상이 자신의 아내가 되게 해 달라고 말입니다. 아프로디테 여신은 그가 평소에 얼마나 그 조각상에 사랑과 정성을 쏟았는지, 지금 그의 기도가 얼마나 간절한 것인지를 잘 알고 있었습니다. 그의 정성에 감동한 여신은 신비로운 힘을 조각상에 불어넣어 사람이 되게 해 주었습니다. 그가 집으로 돌아왔을 때, 조각상에서는 따뜻한 기운이 돌기 시작했고, 딱딱한 상아 피부는 혈색이 도는 살결로 변했습니다. 퓌그말리온은 사람으로 변한 조각상에게 '갈라테이아(Galateia)'라는 이름을 붙여 주었고, 그녀와 결혼해 행복하게 살았지요. 파포스(Paphos)라는 예쁜 딸도 낳았다고 합니다. 나중에 키프로스섬에는 그 딸의 이름을 딴 '파포스'라는 도시도 세워졌는데, 그곳에는 퓌그말리온의 기적을 기념하는 베누스 여신의 신전이 세워졌답니다.

　상아 조각상에 지나지 않던 그녀는 퓌그말리온의 정성과 사랑, 간절한 열망에 힘입어 진짜 사람이 되었습니다. 이 신화를 되새기며, 로젠탈 교수는 자신의 실험 결과에 '피그말리온 효과'라는 이름을 붙였던 것이죠. 아무리 보잘것없어 보이는 사람도 우리가 사랑으로 보살피고 정성을 다하며, 끝까지 응원해 주고 믿어 주면 놀라운 성취를 보여 줄 수 있다는 메시지를 담아서 말입니다. 그에 따르면, 피그말리온의 기적은 신화에 나오는 황당무계한 이야기가 아니라, 우리가 일상에서 실현해 낼 수 있는 실천을 상징하는 것입니다.

일각에서는 이 피그말리온 신화를 자신의 작품 세계에 매몰되는 예술가의 모습으로 해석하기도 합니다. 사실 우리가 사는 이 세상은 평범하고 남루하며, 아름답다기보다는 추악해 보이는데요. 예술가는 이런 세상에 숨어 있는 아름다움을 찾아내거나, 새롭게 아름다움을 짓는 일을 하죠. 조각뿐만 아니라 그림과 시, 음악이 다 그렇습니다. 아름답게 만들어진 예술의 세계는 비단 작가뿐만 아니라 작품을 감상하는 모든 사람에게 황홀하고 포근한 안식처를 마련해 주곤 합니다. 예술이 만들어 낸 세계는 이 세상에서 느낀 불쾌함과 실망과 상처를 치유받는 곳이기도 하죠. 하지만 예술의 세계에 빠져 현실을 부정한 채 그 가상의 세계에만 빠져 있다면 잘못된 것입니다. 예술의 긍정적인 효과는 그 아름다움에 매료되어 그 안에 매몰되어 사는 것이 아니라 그처럼 아름다운 세상이 정말로 있었으면 좋겠다는 간절한 꿈을 꾸게 만드는 것이니까요. 그리고 그 꿈을 실현하기 위해 정성과 노력을 다할 때, 피그말리온과 같이 새로운 현실을 만들 수 있는 겁니다. 피그말리온 효과, 아니 피그말리온의 기적이지요.

우리도 피그말리온의 기적을 이룰 수 있을까요? 우리가 우리 곁에 있는 사람들에게 마치 조각상을 사람으로 살아나게 하듯, 움츠리고 의기소침해 있는 사람, 낙담한 채 꿈과 희망을 갖지 않은 사람들에게 새로운 생명을 불어넣는 피그말리온과 같은 사람이 될 수 있을까요?

우리 곁에 있는 사람뿐만 아니라, 우리가 속한 조직, 함께 어우러져 사는 사회와 국가 공동체, 더 나아가 온 인류가 함께하는 이 세상을 더 아름답게 만들어 내려면, 우리는 퓌그말리온의 이야기를 마음에 새길 필요가 있습니다. 세상에 대한 애정과 사랑, 포기하지 않는 믿음과 희망을 가지고 정성을 다한다면, 우리는 조각상을 아름다운 여인으로 살아나게 만들듯이, 세상을 지금보다 훨씬 더 아름답게 만들 이 시대의 퓌그말리온의 기적을 일으킬 수 있을 것입니다.

그 반대의 경우도 생각할 수 있습니다. 탐욕으로 가득 차 있던 미다스 왕은 만지는 모든 것을 황금으로 만드는 능력을 갈망했고, 그로 인해 그는 다른 사람을 금덩어리로 만들어 버렸습니다. 퓌그말리온은 사랑으로 상아 조각을 살아 숨 쉬는 인간으로 만들었는데 말입니다. 로젠탈 교수와 거의 같은 시기에 활동하던 하워드 베커(Howard Becker)라는 시카고대학의 심리학자는 퓌그말리온 효과와 반대되는 '스티그마 효과(Stigma effect)'를 주장했습니다. '스티그마'는 낙인이라는 뜻이니까, 우리나라 말로는 '낙인 효과'라고 합니다. 어떤 사람에게 부정적인 낙인을 찍어 버리면, 그 사람이 말 그대로 그렇게 된다는 거죠. '넌 나쁜 놈이야.'라고 낙인을 찍어 버리면, 그 사람은 나쁜 사람이 된다는 겁니다. '으이그, 넌 만날 그 모양이니? 네가 뭘 할 수 있겠어?'라고 낙인을 찍어 버리면, 그 아이는 크게 성장할 수 있다는 자존감과 동력을 잃게 됩니다. 사랑하는 마음으로 우리 아이들에게 퓌그말리온의 손을 내밀어 기적을 일으킬 것인가, 아니면 깊은 상처를 주는 말로 낙인을 찍어 아이들을 망칠 것인가, 깊이 생각해 보아야 합니다.

22

사랑의 비밀,
잃어버린 반쪽을 찾아

"서양 철학사는 플라톤에 대한 일련의 각주다"라는 말이 있습니다. 플라톤이 서양 철학의 중심이며, 그 이전의 그리스 철학은 모두 플라톤으로 흘러들어 갔고, 이후의 서양 철학은 플라톤에 대한 충실한 해석이라는 뜻입니다. 이 말대로라면 플라톤은 그야말로 철학자 중에 철학자라고 할 수 있죠. 그러나 그의 작품을 펼쳐서 읽어 보면, 아주 다른 면모를 발견하게 됩니다. 그의 작품은 연극 대본이나 영화 시나리오처럼 문학성이 넘쳐 나며, 철학적 주제를 다루는 경우에도 풍부한 신화적 상상력이 펼쳐지기 때문이지요.

　사랑에 관해서도 마찬가지입니다. 이를 다룬 대표적인 작품이 『향연』입니다. 사랑은 그리스어로 에로스인데, 에로스를 다루면서 철학적 논변이 작품을 채우기보다는 에로스에 대한 찬양으로 넘쳐납니다. '향연'은 그리스어로 '심포지온(sumposion)'이라고 하는데, 함께 모여 마시고 즐긴다는 뜻입니다. '심(sum)'이 '함께'라는 뜻이고, '포지온(posion)'이 '마신다'는 뜻이거든요. 학자들이 모여 말잔치를 벌이는 것도 '심포지엄(symposium)'이라고 합니다. 소크라테스와 친구들이 아가톤의 집에 모여 축하 잔치를 벌였는데, 그 자리에서 벌어진 향연, 즉 심포지온을 담은 작품이 바로 플라톤의 『향연』입니다.

아가톤(Agathōn)은 당대 유명한 비극 작가인데요, 그날 모임은 아가톤의 데뷔 무대를 축하하는 자리였습니다. 비극 경연 대회에 처음 출전했는데, 1등을 한 겁니다. 대박이 났다면서 친구들이 모여서 술잔치를 벌였고, 그다음 날 또 모인 겁니다. "어제는 술을 너무 많이 마셨으니까, 오늘은 술은 좀 자제하고 이야기의 향연을 벌입시다. 주제는 사랑의 신, 에로스를 찬양하는 것으로 합시다." 그러자 사람들이 모두 찬성했고 그래서 사랑의 말잔치, 에로스의 향연이 벌어진 겁니다. 이틀 연속으로 모인 걸 보니, 참 놀기 좋아하고 우정이 넘치는 것 같습니다. 향연에 모인 사람들이 돌아가면서 이야기를 하게 됩니다.

그 자리에는 아테네의 최고 희극 작가였던 아리스토파네스도 있었습니다. 그의 이야기가 아주 흥미롭습니다. "지금은 인간이 남자와 여자, 둘로 나뉘어 있지만 옛날에 인간은 세 종류였고, 한 사람 안에는 두 사람이 붙어 있었소. 그래서 남자와 남자가 결합된 사람, 여자와 여자가 결합된 사람, 여자와 남자가 결합된 사람이 있었던 거요. 남남 결합은 태양의 자식이고, 여녀 결합은 지구의 자손이고, 남녀 결합은 달의 자식이었소. 그들은 등과 옆구리가 행성처럼 둥글고 목도 완벽하게 둥근 기둥과 같았소." 두 사람이 결합된 모양새라니, 그렇다면 손이 네 개, 다리가 네 개였고, 얼굴도 두 개였겠죠? 두 개의 얼굴은 서로 반대 방향을 향했고, 네 개의 눈과 네 개의 귀로 동시에 사방을 보고 들을 수가 있었답니다. 걸을 때는 지금 우리처럼 앞으로 똑바로 걸을 수도 있고 뒤로도 똑같이 걸을 수가 있었죠. 그리고 네 개의 팔과 네 개의 다리를 쭉 뻗어서 굴렁쇠처럼 회전하면 자동차처럼 빨리 달릴 수도 있었답니다. 어디든 보고 들을 수가 있고, 머리도 두 개로 쓰니까 지금보다 배 이상 똑똑했고, 힘도 세고 빠르기도 빨라서 신들에게 도전할 정도였습니다.

제우스는 대책 회의를 열었습니다. 어떤 신은 인간들을 모조리 없애 버리자고 했지요. 홍수를 일으켜 익사시키자, 불벼락을 던져서 태워 죽이자, 지진을 일으켜 모두 땅속으로 생매장시키자 말들이 많았습니다. 하지만 반대 의견도 있었습니다. 인간을 다 죽여 버리면 누가 신들에게 제사를 지내느냐고 따진 겁니다. 제우스는 신들의 이야기를 들으면서 고민했습니다. 인간을 죽여 버릴 수는 없고, 그렇다고 그냥 놔둘 수도 없고. 그러다가 해결책을 찾았습니다. "인간들을 지금보다 약하게 만들면 문제는 해결되는 게 아닌가? 내게 좋은 생각이 있어." 그의 묘안은 무엇이었을까요?

인간을 반으로 쪼개는 것이었습니다. 지금 우리 모습처럼 머리는 하나, 팔은 둘이고 두 발로 걸어 다니게 만드는 것이었지요. "인간들을 둘로 쪼개면 그 힘은 반으로 줄어드는 대신, 그 수는 배로 늘어날 것이다. 그러면 우리에게 제사도 더 많이 지내게 될 테니 일석이조가 아니겠는가? 만약 그래도 인간들이 신들에게 대들면, 나는 인간들을 또다시 반으로 쪼개겠다. 그래서 눈 하나, 귀 하나, 팔 하나, 그리고 한 발로 걸어 다니게 만들겠다." 그러고는 칼로 사과를 자르듯이 인간을 잘랐고 잘린 부분을 만두처럼 오므려 묶었습니다. 그렇게 묶은 곳이 바로 배꼽이랍니다. 머리도 배꼽 쪽으로 돌려놓고요. 그러자 사람들은 그 이전보다 훨씬 더 약해지고 느려지고, 덜 영리하고 더 멍청해졌습니다.

그뿐만이 아니었습니다. 그때부터 사람들은 잘려 나간 자신의 반쪽을 그리워하고 찾아다녔다는 겁니다. 반쪽으로 있으면 외롭고 고독에 빠져, 삶에 의욕을 잃기도 했고요. 그러다가 자기 반쪽을 만나면, 서로 얼싸안고 떨어지지 않으려고 했지요. 원래의 모습을 회복하기 위해 서로 몸을 비벼 대고 결합하려고 했습니다. 한번 잘린 이상 완전한 결합은 불가능했지만, 같이 지낼 때만큼은 두 몸이 한 몸이 된 것처럼 행복을 느끼며 즐거워했습니다.

그렇게 따져 보면 지금 우리 모습은 불완전한 상태인 셈이죠. 혼자 있으면 외롭고 슬픈 것도 다 그런 이유고요. 아리스토파네스가 해 준 이 '반쪽 신화'에 따르면, 사랑이라는 것은 잘려 나가 잃어버린 자신의 반쪽을 되찾는 갈망이며, 자신의 반쪽을 찾아서 기뻐하는 것이며, 둘이 하나가 되어 자신을 완성하고 치유하고 회복하는 일인 겁니다. 이 세상에서 사랑이 가장 중요한 이유도 거기에 있습니다. 진정한 사랑을 찾고 실천할 때, 인간은 비로소 완성되고 행복을 누릴 수 있다는 겁니다.

이 반쪽 신화에 따르면, 사람 사이의 사랑은 남자와 여자의 사랑만 있는 게 아닌 것이겠지요? 남남 결합의 인간도 있었고, 여녀 결합의 인간도 있었으니까요. 이런 신화가 있어서인지, 고대 그리스는 이성 간의 사랑뿐만 아니라, 남자와 남자, 여자와 여자의 동성애에 대해서도 관대한 태도를 취했습니다. 남자와 남자가 사랑한다는 건, 그 두 사람이 원래는 남남 결합의 인간이었다는 겁니다. 단, 제우스는 남자와 여자의 결합에서만 자손이 생기도록 했답니다. 반면에 남자와 남자, 여자와 여자의 사랑과 결합을 통해서는 자손이 생기는 것을 허락하지 않았던 겁니다. 대신 동성애를 통해서는 다른 보람된 삶을 살 수 있도록 정신적인 열매와 창조적 활동을 허락했다고 합니다. 어떤 면에서는 동성 간의 사랑을 이성 간의 사랑보다 좀 더 고상하고 창조적인 관계로 보기도 했고요.

흥미로운 상상이긴 한데, 아직 우리 사회가 받아들이기 힘든 점도 있지요? 그런 면에서 보자면 우린 보수적인 경향이 강한데, 그 옛날 그리스에서 그렇게 동성 간의 사랑에 대해서 열린 생각을 가지고 있었다는 것이 참 신기합니다. 선거 때가 되면, 후보자들 사이의 토론에서도 이 문제가 곧잘 제기되곤 합니다. 동성애를 찬성하느냐, 반대하느냐의 문제로 의견이 심하게 엇갈리지요. 동성의 사랑을 자연스러운 현상이나 타고난 본성의 문제로 이해할 수 있는 건지, 이 문제에 대해 합법적인 대책을 내놓을 것인지, 아주 민감한 문제입니다. 적어도 이들을 차별하지 않아야 한다는 입장도 있고요. 이건 무를 자르듯이 찬성이나 반대할 문제가 아니다, 이런 입장도 있죠. 어쨌든 유럽의 여러 나라와 비교해 보면, 동성애에 대해서 우리가 매우 보수적인 건 사실입니다. 앞으로 우리 사회가 이 문제에 대해 어떤 태도를 취하게 될지는 두고 봐야겠지만, 에로스의 신화, '반쪽의 사랑 이야기'는 깊이 생각해 볼 만합니다. 쉽게 단정해서 말하기 어려운, 민감하고 난해한 문제임에는 틀림없습니다.

물론 에로스에 관련된 이 신화는 종교적 진리처럼 사실이라고 받아들일 수는 없을 겁니다. 플라톤이 상상력으로 그려 낸 허구, 쉽게 말하자면 일종의 거짓말입니다. 하지만 그 거짓말이 인간의 삶에 관해서 중요한 진실을 전해 줍니다. 아리스토파네스의 신화도 거짓말이지만, 인간의 삶에서 가장 중요한 것이 사랑이라는 진실을 담고 있고, 다른 어떤 이야기보다도 더 흥미롭게 이 진실을 이야기해 줍니다. 내 옆에 있는 사람이, 부부든 부모 자식이든 스승과 제자든, 함께했던 나의 반쪽이라고 소중하고 귀하게 생각하고 사랑을 통해 자신을 치유하고 완성해 나가는 관계를 회복한다면 좋겠습니다.

23

쇠똥구리를 탄 농부,
평화의 여신을 구하다

겨울이 되어 사람들이 추위를 느끼는 건 날씨 탓도 있지만, 분위기 탓이 더 큰 것 같습니다. 일본에게 나라를 빼앗기고 암울했을 때, 시인 이상화는 "빼앗긴 들에도 봄은 오는가?"라고 외쳤습니다. 당시 정치적인 상황에서는 봄이 와도 도무지 봄같이 느껴지지 않고 항상 겨울 같은 기분이었을 겁니다. 남북이 분단되고 전쟁을 치른 마당에 화해의 노력은 결실을 거두지 못하고, 전쟁을 끝내고 평화를 이루자는 목소리는 좀처럼 힘을 얻지 못하고 있습니다. 사태가 악화되어 전쟁이 일어나지는 않을까, 극도로 긴장이 고조되곤 하지요. 연평해전처럼 실제로 남북의 충돌도 일어나곤 합니다. 이런 사정이다 보니, 우리의 마음과 정치적 여건은 언제나 겨울인 것 같습니다. 갈라지고 얼어붙은 들에도 평화의 봄이 올까요?

　고대 그리스 아테네에서는 봄에 디오뉘소스 신을 기리는 제전이 열렸습니다. 이 제전에는 비극 경연 대회가 열렸지만, 그와 함께 희극 경연 대회도 열렸지요. 비극이 주로 신화적 소재를 가지고 영웅의 몰락을 통해 인간의 본성과 운명을 탐구하였다면, 희극은 그 시대의 문제를 그대로 무대에 올려놓았습니다. 희극을 코미디(Comedy)라고 하는데, 이 말의 뿌리는 그리스어 코모디아(Komōidia)에 있습니다. 몇 가지 해석이 있지만, 그 가운데 유력한 것은 도성의 '변두리, 외곽'을 뜻하는 '코메(Komē)'와 '노래'를 뜻하는 '아오디아(Aōidia)'의 합성어로 푸는 겁니다. 도성에는 부와 권력을 가진 주류가 차지하는 반면, 외곽과 변두리는 약자들의 차지였으니, 이들이 주류를 향해 비판적인 해학과 조롱을 노래로 승화시킨 것이 코모디아, 즉 희극인 셈입니다.

가장 유명한 작가는 아리스토파네스인데, 이 사람이 작품 활동을 하던 시기는 아테네와 스파르타가 그리스의 패권을 두고 펠로폰네소스 전쟁을 계속 치르고 있었을 때였습니다. 이 전쟁은 기원전 431년에 시작되었습니다. 이 전쟁이 있기 전에 아테네와 스파르타는 동쪽에서 거대한 페르시아 제국이 쳐들어왔을 때, 서로 힘을 합해 침략을 막아 냈습니다. 하지만 외부의 적을 물리치고 나자 두 도시는 이내 그리스 패권을 놓고 치열하게 싸우게 된 겁니다. 전쟁은 전부 27년 동안 계속되었고, 스파르타의 승리, 아테네의 패배로 끝납니다. 그러나 승패와 관계없이 전쟁을 치르는 동안 아테네의 도성 외곽 서민들, 특히 농부들은 고통스러웠습니다. 그들은 빨리 전쟁이 끝나고 평화가 정착되기만을 바랐지요. 아리스토파네스는 이런 염원을 『평화(Eirēnē)』라는 작품에 담아 희극 무대에 올렸습니다. 전쟁이 시작되고 딱 10년째 되던 기원전 421년이었습니다.

『평화』는 종교적이고 예술적인 단순한 공연에서 끝나지 않고, 실제로 효과도 있었습니다. 이 작품이 공연되고 열흘 뒤에 스파르타와 아테네 사이에 휴전 조약이 맺어졌으니까요. 물론 아리스토파네스의 희극 때문에 평화 협정이 맺어진 건 아니고 단지 그런 화해 분위기를 작품에 반영한 것일 수도 있겠지만, 평화 협정의 분위기를 만드는 데 이 작품이 어느 정도는 기여했다고 볼 수 있습니다. 사실 아리스토파네스는 전쟁을 멈추라고 계속 주장하면서 전쟁을 부추기는 사람들을 비판했지요. 대표적인 사람이 클레온(Kleōn)인데, 클레온은 아리스토파네스가 자신을 여러 희극 작품에서 우스꽝스럽게 묘사하고, 비아냥거리는 것에 모욕감을 느끼고 그를 법정에 고소했습니다. 하지만 소송에서 클레온은 패했습니다. 사람들은 전쟁보다는 평화를 원했고, 마음속으로 아리스토파네스를 응원했던 게 아닌가 싶습니다. 또한 아테네 시민들은 예술가의 창작 활동과 비판 정신에 대해 매우 열린 마음을 갖고 있었던 것이죠.

이 작품의 주인공은 트뤼가이오스(Trugaios)입니다. '트뤽스(trux)'가 '새로운 포도주'라는 뜻이니까, 트뤼가이오스는 '포도 농사꾼'이라는 뜻입니다. 극이 시작되면 두 명의 하인이 무대로 나와 똥을 가지고 떡을 빚으면서 툴툴거립니다. 뭐에 쓰려고 똥으로 떡을 만들까, 관객들이 궁금하겠지요? 알고 보니 트뤼가이오스가 어디에선가 어마어마하게 큰 쇠똥구리를 잡아 왔는데, 하인들이 만들던 똥 떡이 그 거대한 쇠똥구리의 먹이였던 겁니다. 트뤼가이오스는 그 똥 떡을 먹여 쇠똥구리를 더 크게 키워서, 그걸 타고 하늘로 올라가겠다고 큰소리를 뻥뻥 칩니다. 그런데 트뤼가이오스는 왜 하늘에 올라가려는 건가요?

그는 최고의 신인 제우스를 만나 담판을 짓겠다는 겁니다. "제우스께서는 왜 그리스 사람들이 전쟁을 계속하게 만드십니까. 우리가 다 죽으면 누가 당신께 제사를 드리나요?" 이렇게 따지려는 것이었죠. 잠시 후, 트뤼가이오스는 거대한 쇠똥구리를 타고 정말로 하늘로 올라갑니다. 그런데 하늘 궁전에 도착해 보니, 신들의 궁전이 텅텅 비어 있었지요. 어리둥절해하고 있는데, 제우스의 전령인 헤르메스가 나타나 말합니다. "한발 늦었다. 어제 신들은 모두 이곳을 떠났지. 그리스 놈들이 지긋지긋했던 거야. 허구한 날 싸움질만 하는 너희들이 보기 싫어서 다 떠났어." 신들이 떠난 빈 궁전은 전쟁의 신 '폴레모스(Polemos)'가 차지했죠. 살판난 전쟁의 신은 평화의 여신을 붙잡아다가 구덩이에 쳐 넣고 그 위에 돌무더기를 쌓았다고 합니다. 평화의 여신이 갇혀 있어서 전쟁이 계속됐던 겁니다. 여신을 구해야 전쟁이 끝날 텐데, 어떻게 구덩이에서 꺼낼까요?

사실 그리스 정통 신화에서 전쟁의 신은 폴레모스가 아니라 제우스의 아들 아레스로 표현되거나, 불화의 여신 에리스의 아들로 마코스(Machos)나 딸 휘스미네(Hysminē)로 등장합니다. 서정시인 핀다로스(Pindaros)가 폴레모스를 전쟁의 신으로 언급한 적이 있을 뿐인데, 아리스토파네스는 폴레모스를 적극적으로 전면에 내세워 특별히 펠레폰네소스 전쟁을 형상화한 것 같습니다. 반면 평화의 여신 에이레네는 제우스와 테미스 사이에 태어난 호라이 세 자매 가운데 하나로서 경배의 대상이었습니다.

다시 작품으로 돌아오지요. 폴레모스에 의해 구덩이에 갇힌 평화의 여신을 구하는 일은 쉽지 않습니다. 헤르메스도 "자네는 결코 평화를 도로 끌어낼 수 없을 거야."라고 절망적인 말을 하죠. 그러다가 헤르메스가 갑자기 전쟁의 신 폴레모스가 온다며 도망가듯이 허겁지겁 자리를 뜹니다. 덩달아 트뤼가이오스도 몸을 숨깁니다. 잠시 후, 거대한 몸집을 가진 전쟁의 신이 어마어마하게 큰 절구통을 가지고 들어옵니다. 그 절구통 속에다 그리스의 도시를 하나씩 집어넣고 절굿공이로 빻아서 완전히 박살 내겠다고 으르렁거리죠. 그런데 절구 속의 도시들을 박살 낼 절굿공이를 찾지 못하자, 짜증을 내면서 다시 절구통을 가지고 퇴장합니다. 전쟁의 신이 도시를 다 파괴하기 전에 평화를 구해야 할 텐데, 트뤼가이오스는 어떻게 땅속에 갇힌 평화의 여신을 구할까요?

일단 전쟁의 신이 떠나자 숨어 있던 곳에서 나온 트뤼가이오스는 평화의 여신이 갇혀 있는 곳으로 갑니다. 하지만 혼자 힘으로는 어림도 없습니다. 그러자 이렇게 외칩니다. "그리스인들이여, 지금이야말로 평화의 여신을 구할 수 있는 절호의 찬스입니다. 전쟁의 신이 물러가 있는 동안 그녀를 구합시다. 그래야 전쟁과 고통에서 해방될 수 있습니다!" 그러자 농부, 상인, 목수, 장인 등 사람들이 몰려옵니다. 우르르 모인 사람들에게 트뤼가이오스는 전쟁의 신에게 들키지 않게 조용히 작업을 해야 한다고 주의를 주며 작업을 지시합니다. 그런데 좀 이상하지요? 트뤼가이오스는 쇠똥구리를 타고 올라왔는데, 다른 사람들은 어떻게 하늘에 올라온 걸까요? 그 사람들도 쇠똥구리를 한 마리씩 가지고 있었던 걸까요?

아, 그런 건 묻지도 따지지도 말고, 그냥 희극적 설정이다 받아들여야 할 겁니다. 그래야 희극을 즐길 수 있으니까요. 말씀대로 다들 쇠똥구리를 한 마리씩 구해서 타고 올라왔다고 해 두죠. 어쨌든 중요한 것은 이들이 지금 구덩이에 갇힌 평화의 여신을 구하기 위해 힘을 합치려고 한다는 겁니다. 그들은 조심스럽게 돌무더기를 걷어 내고 구덩이에 밧줄을 넣은 다음에 끌어당깁니다. 그런데 이상하게도 일이 진척되질 않습니다. 아무리 힘껏 당겨도 소용이 없자, 한 사람이 외칩니다. "우리 중에 누군가 배신자들이 있소이다! 훼방꾼이 있는 게 분명해요!" 평화의 여신을 구하는데 훼방꾼이 있다니, 누굴까요? 평화를 원하지 않는 사람들이 있다는 말인가요?

지금도 그렇지만 예전에도 전쟁 때문에 부와 권력, 명예를 얻는 사람들이 있었던 겁니다. 무기를 만들고 팔아먹는 사람들은 전쟁이 있어야 먹고살 수 있잖아요. 군인들도 마찬가집니다. 그들은 전쟁에서만 존재 가치를 인정받고 돈과 권력, 명예도 얻을 수 있지요. 전쟁을 미화하고 부추기고 조장하는 세력들, 전쟁의 위협으로 민중을 겁먹게 하고 세력을 부리는 사람들이 평화가 다시 나오는 것을 방해했던 겁니다. 사태를 파악한 트뤼가이오스는 이렇게 외칩니다. "자, 여러분, 우리 농부들끼리만 밧줄을 잡도록 합시다!" 역시 일을 진척시키는 것은 평화가 절실한 농부들이었습니다. 그리고 마침내 평화의 여신이 모습을 드러내죠. 그런데 그녀는 혼자가 아니었습니다. 평화의 여신 곁에는 축제의 여신과 수확의 여신이 있었습니다. 전쟁이 끝나고 평화가 찾아와야 사람들이 수확을 하고 풍요를 누릴 수 있고, 축제도 즐길 수 있다는 뜻이겠지요? 반대로 전쟁이 일어나면 가난과 고통만 있을 뿐, 추수도, 풍요로움도 없고 언감생심 축제는 꿈도 못 꾸지요.

평화의 여신을 본 트뤼가이오스는 감격하면서 말합니다. "포도 송이를 주시는 평화의 여신이여, 무슨 말로 그대에게 인사를 드려야 할까요? 그대에게 드릴 수천 마디 인사말을 대체 어디에서 찾을 수 있을까요? 내가 살던 집엔 그런 것이 없어요. 아, 반갑습니다, 수확의 여신이여, 그리고 축제의 여신이여. 사랑스러운 여신이시여, 그대의 얼굴은 얼마나 아름다운가! 그대의 숨결은 얼마나 달콤한가! 내 가슴에 와 닿는 이 향기, 징집 해제의 소식처럼, 향수처럼 더 없이 감미롭구나!" 처음에 트뤼가이오스와 농부들이 평화의 여신을 구하려고 할 때부터 지켜보던 헤르메스도 맞장구를 칩니다. "백성들은 내 말을 들어라. 농민들은 농기구를 챙겨 들고 되도록 빨리 이곳을 떠나 시골로 돌아가라. 창과 칼과 투창은 가져가지 마라. 온 세상이 농익은 평화로 가득 찼다. 모두들 찬가를 불러라. 시골의 일터로 떠나라!"

정말로 감격스러운 장면입니다. 당시 이 희극을 보고 있던 아테네의 시민들도 전쟁이 끝나길 간절히 원했을 테니, 박수를 많이 받았겠지요? 객석에 있던 아테네 시민들 대부분은 트뤼가이오스처럼 농부들이었습니다. 그들은 성벽 바깥의 밭에서 농사를 지었는데 스파르타가 쳐들어오면 밭도 집도 다 버려두고, 필요한 물건만 대충 챙겨서 도성 안으로 피난을 와야 했습니다. 스파르타군과 아테네군의 전투는 결국 그들의 생활 터전을 폐허로 만들었습니다. 스파르타군이 물러가면 도성에서 나와 짓밟힌 밭을 다시 일구고 집을 세워야 했지요. 이런 짓을 10년 동안 했으니 정말 죽을 맛이었을 겁니다. '헬(Hell) 아테네'라고 할 수 있을 정도였습니다. 그렇게 전쟁과 파괴에 지친 사람들에게 아리스토파네스의 희극『평화』는 희망의 메시지이고 구원의 복음처럼 들렸을 겁니다. 아리스토파네스가 지어낸 새로운 신화가 아테네인들이 무엇을 해야 하고 어디로 가야 하는지를 제시했던 것이고요.

평화의 여신을 구한 트뤼가이오스는 수확의 여신과 결혼하기로 하고, 축제의 여신은 도시의 의회를 찾아갑니다. 그리고 평화의 여신이 아테네와 그리스 전역을 다스리게 되지요. 세 여신은 농부들과 함께 하늘에서 지상으로 내려갑니다. 집에 오자 똥 떡을 만들던 하인들은 주인을 반갑게 맞이하며 결혼식 준비를 합니다. 그때 지상에서도 평화를 반대하는 자들이 나와 트뤼가이오스를 집요하게 괴롭힙니다. "생각이 모자란 자들이여. 스파르타인들과 평화 협정을 맺었다고? 늑대가 양과 결혼할 수 있겠는가? 휴전 조약과 평화 협정을 맺는 것은 옳지 못해. 게를 똑바로 걸어가게 할 수 없고, 고슴도치의 가시를 부드럽게 할 수 없는 법이야." 창과 방패, 갑옷을 만들어 부자가 되었던 사람들도 트뤼가이오스를 찾아와 원망하며 협박합니다. 전쟁을 부추기는 자들이 여전히 있었던 겁니다. 참 못된 놈들이지요?

그러나 트뤼가이오스는 그들의 협박에 굴하지 않고 농부들과 함께 그들을 모두 쫓아냅니다. '창은 부러뜨려 포도밭의 울타리로 쓰자! 출정 나팔은 저울로 쓰면 제격이다! 흉갑은 두들겨 오므려서 요강을 만들자!' 그들은 신명나게 반전과 무기 감축의 희망을 노래합니다. 마침내 트뤼가이오스는 수확의 여신과 결혼식을 올리고 모두들 축제를 벌입니다. 관객들을 향해 마지막으로 이렇게 외치면서 막은 내립니다. "여러분, 부디 행복하세요. 그리고 나를 따라오세요. 그러면 여러분은 맛있는 떡을 먹게 될 겁니다." 평화를 누리며 풍요롭게 축제를 즐길 수 있는 세상을 꿈꾸며 관객들 모두 활짝 웃었겠죠? 그 모습이 눈에 선합니다. 지금 우리도 항상 전쟁의 위험 속에서 살고 있는데, 아리스토파네스의 희극처럼 평화와 풍요, 축제를 맘껏 누릴 수 있으면 좋겠습니다.

신화를 위한 우화

깨어나 보니 밀폐된 공간입니다. 어렴풋한 기억들이 파편처럼 가물거리지만 선명하지는 않습니다. 한 사람이 다가옵니다. "여기는 커다란 배 안이고, 이 배는 미국으로 가는 중입니다." 확신에 찬 그의 말에 나는 "그렇군요" 하고 고개를 끄덕였습니다. 얼마 후 다른 사람을 만났습니다. 그는 이 배가 아프리카 대륙으로 간다고 했습니다. 전에 만났던 사람과 이야기가 달랐습니다. 그다음에도 여러 사람을 만났습니다. 그들은 배의 행선지에 관해 서로 다른 의견을 가지고 있었습니다. 더 많은 사람을 만나고, 이러저리 다녀 보니, 지금까지 들었던 것들 말고도 이 배에 관해 수많은 다른 소문이 떠돌고 있음을 알게 되었습니다. 그러나 그 가운데 누가 진실을 말하는지는 알 수가 없었습니다.

얼마나 지났을까요? 사람들이 한 명씩, 한 명씩 보이지 않았습니다. 그들이 이 배에서 사라졌다는 것을 알아채고 깜짝 놀랐습니다. '사라짐'에 관한 소문도 무성했습니다. 어떤 이는 그들이 배 밖으로 나갔다가 물에 휩쓸려 사라졌다고 했고, 어떤 이는 그들이 언젠가는 새로운 모습으로 다시 돌아올 것이라고 했습니다. 어떤 이는 사라진 그들이 다른 배로 갈아탔으며, 그들이 갈아탄 배는 지금 이 배하고는 비교도 안 될 만큼 끝내 주는 곳이라는 소문도 있었습니다. 하지만 못된 짓을 많이 하면 끔찍하기 이를 데 없는 배로 옮겨질 수도 있다고 했습니다. 우리는 이 배에 잠깐 머물다가 이곳에서 어떻게 살았는가를 두고 최후의 심판을 받을 것이며, 그 결과에 따라 서로 다른 두 가지 '영원한' 배 가운데 하나로 옮겨져 그곳에서 영원히 산다고 했습니다. 하지만 그들이 어디로 갔는지 본 사람은 없었습니다. 그들은 어디로 갔을까요? 나도 그들처럼 사라지겠지요? 갖가지 소문들만이 떠돌 뿐, 도무지 알 수도, 확신할 수도 없었습니다. 난무하는 소문들에 치여 피곤했고 두려웠습니다. 이 배 안에서 진리와 구원은 어디에서 찾을 수 있을까요?

어떤 이는 소문들 가운데 진리는 없으며, 있더라도 알 수 없고, 안다고 해도 증명할 수 없다고 했습니다. 그럴 바에 진리에 얽매이지 말고, 그냥 이 배 자체를 즐기라고 했습니다. 소문은 모두 의심스럽지만 '지금 여기' 이 배 안에 우리가 있다는 사실만은 분명하니까요. 하지만 그의 말도 하나의 소문일 수밖에 없다는 사실을 깨닫고 어쩔 줄 몰랐습니다. 지금 여기가 바다에 떠 있는 배는 맞나, 여기 있는 내가 진짜 내가 아닐 수도 있지 않을까? 별의별 생각이 다 들었습니다.

그렇다면 내 취향에 맞고 내 귀에 솔깃한 것을 골라 그냥 그것만 꽉 붙들고 살면 안 될까요? 아닌 게 아니라 모두들 그렇게 소문들 가운데 하나를 골라 단단한 기둥으로 삼고 매달려 사는 것 같았습니다. 그런 식으로 사는 것에도 어떤 규칙이 있을까요? 어떤 이는 자기 기둥이 최고라고 선전하고, 어떤 이는 알았으니 너나 잘하라고 합니다. 난 너에게 상관하지 않을 테니 너도 내 기둥더러 뭐라고 하지 말라고 합니다. 자기 기둥을 꼭 붙들고 살되, 다른 사람의 기둥을 존중할 것. 하지만 모든 소문을 물리칠 수 있는 단 하나의 진리는 없는 것일까요?

누구나 태어나 살다가 죽습니다. 왜 사는가? 사는 것이 무슨 의미가 있는가? 우리는 삶에 의미를 부여하기 위해 믿을 만한 이야기를 찾아 헤매며, 삶의 지난한 여정을 통해 자신만의 이야기를 지어 나갑니다. 우리 이전에 이 세상에 태어나 살던 사람들은 낯선 세계와 무서운 현상들과 허무하기 그지없는 삶을 이해하고 값진 의미를 부여하기 위해 집을 짓듯이 매력적인 이야기를 지어 그 안에서 머물다 어디론가 떠났습니다. 그리스·로마 신화도 그렇게 만들어져 우리에게 전해진 옛사람들의 유물이며 빈집입니다.

이 세상을 떠난 그들이 어디로 갔을지 우리는 모릅니다. 그들이 남긴 이야기를 보며 우리는 우리의 삶과 세계를 어떻게 살아야 하는지를 따져 묻습니다. 그들이 남긴 글과 이야기를 읽으며 이제 우리는 '나'의 이야기를 써야 합니다. 내가 깃들 집, 단단히 붙들고 삶을 견뎌 내야 할 기둥, 삶의 여정을 헤쳐 나가기 위해 타고 떠나야 할 배, 글을 읽고 쓴다는 것은 그렇게 우리 삶의 필수적인 조건입니다.

지금 이 순간은 우리 모두에게 남아 있는 삶의 첫 순간입니다. 그러니 내 남아 있는 생의 첫 순간을 어떻게 쓰느냐에 따라서 이제 우리의 남은 삶이 그려질 것입니다. 이 세상을 떠난 그 모든 사람들이 어디로 갔는지 알 수는 없지만 우리는 우리의 이야기를 써야 합니다. 내 삶을 나만의 이야기로 채워야 하는 것입니다. 그리스·로마 신화 역시 이처럼 살다 갔던 숱한 사람들이 남겨 놓은 그들의 이야기이며, 우리들의 이야기이기도 합니다.